D1725641

25 Jahre Perestroika
Gespräche mit Boris Kagarlitzki
Band 1

LAIKA Verlag

Kai Ehlers

25 Jahre Perestroika
Gespräche mit Boris Kagarlitzki
Band 1

Gorbatschow und Jelzin
1983–1996/97: Perestroika, Putsch, Revolte, Übergang in die Restauration

Dank

Mein Dank geht an Frederike, die mich während der Arbeiten an diesem Buch ertrug. Mein Dank geht an alle Menschen, die Informationen ins Netz gestellt haben, an denen ich in ungeahnt reichhaltiger Weise meine eigenen Informationen und Kenntnisse auffrischen, überprüfen und vervollständigen konnte.
Mein Dank geht auch an den Verlag, der mich ermutigt hat, diese Gespräche zur Verfügung zu stellen. Und selbstverständlich geht mein Dank an Boris Kagarlitzki, der über all die Jahre hinweg immer aufs neue bereit war, seine Sicht auf Rußlands schwierigen Weg und dessen Rolle in den heutigen Wandlungsprozessen mit mir zu teilen. Schließlich danke ich auch all denen, Freunden, Freundinnen, Lesern und Bekannten und nicht zuletzt auch Kritikern, die mich mit ihrem Suchen nach neuen Formen des Zusammenlebens, auch mit ihrer Skepsis gegenüber allem, was heute aus dem früheren »Reich des Bösen« kommt, immer wieder dazu gebracht haben, über die Erfahrungen zu berichten, die aus der russisch-sowjetischen Geschichte für die Zukunft zu gewinnen sein können.

Band 2: *Jelzins Abgang, Putin und Medwedew*
1997 bis heute: Stabilisierung, restaurative Normalisierung, Eintritt in die globale Krise erscheint ebenfalls im LAIKA Verlag.

Das Buch erscheint auf Wunsch des Autors in alter Rechtschreibung.

Impressum

©LAIKA-Verlag Hamburg 2014 // laika diskurs // Kai Ehlers: *25 Jahre Perestroika – Gespräche mit Boris Kagarlitzki. Band 1: Gorbatschow und Jelzin* // 1. Auflage // Satz und Cover: Peter Bisping // Druck: CPI – Ebner & Spiegel, Ulm // www.laika-verlag.de // ISBN: 978-3-944233-28-4

Inhalt

»In zehn Monaten nach dem tatsächlichen Einsetzen des ›500-Tage-Programms‹ wird das ideologische Klima das vollkommene Gegenteil zu dem sein, was es jetzt ist. Liberalismus und Kapitalismus werden verhaßter sein als jetzt der Kommunismus.«

Boris Kagarlitzki im September 1990

Begrüßung

Liebe Leserinnen, liebe Leser,

in diesem Buch warten Gespräche aus fünfundzwanzig Jahren Perestroika auf Sie.

Im öffentlichen westlichen Bewußtsein werden diese fünfundzwanzig Jahre heute unter dem Stichwort der Reform eingeordnet, bei einigen ganz verwegenen Zeitgenossen als Revolution, bei manchen sogar als letzte Revolution.

Eine etwas andere Sicht erschließt sich aus den hier vorliegenden Gesprächen, die aus direkter Betroffenheit heraus Schritt für Schritt am konkreten Geschehen und im Bemühen um analytische Klarheit entstanden sind.

Die Gespräche beginnen mit einer ersten Kontaktaufnahme zwischen der westdeutschen Neuen Linken der 80er Jahre (vertreten durch den »Kommunistischen Bund« (KB), gemeinhin mit dem Zusatz »Nord« versehen[1]) und einem Sprecher der Perestroikalinken Moskaus. Diese ersten Begegnungen stehen noch unter der Parole der von der Perestroika in den Jahren nach Gorbatschows[2] Antritt als Generalsekretär der KPdSU 1985 hervorgebrachten informellen Bewegung, die von sich sagt: »Wir sind der linke Flügel der Perestroika.«

Es folgen die ersten Ernüchterungen, als deutlich wird, daß Perestroika nicht die Reform des Sozialismus, nicht mehr Selbstbestimmung, nicht einen demokratisch kontrollierten Markt bringt, sondern mehr Leistung bei gleichzeitigem Abbau von sozialen Sicherungen fordert und schließlich zur Einführung eines Notstandsregimes führt, daß aber auch diejenigen, die sich wie Boris Jel-

1 Der KB, 1971 gegründet, war eine der sowjetkritischen Organisationen der Neuen Linken, die am Ausgang der Außerparlamentarischen Opposition in der damaligen westdeutschen Bundesrepublik (BRD) entstanden. Er zeichnete sich gegenüber anderen Gruppen gleichen Typs durch seine Bereitschaft zur offenen politischen Auseinandersetzung mit anderen Neulinken, orthodoxen Linken, sozialdemokratischen Gruppen und Parteien sowie allen zumindest halbwegs progressiven Bewegungen aus. In dieser Tradition des KB stand auch die Kontaktaufnahme mit der Moskauer Perestroika-Linken.

2 Gorbatschow, Michail, von März 1985 bis August 1991 Generalsekretär des ZK der (KPdSU) und von März 1990 bis Dezember 1991 Präsident der Sowjetunion.

zin[3] Reformer nennen, ebenfalls nicht den Sozialismus reformieren, sondern ihn zugunsten einer »demokratischen Elite« abschaffen wollen.

So geht es Schritt für Schritt. Jedes Gespräch skizziert eine neue Wendung, einen neuen Verlust bisher verbriefter sozialer Garantien. Der Krise Gorbatschows folgt der sog. Putsch. Er wird im Westen im allgemeinen als Versuch der »Ewig Gestrigen« wahrgenommen, die Entwicklung zurückzudrehen; in Wahrheit ist er eine Machtergreifung derer, die die Sowjetunion mit größerer Beschleunigung hinter sich lassen wollen.

Und schon geht es weiter zu nächsten Krise, wenn die neue Führung unter Jelzin und das »Volk«, vertreten durch den Kongreß der Volksdeputierten, in einen unlösbaren Konflikt über die Geschwindigkeit, die Art und den Umfang der Privatisierung geraten. An seinem Ende steht die Revolte der Deputierten, die Jelzin mit Panzern niederschlagen läßt. Die Berichte zu all diesen Vorgängen klingen in diesen Gesprächen anders als in den weichgespülten Jelzin-Lobeshymnen der damaligen Zeit und auch anders als in seiner nachträglichen Verklärung als »erster demokratisch gewählter Präsident Rußlands«.

Und weiter geht es auf dem mühsamen Weg der Festigung der »neuen Macht«[4] bis hin zur Ankunft Wladimir Putins[5] und den darauffolgenden Tandemmanipulationen Putins und Medwedews[6], die – Demokratie hin, Demo-

3 Jelzin, Boris, bis zu seinem Ruf nach Moskau Chef des Gebietsparteikomitees in Jekaterinburg.

4 Das Wort »Macht« (»Wlast«) steht im Russischen nicht nur allgemein für Macht, wie im Deutschen, sondern auch für die Strukturen von Macht in den unterschiedlichsten konkreten Bedeutungen. Das reicht von »Verwaltung« über »Herrschende« zu »Autoritäten«, »Regierenden«, der »politischen Klasse« usw. bis hin zu regionaler und sogar lokaler Verwaltung. »Wlast« hat dabei im Grundtenor einen distanzierenden Charakter – die »Macht« ist immer das andere, dem man sich in irgendeiner Weise ausgesetzt sieht. Neben diesem allgemeinen Begriff »Wlast« werden auch konkrete Bezeichnungen wie »Regierung« oder »Verwaltung« u. ä. benutzt. In den folgenden Texten gebe ich konkrete Begriffe so wieder, wie sie benutzt werden. Wo nur von »Wlast« gesprochen wird, gebe ich das Wort in seiner allgemeinen Bedeutung auch im Deutschen einfach nur als »Macht« wieder.

5 Putin, Wladimir, von 1999 bis 2000 Ministerpräsident Rußlands, seit 2000 Präsident, von Mai 2008 bis Mai 2012 erneut Ministerpräsident, seit 2012 erneut Präsident – faktisch ist Putin damit seit 1999 Rußlands »erstes Gesicht«.

6 Medwedew, Dimitri, politischer Weggefährte Putins aus gemeinsamer Tätigkeit in der Stadtverwaltung St. Petersburgs seit Anfang der 90er, 2005 von Wladimir Putin zum Ersten Stellvertretenden Ministerpräsidenten Rußlands ernannt, von 2008 bis 2012 im Ämterwechsel mit Putin Präsident Rußlands. Seit 2012 in erneutem Wechsel Ministerpräsident unter dem wiedergewählten Putin.

kratie her – in der Manier der alten russischen Selbstherrschaft die Ämter unter sich aushandeln. Offen bleibt, wie es heute weitergeht.

Dies alles wird in den vor Ihnen liegenden Gesprächen nicht aus der Perspektive der Kreml-Astrologie erörtert, sondern vom Standpunkt des alltäglichen, des gewerkschaftlichen Lebens, aus der Sicht derer, die an einer theoretischen und praktischen Erneuerung des Sozialismus aus der Kritik des Gewesenen und unter den Bedingungen des Bestehenden interessiert sind. Viele Gespräche werden noch zu dokumentieren sein, wenn wir verstehen wollen, was in den zurückliegenden 25 Jahren tatsächlich geschehen ist.

Der russische Partner der in diesem Buch vorliegenden Gespräche, Boris Kagarlitzki, ist der heute im Westen bekannteste russische Reformlinke. Seine Stimme hat Perestroika von ihren Anfängen unter Gorbatschow, durch das Chaos bei Jelzin bis in die heutige Putinsche Restauration hinein kontinuierlich begleitet. Er wurde 1958 geboren, schloß sich als Student einer »Marxistischen Gruppe« an, wurde noch unter Breschnew verhaftet. Er saß anderthalb Jahre im Gefängnis. Mit einsetzender Perestroika wurde er freigelassen. Seitdem ist er aus sowjetkritischer Position heraus um eine Erneuerung des Sozialismus auf marxistischer Grundlage bemüht. Mit diesen Positionen ist er nicht mehr nur politischer Dissident der UdSSR, sondern unter verdrehten Vorzeichen auch im postsowjetischen Rußland.

1990 bis 1993 war Boris Kagarlitzki Mitglied der *Sozialistischen Partei Russlands* und Abgeordneter des Moskauer Stadtsowjets, später Mitbegründer einer »Partei der Arbeit« und Berater des Vorsitzenden des russischen Gewerkschaftsbundes. Er ist Autor einer Reihe von Büchern, in denen er die Transformation der Sowjetunion im Prozeß der globalen Neuordnung von heute analysiert.[7] Sein Weg führt ihn dabei von der Analyse der sowjetischen Krise aus der Sicht des kritischen Beobachters (»Gespaltener Monolith«), über die Dokumentation praktischer Versuche, Perestroika von unten her zu demokratisieren (»Farewell Perestroika«), zu der Erkenntnis, daß Perestroika nicht zur Reform des Sozialismus, sondern zur Restauration kapitalistischer Verhältnisse geführt hat – und sogar führen mußte. Mit seinem neuesten Buch *Aufstand der Mittelklasse*, das in deutscher Übersetzung zeitgleich und im gleichen Verlag mit dem Buch erschienen ist, das Sie in Händen halten, kommt er zur Erörterung der »Mittelklassen«

7 Siehe das Bücherverzeichnis im Anhang.

als möglicher zukünftiger Entwicklungskräfte. Das Buch bringt die Erfahrung aus der Restauration des sowjetischen Sozialismus in die Suche nach einem generellen sozialistischen Neuanfang ein.

Boris Kagarlitzki ist heute Direktor des *Instituts für Globalisierung und soziale Bewegung* (IGSO) in Moskau, Initiator und verantwortlicher Herausgeber des in Moskau erscheinenden Monatsbulletins »Linke Politik« und Redakteur an der Internetplattform www.RABKOR.ru. Er schreibt regelmäßig für die *Moscow Times*[8] und *Eurasian Home*[9] und ist Mitarbeiter im *Transnationalen Institut*[10] (TNI).

*

Mein Zugang zu den Gesprächen mit Boris Kagarlitzki eröffnete sich mir über die Redaktion des *ak*, Zeitung des KB, in der ich seit Anfang der 1970er tätig war und in deren Rahmen ich mich seit Anfang der 80er zunehmend mit den Ereignissen in der Sowjetunion befaßte, auch selbst dorthin zu reisen begann. Nach der ersten Kontaktaufnahme zu Boris Kagarlitzki durch Korrespondenten der Redaktion des *ak* 1988 übernahm ich im weiteren die Staffel dieser Gespräche, die ich nach Verlassen der Redaktion 1989 und nach Auflösung des KB 1990 individuell bis heute als selbständiger Rußlandforscher fortsetzte. Mit eigenen Forschungen gehe ich seitdem der Frage nach, welche Folgen Perestroika in Rußland und darüber hinaus nach sich zieht.[11] Bei diesen Forschungen bildeten die Gespräche mit Boris Kagarlitzki, ungeachtet einer breiten Streuung meiner sonstigen Gesprächspartner und -partnerinnen und sehr weit über das Land ausgedehnter eigener Recherchen, die auch immer wieder zur Einordnung seiner Aussagen beitrugen, eine unverzichtbare Basis für meine Untersuchungen. Insbesondere unsere ausführlichen Erörterungen zur Frage,

8 *Moscow times* – die englischsprachige Tageszeitung erscheint seit 1992 in Moskau.

9 »Eurasian Home« – Website für Austausch Analysen über politisch-soziale Veränderungen im eurasischen Raum.

10 »Transnational Institute«, internationaler »think tank« für progressive Politik, 1973 in Amsterdam gegründet.

11 Wenn trotzdem einzelne Gespräche weiterhin auch im *ak* veröffentlicht wurden, so deshalb, weil die Zeitung *ak*, in den folgenden Jahren dann unter dem Namen *analyse und kritik* die Organisation des KB überlebte und wir weiterhin in freundschaftlicher Beziehung verblieben – übrigens bis heute.

welche Rolle die Tradition der Óbschtschina[12] für die Erneuerung einer sozialistischen Perspektiven unter den Vorzeichen der Selbstorganisation heute spielen kann, wurden für mich zu einem entscheidenden Impuls, den weiterzuverfolgen und weiterzugeben ich mich auch in meiner eigenen Arbeit bemüht habe. Aktuell könnte sich dieser Impuls, transformiert in einen Widerstand an der Basis der Bevölkerung gegen den von der Kapitalisierung ausgehenden Druck, der durch Rußlands Beitritt zur WTO seit 2012 noch erhöht wurde, mit der in der westlichen Sphäre entstehenden Allmende-, Commons- und Gemeinwohlbewegung zu einer fruchtbaren Symbiose verbinden. Es würde mich freuen, wenn dieses Buch, aller Skepsis zum Trotz, auch dazu beitragen könnte.

*

Für die Aufteilung in die beiden Bände habe ich eine Einteilung gewählt, die den wesentlichen Phasen entspricht, in denen sich der bisher überschaubare Verlauf der Perestroika vollzogen hat: Aufkündigung des Alten durch Michail Gorbatschow bis hin zur Auflösung und effektiven Zerstörung der sowjetischen Strukturen durch Jelzin. Das betrifft nicht nur die Auflösung der Union 1991 durch Jelzin, sondern umschließt auch noch die systematische Auflösung bzw. Zerstörung der sowjetischen Strukturen im Lande selbst nach dem, was man auch den zweiten Putsch nennen kann, also nach der gewaltsamen Auflösung des Obersten Sowjet durch Jelzin 1993. Gegen Ende der zweiten Hälfte der Jelzinschen Amtszeit geht die Auflösung nach einer ruhigeren Übergangsphase 1996/97 und der darauf folgenden innerrussischen Bankenkrise von 1998 in eine offene Restauration unter dem Stabilisator Wladimir Putin über. Von daher ist es keineswegs zufällig, daß Boris Kagarlitzki und ich unser längstes und am tiefsten in die sozialen Strukturen vordringendes Gespräch im Herbst 97 führen konnten – nach Jelzins Wiederwahl und vor dem Zusammenbruch von 1998. Danach folgen »nur noch« Stadien der Wiederherstellung des Staates unter neuen, nicht mehr sowjetischen, sondern »demokratischen« Vorzeichen der von Putin betriebenen autoritären Modernisierung, die bis heute nicht abgeschlossen ist.

12 Óbschtschina – im weitesten Sinn: Gemeinschaft, im engeren historischen Sinn: Gemeineigentümliche dörfliche Gemeinschaft, weiterentwickelt als industrielle Óbschtschina, nach der Revolution von 1917 übergegangen auf die sowjetische Produktions- und Lebensgemeinschaft sowie auf die verschiedenen Formen kollektiven Lebens in der sowjetischen Gesellschaft.

So bestreiten der Initiator Gorbatschow und der Beschleuniger Jelzin also Band eins, der kränkelnde Jelzin und der Stabilisator Putin (unterstützt durch Medwedew) Band zwei.

*

Zur leichteren Orientierung habe ich jedem Gespräch eine knappe Situationsskizze und Kurz-Chronologie beigegeben. Eine durchlaufende Chronologie im Anhang ermöglicht Ihnen eine Einordnung in den zeitlichen Gesamtzusammenhang. Zusätzlich finden Sie einen INDEX, über den Sie alle im Text erwähnten Personen oder Organisationen aufsuchen können – allerdings ohne Anspruch einer über den Text hinausgehenden Vollständigkeit.

Ich wünsche Ihnen somit jetzt eine ertragreiche Lektüre.

Kai Ehlers

Anstelle eines Vorwortes: »Wenn du zurückschaust … wie geht es dann weiter?«

Gespräch mit Boris Kagarlitzki im Sommer 2013, Einführung

Boris, wenn du zurückschaust – was siehst du? Neues Denken, Demokratisierung, Perestroika. Bei uns heißt es: Das war eine Reform. Manche Zeitgenossen sagen sogar: das war eine Revolution. Was sagst Du dazu? War es eine Reform? War es eine Revolution? Was war es wirklich?

Nun, sagen wir so, es ist nicht nötig, das alles erst von heute aus zu betrachten. Vieles war schon damals klar. Was Gorbatschow brachte, war natürlich ein Programm der Veränderung von oben im Interesse der herrschenden Elite[13]. Es waren Maßnahmen, um aus der Krise zu kommen. Eine andere Sache ist, daß die Elite die Veränderung nicht durchführen konnte, ohne sich selbst zu verändern und ohne eine gewisse Unterstützung durch die Gesellschaft zu bekommen. Dieses Moment des Sich-selbst-Veränderns ist sehr wichtig zu verstehen, weil die treibenden Kreise anfangs keineswegs eine feste Vorstellung davon hatten, wie das alles laufen könnte. Sie entwickelten das Projekt im Zuge des Geschehens.

13 Der Begriff der Elite wird im Russischen im Unterschied zum Deutschen ohne Einschränkungen gebraucht. Unter Elite versteht man in Rußland wahlweise politisch, intellektuell, kulturell oder moralisch führende Schichten. Gebräuchlich sind zur Abgrenzung Formulierungen wie »falsche«, »korrumpierte« oder »kriminelle« Eliten. Ich habe deshalb durchgehend auf Anführungszeichen verzichtet. Wo es für das deutsche Verständnis notwendig erscheint, Anführungsstriche zu setzen, bitte ich daher diese im Geiste kritisch mitzulesen.

Daß sie aus der Krise kommen wollten, war aber klar. Die Krise war ja schon Thema auf den Parteitagen vor Gorbatschow …

… stimmt, sie hatten aber keinen festen Plan. Es gab eine gewisse innere Logik. Jede Handlung des jeweiligen Regimes veränderte nicht nur die Gesellschaft auf diese oder jene Weise, sie transformierte auch sie selbst, ihr eigenes Interesse und ihre eigenen Vorstellungen, einschließlich der herrschenden Strukturen[14]. Wenn man das aus der historischen Perspektive sieht, ist das alles sehr einfach: Die Bürokraten, die sowjetische nomenklaturische Bürokratie, also der privilegierte Teil der Bürokratie, verwandelte sich in eine Bourgeoisie und das sowjetische System in eine kapitalistische Gesellschaft. Wie wir 1992 und 1993 schon sagten: Sie verwandelten Macht in Eigentum.

Wohl wahr! Ich erinnere mich an Gespräche von damals. Ich habe noch im Ohr, welche Empörung es bei einfachen Leuten auslöste, daß viele Funktionäre einfach ihre Fähnchen wechselten, von den Kommandohöhen der Partei auf die Kommandohöhen des Kapitals übergingen. Aber das geschah alles ganz offen, ganz schamlos, könnte man sagen.

Es war alles sehr logisch. Und insofern es so logisch war, macht das den Eindruck, als hätten sie einen Plan gehabt. Aber ich bin zutiefst überzeugt davon, daß es nicht so war, daß es sich bei den Ereignissen vielmehr um eine spontane soziale Folgerichtigkeit handelte. Ein Schritt forderte den nächsten, eine Entscheidung rief die andere hervor. Natürlich wurde jeder Schritt unter bestimmten Bedingungen und nach bestimmten Regeln vollzogen, und so entwickelte sich das ganze immer stringenter zu einer Seite hin. Da sehe ich eine große Gefahr für Historiker, in eine postfactum Teleologie zu verfallen, also aus der Tatsache, daß die und die Schritte aufeinander mit einer gewissen Logik folgen, zu schließen, daß es vorher einen Plan gegeben habe, der etappenweise abgearbeitet worden sei. Wie ich es heute sehe, haben wir schon die Handlungen Stalins[15] in den dreißiger Jahren in dieser Weise falsch interpretiert. Die antistalinistische linke His-

14 »Strukturen« – das Wort hat im heutigen, immer noch sowjetisierten Russischen (weit stärker als im Deutschen) die Bedeutung einer allumfassenden Organisation des sozialen und staatlichen Lebens. Es kann je nach Kontext anders verstanden werden. Ich lasse es deshalb in der offenen Übersetzung »Struktur«.

15 Stalin, Josef, als Nachfolger Lenins von 1922 bis 1952 Generalsekretär des ZK der KPdSU; ab 1941 auch Regierungschef und oberster Befehlshaber der Arme. Alleinherrscher bis zu seinem Tod 1953.

toriographie, die linke Tradition der ganzen dissidentischen Szene, und übrigens auch die Liberalen, gingen ja immer davon aus, daß Stalin von Anfang an planmäßig vorgegangen sei, erst die Linke aufrieb, dann die Rechte, dann die Kollektivierung durchführte und dann das totalitäre Regime einführte. Wenn man heute in die Archive geht, dann wird klar, daß nichts dergleichen so ablief…

… aber Tendenzen, Richtungen, Absichten, theoretische Maxime, die sich zu Plänen verfestigten gab es sehr wohl; das zu übersehen, wäre auch fatal.

Klar, in diesem Sinne hatte auch Perestroika ihre Prinzipien. Das erste Prinzip bestand darin, die Kontrolle der damals die Union tragenden Elite über die Union zu erhalten, während die Gesellschaft transformiert wird. Das zweite Prinzip forderte, daß das ganze auf der Basis von Markt geschehen sollte. Das dritte hieß Annäherung an den Westen. Das sind die drei Prinzipien, nach denen der ganze Prozeß ablief. In Verfolgung dieser drei Prinzipien war man bereit, alles mögliche auszuprobieren und wechselte beständig die Schritte; sie probierten es mit dem demokratischen Sozialismus, sie experimentierten mit dem Keynesianismus, mit dem Sozialdemokratismus, aber Schritt für Schritt kamen sie im Interesse der Erhaltung der herrschenden Eliten auf den neoliberalen Kurs, auf den des privaten Eigentums, den Jelzin dann durchsetzte. Gorbatschow schwankte noch, Jelzin schwankte nicht mehr, er ging schon bewußt diesen Weg …

… er kämpfte ihn rücksichtslos durch …

Ja, er kam, als die Mehrheit der Nomenklatura merkte, daß es mit den vorherigen Methoden nicht mehr ging, daß man jetzt konsequent sein müsse, daß es jetzt nötig sein werde, Rußland in ein kapitalistisches Land zu verwandeln. Da wurde Gorbatschow nicht mehr gebraucht, da brauchte man Jelzin, der bereit war dazu, und das um jeden Preis, einschließlich der Zerstörung der Union.

Ich sehe es so, daß der Putsch, der zur Auflösung der Sowjetunion führte, kein Putsch der Konservativen war; es war ein Putsch Jelzins, der auf diese Weise den »Zauderer«. Gorbatschow entmachtete.

Ja, zweifellos. Aber es lief eben nicht alles nach Plan. Wichtig ist zu sehen, wie ich schon sagte, daß die Nomenklatura eine breite soziale Basis brauchte und daß sie sich selbst transformieren mußte. Sie wurde nicht automatisch innerhalb eines Tages zur Bourgeoise. Mehr noch, sie ist bis heute nicht das, was eine gewachsene Bourgeoisie ausmacht …

... eine wilde ...

... nein, nicht wirklich! Nein, absolut zivilisiert! Absolut. Und in vielen Beziehungen genau so wie in vielen anderen Ländern. Man könnte beinahe sagen, fast so wie die europäische *(lacht)*, wenn man bedenkt, daß auch sie keinem Ideal entspricht, auch nicht so schön ist, wie sie sich selber dünkt. Die Rede ist nicht davon, ob »wild« oder »kultiviert«, wie sie sich anzieht, wie sie ihre Entscheidungen trifft usw. Die Rede ist davon, in welchem Verhältnis sie zur Bürokratie steht. Und da gibt es zwei wichtige Aspekte: Die russische Bourgeoisie ist von Grund auf extrem zentralisiert und extrem hierarchisch. Vor daher erklärt sich ihr oligarchischer Charakter. Sie ist nicht von unten entstanden, sondern von oben geformt. Innerhalb der Bourgeoisie herrscht durchgehend die bürokratische Logik, aus der sie hervorging. Figuren wie Bill Gates[16] oder Steve Jobs[17] sind in Rußland nicht vorstellbar. Ein russischer Bill Gates wäre Michail Chodorkowski[18]; der ist aber auch nicht von unten gekommen, sondern aus der Führung des Komsomol, von oben also. Das ist der eine Punkt; der andere ist: Insofern diese Bourgeoise direkt aus der Bürokratie entstanden ist, hat sie ihre Verbindungen zur Bürokratie nie verloren, weder auf der Ebene der Kontakte noch in Beziehung auf die Strukturen. So ist in Rußland natürlich sofort ein monopolistischer Kapitalismus entstanden; er bildete sich von Anfang an als bürokratischer heraus. Daraus resultiert das Paradox, daß Rußland zum einen das Land mit dem ultraextremsten Neoliberalismus des freien Marktes wurde, dieser aber nur frei für bürokratische Monopolisten ist. Die Ideologie vom freien Markt kann hier bei uns nicht existieren. Der Markt funktioniert hier nicht nach den Gesetzen von Adam Smith[19], sondern läuft entsprechend der Art der Produktion, der Anlagen, der Verwaltung usw. auf einen Markt für bürokratische Monopolisten hinaus, die diese Gesellschaft

16 Gates, Bill, Gründer und Eigner von Microsoft.

17 Steve Jobs, Gründer und Eigner von Apple.

18 Chodorkowski, Michail, Oligarch, in den 1990 zum Eigentümer des Öl-Konzerns YUKOS aufgestiegen, bevor er 2004 unter dem Vorwurf der Steuerhinterziehung und des planmäßigen Betrugs vor Gericht gestellt und zu langjähriger Lagerhaft verurteilt wurde.

19 Gemeint ist hier die von Adam Smith vertretene und von der bürgerlichen Ökonomie zum Leitsatz erhobene und von den russischen Reformern der 90er Jahre wiederbelebte Lehre von der »unsichtbaren Hand«, das heißt, die Vorstellung, daß das allgemeine, gesellschaftliche Glück maximiert werde, indem jeder einzelne Mensch im Rahmen seiner gesellschaftlichen Grenzen versuche, sein persönliches Glück zu erhöhen.

ausbeuten. So gesehen, wie paradox das auch klingt, ist der russische Kapitalist das Muster des idealen neoliberalen Kapitalisten, der heute in einem Zug das wurde, was sich in den Ländern des Kapitalismus erst in zweihundert Jahren herausbilden konnte. Wenn du dich z.B. in Moskau umschaust, findest du praktisch keine privaten Unternehmen. Ein mittleres Kleinunternehmertum gibt es hier praktisch nicht. Was man sieht, sind Ketten: Du siehst ein Restaurant – gehst du rein: Kette. Du siehst ein Kaufhaus – Kette. Im Grunde ist das alles strukturiert wie »Stamokap« (deutsch): Es sind alles staatlich verwaltete Ketten. Bemerkenswert daran ist, daß dies einerseits Ergebnis der sehr speziellen Entwicklung der russischen Nomenklatura ist, dieses Ergebnis andererseits sehr genau in die allgemeine globale Entwicklung von heute paßt. *(lacht)* Und noch etwas. Das ging natürlich auch nicht nur so vor sich: Diese neue Bourgeoisie bildete sich, indem sie um sich herum eine neue Gruppe von Menschen sammelte. Die Herrschenden, heißt das, haben nicht nur ihre Kleider, sie haben auch das Personal gewechselt; die einen gingen verloren, andere kamen hinzu.

Also neue Leute am Ruder, jünger, aktiver, aggressiver, vermutlich ...

... aber nicht nur neue Leute als einzelne Individuen, sondern Menschen, die aus anderen sozialen Schichten kommen, aus der Intelligenz, aus kriminellen Strukturen, aus den Machtstrukturen, aus dem KGB, also aus Strukturen, die nicht Teil der Nomenklatura waren, sondern nahe dabei, daneben, nicht innen. In diesem Sinne hat sich die neue Bourgeoise nicht nur vom Volk abgehoben, sondern sich durch Einbeziehung von Menschen aus anderen sozialen und kulturellen Kreisen zugleich erweitert. Sogar unter ethnischen Gesichtspunkten war das interessant. Die alte Nomenklatura, das waren hauptsächlich slawische Menschen aus Rußland und der Ukraine. Jetzt sehen wir unter den Oligarchen Juden, Aserbaidschaner, Armenier usw. Also hat sich auch die ethnische Zusammensetzung der herrschenden Klasse geändert. Und letztlich erforderte dieser Prozeß sogar nicht nur eine Erweiterung der eigenen Reihen, sondern er mußte auch breiten Kreisen der Bevölkerung mehr Chancen geben, wenn er erfolgreich laufen sollte. Und so kamen auch Menschen aus weiteren sozialen Schichten mit in Bewegung, die diese Transformation unterstützt haben.

Das waren zum einen Menschen aus sozialen Gruppen, die die Möglichkeit erhielten ihr Leben zu verbessern, einen neuen Status zu erlangen, einfach bessere Chancen zu haben. Also, neue Chancen gab es nicht nur unter den Privilegierten. Das einfachste Beispiel ist die Einrichtung der Kommerzbank. Diese Bank bedient die Bedürfnisse von Buchhaltern, mittleren Angestellten, Finanzbeamten usw. Da kann ein junger Mensch, auch wenn er keinerlei Beziehungen zur Nomenklatura hat, sich über die Kommerzbank einrichten, seine Karriere machen und so aufsteigen in die neue Bourgeoisie. Einige sind dabei auch ums Leben gekommen, die man einfach umgebracht hat. Ich erinnere eine ziemlich schreckliche Geschichte einer Bekannten: Sie war Hauptbuchhalterin einer Bank. Alles ging gut an, sie stieg schnell auf. Eines schönen Tages wollte die Bankleitung den Hauptbuchhalter wechseln; man entschied, es sei billiger, die Frau zu töten als sie zu entlassen. Man bestellte einen Killer, und sie wurde beim Spaziergang mit ihrem Kind erschossen.

Die frühen 90er Jahre sind voll solcher Geschichten ...

... man konnte aufsteigen oder untergehen; beides war möglich. Tatsache ist, für einen großen Teil der sowjetischen Menschen ergaben sich Möglichkeiten, ihr Leben in einer bis dahin nicht gekannten Weise zu verbessern. Einige schafften es, andere nicht. Aber so oder so brachte das eine große Basis von Befürwortern für die ganze Entwicklung, und das natürlich nicht nur bei denen, die effektiv erfolgreich waren, sondern auch bei denen, die auf Erfolg hofften oder zumindest die Chance dazu hatten.

In früheren Gesprächen haben wir immer von 4 % gesprochen, die um die Oligarchen herum so eine Art Dienstleistungsschicht gebildet haben.

Stimmt, aber Möglichkeiten hatten sehr viel mehr Menschen. Es ist wie beim sportlichen Wettkampf: Am Ende erhalten nur drei Menschen einen Preis, objektiv geht es also nur um drei Plätze, aber theoretisch kann das ganze Feld der Teilnehmer sich eine Chance versprechen. Das mindeste ist, daß sie den ganzen Wettkampf unterstützen. Dazu kommen noch die, die nicht teilnehmen, aber doch immerhin auf der Tribüne sitzen. Und so gab es eine große Gruppe der Bevölkerung, die diese kapitalistische Entwicklung unterstützte.

Da gab es zum anderen eine weitere Gruppe von Menschen – bedauerlicherweise eine sehr große –, die unterstützte die Entwicklung, weil sie tödlich ermüdet waren von der sowjetischen Ordnung und überhaupt nicht mehr einverstanden waren mit der sowjetischen Art des Lebens und sich nicht vorstellen konnten, daß das Leben unter kapitalistischen Verhältnissen vielleicht noch viel schlechter sein könnte.

Sagen wir so: Die erste Gruppe wurde nicht betrogen. Zwar haben nicht alle ihr Ziel erreicht, aber sie wurden nicht betrogen, sie hatten den Regeln des Spiels zugestimmt. Die zweite Gruppe dagegen wurde tatsächlich betrogen.

Das war aber doch die Mehrheit der Bevölkerung! Denen hat man doch das Blaue vom Himmel versprochen und sie dann einfach ins Leere laufen lassen.

Ja, natürlich, die Bergarbeiter z. B., die Jelzin unterstützten. Ich erinnere mich, das war wohl 1991, da saßen bei mir zwei Arbeiter aus Togliatti[20]. Es gebe rundum so viele Scheinarbeiter[21], meinten sie, die solle man doch alle entlassen und diese überflüssigen Arbeitsplätze abschaffen. Ich fragte, ob sie denn keine Befürchtungen hätten, daß man sie auch entlassen könne. »Wie denn?« antworteten sie, »wir bauen doch Autos! Unsere Arbeit wird doch gebraucht!« Danach sprach ich mit Bergarbeitern. Die meinten ebenfalls, es gebe zu viel überflüssige Arbeitsplätze, z. B. bei der Produktion des Lada und des Schiguli. Schlechte Autos, die nichts taugten. Da solle man die Produktion einstellen, die Leute entlassen. »Wir können doch ausländische Autos fahren«, meinten sie. Ich fragte auch sie, ob sie nicht befürchteten, selbst entlassen zu werden. Dieselbe Antwort: »Wieso uns? Wir schaffen doch Kohle!« Du verstehst, jeder denkt, die eigene Produktion wird gebraucht, das andere ist überflüssig, das kann man einstellen. Sie verstehen nicht, daß es im Kapitalismus nicht darum geht, was gebraucht wird, sondern darum, wie hoch der Preis durch die Nachfrage steht. Das sind die sowjetischen Leute.

Ich erkläre das Studenten heute so: Stellt euch vor, da kommt einer mit einer Pistole, hält sie euch an den Kopf und fordert euch auf abzudrücken; macht ihr das? »Natürlich nicht«, antworten sie. Ich sage, o. k., aber wenn ihr noch nie eine Pistole gesehen habt, und ihr habt keine Ahnung, wie das Ding funktioniert, und wenn dann einer kommt und euch auffordert, mal zu probieren, dann ist das eine völlig andere Situation. So war das mit dem sowjetischen Menschen; er hatte keine Ahnung, welche Pistole ihm da an den Kopf gesetzt wurde; er hatte einfach keine Ahnung, wie der Kapitalismus funktioniert.

20 Stadt im heutigen russischen Oblast Samara, in der die Automarken Lada und Schiguli produziert wurden.

21 Russisch im Original: »besdelniki«. Ich habe das Wort mit »Scheinarbeiter« übersetzt. Es bezieht sich auf das seinerzeit in der Sowjetunion bestehende Problem, daß Menschen für Arbeitsplätze bezahlt wurden, die sie einnahmen, aber nicht für die Arbeit, die sie effektiv leisteten.

Inzwischen wissen wir das schon, »wir« im weiteren Sinne gemeint. Damals waren die, die dem Kapitalismus kritisch gegenüberstanden, in der Minderheit. Sie waren zudem in zwei Gruppen geteilt. Da waren zum einen die alten sowjetischen Stalinisten. Die begriff man einfach nur noch als Teil der alten Welt, die am Verschwinden war, die keine Autorität mehr hatte. Da waren die anderen, sagen wir, demokratischen Linken, wie Busgalin[22], wie ich und andere, die schon eine Vorstellung vom heutigen Kapitalismus hatten, aber uns wurde trotzdem nicht geglaubt. Wir wurden zum einen von der liberalen Intelligenz marginalisiert, zum anderen von den Stalinisten, weil wir nicht bereit waren, das richtig zu finden, was sie sagten, die einen wie die anderen.

Aber Boris, da muß ich einhaken: Wenn ich heute die Gespräche von damals durchlese, dann sehe ich, daß ihr seinerzeit die Dinge noch anders gesehen habt, als du es heute beschreibst. Du erinnerst dich sicher: Im allerersten Gespräch, das wir führten, hieß es von eurer, konkret auch von deiner Seite damals: »Wir sind der linke Flügel der Perestroika.« Da klingen doch noch Hoffnungen auf sozialistische Erneuerung durch.

Ja, das stimmt. Das war im Sinn der sozialistischen Transformation der sowjetischen Gesellschaft gemeint, ganz im Geiste der Worte Gorbatschows von »mehr Sozialismus«. Man muß sagen: Worin bestand das Drama der damaligen sozialistischen Linken? Für die Stalinisten war alles sehr einfach, obwohl diese Einfachheit sie zugleich auch gelähmt hat. Warum? Das muß man vor dem Hintergrund der damaligen Krise und ihrem Verständnis davon sehen: Da kommt auf einmal die kapitalistische Restauration, und sie verstehen es nicht. Warum nicht? Weil, wenn doch alles in Ordnung war, wie sie dachten, es keinen Grund für diese Umstürze gab. Dementsprechend klangen ihre Erklärungen: Einflußagenten, schlechte Leute, Verräter usw. Das war so ein Ultra-Subjektivismus, der es nicht erlaubte, die sozialen Prozesse auf einem analytischen Niveau, im strategischen Sinne zu verstehen und zu erklären. Wenn alles nur Ergebnis von Einflußagenten ist, dann kannst du nichts erklären. Das geht bei ihnen übrigens bis heute so weiter …

22 Busgalin, Alexander, Prof. der Ökonomie an der Moskauer Staatsuniversität, Gruppe »Marxismus 21«.

Ja, klar, das sind die bekannten Muster, mit denen man sich vor der Erkenntnis eigener Fehler schützt ...

... eben das; und darüber hinaus geht es dann nur um Zerstörung. Da wird nicht begriffen, daß die andere Seite etwas aufbauen will, etwas Neues an die Stelle dessen setzten will, was besteht. Wobei das Problem natürlich ist, daß tatsächlich unheimlich viel zerstört wurde und man auf all das immer hinweisen konnte: Das und das und das wurde zerstört. Aber mit solchen Hinweisen konnte man natürlich nicht erklären, warum das geschieht, was da wirklich geschieht usw. Man muß die Logik in der Zerstörung verstehen, um zu begreifen, was die andere Seite will. Die hat ihre Ziele, die nicht nur einfach mit Zerstörung beschrieben werden können. – Was nun die demokratische Linke betrifft, gab es auch Probleme, die waren vor allem moralischer Natur. Ich habe darüber verschiedentlich geschrieben. Auch darüber, wie naiv wir damals waren, wo wir uns in unserer Naivität geirrt haben. Was war die Situation? Die sowjetische Gesellschaft kam auf ihren kritischen Höhepunkt. Um etwas zu verändern, war es nötig, einige Schritte zurückzugehen. Das war so eine Bewegung im Rückwärtsgang, die unvermeidlich war. Aber du kannst ja nicht immer rückwärts gehen. Wenn du dich jedoch umdrehst, um sozusagen vorwärts zurückzugehen, gibt es sofort ein großes Problem: Was vorher rechts war, ist nun plötzlich links. Du erinnerst dich sicher, daß damals eine große Irritation entstand, was rechts und was links ist.

O ja, ich erinnere mich gut! Ich weiß noch sehr genau, wie schwer es mir selber fiel, das zu verstehen, und wie schwer es mir fiel, das meinen deutschen Freunden und Leserinnen zu erklären. Das hat nicht nur bei euch zu einer tiefen Verwirrung geführt.

Es war eine echte Desorientierung! Man wußte einfach nicht mehr, was links und was rechts war. Man mußte sehr genau hinschauen, was wirklich geschah. Aber diese Bewegung zurück war unausweichlich; sie war nötig und zugleich regressiv, ein Rückschritt, kein Fortschritt, sozusagen ein gewollter Fortschritt im Rückschritt. Das war eine ziemlich wackelige Situation, einerseits alles gut, andererseits alles schlecht. Generell wird da sichtbar, daß Phasen des Rückschritts, der Reaktion, der Restauration auch Phasen des historischen Fortschritts sind.

In der Tat eine harte Lehre der Geschichte. Nicht sehr einfach zu verstehen und noch keineswegs von allen heute verstanden. Da wird noch viel erklärt werden müssen ...

… historische Dialektik, ja. Aber das war nur das erste Problem. Das zweite entstand, als sich eine Bewegung bildete und sich die Frage erhob, wie weit man zurückgehen muß und wann wieder voran. Hier entsteht ja ein riesiges Problem, denn das hängt nicht vom persönlichen Wollen eines einzelnen Menschen, auch nicht einer ganzen Gruppe ab, wie weit man da gehen muß oder kann, das sind allgemeine Prozesse. Wenn du an der Macht bist, dann kann kannst du das bestimmen, vielleicht …

… nein, nein, Boris! Selbst die an der Macht können es nicht, denke ich. Letztlich sind auch sie eingefügt in den Fluß der Ereignisse, und hinter ihrem Rücken verwandelt sich das, was sie wollten, in etwas, woran sie vorher gar nicht gedacht hatten …

(lachen beide)

… aber sie können es immerhin versuchen. Die ganze Konzeption der Leninschen NEP[23] war auf einem solchen Versuch aufgebaut. Nach dem Motto: Wir schaffen uns selbst unseren Thermidor[24]. Allerdings braucht man dafür einen Lenin[25] und man braucht die entsprechende Macht. Außerdem, zugegeben, wissen wir natürlich, daß selbst dieser Versuch so endete, wie man es nicht wollte …

Ja, genau! Wissen wir: Der Versuch endete mit Stalin, auch das eine harte Lehre. – Aber kehren wir doch zu heute zurück.

Gut, was war das, was wir prinzipiell nicht richtig verstanden? – Wir hatten keine zutreffende Einschätzung über Wucht, Energie und Tiefe der Rückwärtsbewegung, die uns da herausforderte. Wir glaubten, daß es eine sehr starke, mächtige Energie in der sowjetischen Lebensweise, der sowjetischen Struktur und der sowjetischen ideologischen kulturellen Normen gebe, die es nicht erlauben würde, daß ein Prozeß zu weit zurück zum Kapitalismus sich entwickeln könnte.

23 NEP – Neue ökonomische Politik, mit der die Bolschewiki ab 1921 versuchten, die Probleme des Kriegskommunismus durch teilweise Wiederzulassung von Marktstrukturen, vor allem in der Landwirtschaft zu überwinden.

24 Thermidor – am 8. Thermidor 1974 (nach der Zeitrechnung der Franz. Revolution) endete die Herrschaft Robespierres, am 10. Thermidor wurde er hingerichtet. Seither wird der Begriff »Thermidor« als Synonym für die Beendigung nachrevolutionärer Schreckensherrschaft gebraucht.

25 Lenin, Wladimir, von Haus aus Wladimir Iljitsch Uljanow, Begründer der Bolschewistischen Partei, Kopf der Oktoberrevolution 1991, Begründer der Sowjetunion.

Wir dachten, wir gehen ein paar Schritte zurück, aber weiter werde die Gesellschaft es nicht zulassen. Dieser Prozeß werde sich an den realen Werten der sowjetischen Periode brechen, um welche die Menschen fundamental kämpfen werden. Und dann werde der Prozeß sich wieder in die richtige Richtung wenden. Es zeigt sich aber, daß die Wucht der kapitalistischen Restauration um vieles mächtiger war, als wir gedacht hatten. Das war unser hauptsächlicher Fehler. Dieser Fehler wurde endgültig deutlich, als wir 1993 im Widerstand gegen die Jelzinsche Machtergreifung unterlagen.

Vielleicht muß man nicht von Fehler sprechen, sondern von einer Niederlage ...

... doch, doch, wir dachten, der Prozess der Kapitalisierung wird nicht sehr tief gehen, er würde ein, zwei Jahre andauern, und dann würde es eine neue Möglichkeit für einen demokratischen Sozialismus geben.

Ja, das stimmt, diese Hoffnungen kommen aus den ersten Gesprächen noch deutlich heraus, und das waren in der Tat eindeutig Illusionen.

Wir dachten, das ganze sei nicht für lange. Eine Art Krankheit, unausweichlich, irgendwie sogar folgerichtig, aber dann werde alles wieder seinen richtigen Weg gehen. Man könnte auch sagen, wir überschätzten den sowjetischen Menschen. Die Deklassierung des sowjetischen Menschen ging aber äußerst schnell vor sich. Er verlor sehr schnell seine alten sowjetischen Bindungen, seine sozialen Normen, er verwandelte sich äußerst schnell in diese atomisierte Persönlichkeit, nicht lumpenisiert, das betone ich, aber er verwandelte sich einen Menschen, der nicht mehr an kollektivem Widerstand interessiert war, sondern den individuellen Ausweg suchte. Ich erinnere mich noch daran, wie ich mit Catherine Samary sprach, der französischen Soziologin[26], und ich ihr sagte, daß man diesem kapitalistischen Prozeß Widerstand entgegensetzen müsse. Sie antwortete, daß die Menschen keine kollektiven, sondern individuelle Lösungen suchen würden. Ich habe mich damals mit ihr gestritten, aber ich habe nicht Recht behalten. Die Menschen suchen Auswege, ja, aber nicht mehr über solidarische Beziehungen, sondern über individuelle Anpassung. Wobei man sagen muß, daß sie zum Teil sehr interessante, sehr intelligente individuelle Wege fanden.

26 Samary, Catherine, Wirtschaftswissenschaftlerin an der Universität von Paris-Dauphine und am Institut für Europäische Studien der Universität von Paris.

Und heute?

Das muß sich zeigen. Es stellt sich die Frage, ob wir jetzt allmählich an die Grenze der individuellen Anpassung kommen, wenn jetzt Situationen entstehen, in denen die individuelle Anpassung nicht mehr funktioniert und in denen man seine eigenen Interessen nur noch in kollektiver Aktivitäten wahrnehmen kann. Es kann sehr gut sein, daß wir jetzt an diesen Punkt gekommen sind. Ein erstes Anzeichen dafür war die Protestbewegung 2005, als die Pensionäre auf die Straße gingen und gegen die Monetarisierung protestierten. Das war ein Signal, daß die Bevölkerung nicht nur in Gestalt einzelner Menschen, sondern auch im Sinne sozialer Strukturen ihre eigenen Interessen zu verteidigen bereit ist.

Gut Boris, darüber können wir gleich noch genauer sprechen.[27]

Ja, kommen wir zum Ende dieses Blocks; also was war unser Fehler? Inwiefern waren wir naiv? Wir waren naiv in der falschen Einschätzung der Möglichkeiten der Integrationskräfte eines möglichen russischen Kapitalismus und seiner Möglichkeiten, einen vollkommenen Kapitalismus peripheren Typs aufzubauen. Und wenn du fragst, was das ist: Natürlich ist das eine Restauration. Es ist eine Restauration als Phase von Revolution. So wie Revolutionen eben verschiedene Phasen haben. Nehmen wir zum Beispiel die große Französische Revolution. Da gab es die Revolution, dann die Jakobinische Diktatur, dann die Thermidorianer, dann den Bonapartismus und die Restauration. Wir erleben heute ähnliches, nur in sehr viel längeren Abständen, und in diesem Sinne ist Restauration selbstverständlich der Auftakt zu neuer Revolution …

… aber auch da gilt natürlich, was du vorhin gesagt hast: Das ist kein fixierbares Modell …

Wieso? So kommt es immer: Nach einer Restauration kommt immer eine Revolution!

Nun ja, so wie eine meiner allerersten russischen, zu der Zeit noch sowjetischen Gesprächspartnerinnen sagte, als ich sie fragte, wie es weitergehen werde: »Alles wird gut, fragt sich nur wann!«

(lachen beide)

27 Siehe dazu den 2. Block dieses Rahmengespräches am Ende des Buches.

Ja, kann sein in einigen Monaten, kann sein in einigen Jahren. Kann auch sein, daß ich mich irre, aber mir scheint, daß wir uns in Rußland und auch im globalen Maßstab an einem Wendepunkt befinden. Man möchte natürlich immer, daß alles schneller geht, aber wir werden sehen, wie es wirklich kommt.

März 1988

Erste Kontaktaufnahme

Die Situation: Es geht ins dritte Jahr nach dem Amtsantritt Michail Gorbatschows 1985. Die Plenarsitzung des ZK der KPdSU hat das Konzept der »Beschleunigung der sozial-ökonomischen Entwicklung der UdSSR« beschlossen. Der XXII. Parteitag hat es im Frühjahr 1986 zur Grundlage für das Parteiprogramm erhoben. »Neues Denken«, »Glasnost« und »Perestroika« heißen die Parolen, die seitdem über das Land gehen und die Welt aufhorchen lassen. Einseitige Moratorien der UdSSR zu Mittelstreckenraketen und Atomwaffen sprechen eine neue Sprache. Reformen überschlagen sich: Kleine Verkaufsbuden werden erlaubt. Andrei Sacharow[28] wird rehabilitiert, weitere Dissidenten, u. a. Boris Kagarlitzki, werden aus der Haft entlassen. Über Stalin darf diskutiert werden. Das ZK-Plenum Anfang 1987 beschließt die politische Perestroika: Die Partei soll sich öffnen. Anfang 1987 erlebt die Sowjetunion erstmals eine Kommunalwahl mit unabhängigen Kandidaten. Das ZK-Plenum vom Juni 1987 bekräftigt ausdrücklich die weitere Umgestaltung des Wirtschaftslebens.

Aber es gibt auch rückläufige Tendenzen. Boris Jelzin, von Gorbatschow 1985 eigens aus Jekaterinburg zur Unterstützung seines Umbauprogramms nach Moskau geholt, wird wegen einer Rede vor dem ZK, in der er einen schleppenden Gang der Perestroika kritisierte, als Moskauer Parteichef abgesetzt. Sonderkommandos gehen gegen Unruhen in Armenien vor. Souveränitätsbestrebungen der Republiken stoßen bei Gorbatschow auf Widerstand.

Kurz, Perestroika ist den Kinderschuhen entwachsen und beginnt sich zu differenzieren: Schrittweise marktwirtschaftlicher Umbau des Sozialismus oder schnelle Öffnung zur vollen Marktwirtschaft nach westlichem Muster? Das sind die Fragen, um die es jetzt geht. Das folgende Gespräch erläutert die Situation, die nach dem Sturz Jelzins entstanden ist. Das Gespräch ist der erste Versuch, über

28 Sacharow, Andrei, Atomphysiker, Dissident, 1980 nach Gorki verbannt, 1986 rehabilitiert.

Fernanalysen hinaus einen authentischen Zugang und eine gemeinsame Sprache mit sowjetischen Linken zu den Ereignissen zu finden. Das Gespräch erscheint im *Arbeiterkampf (ak)*, Zeitung des »Kommunistischen Bundes«, im März 1988 unter der Überschrift »Wir sind der linke Flügel der Perestroika.«[29]

Ausgewählte Daten dieser Zeit auf einen Blick:

11.03.1985 Gorbatschow Generalsekretär der KPdSU

April 1985 ZK der KPdSU beschließt das Konzept der sozial-ökonomischen Beschleunigung.

24.12.1985 Jelzin wird Moskauer Parteichef.

25.02.–06.03.1986 19. Parteitag der KPdSU erhebt sozial-ök. Beschleunigung zum Parteiprogramm.

26.04.1986 Reaktorhavarie von Tschernobyl.

19.12.1986 Sacharow wird rehabilitiert; weitere Dissidenten werden entlassen.

27.–28.01.1987 Das ZK-Plenum beschließt Demokratisierung der Partei, Änderung des Wahlsystems.

21.06.1987 Kommunalwahl zu Parteideputierten erstmalig mit unabhängigen Kandidaten.

25.–26.06.1987 ZK Plenum beschließt Umgestaltung des Wirtschaftslebens.

Jan. 1987 Kooperativen, Joint-Ventures und Privatarbeit zugelassen.

21.10. 1987 Jelzin wird als Moskauer Parteisekretär abgesetzt.

01.01.1988 Neues Arbeitsgesetz, eigenverantwortliche Rechnungsführung der Betriebe.

(Weitere Daten in der Chronologie im Anhang)

29 *Arbeiterkampf (ak)*, Zeitung des »Kommunistischen Bundes«, Nr. 292, vom 7. März 1988, S. 10 ff.

»Wir sind der linke Flügel der Perestroika«[30]

Wie wurde innerhalb der KPdSU auf den Sturz Jelzins reagiert? Vertrat Jelzin nicht auch einen Flügel innerhalb der Kommunistischen Partei?

Innerhalb der Föderation sind wir uns darüber einig, daß die KPdSU nicht als ein monolithisches Gebilde betrachtet werden kann. Innerhalb der KPdSU gibt es derzeit drei Hauptströmungen: zum einen den stalinistisch-konservativen Flügel, dann den Flügel der technokratischen Reformer, deren Anhänger das administrative System nicht verändern, sondern lediglich optimieren und rationalisieren wollen, und schließlich die Strömung der Reformer und der Liberalen. Diese Strömung unterteilt sich wiederum in drei Subströmungen: Technokraten, kulturelle Reformer (cultural liberals), moderate liberale Technokraten. Sie bilden zusammengenommen den dritten liberal-reformerischen Block innerhalb der Partei. Dieser Block war maßgeblich für die Perestroika-Anstrengungen der ersten zwei Jahre. Derzeit sieht es so aus, als ob die Konservativen – zumindest auf lokaler Ebene – Bodengewinne machen.

30 Gesprächspartner seitens des *ak* ist »m« im Auftrag der Redaktion des *ak*. Dieses Gespräch gehört als Einstieg unverzichtbar zu den Gesprächen, die im weiteren in diesem Buch dokumentiert werden, auch wenn es noch nicht von mir (ke) geführt, sondern nur redaktionell begleitet wurde. Ich habe es für diese Dokumentation formal überarbeitet, sachlich aber keine Veränderungen vorgenommen. Die Situationsbeschreibung des Vorspanns folgt ebenfalls dem *ak* 292, allerdings überarbeitet und ergänzt – ke.

Wie verhielten sich die Mitglieder der KPdSU bzw. des KP-Jugendverbandes Komsomol während der Unruhen an der Lomonossow-Universität?[31]

Die Parteiorganisation der Universität ist praktisch vollständig von konservativen Mitgliedern dominiert. Auf der anderen Seite gibt es bei den studentischen KP-Mitgliedern entschiedene Radikal-Demokraten, die die Perestroika vorantreiben wollen. Innerhalb der Parteistrukturen gab es also jede Menge Zoff. Wladimir Grabanik[32], ein KP-Mitglied, war beispielsweise gleichzeitig Sprecher der unabhängigen Initiativgruppe. Man versuchte ihn deshalb aus der KP auszuschließen. Dies wurde von seinen Unterstützern innerhalb der KP-Universitätszelle verhindert. So blieb er in der Partei. Er ist eine sehr fähige Person, ein Ökonom und Bucharin-Spezialist.

Gab es andere vergleichbare Bewegungen zur Jelzin-Frage?

Jede Menge! Wir hatten in unserem Bulletin darüber berichtet. Mehr schlecht als recht versuchte die »Föderation«, diese Aktivitäten zu koordinieren. Zum Beispiel gab es eine Briefkampagne: Die Briefe gingen an das ZK und an das Moskauer Partei-Komitee. Wir hatten auch eine Petitionskampagne. Die Leute schrieben Petitionen und sammelten Unterschriften. Wir hatten aus westlichen Medien erfahren, daß Jelzins Sturz bevorstand. Die Sowjet-Bürger wurden über die Massenmedien nicht informiert. Man hatte dem Ausland Informationen gegeben, die vor den eigenen Bürgern geheimgehalten wurden. Die Leute bei uns empfanden das als echte Beleidigung.

31 Boris Kagarlitzki hatte zuvor von den Unruhen an der Moskauer Lomonossow-Universität infolge des Jelzin-Sturzes berichtet. Die Studenten forderten in Unterschriften-Kampagnen die Wiedereinsetzung Jelzins und die Veröffentlichung der für seinen Sturz maßgeblichen Rede vor dem ZK. Sie organisierten eigenmächtig eine Protestversammlung auf dem Campus und wählten eine Initiativgruppe zur Koordinierung der weiteren Schritte. Wie aus anderer Quelle zu erfahren war, wurden beispielsweise auch die Vorlesungen eines Uni-Professors erfolgreich boykottiert. Dieser war mit öffentlichen Beschimpfungen Jelzins – nach dessen Sturz, versteht sich – unangenehm aufgefallen. Der Vorlesungsboykott soll erst nach einer öffentlichen Entschuldigung des Professors beendet worden sein. Die Universitätsleitung verbündete sich während des Konflikts nicht ungeschickt mit den konservativen KP-Anhängern innerhalb der Universität und fuhr gleichzeitig schwere Geschütze gegen die Mitlieder der unabhängigen Initiativgruppe auf: Sie sollten von der Uni fliegen, eine weitere VV wurde verboten. Damit wurde erreicht, daß sich der Schwerpunkt der Auseinandersetzung verlagerte. Nicht mehr die Forderung nach Glasnost im Fall Jelzins, sondern der Schutz der von den Repressalien Betroffenen stand künftig im Mittelpunkt der Auseinandersetzung. Die Mitglieder der Initiative konnten erfolgreich verteidigt werden, eine reale Glasnost-Bewegung aber kam nicht auf die Beine. (Anmerkung nach *ak* 292)

32 Grabanik, Wladimir, Ökonom und Bucharin-Spezialist.

Die Aktivisten der unabhängigen Clubs hatten eine gemeinsame Stellungnahme erstellt. Von der Metro-Haltestelle »Straße von 1905« unmittelbar vor dem Büro der Lokalzeitung »Moskowskaja Prawda« haben wir Unterschriften bei den Passanten gesammelt. Innerhalb von zwanzig Minuten hatten wir vierzig Unterschriften! Dann kamen die Polizei und der örtliche Verwaltungschef, Herr Schocholow[33], und sie brüllten, dies sei eine illegale Demonstration. Nun begannen sich über hundert Leute für die Auseinandersetzung zu interessieren und immer wütender zu werden über Herrn Schocholow. Dieser ließ schließlich die Unruhestifter festnehmen. Sie wurden nach kurzer Zeit wieder freigelassen. Wir hatten später mehrere solcher Aktionen durchgeführt, ohne daß es zu Verhaftungen kam. Die beiden Organisatoren dieser Aktionen waren Aleksei Kowalew[34] und Wladimir Gurbolikow[35]. Kowalew ist ein Sprecher der »Kulturökologischen Bewegung« in Leningrad. Er kam nach Moskau, um während der Jelzin-Krise seine Solidarität unter Beweis zu stellen. Gurbolikow ist Herausgeber des Moskauer »Óbschtschina«-Bulletins. Sie repräsentieren ganz unterschiedliche Clubs. Gurbolikow steht weit links und hätte wohl sehr gut in die bundesdeutschen APO-Auseinandersetzungen hineingepaßt. Insgesamt wurden etwa 400 Unterschriften gesammelt. Es gab weitere Unterschriften unter den Petitionen anderer Gruppen.

Quantitativ bewegen sich diese Aktivitäten auf einem extrem niedrigen Niveau.

Das ist richtig. Du mußt berücksichtigen, daß nach einer Viertelstunde die Aktionen polizeilich aufgelöst wurden. Es wurden darüber hinaus einige Tausend Protestbriefe verschickt. Wegen ihrer öffentlichen Form war die Petitionskampagne psychologisch betrachtet jedoch bedeutsamer.

Wie verhielt sich der reformerische Flügel der KPdSU? Gab es Proteste auf Massenebene, etwa innerhalb der Gewerkschaften?

Wir wissen von mindestens zwei Demonstrationen in Swerdlowsk. Wir haben über die Größe dieser Demonstrationen allerdings keine gesicherten Informationen. Es gab auch in vielen anderen Städten Briefkampagnen. Innerhalb des Appa-

33 Schocholow, örtlicher Verwaltungschef eines Moskauer Bezirks.

34 Kowalew, Aleksei, Sprecher der sog. Kulturökologischen Bewegung in Leningrad, ab 1993 Vorsitzender der Menschenrechtskommission im Kabinett des Präsidenten.

35 Gurbolikow, Wladimir, Herausgeber des Moskauer *Óbschtschina*-Bulletins.

rats wird es viele radikale, progressive Kräfte geben, die aufgrund des Jelzin-Falls ängstlicher geworden sind und jetzt nicht als Avantgardisten oder Linksradikale abgestempelt werden wollen.

Der Jelzin-Sturz zielte auf Einschüchterung?

Richtig. Das war auch der wesentliche Grund für unsere Proteste. Es ging uns nicht unbedingt darum, Jelzin als Person zu verteidigen. Seit langem wurde nur über eine Gefahr geredet: über die Gefahr des Konservativismus. Und nun scheint es eine weitere Gefahr zu geben: Die Gefahr des Avantgardismus. Heute sagen die Leute, o. k., es gibt eine Art Generallinie, und wer sich rechts oder links davon bewegt, ist zu kritisieren. Die Linken konnten sich vor dem Sturz Jelzins sicher fühlen. Der Hauptfeind stand rechts. Heute ist Vorsicht angesagt. Denn der Mittelbau der Apparate ist vollkommen in der Hand der Konservativen. Diese Kräfte nutzen den Vorwurf des Avantgardismus als ideologische Allzweckwaffe gegen die Reformer; ja selbst gegen die gemäßigten Reformer und die Anhänger Gorbatschows.

Deine Aussagen bestätigen, daß der Einfluß der unabhängigen Gruppen auf die Apparate oder im alltäglichen Leben zumindest z. Zt. eher schwach ist.

Keineswegs. Ihr Einfluß ist groß. Man muß die Entwicklung sehen. Es gab zuvor praktisch keine unabhängige Gruppe. Ihre Wachstumsrate zeigt, daß sich hier ein sehr wichtiger Prozeß abspielt. Unser Problem besteht darin, diese Entwicklung im realen Leben tatsächlich zu verankern. Nur dann können wir in einer komplizierteren Situation als der jetzigen die Fortschritte verteidigen.

1987 war die Zeit der Perestroika-Flitterwochen. Es war noch ausreichend, sich für Perestroika auszusprechen und das Ideal eines demokratischen Sozialismus zu verteidigen. Diejenigen, die diese Prinzipien unterstützten, kamen in immer größeren Scharen zur Bewegung. Heute steht fest, daß das nicht reicht. Von oben wird uns gesagt, o. k., wir haben nichts gegen eure Bewegung, aber ihr solltet auch einmal etwas Konkretes für die Perestroika tun, z. B. der Regierung dabei helfen, die Produktionsrate der Betriebe zu erhöhen. Das ist natürlich ganz absurd. Gleichzeitig müssen wir aber im Konkreten den Nachweis bringen, daß wir in der Lage sind, etwas zu verändern. Wir werden der Propaganda der Rechten auf die Dauer nicht standhalten können, wenn wir nicht den Vorwurf widerlegen, wir seien die ewigen Nörgler, die nicht die geringste praktische Veränderung bewirken. Wir müssen, wenn auch auf niedrigstem Level, sichtbare Veränderungen bewirken. Nicht nur als taktisches Mittel zur eigenen Verteidigung, sondern auch, um die unabhängige Bewegung im realen Leben zu verankern. Wie befinden uns deshalb in einer sehr, sehr schwierigen Periode. Die linksorientierten Leute aus den Bewegungen können, wie du weißt, besser kritisieren als etwas Konkretes anpacken.

Nenne doch mal ein Beispiel, was du unter konstruktiv verstehst.

Zum Beispiel Leute verteidigen, die auf unterschiedlichsten Ebenen in ungerechtfertigter Weise von Regierungsstellen diszipliniert wurden. Wenn es uns gelingt, jemandem seinen Job wiederzubeschaffen, ist das ein konkreter Erfolg. Ein anderes Beispiel: Den »Föderations«-Aktivisten im sibirischen Krasnojarsk war es gelungen, einen korrupten Stadtchef aus seinem Amt zu schmeißen. Es gab auch eine Kampagne von einer Gruppe namens »Boisked«, die verhindern wollte, daß Studenten in Moskauer Gemüseläden geschickt werden, um dort eine Art unbezahlter Sozialarbeit zu absolvieren. Sie wollen die Ausbeutung der Studenten verhindern und sind recht erfolgreich: Die offiziellen Stellen haben dieses Problem zumindest als Gegenstand der Debatte bereits akzeptieren müssen. In einer weiteren Kampagne versuchen wir, eine alte Moskauer Straße, den sog. Arbat, in eine Art Hyde Park zu verwandeln …

… freie Reden …

… nicht nur freie Reden. Wir wollen dort auch Musik haben. Sänger, Gitarristen.

Wie steht es mit einer Erfindung aus der chinesischen Kulturrevolution …

Wandzeitungen! Ab und zu werden sie benutzt, aber eher selten.

Wo?

Überwiegend in den Provinzstädten. In Moskau halten die Leute eher Reden oder sprechen in ein Mikrophon und verteilen Tonbandkassetten. Wir müssen also lernen, praktische Dinge auf die Beine zu stellen. Ferner müssen wir ein Informationsnetz entwickeln. Zum Beispiel organisieren wir soziologische Untersuchungen, etwa über die informellen Gruppen oder die Preissteigerungen. Wichtig sind auch die ökologischen Gruppen, deren Aktivitäten sich in den verschiedenen Städten gegen die Chemieanlagen konzentrieren. Sie wollen diese Chemiewerke loswerden. Zum Beispiel in Wolgograd, dem ehemaligen Stalingrad: Die dortige Chemieanlage wird im Volksmund unser Bhopal[36] genannt.

Laß uns bei der großen Industrie weitermachen. Was hat sich dort, etwa in gewerkschaftlicher Hinsicht, an Veränderungen vollzogen?

Die Gewerkschaften haben ihre neue Rolle noch nicht gefunden. Ihr Problem besteht darin, daß sie einfach nicht sichtbar sind. Zumindest die offiziellen Gewerkschaften.

Es gibt inoffizielle Gewerkschaften?

Es gibt inoffizielle Initiativgruppen, die das tun, was die Gewerkschaften tun sollten. Sie betrachten sich allerdings in keiner Weise als Ansatz für alternative Gewerkschaften. Sie verteidigen Arbeiterrechte, ohne sich über Gewerkschaftsfragen Gedanken zu machen.

Meine Moskauer Gesprächspartner zeichneten mir gegenüber ein recht gutes Bild von Arbeitsbrigaden, innerhalb derer die Beschäftigten unter Berücksichtigung aller sozialen Faktoren selbst entscheiden, wieviel Lohn an wen ausgezahlt wird. In vielen Fällen soll es darüber hinaus vorgekommen sein, daß Betriebsleiter etwa aufgrund eines Mehrheitsentscheids der Belegschaft den Hut nehmen mußten. Ist das wahr?

Manchmal verhält es sich tatsächlich so. Aber es ist immer eine Frage des Kampfes. So revoltierten beispielsweise in dem Verlagsbetrieb, wo meine Frau arbeitet, die Beschäftigten gegen ihren Chef und forderten seine Entlassung. Das ist dann schließlich auch passiert. Aber immer war es eine Frage der Konfliktbereitschaft. Ab und zu sind die regierenden Stellen aufgeschlossen gegenüber Belegschaftsprotesten.[37] In der Mehrzahl der Fälle, die mir bekannt sind, verhielt sich die Regierung allerdings unnachgiebig und versuchte wieder und wieder, diese Art von Kritik zu unterdrücken. Zumindest zu Beginn eines Konflikts. Nur in den Fällen, wo die Belegschaften den Konflikt intensiviert hatten, sah man sich seitens der Regierung in der Lage, Kompromisse anzupeilen. Allein schon, um eine Eskalation zu vermeiden, die für die Regierenden selbst gefährlich wer-

36 Die Chemiekatastrophe in Bhopal, Indien, forderte 1984 Tausende von Toten.

37 Man merke: Zu dieser Zeit hatten noch regierende Stellen darüber zu entscheiden, ob ein Betriebsleiter gehen muß oder nicht.

den könnte. Aber ich möchte dennoch betonen, daß es eine Reihe von positiven Dingen gibt. Die sogenannte Brigadisierung begann schon 1980 unter Breschnew[38]. Vielleicht auch noch früher. Das entwickelt sich weiter: Dies ist eine positive, wenn auch begrenzte Neuerung. Natürlich sollen sich diese Brigaden[39] mehr oder weniger selbst verwalten. Aber dieser Selbstverwaltungsorganismus ist in eine Struktur eingebettet, die auf einer grundlegend anderen Basis beruht. Wenn es auf der Brigadeebene klappen soll, muß die Managementstruktur des Gesamtunternehmens bzw. die Struktur des gesamten Industriezweiges und letztlich die Struktur der nationalen Ökonomie reformiert werden. Bei den Brigaden handelt es sich also lediglich um einen, wenn auch sehr guten Schritt.

Man könnte diese Brigaden bezüglich der Selbstverwaltung als eine Art Schule betrachten?

Ja, das sind sie. Eine weitere im Prinzip ganz gute Idee war die Einrichtung der Räte der Arbeitskollektive (Council of work collectives). Die realen Möglichkeiten dieser Räte sind jedoch sehr begrenzt. Vor einer Woche machte ich im Moskauer Stadt-Radio eine Sendung über die Situation im Moskauer Pkw-Werk AZLK. Dort werden die Moskwitschs hergestellt. Dort steht der Arbeiterrat faktisch unter Kontrolle der Werksleitung und wird ausschließlich für die unpopulären Entscheidungen genutzt. Z. B. wenn es um Überstunden oder Samstagsarbeit geht, darf neuerdings der Arbeiterrat entscheiden. Einerseits waren die Council-Wahlen nicht besonders frei. Die Leute wurden stark beeinflußt. Wichtiger aber ist, daß der Status dieser Arbeiterräte unklar ist. Weil jeder davon ausging, daß dieser Rat ohnehin keine Rechte hat, war man auch nicht so richtig interessiert, gute Leute dort hineinzuwählen. Der Rat besitzt keine Rechte bezüglich der Entlohnung oder bezüglich der – bei uns sehr wichtigen – Zuteilung von Wohnungen.

Du sprichst jetzt über das neue Gesetz, das seit dem 1. Januar 88 in Kraft ist?[40]

Richtig. Diese Praxis basiert auf dem neuen Gesetz. In diesem Gesetz wird lediglich die Einrichtung dieser Räte vorgeschrieben. Es wird nicht gesagt, was von diesen Räten gemacht werden kann. Ein weiteres Beispiel: Nach dem neuen

38 Breschnew, Leonid, Generalsekretär des ZK der KPdSU von 1966–1982.
39 Die Brigaden hatten eine Stärke von ca. 300 bis 400 Personen (Anm. laut *ak* 292).
40 Siehe Chronologie im Anhang.

Gesetz müssen die Betriebsleiter gewählt werden. Ich kenne keinen einzigen Fall, wo dies geschehen ist. Nur in den Fällen, wo ein Direktor gezwungen wurde, zu gehen oder freiwillig ging, gab es eine Wahl. Noch nie wurde ein Direktor ohne äußeren Anlaß gezwungen, sich durch eine Wahl bestätigen oder absetzen zu lassen. Im übrigen sind die Beschäftigten weniger an der Wiederwahl ihres Direktors als vielmehr an der Kontrolle ihrer Abteilungsleiter (shop floor executives) interessiert.

Diese sind nicht wählbar?

Die werden eingesetzt. Die links orientierten Clubs fordern in erster Linie, daß diese Abteilungsleiter gewählt werden können, die dann wiederum auf einer Abteilungsleiterkonferenz den Direktor wählen können.

Gibt es eine Art Koordination zwischen den Beschäftigten, die im Sinne von mehr Arbeiterdemokratie die Perestroika vorantreiben wollen?

Allgemein gesprochen besteht die Mehrheit der Linken aus Intellektuellen, zum Beispiel Studenten oder jungen Akademikern. Inzwischen gibt es aber auch drei Gruppen, die sich speziell mit den Arbeiterrechten und dem Arbeiteraktivismus befassen. Eine Gruppe namens »Kompaß« (sie ist ausschließlich in der Moskauer Schuhfabrik verankert) ist dabei, ein Modell für reguläre Beziehungen zwischen der Club-Bewegung und den Beschäftigten auszuarbeiten. Dabei geht es beispielsweise darum, Vorträge vor der Arbeiterschaft zu halten. Zwei andere Gruppen versuchen im Prinzip dasselbe, jedoch mit anderen Methoden. So sucht eine Gruppe namens »Selbstverwaltung« (sie ist zum Teil auch Mitglied unserer Föderation), direkte Beziehungen zu den Brigaden herzustellen. Diese Gruppe besteht in Moskau aus einundzwanzig Mitgliedern, hat jedoch viele Kontakte. Die dritte Gruppe heißt »Arbeitervertrauen«. Sie hat übrigens mit der Trust-Gruppe absolut nichts zu tun. Sie ist in erster Linie in den westlichen Republiken verankert. In Moskau hat sie nur wenige Mitglieder. Ihr Ansatz ist die Verteidigung von Arbeiteraktivisten, die auf Betriebsebene Ärger bekommen haben, sowie die Verallgemeinerung dieser Erfahrungen. Sie benutzt neuerdings zur eigenen Information das Bulletin der Gruppe »Selbstverwaltung«. Innerhalb der Föderation existieren zwei größere Bulletins neben zahlreichen anderen: Die »Linkswende« (The left turn) und »Selbstverwaltung« (Self-Management). Zwischen beiden Bulletins ist ein regelmäßiger Artikelaustausch vereinbart.

Gibt es seitens der Gewerkschaften oder der Partei irgendeine Form von Repression gegen diese unabhängigen Organisierungsansätze?

Davon habe ich bisher nichts gehört. Ich gehe im Gegenteil davon aus, daß Partei- und Gewerkschaftsfunktionäre, die sich im Rahmen der Perestroika eine neue Rolle zulegen wollen, die unabhängigen Arbeiterinitiativen nutzen werden. Einerseits um sie zu integrieren, andererseits um von ihren Erfahrungen zu profitieren. Und die unabhängigen Initiativen würden das auch akzeptieren, falls sie für den Preis einer stärkeren Kontrolle eine echte Hilfeleistung bei konkreten Projekten bekommen würden.

Gab es im Betriebsbereich Reaktionen auf den Sturz Jelzins?

Nein. Diesbezüglich gab es Gerüchte, aber nichts Handfestes.

Was hat sich seit dem Sturz Jelzins real verändert? Äußern sich die Zeitungen moderater?

Nein. Es ist in jeder Hinsicht erfreulich, daß die Zeitungen nach wie vor sehr gut sind. Ich habe mit journalistischen Tätigkeiten einige Erfahrungen und weiß, daß die besonders radikalen Beiträge in der Regel nicht sofort gedruckt werden. Diese Beiträge müssen erst durch die Redaktionsinstanzen durchgeboxt werden. Dieser Prozeß gestaltet sich heute zuweilen etwas komplizierter. Gleichzeitig ist aber nach wie vor die Bereitschaft der Herausgeber vorhanden, derartige Beiträge zu veröffentlichen. Allgemein betrachtet macht im Pressewesen Glasnost weitere Fortschritte. Das ist ausgezeichnet und beweist, daß sich zumindest auf dieser Ebene durch den Perestroika-Prozeß bereits einige Elemente der Kontinuität herausgebildet haben. Man hat heute jedoch mehr Ärger mit den örtlichen Behörden. Es bereitet mehr Ärger, Informationen zu bekommen oder die Erlaubnis für eine offizielle Kundgebung oder Versammlung.

Haben schon einmal Demonstrationen zugunsten der Perestroika stattgefunden?

Erlaubte Demonstrationen? Nein! Nichtsdestotrotz wird von uns immer wieder die Genehmigung zur Durchführung einer Demonstration beantragt. Bei dieser Gelegenheit werden wir immer wieder als Unruhestifter und Störenfriede behandelt. Denn: Demonstrationen hindern Menschen am Spaziergang. Deshalb sind sie äußerst kontraproduktiv. Sie zerstören die soziale Ordnung, ja sogar die Ökonomie, da sie auch die Lkw an der Weiterfahrt hindern. Das letztere bekommen wir auch dann zu hören, wenn wir lediglich in einem Park demonstrieren wollen. Manchmal bekommen wir anstelle der Demonstrationserlaubnis immerhin eine Halle zugewiesen. Wir stimmen in solchen Fällen zu. Denn wir wollen tatsächlich nichts destabilisieren oder besonderen Ärger bereiten. Wir wollen lediglich wie normale Bürger[41] behandelt werden.

Welches sind die besten Perestroika-Zeitungen?

Es gibt zur Zeit wohl zwei Perestroika-Flaggschiffe. Zum einen die »Moskowski Nowosti« (Moscow News). Manchmal wird sie überholt von dem »Ogonjok«. Zwischen diesen beiden Wochenzeitungen gibt es viel Konkurrenz. Die dritte, zuweilen ebenfalls sehr gute Wochenzeitung heißt »Literaturnaja Gazeta«, Literaturzeitung.

Die Auflagen steigen?

Da die Papierproduktion nach Plan verläuft, kann trotz erhöhter Nachfrage nicht mehr gedruckt werden. Die Moscow News druckt heute nicht eine Ausgabe mehr als vor zwei Jahren.

Wie lange dauert es, bis sie ausverkauft ist?

Bei der »Moskowski Nowisti«? Fünf Minuten. Nach fünf Minuten ist nirgendwo mehr ein Exemplar zu bekommen. Die Leute stellen sich ab sechs Uhr oder fünf Uhr morgens vor den Kiosken in langen Reihen an und nach fünf Minuten ist alles vorbei.

Abschließend möchte ich etwas über die Positionen eurer Sozialistischen Initiative erfahren. Habt ihr keine Angst davor, daß die neue ökonomische Politik dazu beitragen kann, daß …

… eine neue Bourgeoise entsteht?

Richtig. Die chinesische Entwicklung scheint nicht immer ein gutes Vorbild zu sein.

41 Im Russischen gab es zu der Zeit dieses Gespräches das Wort Bürger lediglich in negativer Bedeutung. Der damaligen russischen Realität entsprach für die hier gemeinten Menschen eher Tschelowek (Mensch) oder Ljudi (Leute, Menschen). Inzwischen hat sich in der neueren Alltagssprache das Wort Graschdanin/Graschdanka (Staatsangehöriger/Staatsangehörige) in der Bedeutung »Staatsbürger der Zivilgesellschaft« etabliert. Am nächsten kommt dem wohl das englische Wort »citizen« oder auch das deutsche Wort »Mitbürger«.

Es gibt von der Reform zwei unterschiedliche Vorstellungen. Zum einen das Konzept der Linken. Zum anderen das eher offizielle Konzept der Technokraten. Ich möchte aber nicht behaupten, daß das technokratische Konzept sich bereits als Hauptrichtung durchgesetzt hat. Aber es gewinnt an Einfluß. Das Konzept der Technokraten basiert in erster Linie auf dem Gedankengut der Chicago-Schule. Es handelt sich um die Monetaristenschule um Schmeljew[42], Lisischkin[43] und andere[44]. Diese Leute wollen eine Art Austeritätspolitik: niedrige Löhne, staatliche Subventionen nur noch dann, wenn sich anders offene Konflikte nicht vermeiden lassen. Alle Macht den Managern. Selbstverwaltungskonzepte sind ihnen zufolge nichts anderes als idealistische Flausen einiger törichter Linker: All das Zeug, das ihr im Westen bestens kennt, nicht zuletzt aufgrund der Erfahrungen der Dritte Welt Länder. Wir vertreten die Auffassung, daß dieser Standpunkt ausgesprochen antidemokratisch ist. Wenn dies zur offiziellen Strategie werden sollte, wäre es im Nu aus mit Glasnost und dem demokratischen Element der Perestroika. Man kann nicht unpopuläre Maßnahmen ergreifen und gleichzeitig die Demokratie entwickeln wollen. Das ist ein Widerspruch in sich. Diese Monetaristen sind in gewisser Hinsicht umgekehrte Sozialdemokraten. Sie wollen das Volkseinkommen dergestalt verteilen, daß die Reichen reicher und die Armen ärmer werden. Ihrer Logik zufolge gibt es für die Armen keinen Anreiz, reicher werden zu wollen, solange die Reichen nicht reicher sind. Der einzige Unterschied zwischen dem westlichen Konzept der Monetaristen und dem sowjetischen Konzept besteht darin, daß das letztere auf der Staatsmacht basiert. Der Staat soll die Gelder zugunsten der Bessergestellten umverteilen. Das ist umgedrehter Sozialdemokratismus. Ich halte diese Auffassung für sehr gefährlich. Es gibt jedoch unter den Managern und Wissenschaftlern eine Position, die besagt, daß jetzt das Leben zehn Jahre lang härter sein muß, um in zwanzig Jahren für jeden gut zu sein. Das entspricht ein wenig dem traditionell-stalinistischen oder vielleicht auch dem maoistischen Denken nach dem Motto: drei Jahre Arbeit für 300.000 Jahre Ruhm. Das Hauptproblem der Linken besteht nun darin, diesen Markt-Extremismus zu kritisieren, ohne gleichzeitig

42 Schmeljew, N., Ökonom, Vertreter der Chicagoer Schule Milton Friedmans (siehe: Kagarlitzki, *Farewell Perestroika*, S. 122).

43 Lisischkin, G., Ökonom, Vertreter der Chicagoer Schule Milton Friedmans (siehe: Kagarlitzki, *Farewell Perestroika*, S. 122, 154).

44 Alle zusammen im Volksmund auch Chicago-Boys genannt.

eine Anti-Markt-Position einzunehmen. Denn auch wir gehen davon aus, daß Marktreformen notwendig sind. Die Frage ist, welche Art von Marktreform. In dieser Hinsicht könnte man viele Leute innerhalb der Linken als Links-Keynesianer bezeichnen, die einerseits Marktmechanismen wollen und andererseits viele soziale Umverteilungen und Kompensationen für die marktbedingten Ungerechtigkeiten fordern. Im Vordergrund steht eine Sozialplanung, die den Marktmechanismen entzogen ist und die demokratisch organisiert und demokratisch orientiert sein muß. Im Rahmen dieses demokratischen Entscheidungsprozesses sollen die Marktfaktoren nicht ignoriert, sondern berücksichtigt werden. Das Gesellschaftskonzept muß einerseits demokratisch sein. Es muß andererseits realistisch sein. Der Markt soll das letztere abdecken, ohne das Prinzip der Verteilung zu beeinflussen. Demokratische Entscheidungsfindung bedeutet, unterschiedliche demokratisch gewählte Körperschaften für die Produktions- und Selbstverwaltungsentscheidungen zu haben. Letztlich geht es darum, eine Gesellschaftsreform zu entwickeln, die bisher noch nicht existiert, anstatt das chinesische, ungarische oder jugoslawische Modell zu kopieren, das auf demselben selbstherrlichen Prinzip der bürokratischen Kontrolle basiert. Ich möchte als Beispiel den Ökonom Wassili Seljunin[45] erwähnen, an dem sich viele Linke orientieren. Er geht davon aus, daß wir kein zusätzliches Wachstum benötigen. Aber wir müssen die Reichtümer unserer Gesellschaft umverteilen zugunsten der Grundbedürfnisse der Menschen, d.h. die Dominanz der Investitionsgüterindustrie brechen. Die zweite Person, die ich erwähnen möchte, ist Juri Morosow[46]. Er ist Ökonom und Psychologe und Mitglied unserer Föderation. Ihm zufolge beruht der ökonomische Stimulus bei den Monetaristen allein auf der Ratio des Geldes. Die Linke hingegen sollte als materiellen Anreiz die Ausdehnung der freien Zeit propagieren …

Um den allseits entwickelten Menschen zu schaffen.

Das ist auch marxistisch.

Das ist sehr marxistisch, natürlich. Im Großen und Ganzen sehe ich nicht, daß eure ökonomische Vision a priori im Widerspruch zu Perestroika steht. Eure

45 Seljunin, Wassili, Ökonom.

46 Morosow, Juri, Ökonom, Psychologe und Mitglied der Föderation.

Position dürfte eher ein Bestandteil der aktuellen Gesamtdebatte sein.

Genau das sagen auch wir. Wir sind der linke Flügel der Perestroika. Wir bewegen uns innerhalb des Rahmens von Perestroika, jedoch am linken Rand.

Warum verzichtet ihr darauf, mit all euren Unterstützern in die Partei zu gehen, um den Reformflügel dort zu unterstützen?

Wir unterstützen diesen Flügel. Wir haben sehr viele Parteimitglieder innerhalb unseres Clubs. Bezeichnend ist, warum sie in den Club gekommen sind. Sie sahen sich außerstande, den Entscheidungsprozeß innerhalb der Parteistrukturen zu beeinflussen. Zuweilen wurden sie auch als Parteimitglieder einflußreicher, nachdem und weil sie sich zu wichtigen Personen innerhalb des Clubs entwickelt hatten.

Wie ich hörte, plädiert ihr auf lange Sicht für ein Mehrparteiensystem. Worin würde sich dieses Modell von den bürgerlichen Demokratien des Westens unterscheiden? Welches sind eure politischen Visionen?

Unsere Bewegung orientiert sich relativ stark an Boris Kuraschwili[47]. Er empfiehlt als Konzept für eine reale Demokratisierung eine Kombination aus traditionellen sowjetischen Vorstellungen und westlichem Parlamentarismus. Wir wissen natürlich, daß die westlichen Parteien keineswegs perfekt sind. Dort existieren eigene Bürokratien, selbst bei der SPD und vielleicht auch bei den Grünen, die ich nicht genug kenne. Auch das parlamentarische System kennt offenkundig viele Mängel und die ihm eigenen Exzesse. Der Punkt ist, daß dieses System zumindest bis jetzt Bürgerrechte verteidigen konnte und den Linken selbst im Rahmen des Kapitalismus einigen Einfluß eingebracht hat. In gewisser Hinsicht hat es die Macht der herrschenden Klasse in bestimmter Weise begrenzt. Natürlich ist dieser Zustand auch für die Herrschenden akzeptabel, weil er den Grad der Klassenkämpfe abschwächt. Aber diese Art von Kompromiß ist besser als ein Regime wie in Chile oder Paraguay. Demokratischer Kapitalismus ist besser als undemokratischer Kapitalismus. Auf der anderen Seite sind wir keineswegs unkritische Ideologen der westlichen Demokratie. Ganz wesentlich ist, daß wir mehr Produzenten-Demokratie bzw. generell mehr ökonomische Demokratie wollen.

47 Kuraschwili, Boris, Wissenschaftler aus Georgien.

Mir ist bei meinen Gesprächen mit KPdSU-Vertretern aufgefallen, daß das neue Denken unter Gorbatschow keine Klassen oder Parteien, sondern in erster Linie nur noch die Menschheit zu kennen scheint. Immer wieder wird diesbezüglich auch an die Vernunft der westlichen Machthaber appelliert ...

... und nicht an die Vernunft der kleinen Leute.

Es wird idealistisch unterstellt, daß das gute Vorbild der Sowjetunion etwa bei der Abrüstung ähnliche Maßnahmen von westlicher Seite zur Folge haben werde.

Ich verstehe. Es ist interessant, daß viele Offizielle bei uns den Westen mehr idealisieren als die Linken.

Woran liegt's?

Leute, die ihre gesamte Karriere im Parteiapparat durchgemacht haben, haben zuweilen stark vereinfachte Vorstellungen von der westlichen Gesellschaft. Sie betrachten die westlichen Machthaber in gewisser Hinsicht als ihr eigenes Gegenstück. Das passiert zuweilen auch andersherum, wenn man im Westen etwa glaubt, die sowjetische Bürokratie nach westlichen Maßstäben beurteilen zu können.

Ich sprach mit Leuten der Zeitschrift »Kommunist« ...

»Kommunist« ist ebenfalls eine sehr gute Zeitschrift. Sehr liberal!

Sie waren stolz auf ihr neues Denken, haben aber kein Interesse mehr daran, die Welt zu verändern.[48]

Wir waren bei verschiedenen Redaktionen, um über die Möglichkeit einer regulären Kolumne für einen Dialog mit der westlichen Linken zu verhandeln. Und man sagte uns: Warum denn gerade mit den Linken? Es ist doch viel besser, mit den Rechten zu verhandeln. Die haben mehr Macht.

Genau das meinte ich.

Diese Art der Diskussion hatte ich sehr häufig. Etwa auch mit Leuten aus

48 *Kommunist* ist das dreiwöchig erscheinende Theorieorgan der KPdSU

dem »Sowjetischen Friedenskomitee«.[49] Ihr Denken ist einerseits sehr idealistisch. Andererseits ist es von ihrem Standpunkt aus betrachtet auch konsequent. In Wirklichkeit wollen diese Leute tatsächlich die Welt verändern. Sie wollen die Verhältnisse ein bißchen komfortabler gestalten. Und sie gehen davon aus, daß die realen Möglichkeiten, etwas zu tun, in der Hand derer liegen, die auch die reale Macht dazu haben. Sie unterschätzen die Initiative und den Widerstand von unten. Und sie überschätzen die Cleverneß der Bourgeoisie. Zum Beispiel sind sie fest davon überzeugt, daß ausschließlich der militärisch-industrielle Komplex reaktionär ist, alle übrigen seien für den Frieden. Dabei produziert die Trikont-Kooperation[50] gleichzeitig Raketen und Jeans.

Letzte Frage: Wie kann die westeuropäische Linke die Perestroika in geeigneter Weise unterstützen?

Wichtig erscheinen mir unabhängige Initiativen der Linken, die aber dennoch grundsätzlich auch für die sowjetischen Behörden als Gesprächspartner akzeptabel sind. Und für die sich beispielsweise auch der Gorbatschow-Flügel der KPdSU einsetzen könnte, die also genutzt werden könnten gegen den konservativen Flügel der sowjetischen Bürokratie. Wir können als Unterstützer zur Entwicklung derartiger Initiativen durchaus Konzepte entwickeln und bei uns für öffentliche Unterstützung werben. Zweitens besteht bei uns ein Bedürfnis nach mehr Kontakten und Diskussionen mit der westlichen Linken auf verschiedensten Ebenen. Beispielsweise könnte dies dazu führen, irgendwann einmal gemeinsame Publikationen herauszugeben oder Seminare durchzuführen usw. Drittens: Falls es z. B. zu Nicaragua eine Stellungnahme der sowjetischen Regierung gibt, ist das für die westliche Öffentlichkeit nicht allzu interessant. Falls aber die Menschen aus den unabhängigen sowjetischen Initiativen Stellungnahmen gegen die US-amerikanische Einmischung in Nicaragua mit unterzeichnen, hätte dies vielleicht eine andere Bedeutung. Auf diese Weise könnten wir auch euch unterstützen. Das wäre dann unser Beitrag zur Solidarität.

49 Netz nationaler und regionaler Friedenskomitees aus 141 Ländern. Das Friedenskomitee stand unter direkter Leitung des Politbüros der KPdSU.

50 Trikont-Kooperation – hier von Boris Kagarlitzki als sehr offener Begriff benutzt. Ursprünglich geht der Begriff zurück auf die »Trikontinentale Konferenz« 1966 in Havanna, von der aus zum bewaffneten Widerstand gegen den Imperialismus aufgerufen wurde (Che Guevaras Parole: Schaffen wir zwei, drei, viele Vietnam).

Gruppierungen im März 1988[51]

Linke Gruppen

- KPdSU (88) – drei Strömungen
  - konservative Stalinisten-Technokraten
  - Block der Perestroika Reformer
  - Komsomol, Jugendorganisation der KPdSU
- Föderation der Sozialistischen Gesellschaftlichen Clubs
- Sowjetische Soziologische Gesellschaft
- Junge Sozialisten
- Sozialistische Initiative
- Kulturökologische Bewegung Leningrad
- Offizielle Gewerkschaften
- Gruppe Kompaß (Moskauer Schuhfabrik)
- Gruppe Selbstverwaltung
- Gruppe Arbeitervertrauen
- Sowjetisches Friedenskomitee

»Perestroika-Club«

Diese Gruppe hat sich inzwischen gespalten in eine Gruppe »Perestroika 88« und eine Gruppe »Demokratische Perestroika«. Im »Club Perestroika 88« versammeln sich Liberale ohne umrissenes politisches Image. Als gemeinsamer Nenner gilt der Anti-Stalinismus. Die Mitglieder der Gruppe »Demokratische Perestroika« bezeichnen sich als Sozialisten und befassen sich schwerpunktmäßig mit Analysen, um die Weiterentwicklung des Reformprozesses theoretisch zu fundieren. Teile dieser Gruppe sind Mitglieder der »Föderation«. Sie publizieren monatlich das Bulletin »Geöffnete Zone« mit einer Auflage von ca. 90 Exemplaren.

51 Angaben nach *ak* 292, März 1988.

»Club der sozialen Initiativen«

Dieser Club ist als Teil der »Sowjetischen soziologischen Gesellschaft« registriert und hat sich zum Ziel gesetzt, die Sozialisten aus verschiedenen Arbeitsbereichen zusammenzuführen. Dieser Club ist zur Zeit in drei Arbeitsbereiche untergliedert:

1. die Arbeitsgruppe Verteidigung der Bürgerrechte
2. die Gruppe Self-Management
3. die »Sozialistische Initiative«

Die letztgenannte Gruppe erstellt monatlich ein Bulletin namens »Die Linkswende« (The left Turn). Auflage: 90 Exemplare. Sie ist eine der größten Gruppen innerhalb der »Föderation« und hat Kontakte zur italienischen und Schweizer KP sowie zur norwegischen und britischen Sozialdemokratie.

»Föderation der Gesellschaftlichen Sozialistischen Clubs«:

Diese Föderation wurde im August 1987 anläßlich einer Konferenz der unabhängigen gesellschaftlichen Initiativen zur Perestroika gegründet. An dieser Konferenz hatten ca. 600 Delegierte aus etwa 50 Gruppen verschiedenster Couleur (ökologisch, kultur-demokratisch, sozialistisch) teilgenommen. Abschließend wurde die Grundsatzerklärung der Föderation unterzeichnet.

Die »Föderation« umfaßt drei Tendenzen:

1. Die »Sozialistische Initiative« (s. o.). Sie gilt allgemein als die stärkste Gruppe, ist aber in Moskau nur schwach repräsentiert. Sie ist dominiert von einer undogmatisch-marxistischen Tendenz und umfaßt ebenfalls gegenkulturelle Strömungen (Musiker, Freaks etc. pp.).

2. »Waldleute« (Forest people) – Anhänger der Gegenkultur und der individuellen Freiheitsrechte, die sich mit Untersuchungsarbeiten bezüglich der faschistoiden Gruppe »Pamjat« bzw. Ausarbeitungen über den Entwicklungsstand informeller Gruppen einige Anerkennung verschafft hat.

3. »Óbschtschina« (Gemeinschaft) – anarchistisch orientiert. Besonders engagiert (Streiks, Flugblattaktionen usw.), hauptsächlich studentische Basis, bevorzugter Komsomol-Bündnispartner. Die »Föderation« hat insgesamt etwa 300 Mitglieder.

August 1988

Nach der 19. Parteikonferenz

Die Situation: Es war lange vorher klar – die Ergebnisse der 19. Parteikonferenz werden einen zentralen Stellenwert für die Reform des gesamten politischen Systems haben. Das betrifft nicht nur den Aufbau der Partei selbst, sondern auch die Beziehung zwischen ihr und den ihr bisher zugeordneten Organisationen wie den Komsomol, die Gewerkschaften, die Frauenorganisationen u. a. m. Schon Wochen vor der Konferenz tobt die Auseinandersetzung um die zukünftige Ausrichtung der Partei. Konservative Hardliner unter Jegor Ligatschow[52] agitieren für mehr Kontrolle, Parteigänger Jelzins für mehr Eigenständigkeit zugunsten der gesellschaftlichen Kräfte. Eine »Moskauer Volksfront« findet sich unter demokratischen Losungen. Gorbatschow bezieht eine zentristische Position. Im Ergebnis wird die Parteikonferenz in einen Kongreß der Volksdeputierten mit einem Obersten Sowjet umgewandelt. Zugleich ruft Gorbatschow im Sinne der von ihm vertretenen Produktionsdemokratie alle gesellschaftlichen Kräfte, insbesondere die Gewerkschaften zu stärkerem Einsatz im wirtschaftlichen Umbau auf. Für manch einen klingt dieses Ergebnis nach einem autoritären Arbeitsregime. Widersprüchlich sind auch die Ereignisse, die die Monate vor und nach dem 19. Kongreß charakterisieren: Im Februar wird Boris Jelzin auch aus dem Politbüro gedrängt. Im März 88 beschließt das Agrarplenum der KPdSU eine Landreform. Im April beginnt der Rückzug der sowjetischen Truppen aus Afghanistan. Im Mai erlaubt ein neues Genossenschaftsgesetz private Betriebe. Ebenfalls im Mai begeht die UdSSR 1000 Jahre Christianisierung Rußlands als Großereignis. Im Juli werden freie Wahlen zugelassen, die Entmachtung Ligatschows liegt sozusagen in der Luft. Im September muß er sich mit dem Posten eines Agrarministers zufriedengeben.

52 Ligatschow, Jegor, Mitglied im Politbüro, 2. Mann nach Gorbatschow.

Einen Monat später löst Gorbatschow Gromyko[53] als Staatsoberhaupt ab. Gorbatschow wird damit Parteisekretär und Staatsoberhaupt in einer Person. Die Zeichen stehen auf Sturm.

Das Gespräch wurde im Juli nach der Parteikonferenz geführt.[54] In ihm geht es um die Frage, ob und wie eine demokratische Entwicklung der Perestroika eine Chance hat.

Ausgewählte Daten dieser Zeit auf einen Blick:

04.02.1988 Opfer des Stalinismus werden rehabilitiert (außer Trotzki[55]).
08.02.1988 Jelzin auch aus dem Politbüro geworfen.
18.02.–28.02.1988 Unruhen in Eriwan für den Anschluß Nagornyj Karabachs.
15.03.–16.03.1988 Agrarplenum der KPdSU beschließt Landreform.
14.04.1988 Beginn des Rückzugs sowjetischer Truppen aus Afghanistan.
24.05.–26.05.1988 Genossenschaftsgesetz erlaubt private Betriebe.
05.06.1988 1000 Jahre Christianisierung Rußlands.
28.06.–01.07.1988 19. Konferenz der KPdSU; Reform des politischen Systems der UdSSR.
Juli 1988 Freie Wahlen zugelassen.
30.09.1988 Jegor Ligatschew wird auf den Posten des Agrarministers abgeschoben.
01.10.1988 Gorbatschow löst Gromyko als Staatsoberhaupt ab.
Okt. 1988 Baltische »Volksfronten« gründen sich.

(Weitere Daten in der Chronologie im Anhang.)

53 Gromyko, Andrei, Außenminister der Sowjetunion von 1957 bis 1985, von 1985 bis 1988 Vorsitzender des Präsidiums des Obersten Sowjet und als solcher Staatsoberhaupt der UdSSR.

54 Situationsskizze nach *ak* 297, 22. August 1988, S. 12. (Überarbeitet und ergänzt.) Eine detaillierte Beschreibung dieser Zeit findet sich in Boris Kagarlitzki: Farewell Perestroika (siehe Anlage).

55 Trotzki, Leo, Mitglied es Politbüros der KPdSU, Volkskommissar des Auswärtigen, Organisator der Roten Armee, 1927 von Stalin als Abweichler exiliert, 1940 im Exil von einem sowjetischen Agenten ermordet.

»Nur jemand von außen kann etwas ändern, nur die Massen, die Leute«[56]

Boris Kagarlitzki berichtet: Das Versprechen der Partei, den Prozeß der Delegiertenwahlen zur Parteikonferenz zu öffnen, sei von den Menschen begrüßt und ernst genommen worden. Der Parteiapparat habe dies jedoch vielerorts verhindert und damit »sehr viel Ärger, sehr viel Frustration und sehr viel Proteste« ausgelöst.

Die Breite dieser Proteste sei mancherorts auch für die Organisatoren aus autonomen Gruppen sehr überraschend gewesen; es hätten sich Formen spontaner Selbstorganisation entwickelt. Aber keine dieser Protestbewegungen habe letztlich Auswirkungen auf die Wahl der Delegierten gehabt. Auch die Tatsache, daß der Historiker Afanasjew[57] erst nach öffentlichen Protesten in Moskau zur Parteikonferenz delegiert wurde, sei eher seinen Freunden im liberalen Flügel zu verdanken als der Bewegung.

Trotzdem hält Kagarlitzki es für eine große Erfahrung, »daß die Menge auf die Straße kommen kann; und die Polizei macht nichts«. – An allen Aktivitäten seien die linken Gruppen stark beteiligt gewesen, aber dennoch sei alles sehr spontan gewesen. Nach der Konferenz seien die Aktivisten natürlich bekannter als vorher, und die Leute sagten, »daß sie recht hatten, weil sie schon vorher gesagt hatten, daß die Delegierten keine wichtigen Reformen mit nach Hause bringen würden. So haben sie vielleicht eine gewisse Autorität bekommen. Aber man muß verstehen, daß diese spontanen Bewegungen nicht stabil sind. Heute

56 Das Gespräch wurde in *ak* 297, 22. August 1988, S. 12, veröffentlicht. Gesprächspartner seitens des *ak* war »ur«. Obwohl also auch noch nicht von mir geführt, gehört dieses Gespräch von der Wichtigkeit seines Anlasses her und als Anknüpfungspunkt für die folgenden Gespräche ebenfalls mit in diese Dokumentation – ke.

57 Afanasjew, Juri, Historiker (siehe auch Kagarlitzki: Farewell Perestroika, div.).

mobilisieren sie vielleicht 30.000 Leute und morgen nur 1.000. Für die Gruppen gibt es sehr wenig Möglichkeiten, diese spontanen Bewegungen zu stabilisieren oder zur organisieren. Sie können nur teilnehmen und vielleicht beeinflussen.«

Die Fernsehübertragung der Parteikonferenz sei, vom ersten Tag abgesehen, sehr gut gewesen: »Jelzin z. B. hat sehr große Sympathien bekommen, weil er sehr persönlich war, nicht als Bürokrat auftrat, sondern sehr emotional war; er hat beinahe geweint.«

Nachdem Jelzin auf der Parteikonferenz vergeblich seine Rehabilitierung noch zu Lebzeiten gefordert hatte, sammelte die autonome Gruppe »Junge Kommunarden – Internationalisten« am nächsten Tag auf dem Puschkinplatz Unterschriften für diese Forderung. Viele Menschen unterschrieben. Nach der Parteikonferenz haben einige aus den Sozialistischen Clubs eine kleine, nicht repräsentative Umfrage über den Beliebtheitsgrad der Delegierten gemacht: »Der populärste ist Jelzin, dann erst kommt Gorbatschow, und auf dem letzten Platz ist Ligatschow«.

Die Inhalte der Parteikonferenz scheinen nicht eine so wichtige Rolle gespielt zu haben. Das sei »ein bißchen die amerikanische Art« gewesen, mein Kagarlitzki, »mehr Persönlichkeiten als Programme«. Dennoch sei die Konferenz als politische Information sehr wichtig gewesen, »weil man verschiedene offizielle Leute gesehen hat und die Widersprüche zwischen ihnen ganz deutlich geworden sind. Das war eine politische Ausbildung für die Zuschauer.« Wer sich für die vollständigen Reden auf der Parteikonferenz interessierte, konnte sie am nächsten Tag in der Zeitung nachlesen. Allerdings hatte man erwartet, daß alle Zeitungen die vollständigen Texte veröffentlichen würden. Sie wurden aber nur in der »Iswestja«[58] publiziert, so daß viele die Texte nur auf Umwegen bekamen, weil die Zeitung ausverkauft war. Das sei auch so eine Art, die Information zu erschweren, meint Kagarlitzki.

Resultate der Parteikonferenz

»Es gibt wenig Resultate. Nur zwei Punkte, die nicht in den Thesen standen, Kongresse der Volksdeputierten zu organisieren, waren eine Entscheidung. Gorbatschow sagte, wir müssen ein neues Parlament haben. Aber nicht direkt, son-

58 Das heißt, quasi regierungsamtlich.

dern in zwei Zügen. Erstens müssen wir einen Kongreß der Volksdeputierten wählen, und dann kann dieser das neue Parlament, den neuen Obersten Sowjet, wählen. Das ist sehr indirekt. Warum? Wir sind für direkte Demokratie, wozu muß man diese Zwischenstufe haben?«

Man habe so ein indirektes Wahlverfahren schon in der Vorbereitung der Parteikonferenz kennengelernt, sagt Kagarlitzki, und man wisse, daß diese ganz von der Parteibürokratie manipuliert gewesen sei. Auffassung der Linken sei, daß man sich an den Deputiertenwahlen beteiligen müsse, zugleich aber auch der Bevölkerung zu erklären, daß solche indirekten Wahlen kaum demokratische Resultate produzieren könnten. Es seien auch keineswegs alle Parteimitglieder mit dieser Entscheidung zufrieden.

»Und vielleicht sind im Apparat auch nicht alle zufrieden damit. Deshalb ist es vielleicht nicht sinnlos, den Kampf dagegen zu entwickeln. Aber wir müssen auch zu den Leuten sprechen, und das war eins der größten Probleme für die linken Gruppen. Sie haben immer zu den Reformisten gesprochen und nicht mit den einfachen Leuten, um eine Volksbewegung statt einer Lobby aufzubauen. Ich selber habe auch gesagt, wir müssen eine radikale sozialistische Lobby werden, aber jetzt sagen wir, das ist nicht effektiv. Das war vielleicht für die Linken die wichtigste Lehre. Zum Beispiel haben wir immer versucht, auf die progressiven Gruppen im Parteiapparat einzuwirken und hatten vielleicht auch ein bißchen Einfluß. Aber trotzdem sitzen die Progressiven immer mit den Konservativen im selben Boot. Sie haben entweder Angst oder keine Möglichkeit, diesen Zusammenhang aufzubrechen. Da kann nur jemand von außen etwas ändern. Und wer kann das machen? Nur die Massen, nur das Volk. Wenn die Leute apolitisch sind, gibt es keine Chance. Aber die Leute sind nicht mehr apolitisch. Es gibt sehr viel Politisierung im Zusammenhang mit diesen Wahlen. Deshalb darf man diese Lobbytaktik nicht weiter fortsetzen, sondern muß demokratischer werden. Ich denke, das ist jetzt sehr wichtig für uns, die demokratische Tendenz in unserer Bewegung zu entwickeln, weil es in dieser Bewegung auch viel Autoritarismus gibt und überhaupt alle Probleme, die in dieser Gesellschaft existieren.«

Umgang der linken Gruppen mit der Parteikonferenz

»Unter den Intellektuellen in Moskau gab es viele Diskussionen um die Thesen. Sie hielten sie für zu abstrakt, zu generell, es gab nichts Neues, sie waren kein Schritt vorwärts.«

Die Linksgruppen in Moskau (insgesamt 18) organisierten zwei Kongresse vor der Parteikonferenz, um die Thesen zu diskutieren, und haben selbst alternative Thesen formuliert, die weiter ihre Gültigkeit behalten. In den Thesen

»stellen wir wichtige demokratische Forderungen auf. Dieses Dokument ist nicht sehr sozialistisch. Die Leute, die dieses Dokument produziert haben, sind alle Sozialisten, aber es ist ganz demokratisch. Ein Beispiel: Bei uns wird in allen amtlichen Papieren die Nationalität eingetragen. Das bedeutet, daß die Funktionäre die Nationalität der Leute kennenlernen können. Wozu kann das benutzt werden? Man kann Menschen diskriminieren, weil sie Juden sind oder Armenier oder Moslems. Wir sagen, das muß weg.

Oder ein anderes Beispiel: Man sagt, wir müßten vielleicht Wahlen haben, freie oder halbfreie. Es gibt aber keine Vorschläge, wie man das organisieren kann. Und wir haben konkrete Programme. Wir wollen jetzt keine alternative Partei gründen, aber wir wollen alternative Wahllisten haben. Darauf können auch Parteimitglieder kandidieren.«

Die Thesen könnten vielleicht eine gute Plattform sein, um alles Linksgruppen zusammenzubringen. Die seit längerem bestehende »Föderation der sozialistischen Clubs« sei dafür nicht sehr effektiv, da sie keine Plattform, kein Programm, keine Organisationsstrukturen habe. So sei die Idee der »Volksfront« entstanden, das »Organisationskomitee für die Volksfront«.

Um die Idee der *Volksfront* zu propagieren, wurden von diesem Komitee vor der Parteikonferenz zwei Kundgebungen auf dem Moskauer Puschkinplatz organisiert, die zweite mit 2.000 Teilnehmern und einem Umzug durch mehrere Straßen. Seitdem ist der Puschkinplatz so etwas wie ein Londoner Hyde Park (früher). Dort diskutieren die Leute bis spät in die Nacht, Vertreter der »Volksfront« erklären ihre Forderungen und sammeln Unterschriften für die Anerkennung als eingetragener Verein.

Die Idee der Volksfront

Im »Organisationskomitee für die Volksfront« sind viele verschiedene Gruppen vertreten. Zur Zeit findet innerhalb der Gruppen ein Diskussionsprozeß über Ziele und die Organisationsform der »Volksfront« statt. In unserem Gespräch entwickelte Boris Kagarlitzki ansatzweise seine Vorstellungen und stellte einige Probleme dar, die die linken Gruppen mit dem offenbar relativ großen Interesse an der Volksfront haben.

»Wir wollen die »Volksfront« nicht so föderalistisch haben, wir wollen mehr Einheit, eine Koordination funktioneller Gruppen, z. B. Gruppen für Demonstrationen. Alle Gruppen haben spezifische Themen. So sind einige Gruppen z. B. sehr gut auf ökologischem Gebiet, aber nicht so gut auf anderen Gebieten. Es existieren alle Probleme, die typisch sind auch für die Linken in anderen Ländern, auch Sektierertum.«

Die »Volksfront« sei aber auch gut für die sog. einfachen Leute. Für diese sei es sehr schwierig, die Unterschiede zwischen den vielen Gruppen zu verstehen, und so fühlten sie sich in dieser Welt der kleinen Gruppen verloren. Mit der »Volksfront« wird ihnen nun eine einheitliche große Organisation angeboten. Die Unterstützung in der Bevölkerung für die Idee der »Volksfront« sei derzeit recht groß. Beispielsweise spenden Kooperativen Geld oder manchmal auch Einzelpersonen. Viele Leute kommen zum Puschkinplatz und sagen einfach, daß sie helfen wollen.

Die Probleme, die so ein Zustrom von Menschen mit sich bringt, sind natürlich groß.

»Wir haben keinen Apparat, wir haben keine Erfahrung. Das ist immer ein bißchen chaotisch. Wie können wir alle diese Leute zusammenbringen, und was machen wir, daß wir alle diese Leute nicht wieder verlieren? Wie finden wir konkrete Arbeit für alle? Jetzt ist wichtig, daß wir unser Informationssystem besser organisieren, unsere Zeitung besser etablieren, das Verteilersystem verbessern.«[59]

Die Zeitung müsse auch besser werden, inhaltlich und technisch. Da im Zeichen von Glasnost die offizielle Presse viel interessanter sei als früher, sind die Existenzbedingungen für autonome Zeitschriften nicht einfach. Boris Kagarlitzki denkt an eine organisierende Zeitschrift, die sich in erster Linie an die Aktivisten wenden soll, aber auch für Aktivisten, die nicht als sektiererische Gruppe existieren, sondern zu den Massen gehen.

»Wir müssen in der Zeitschrift diskutieren und die Dinge erklären, die sich zwischen den Aktivisten und den einfachen Leuten ergeben. Welche Fragen die Arbeiter an unsere Aktivisten stellen. Wie können wir auf diese Fragen antworten, können wir diese Fragen beantworten oder nicht.«

59 Ausführliche Details zur »Moskauer Volksfront« im Vorfeld der 19. Parteikonferenz bei Boris Kagarlitzki, *Farewell Perestroika* (siehe Anhang).

Ein Internationalismus von unten

Ich wollte von Boris Kagarlitzki wissen, ob in den Thesen der linken Gruppen zur Parteikonferenz auch eine Stellungsnahme zur Außenpolitik der UdSSR enthalten sei. Dies verneinte er, meinte jedoch, daß es zwei oder drei zentrale Punkte gebe, die für alle Linksgruppen von Bedeutung seien.

»Man darf keinen Krieg ohne einen legalen Prozeß beginnen.«

Ein Negativbeispiel sei der geheime Beschluß, Truppen nach Afghanistan zu schicken. Bevor ein Krieg begonnen werde, sollte darüber im Obersten Sowjet diskutiert werden müssen.

»Natürlich ist der Oberste Sowjet jetzt sehr bürokratisch, aber wir haben einige Vorstellungen, wie dieses Gremium zu demokratisieren ist. Wir sagen, daß wir freie Wahlen mit alternativen Listen zum Obersten Sowjet haben müssen. Zwar kann man sagen, daß in Amerika solche Formalien schon bestehen, die sie dennoch nicht gehindert haben, in Vietnam oder Korea einzumarschieren. Aber überhaupt solche Regeln zu haben, wäre ein Schritt vorwärts. Das heißt, daß wir im schlechtesten Fall die Möglichkeit haben, diese Probleme öffentlich zu diskutieren, diese Sachen zu kennen und wenn nötig dagegen zu protestieren.«

Ein weiterer Punkt ist die Zusammenarbeit mit der westeuropäischen Friedensbewegung.

»Es gibt auch sehr viele Diskussionen darüber, wie man alle sowjetischen Truppen, die jetzt in Osteuropa sind, nach Hause bringen kann. Eine Idee ist, daß wir die westeuropäische Friedensbewegung unterstützen müssen, weil sie sagt, daß alle fremden Truppen in Europa nach Hause gehen müssen. Das können wir im Prinzip unterstützen. Aber es gibt in diesem Bereich noch keine Entscheidung und kein Programm der ›Volksfront‹, weil es sehr wichtig ist, jetzt unsere ökonomische und politische Plattform zu entwickeln; danach können wir mehr über internationale Probleme diskutieren.«

Es gibt aber praktische Initiativen einzelner Gruppen. Die »Jungen Kommunisten« – Internationalisten beispielsweise organisieren Proteste gegen die türkische Botschaft, gegen die Verhaftung von Kommunisten und Sozialisten in der Türkei. Sie kritisieren, daß die sowjetische Presse darüber zu wenige Informationen bringt. Sie unterstützen auch den kurdischen Kampf um Selbstbestimmung in der Türkei, im Irak und im Iran; sie haben auch schon Aktionen vor den Botschaften des Irak und des Iran gemacht.

Ein weiterer Punkt ist die Aufstellung einer Liste mit repressiven Regimes in der »Dritten Welt«: Mit welchen Regimes soll die UdSSR keine Kontakte halten, sie auch nicht unterstützen, speziell ihnen auch keine militärische Unterstützung geben? Das sind vor allem der Irak und Äthiopien. Angola müsse man unterstützen, weil es gegen die südafrikanische Aggression kämpfe. Das sei klar, ebenso wie die Unterstützung Kubas und Nicaraguas. Aber nicht Irak oder Äthiopien, weil diese die Waffen gegen das eigene Volk oder nationale Minderheiten benutzten.

Einschränkend merkte Boris Kagarlitzki an, daß nicht nur unter der Mehrheit der sog. einfachen Leute, sondern auch unter den Aktivisten das Interesse an den Problemen der »Dritten Welt« oder der Friedensbewegung nichts besonders groß sei.

Wir wollen über Trotzki diskutieren

Ich wollte wissen, weshalb Trotzki bisher aus der Rehabilitierung ausgeschlossen bleibt. Das sei ein wichtiger Punkt, antwortet Kagarlitzki, denn beinahe alle alten Bolschewiki seien ja rehabilitiert worden.

»Trotzki ist die Ausnahme. Warum? Vielleicht deshalb, weil Trotzki für einige jemand ist, der den Stalinismus nicht nur kritisiert, sondern auch den politischen Kampf dagegen organisiert hat. Und vielleicht ist dies auch jetzt noch für den progressiven Liberalen in der Partei ein bißchen zuviel. Zweitens hat Trotzki eine sehr kritische marxistische Analyse der Sowjetgesellschaft gemacht, nicht nur der Verbrechen, sondern er hat die normale Politik und die soziale Basis dieser Verbrechen aufgezeigt. Bucharin hat gesagt, es ist nicht richtig, die Bauern zu ermorden. Natürlich war das nicht richtig, aber warum wurde es gemacht? Trotzki hat darauf vielleicht keine Antwort gegeben, aber er hat trotzdem nachgedacht, wie man das aus marxistischer Sicht erklären kann. So begann Trotzki, Schriften zu publizieren, er begann eine marxistische Diskussion über die soziale, politische und Klassennatur des Stalinismus. Das ist ein bißchen zuviel. Oder es ist vielleicht zu viel für die Progressisten, weil sie im selben Boot wie die Konservativen sitzen.

Wir wollen über Trotzki diskutieren und wir sagen, daß Trotzki publiziert werden muß; wir veröffentlichen auch Auszüge aus seinen Schriften. Wir sind keine Trotzkisten, aber wir wollen objektiv mit Trotzki sein.«

Dokumentation

Aufruf der Föderation der sozialistischen gesellschaftlichen Clubs zur XIX. Parteikonferenz[60]

Teil I

Die Krise des Systems des staatlichen Sozialismus, die sich Anfang der 80er Jahre verschärft hat, führte zur Unumgänglichkeit von grundlegenden revolutionären Veränderungen unserer Gesellschaft. Eine vielgestaltige gesellschaftliche Bewegung ist in der Sowjetunion entstanden und wird breiter, es entstehen unabhängige Organisationen, deren Mehrzahl sozialistische Positionen einnimmt und den Sinn ihrer Tätigkeit in der Selbstverwaltung des Volkes sieht. Zu einer Form ihrer Aktivität wurde im Jahr 1987 die Bildung der Föderation der sozialistischen Clubs (FSOK), die bis zum heutigen Tag 30 Organisationen in 14 Städten umfaßt.

Unseren Idealen entsprechend suchen wir vor allem zu erreichen:

a) Die Übertragung der staatlichen Produktionsmittel unter die volle Verfügungsgewalt der obsciny (Komitees, Kollektive)[61], die die Unternehmen selbst verwalten.

b) Die Bildung von autonomen, nationalen und anderen Organisationen, die sich nach dem Föderalismusprinzip aufbauen und zusammenschließen, wobei die Kompetenzen von höherstehenden Organen vom Willen der Mehrheit der tieferstehenden Organisationen bestimmt werden.

c) Die Erneuerung der Demokratie in der Form der Räte, die nach dem Delegiertenprinzip gebildet werden, wobei auf die Sessionen der Höherstehenden ständig Einfluß genommen wird. Die Räte bestehen aus Delegierten der Tieferstehenden, die das Recht der Abberufung und des Austausches ihrer Delegierten zu beliebiger Zeit erhalten, wobei als »primär-delegierende« Zelle territoriale sowie betriebliche Selbstverwaltungsorgane auftreten.

60 Begleittext aus: *ak* 297, 22. August 1988, S. 13.

61 Obsciny – hier in englischer Schreibweise (Singular: obscina oder auch opchina). Russisch: община, Deutsch: Óbschtschina.

Nur die Realisierung dieser Aufgaben verwandelt die Politik, die im Namen des Volkes ausgeführt wird, in Volksherrschaft, und sie schafft sichere Garantien für die Rechte und Freiheiten der Bürger. Dies ist der objektiv unumgängliche Weg der Entwicklung, und nicht zufällig gehen die realistisch denkenden Kräfte in der KPdSU in dieser Richtung weiter, ungeachtet des erbitterten Widerstands des bürokratischen Systems.

Teil II

Der Kampf für die Umbildung erfordert die breiteste Unterstützung der Volksmassen. Alle gesellschaftlichen Organisationen werden aufgrund hoher Zentralisierung und infolge des Nomenklatura-Systems der Kaderauswahl lange Zeit unfähig sein, als Bindeglied zwischen den progressiven Kräften der Partei und dem Volk zu fungieren.

Die Schaffung neuer gesellschaftlicher Organisationen des sozialistischen Typs von oben löst dieses Problem nicht. Es ist deshalb unumgänglich für die Bildung einer »Volksfront« im Kampf für die Perestroika, so schnell wie möglich die Bedingungen für das öffentliche Auftreten gesellschaftlicher Initiativen zu schaffen:

1. Versammlungsfreiheit:
   Eine offiziell erklärte Registrieranordnung für Massenveranstaltungen, die Festlegung strafrechtlicher Verantwortlichkeit bei Verletzung der Versammlungsfreiheit; bedingungslose Abschaffung der antikonstitutionellen, provisorischen Regeln der Durchführung von Meetings und Demonstrationen.
2. Freiheit von Bündnissen:
   Eine offiziell erklärte Anmeldeordnung für gesellschaftliche Organisationen, Gleichstellung aller gesellschaftlichen Organisationen der Sowjetunion in ihren gesellschaftlichen Rechten.
3. Pressefreiheit:
   Gleichstellung von autonomen und offiziellen Veröffentlichungen in materieller und juristischer Hinsicht. Diese Bedingungen erlauben allen sozialistischen Kräften, darunter auch der FSOK, gemeinsam mit dem progressiven Flügel der KPdSU zum aktiven Kampf für die sozialistische Umgestaltung in der Gesellschaft überzugehen. Wir denken, daß gerade die XIX. Parteikonferenz ein Wendepunkt in der Wiedergewinnung der Volksinitiative werden kann. Deshalb bitten wir darum, unsere Delegation mit dem Status als Gäste

mit Rederecht teilnehmen zu lassen.
Föderation der sozialistischen gesellschaftlichen Clubs. [62]

62 Wer weiter in die Details vor, während und nach der 19. Parteikonferenz, also die Ereignisse der Jahre 1988/1989 vordringen möchte, der oder dem sei geraten, das Buch *Farewell Perestroika – a soviet chronicle* zur Hand zu nehmen, in dem Boris Kagarlitzki diese Zeit aus unmittelbarer Nähe beschreibt (siehe Anhang).

August 1989

Die Moskauer Linke zwischen Deputiertenkongreß im Mai 89 und Kommunalwahl im Frühjahr 90. Drei Gespräche

Die Situation: Moskau zwischen der Wahl des Deputiertenkongresses im Mai 89 und der Kommunalwahl im Frühjahr 90. Das bedeutet, Moskau im Fieber der politischen Differenzierung. Jelzin ist wieder im politischen Spiel. Die Wahlen zum Deputiertenkongreß haben ihm ein politisches Comeback ermöglicht. Gorbatschow warnt auf dem 20. Parteikongreß vor Radikalisierung der Reformen und wendet sich gegen die Auflösung der KPdSU. Er verbietet spontane Streiks. In Tiflis läßt er eine Demonstration für georgische Unabhängigkeit blutig niederschlagen. Die baltischen Souveränitätserklärungen erkennt er nicht an. Zur Unterdrückung ethnischer Unruhen in Nagorni-Karabach eingesetzte Truppen erhalten Schießbefehl. Der politischen Differenzierung entspricht die beschleunigte soziale: Perestroika-Gewinnler hier, Perestroika-Verlierer da. Mit der Zulassung von Privatwirtschaft, Wiedereinführung von Leistungslohn, tendenziell freiem Markt tritt die Klassenwirklichkeit der UdSSR hart ins Licht der Öffentlichkeit und nicht nur das, sie verschärft sich gerade unter den Bedingungen der Perestroika rasant. Aber nicht nur geraten Konservative und Modernisierer aneinander. Es kristallisieren sich auch liberale und linke Alternativen zur Perestroika heraus. Nach der Gründung der radikal-demokratischen Opposition durch jelzinistische Abgeordnete des Kongresses im Sommer 89 schließen sich Ende August linke Kräfte der »Volksfront« im »Neuen sozialistischen Komitee« zusammen. Die einen wie die andern verstehen sich als Initiative zur Gründung einer neuen Partei. Auch eine sozialistische Gewerkschaft, Kürzel: »SozProf«, hat sich gebildet.

Weitere politische Ereignisse überschlagen sich: Die letzten sowjetischen Truppen haben Afghanistan verlassen. Gorbatschow hat der deutschen Wiedervereinigung grundsätzlich grünes Licht gegeben. Gorbatschow wurde zum Präsidenten der UdSSR gewählt.

Unter diesen Bedingungen stehen die folgenden drei Gespräche, in denen Boris Kagarlitzki die politische Situation und die Entwicklung der liberalen und linken Alternativen zwischen Kongreß- und Kommunalwahl aus der Sicht des Neuen sozialistischen Komitees erläutert.

Ausgewählte Daten dieser Zeit auf einen Blick:

Okt. 1988 Baltische »Volksfronten« gründen sich.

15.02.1989 Letzte sowjetische Truppen verlassen Afghanistan.

11.–16.03.1989 Wahlen zum Allunionskongreß, Comeback Jelzins.

09. 04. 1989 Massaker in Tiflis, 19 Tote.

25.05.–10.06.1989 Eröffnung des Kongresses der Volksdeputierten der UdSSR.

Mai 1989 Erste nicht offizielle Gewerkschaft registriert. Sie nennt sich »Verband sozialistischer Gewerkschaften« (russ. Kürzel: »SozProf«).

Juni/Juli 1989 Bergarbeiterstreiks, Verbot illegaler Streiks, Estland erklärt Unabhängigkeit.

15.01.1990 Ausnahmezustand in Nagorny-Karabach.

11.02.–12.02.1990 Kohl im Kaukasus: Zustimmung Gorbatschows zur Wiedervereinigung Deutschlands.

11.03.1990 Litauen erklärt Unabhängigkeit.

15.03.1990 Gorbatschow nennt Unabhängigkeitserklärung Litauens verfassungswidrig.

14.03.1990 Gorbatschow zum Staatspräsidenten gewählt.

März/April 1990 Landesweite kommunale Wahlen für die Republik-, Stadt- und Bezirkssowjets.

(Weitere Daten in der Chronologie im Anhang)

Nach dem Deputiertenkongreß: Es beginnt ein Prozeß der Differenzierung[63]

Wie haben sich die Verhältnisse in der UdSSR seit der Wahl zum Deputiertenkongreß verändert?

Da muß man erst mal zu einer Einschätzung des Kongresses kommen. In gewisser Weise war der Kongreß ein größerer Fehlschlag, als man erwarten konnte.

Worin besteht der Fehlschlag?

Der Kongreß schaffte es nicht einmal, seine eigenen Organisationsprobleme zu lösen. Aber wichtiger war: Die Menschen im ganzen Land erwarteten, daß dort wegweisende konstitutionelle Änderungen eingeleitet würden. Es gab aber nur eine Menge merkwürdiger Entscheidungen, wenn der Kongreß selbst diese oder jene Regeln brach. So etwas wurde auf der Stelle geändert. Aber das betraf nur Verfahrensfragen. Grundlegende Entscheidungen gab es nicht. Es wurden außerdem keinerlei Gesetze vom Kongreß verabschiedet. Lediglich das Gesetz vom 8. 4. dieses Jahres, nach dem Leute für antisowjetische Umtriebe und staatsfeindliche Aktivitäten verhaftet werden konnten, wurde leicht geändert. Das war natürlich eine gute Sache. Allerdings wurde das Gesetz ohnehin nicht praktiziert. Diese Gesetzesänderung war ziemlich das einzige Ergebnis. Dazu noch die Wahl von Gorbatschow als Präsident des Obersten Sowjets. Das geschah jedoch absolut erwartungsgemäß und war deshalb keinerlei Sensation. Die Leute redeten und redeten über zwei, fast drei Wochen, klagten die Ineffizienz des Systems an, ohne

63 Deutscher Gesprächspartner: Kai Ehlers, erstmals veröffentlicht in *ak* 309, S. 5, August 1989.

irgendwas Konkretes vorzuschlagen. Am Ende herrschte ein gewaltiges Gefühl der Frustration und ziemlicher Ärger über Gorbatschow selbst. Man hatte ihn im TV während des Kongresses sehr undemokratisch sich verhalten sehen, immer in Auseinandersetzung mit den Abgeordneten, die etwas zu sagen versuchten. Das war ein ziemlicher Flop für seine Reputation. Kurze Zeit nach dem Kongreß gab es noch so etwas wie ein Erstaunen. Einen Monat später begannen die Schwierigkeiten.

Was meinst du konkret?

Es entstand das Gefühl, daß die zentralen Behörden kein Problem lösen, daß sie keine politische Entscheidung treffen können. Wer etwas erreichen will, muß losgehen und es sich nehmen.

Was sind die Probleme?

All die Nationalitätenprobleme wurden sofort gefährlicher und schärfer. Estland erklärte seine Souveränität. Jetzt wollen sie die russischsprachige Minderheit sogar von der Wahl ausschließen. Zwischen Georgiern und Abchasen entwickelte sich ein richtiger kleiner Krieg. Da wurden nicht nur Steine, sondern MGs, Kalaschnikows, Handgranaten usw. eingesetzt. Hunderte Menschen wurden verletzt oder getötet. Die Truppen marschierten ein, versuchten zwischen den Parteien zu vermitteln, wußten aber nicht, was tun, weil es keine politische Lösung gab. Schon während des Kongresses gab es Zusammenstöße zwischen Türken, die unter Stalin aus Georgien nach Zentralasien vertrieben worden waren und einheimischer Bevölkerung. Auch eine Art Kleinkrieg. Zwei Tage lang wurden die dorthin geschickten Truppen mit Gewehren angegriffen. In allen diesen Fällen agierte so etwas wie örtliche Miliz. Nach dem Kongreß stellten Kirgisen und Tadschiken eigene Grenzmilizen gegeneinander auf. Auch sie hatten eine Art militärischen Konflikt über drei Tage. Auch hier marschierten wieder die Truppen ein. Auch hier schafften sie es nicht, die Situation zu klären. Sie erreichten nur eine Art Waffenstillstand zwischen den Parteien. Schließlich wurde auch die Situation in Karabach schlechter und schlechter. Vor dem Kongreß war sie mehr oder weniger stabil. Direkt nach dem Kongreß eskalierte der Konflikt ebenfalls zu einer Art Lokalkrieg. In fast allen Republiken eskalierten die Konflikte auf diese Weise, weil jedem klar wurde, daß der Zentralstaat nicht mehr fähig war, irgendein Problem zu lösen. In der nationalen Frage war das letztlich keine Überraschung. Eine große Überraschung für die Autoritäten war es aber, daß russische

Arbeiter schließlich dasselbe Gefühl bekamen, nämlich, daß man die Dinge in die eigene Hand nehmen muß, wenn man etwas erreichen will. Sonst bekommt man nichts. Das war der Hintergrund all der Streiks.

Erzähl uns bitte, wie das war. Manches hat man bei uns lesen können. Du weißt sicher genaueres.

Ich war in Novokuznjez[64], dann in Karaganda[65] während der Streiks. In Novokuznjez kam ich an, als alles schon fast vorbei war. In Karaganda war ich, als der Streik in vollem Gange war. Es war ein großer Eindruck. Einerseits waren die lokalen Behörden irgendwie involviert. Sie konnten sicher sein, daß sie durch den Streik auch irgendwas für ihre Region erreichen könnten. Einer der Unternehmensdirektoren z. B. betrat das Streikkomitee, um die Streikenden zu bitten, notwendige Werksausstattung für das Revier zu fordern – als Forderung des Streikkomitees, verstehst du!

Es gab eine Menge solcher Dinge. Als ich in Karaganda war und mit dem Streikkomitee zusammensaß, während sie ihre Forderungen diskutierten, kam plötzlich jemand vom Stadtsowjet herein und sagte: Wir haben eine Idee. Bitte fordert, daß die Kohlepreise auf das Weltniveau gehoben werden. Die Leute waren ein wenig erstaunt. Ich erklärte, daß die Preise zu heben nicht der beste Weg sei, um Geld für die Bezahlung der Arbeiter zu bekommen. Denn es ist eine Sache des Staates, das Geld irgendwoher zu beschaffen. Wenn sie einfach die Preise heben, bedeutet das, die Verbraucher zu zwingen, für die Forderungen der Streikenden zu zahlen. Das ist nicht gut für sie. Es wird vermutlich ihrem Ansehen schaden, die Inflation hochtreiben usw. Die Forderung wurde abgelehnt.

Wie auch immer – es war sehr interessant und aufschlußreich, daß ein Mitglied des Stadtsowjets dem Streikkomitee Forderungen vorschlug, die nicht direkt im Interesse der Streikenden lagen. Diese Teilnahme der lokalen Autoritäten war wichtig für die Starterfolge der Streiks. Sie versuchten nicht, den Streik zu brechen. Sie versuchten nicht, jemanden festzunehmen. Sie wollten den Streik einfach nur für ihre Interessen ausbeuten.

Am Ende haben sich die Ereignisse allerdings wohl doch ihrer Kontrolle entzogen. In jedem Revier aller Minenstädte der ganzen Sowjetunion wurden

64 Nowokuznjez – Stadt im sibirischen Kohlerevier Kusbass.
65 Karaganda – Großstadt im Kohlerevier Kasachstans, viertgrößte Stadt Kasachstans.

Arbeiterkomitees gebildet. Allerdings gab es unter den Minenarbeitern im Kusbass z. B. anfangs das Gefühl: Wenn andere auch in den Streik gehen, ist das sehr schlecht. Könnte sei, daß sie etwas vom Staat bekommen, was wir haben wollten. Es war das Gefühl, daß der Kuchen nicht grenzenlos ist, und wenn die anderen auch streiken, so bedeutet das, daß das Stück Kuchen für die im Kusbass Streikenden kleiner wird. Und man würde etwas an die Donbass-Minenarbeiter und an die in Karaganda abgeben müssen. *(lacht)* Das war allerdings eher die extreme Eingangssituation, die dann überwunden wurde. Schließlich gab es mehr und mehr das Gefühl, daß Solidarität notwendig war und daß man gemeinsam handeln mußte. In Karaganda z. B. hatten sie eine Menge Plakate, die Solidarität mit den übrigen Streikenden ausdrückten.

Ein weiteres Problem war, daß die Streikkomitees absolut keinen Kontakt untereinander hatten. Sie kannten nicht einmal die Forderungen der anderen. Sofern die Forderungen gleich waren, dann nur, weil die Bedingungen gleich waren. So waren sie – ebenfalls in Karaganda – äußerst beeindruckt, als wir ihnen die Novokuznjezer Zeitungen brachten. Sie hatten keinerlei Informationen. Es war sogar komisch: Als die Karagander Kumpel in den Streik gingen, war ihre erste Forderung die nach Veröffentlichung der Forderungen der Kusbass-Kumpel, um ähnliche Forderungen aufstellen zu können. Die Nichtveröffentlichung der Forderungen aus dem Kusbass durch die offizielle Presse war einer der Gründe für den Streik in Karaganda. Dabei kann man in zwei Stunden direkt von Kusbass nach Karaganda fliegen! Man hätte nur zum Kusbass Streikkomitee gehen müssen, um sich die dort ausliegenden Zeitungen zu holen. Aber sie taten es nicht. So kamen schließlich Leute aus Moskau und gaben ihnen die Zeitungen.

Ihr habt euch die Lokalzeitungen nach Moskau geholt und dann dorthin geschickt?

Nein, vier Leute der »Moskauer Volksfront« wurden ins Kusbass-Revier geschickt, als der Streik begann. Zwei weitere gingen nach Novokuznjez.

Ihr habt den Kontakt zwischen den verschiedenen Komitees auf lokaler Ebene hergestellt?

Ja. Einige andere machten in Moskau auch noch Kontakte mit Vertretern von Donbass[66] und Workuta[67]. So hatten wir Verbindung mit allen Streikgebieten.

Wie verhielten sich die örtlichen und zentralen Gewerkschaften?

Also die offiziellen Gewerkschaften spielten absolut keine Rolle bei all diesen Ereignissen. Sie waren nicht aktiv. Sie wurden einfach von allen ignoriert.

Sie unternahmen aber auch nichts gegen die Streiks?

Nein, weder dafür noch dagegen. Sie zeigten sich einfach nicht. Dann begannen sie zu diskutieren, was mit den Bergarbeitern zu tun sei. Im letzten Moment formulierten sie auch ein paar Forderungen an das Ministerium, daß sie jetzt die Rechte der Arbeiter vertreten wollten und nahmen Kontakt mit Moskau zum Zweck von Beratungen auf.

Moskau – heißt das Regierung oder Gewerkschaftszentrale?

Ihre Vorgesetzten. Diese wiederum konsultierten die Parteivertreter. Die kamen schließlich zu den Bergarbeitern und saßen auf der Seite der Verwaltung, von wo aus sie die Bedingungen des Kompromisses mit den Bergarbeitern diskutierten. Aber als Repräsentanten der anderen Seite! Sie entlarvten sich als Teil des ministeriellen Apparats. Die Arbeiterkomitees akzeptierten das nicht, sondern bestanden auf ihren eigenen Forderungen und erklärten die Forderungen der offiziellen Gewerkschaft für ungültig. Also die offizielle Gewerkschaft war zu keiner Zeit eine bedeutende Kraft. Sie wurde nicht gebraucht. Sie hatte keine besondere Funktion. Es gab für sie keine Möglichkeit zu überleben. Zugleich hinterläßt das ein Vakuum. Jetzt ist das so etwas wie eine Sackgasse. Einerseits trauen die Arbeiter der offiziellen Gewerkschaft nicht. Wenn Kontakte mit Autoritäten gemacht werden müssen, ziehen sie es vor, die Dinge mit den Parteibossen zu diskutieren, aber nicht mit Funktionären der Gewerkschaft. Andererseits ist es durchaus nicht selbstverständlich, daß die Arbeiter sofort beginnen, neue Gewerkschaften zu bilden. Die Arbeiterkomitees sind häufig nicht interessiert an Gewerkschaften. Sie sagen, wir haben die Streik- und Arbeiterkomitees gebildet. Das reicht. Die Möglichkeit, mit einem neuen Gewerkschaftsverband ihre Akti-

66 Donbass – Steinkohle- und Industriegebiet in der Ukraine und im südwestlichen Rußland.

67 Workuta – Stadt am Nordausläufer des Ural-Gebirges, nördlich des Polarkreises.

vitäten koordinieren zu können, ist den Arbeitern noch nicht sehr bewußt. Das dürfte noch eine Sache von Monaten sein.

Sehr interessant ist, daß gerade vor einer Woche (also Anfang August 89 – ke) eine erste unabhängige Gewerkschaft registriert worden ist, der »Verband sozialistischer Gewerkschaften« (im russischen Kürzel: »SozProf«), eine Namensgebung, die voraussetzt, daß die offizielle Gewerkschaft nicht sozialistisch ist. Die offizielle ist sowjetisch, nicht sozialistisch. *(lacht)* Bisher wurden in der »SozProf« nur zwei Gewerkschaften aufgebaut, die der wissenschaftlichen Arbeiter und die der Metallarbeiter. Jetzt versucht man, Kontakt mit den Streikkomitees aufzunehmen, um eine Bergarbeitergewerkschaft aufzubauen.

Sehr wichtig ist auch, daß die neue Gewerkschaft von Anfang an mit der sozialistischen Bewegung, mit sozialistischen und unabhängigen Gruppen verbunden ist. Sie wurden von diesen Gruppen in Gang gebracht. Das von Moskau aus im Aufbau befindliche »Neue sozialistische Komitee«[68], das sich als Initiative zur Bildung einer neuen sozialistischen Partei versteht, ist ebenfalls stark mit »SozProf« verbunden. Es gibt gegenwärtig Versuche, so etwas wie ein Koordinationszentrum für die unterschiedlichen Arten von Kämpfen in der Linken aufzubauen. Allerdings scheint es, als ob das entweder zu früh oder zu spät kommt: zu spät, die schon stattfindenden Prozesse noch zu beeinflussen. Man wird nicht erwarten können, daß »SozProf« oder das »Komitee« zu einer entscheidenden Kraft solcher Konflikte werden kann, obwohl sie sicher einen gewissen Einfluß nehmen können. Zu früh, weil man nicht erwarten kann, daß Millionen Leute oder alle aktiven Arbeiter sich der »SozProf« und dem »Komitee« anschließen. Es bedarf also einer großen Geduld und großer Anstrengungen.

Ist es denn heute möglich, unabhängige Gewerkschaften in der UdSSR zu bilden?

Es ist nicht verboten. Das nutzten die Gründer von »SozProf« aus. Sie deklarierten sich selbst einfach als neue Gewerkschaft. Aber nicht wie die Dissidenten, die ihre Positionen proklamierten, jedoch niemals zu Verhandlungen mit den Autoritäten schritten. Die »SozProf«-Aktivisten forderten Verhandlungen.

68 Verschiedene sozialistische Kräfte der in den Moskauer (und anderen) »Volksfronten« zusammengeschlossenen informellen Gruppen waren zu der Zeit dabei, sich zu einer sozialistischen Parteiinitiative zusammenzuschließen.

Sie hatten eine Menge Initiativgruppen in verschiedenen Unternehmen. Das war nicht nur eine Gruppe, die sich innerhalb der Gewerkschaft als unabhängig erklärte. So etwas geschah hier vorher mindestens zweitausend Mal ohne Erfolg. Diesmal organisierten sie als erstes eine Konferenz, die zeigte, daß sie wirklich etwas repräsentierten, nämlich Gruppen in unterschiedlichen Unternehmen verschiedener Branchen usw. Dann nahmen diese Komitees Verhandlungen mit den Autoritäten auf, mit verschiedenen Institutionen, mit den offiziellen Gewerkschaftsbossen. Nach drei Monaten erreichten sie schließlich ihre Registrierung.

Aber »SozProf« ist keine zweite »Solidarność«[69]. Ich erwarte eigentlich nicht, daß die neuen Gewerkschaften zur Größe der »Solidarność« anwachsen. Dies aus unterschiedlichen Gründen. Zunächst sind die offiziellen Gewerkschaften in der Krise, aber es gibt nicht so ein starkes Gefühl unter den Arbeitern, daß man eine neue Gewerkschaft braucht. Die Leute sind satt von den offiziellen Gewerkschaften, aber sie wissen nicht, ob sie überhaupt eine Gewerkschaft brauchen. Das ist das Problem. Sie wissen überhaupt nicht, wozu Gewerkschaften gut sind. Das ist das erste. Das zweite: In diesem riesigen Land ist das Bewußtsein in den verschiedenen Teilen des Landes, der Arbeiterklasse, der Bevölkerung, in verschiedenen Industriebranchen so unterschiedlich, daß man nicht hoffen kann, daß eine einzige Gewerkschaft diese ganze Masse der Arbeit umfassen kann. In Polen schafften sie es, fast das ganze Industrieproletariat zu organisieren, um in marxistischen Termini zu sprechen, obwohl sie nicht das ganze Arbeitsleben erfaßten. Das kann man hier nicht erwarten. Außerdem glaube ich, daß die Autoritäten, wenn sie klug genug sind, wahrscheinlich noch weitere inoffizielle Gewerkschaften legalisieren werden, um die Konkurrenz zwischen den verschiedenen Initiativen für unabhängige Gewerkschaften zu erhöhen.

Trotz allem hat der »Verband sozialistischer Gewerkschaften« sehr gute Chancen. Erstens weil er der erste ist, der organisiert wurde. Er ist anderen vergleichbaren Initiativen weit voraus. Und er füllt jetzt einfach das Vakuum aus, das durch den Kollaps der offiziellen Gewerkschaft während des Bergarbeiterstreiks entstand.

69 Die 1980 aus einer Streikbewegung heraus entstandene »Solidarność« gilt in Rußland als das Modell einer erfolgreichen freien Gewerkschaft.

Noch einmal zu den Streiks: Die Auslandspresse mußte man so verstehen, als hätten die Streikenden die Beschleunigung, mehr Konsequenz, konkrete Ergebnisse der Perestroika gefordert.

Nun, in Wirklichkeit haben die Arbeiter das Wort »Perestroika« nicht erwähnt. Ich habe es während der zwei Tage in Karaganda jedenfalls nicht gehört. Nicht eine einzige Person hat davon gesprochen. Die Arbeiter sprechen nicht dieselbe Sprache wie die offizielle Presse. Ich traf nicht eine Person, die ein einziges gutes Wort über Gorbatschow gesagt hätte. Die Menschen dort waren sehr kritisch gegenüber Gorbatschow. Sie werfen ihm vor, Schuld an den ganzen Schwierigkeiten zu sein.

Welche Schwierigkeiten?

Sie haben offenbar das Gefühl, daß es Veränderungen im Land gibt, von denen einige Teile der Gesellschaft profitieren, während es ihnen selbst schlechter und schlechter geht. So wollen sie auch etwas haben. Das hatte nichts damit zu tun, ob die Leute für oder gegen Perestroika waren. Sie sind schlicht frustriert durch den Stand der Dinge im Land. Und sie wollen einfach etwas für sich herausholen.

Die Methoden dafür, nämlich Streiks, sind in der Sowjetunion ja ziemlich ungewöhnlich.

Allerdings! Ohne idealisieren zu wollen, muß man sagen, daß es eine wirkliche Bewegung unter den Arbeitern ist, eingeschlossen z. B. solcher Dinge wie Internationalismus. Man hat einen guten Vergleich, wenn man bedenkt, daß zur selben Zeit in der in Georgien oder Kirgisien die Nationalitätenkriege stattfinden, hier Arbeiter aller möglichen denkbaren Nationalitäten wie Kasachen, Deutsche, Russen, Tartaren, Kaukasier usw. gemeinsam handeln, ohne über die Unterschiede nachzudenken. Ich denke deshalb, daß die Arbeiterbewegung ein neuer Langzeitfaktor wird, der nicht ignoriert werden kann und ohne den es keine Lösung für irgendein Problem geben wird.

Wie war die offizielle Reaktion?

Man war einfach erstaunt. Man hatte nicht erwartet, daß diese Bewegung so stark sein und sich so schnell ausbreiten würde. Auch ideologisch gab es eine ziemliche Verwirrung. Das war nicht vergleichbar mit so etwas wie informellen Gruppen, Nationalismus u. ä. Das war ein Ausdruck der arbeitenden Klasse. Es war für die Autoritäten eine befremdliche Situation; sie sagten: Politische Forderungen können nicht akzeptiert werden, aber alle ökonomischen Forderungen können angenommen werden. Prompt bekamen sie eine lange, lange Liste ökonomischer Forderungen, die unerfüllbar sind. *(lacht)* Das Land ist fast ruiniert. So entstand eine Art catch 22, verstehst du?[70]: Die politischen Forderungen unakzeptabel, die ökonomischen unerfüllbar. Schließlich gab es eine Art Kompromiß zwischen Streikenden und Regierung. In Workuta sind sie jetzt aber schon wieder im Streik. Sie sagen, die Regierung hat ihre Versprechen nicht erfüllt. Schon nach wenigen Tagen wurde offensichtlich: Die Regierung beteuert beständig, wir wollen unsere Versprechen ja erfüllen, aber wir können es nicht. So sagten die Bergarbeiter schließlich: Nein! Dann streiken wir wieder, denn das ist unsere einzige Waffe.

Du sagtest, das Land sei ruiniert. Wie meinst du das?

Nun, als ich in Karaganda war, gab es z. B. keine Seife zum Waschen der Hände. Was bedeutet das? Wie soll das in einem Untertagerevier gehen? Über Tage sind die Arbeiter äußerst verschmutzt. Es ist ein ernstes Problem, wenn sie sich nicht waschen können. Die Leitung schloß schlichtweg die Waschräume, weil es dort keine Seife gab. Aber es war auch sinnlos, die Kumpel nach Hause zu schicken, damit sie sich dort waschen. Dort gab es ebensowenig Seife. Das ist ein sehr elementares Beispiel, das zeigt, wie die Dinge stehen.

Schlecht. Aber du sprachst von Ruin!

Das finanzielle Defizit der Union beträgt hundert Billionen Rubel. Die Dinge verschwinden aus den Läden. Viele Unternehmen sind in großen Schwierigkeiten. Entweder sie haben kein Geld oder keine Rohstoffe, in vielen Fällen weder dies noch das. Alle Menschen fühlen, daß die Situation jetzt schlechter wird. Es gibt die schreckliche Drohung der Inflation. Man erwartet, daß sie jeden Tag losbrechen kann, und es könnte wie in der Weimarer Republik sein mit all deren Schrecken. Die Menschen haben große Angst, ihr Geld zu verlieren. Sie versuchen, Dinge zu kaufen. So verschwindet alles aus den Läden. Man kann nichts mehr bekommen. Das macht die Situation noch schlimmer.

70 Nach einer amerikanischen Novelle von Arthur Heller über Piloten: Wenn du verrückt bist, darfst du nicht fliegen, aber wenn du nicht fliegen willst, bist du verrückt.

Aber als ich jetzt von Brest nach Moskau fuhr, war ich doch erstaunt, volle Läden zu sehen. Es gab Fleisch, Milch, Seife, alle sog. Mangelwaren. In Brest, in Minsk, in Smolensk ist offenbar alles zu kaufen.

Das waren kommerzielle Geschäfte mit kommerziellen Preisen. Da können nicht sehr viele Menschen kaufen.

Kannst du die Unterschiede erklären?

Nimm zum Beispiel ein Stück Wurst, das in einem normalen Laden vielleicht drei Rubel kostet. Im kommerziellen Laden kostet es zwölf bis fünfzehn Rubel, also drei- bis fünfmal soviel. Da kann man einmal im Monat, ein-, zweimal im Jahr eine Art Ferieneinkauf machen. Für den regulären Familienalltag kann man den Bedarf dort nicht decken, wenn man nicht reich ist, versteht sich. In dieser Weise gibt es eine wachsende Kluft zwischen denen, die reich, und denen, die arm sind. Es hat diesen Unterschied natürlich immer gegeben. Aber er war nicht so sichtbar. Die Reichen hatten mehr Geld, möglicherweise, aber es gab halt insgesamt so gut wie keine Produkte, die für die mit geringerem Einkommen unzugänglich gewesen wären, außer einigen sehr teuren Dingen wie Autos, Videos, japanische Taperecorder und solche Dinge, die als Prestigewaren und Standardsymbol hierzulande gelten. Alle anderen Dinge waren mehr oder weniger für alle erreichbar. Jetzt dagegen wird Nahrung unterschiedlich erreichbar für unterschiedliche Teile der Gesellschaft. Einige Teile werden reicher und reicher und außerordentlich wohlhabend durch all die neuen Möglichkeiten, die die Perestroika ihnen eröffnet: Sie können in den Westen reisen. Sie können Devisen verdienen. Sie können kommerzielle Unternehmen in Kooperativen gründen, untereinander Dinge in einer Art Privathandel kaufen und verkaufen. Einige intellektuelle Elitegruppen bekommen höhere Gehälter und Vergütungen für ihre Arbeiten usw. Also, einige Gruppen kommen sehr zu Wohlstand, sind offensichtlich viel besser versorgt als vier oder fünf Jahre zuvor, während andere sozial degenerieren.

Kannst du das weiter differenzieren ...

Die Mehrheit der Arbeiter degeneriert. Die, denen es besser geht, sind leitende Intellektuelle, sowohl wissenschaftliche wie auch künstlerische u. ä., außerdem einige Teile des Managements. Jetzt können sie höhere Vergütungen für ihre Jobs einstreichen u. ä. Dann selbstverständlich diejenigen, die mit den Kooperativen verbunden sind. Das sind die drei Gruppen, die offensichtlich von der Perestroika profitieren.

Und die White-Collar-Arbeiter?

Nein, sie verharren mehr oder weniger auf demselben Level. Die blue collars allerdings sinken ab. Daraus ergibt sich natürlich auch eine Differenzierung. Die white collars sind allerdings auch unzufrieden, weil sie sehen, daß die anderen aufsteigen. Und sie sehen sich näher bei denen, die absinken, insofern sie sich ebenso bedroht sehen durch die allgemeine Krise, die ihren Lebensstandard auch absinken lassen kann. Sie können ihre Perspektive nicht in einer mittleren Ebene finden. Deshalb werden sie in ihrer Mehrheit auch sehr ängstlich.

*

Hier mußte das Gespräch vorläufig abgebrochen werden, um noch rechtzeitig eine Sitzung des »Neuen sozialistischen Komitees« erreichen zu können, das an diesem Abend satzungsmäßig konstituiert werden sollte und zu dem Boris mich eingeladen hatte. Meine Fragen nach den Gründen für die von ihm geschilderte Situation, nach Erwartungen und Eingriffsmöglichkeiten mußten an diesem Abend ungestellt bleiben.

Ein paar Tage danach setzten wir das Gespräch fort, unter dem frischen Eindruck des Treffens, diesmal über die Ziele, Arbeitsweise und Chancen des »Neuen sozialistischen Komitees«. Dieser Teil des Gesprächs mit Boris Kagarlitzki sowie mit anderen Teilnehmern des Treffens zusammen mit einer Skizze linker und linksliberaler Entwicklungsansätze seit der Wahl zum Allunionskongreß im Mai 89 folgt auf den nächsten Seiten.

Teilnahme an der konstituierenden Sitzung des sozialistischen Komitees[71]

Vor ein paar Tagen durfte ich Zeuge der Sitzung sein, auf der ihr ein Komitee für neuen Sozialismus gegründet habt. Kannst du mir erläutern, was ihr vorhabt?

Zuerst muß ich die Gründe erklären, die zur Gründung dieses Komitees geführt haben. Es gibt ja schon eine Menge sozialistische und halbsozialistische Gruppen in Moskau, eingeschlossen die Gruppe, zu der ich gehöre, die »Sozialistische Initiative«. Aber keine davon war in der Lage, sich zu einer ernst zu nehmenden politischen Alternative gegenüber der offiziellen Politik wie auch den offiziellen sog. Liberalen, den Freimarktbefürwortern, zu entwickeln. Der Gedanke war also, die »Sozialistische Initiative« unter Einbeziehung neuer Leute neu zu begründen, eingeschlossen solcher, die nicht hundertprozentig mit den bisherigen Prinzipien der sozialistischen Initiative übereinstimmen, aber interessiert sind an der Neuschaffung einer wirklichen sozialistischen Partei. So finden sich dort schließlich Leute der »Sozialistischen Initiative«, einige Leute der »Föderation sozialistischer Gewerkschaften«, die gerade eben gegründet wurde, und solche, die von der »Demokratischen Union« desertiert sind wie Alexander Lukaschjew[72] und seine Leute. Sie sind Sozialdemokraten, keine Linkssozialisten wie die Sozialistische Initiative. Es geht darum, die Leute nicht auf ideologischem, sondern auf politischem Boden zusammenzuführen. Das heißt, wir waren nicht sehr daran interessiert, wie du z. B. die russische Revolution von 1917 beurteilst. Da könnte es sehr unter-

71 Deutscher Gesprächspartner: Kai Ehlers, veröffentlicht in: *ak*-Sonderausgabe vom 21.10.1989 unter der Überschrift: »Es ist, als ob man vom Rechtsverkehr auf den Linksverkehr umsteigen will, indem man versucht, zuerst die Lastwagen und Busse auf rechts umzustellen!«

72 Lukaschjew, Vorsitzender der Demokratischen Union (bis 1989). (Siehe auch: Kagarlitzki, *Farewell Perestroika*, S. 156.)

schiedliche Ansichten geben. Es geht vielmehr darum, wie du die gegenwärtige Situation bewertest und ob die wichtigsten programmatischen Prinzipien akzeptiert werden. Einer der prinzipiellen Punkte ist z. B., daß wir keinerlei Lösung in der Reform eines freien Marktes sehen. Man muß vielmehr demokratische Lösungen ausarbeiten, die basieren auf Selbstverwaltung, mehr staatlicher Leitung in der chaotischen Wirtschaft, die schon fast unlenkbar geworden ist, aber auf demokratischer Basis, ein Wirtschaftsmanagement, das der Masse der Bevölkerung nützt. Da kommt man zum Kreuzpunkt, ob die Massen oder die regierende Elite den Preis für die Modernisierung bezahlen sollen. Diejenigen, die wollen, daß die herrschende Elite, nicht die Massen, den Preis der Modernisierung bezahlt, werden Mitglieder des Neuen sozialistischen Komitees.

Ihr wollt also eine Erneuerung des Sozialismus. Was versteht ihr darunter?

Nun, warum der Name »Neue Sozialisten«? Wir haben beschlossen, daß wir die alten Etiketten loswerden müssen. Sie haben für die gegenwärtige Situation der Sowjetunion keine Gültigkeit mehr. Die Leute sympathisieren jetzt mit dem Trotzkismus, der Sozialdemokratie, der ökologischen Bewegung usw. Das erklärt aber ihre Politik hier und jetzt noch nicht. Die Bezeichnung »Neue Sozialisten« soll das erklären.

Was erklärt sie also?

Unterstützung von Selbstverwaltung, keine Privatisierung der Wirtschaft, wie es jetzt zum Schlüsselbegriff der Offiziellen und auch der Liberalen wird. Die Neuen Sozialisten glauben nicht an die alleinige Macht des freien Marktes. Sie glauben nicht an eine Marktlösung in diesem System. Eine Art Markt ist nötig und anzustreben, aber im Rahmen einer demokratisch organisierten und kontrollierten Wirtschaft. Wir brauchen den Markt als ein Element, das der Planung dient, nicht als Schlüsselregulator.

Wo liegt der Unterschied zwischen diesen Vorstellungen und denen der Konservativen, die auch den Sozialismus verteidigen, auch mehr Rahmen, auch mehr Staat fordern?

Zunächst mal: Es gibt keine Konservativen mehr. Die Konservativen sind die Partei und jetzt sind sie verbunden mit den Liberalen. Die Konservativen wollen Gesetz und Ordnung. Die Liberalen wollen mehr Markt und mehr Privilegien, wenn auch nicht in traditioneller, sondern in neuer Form, was übrigens in manchem noch ungerechter sein kann als früher. Und sie wollen mehr und nicht weniger Privilegien.

Aber es gibt doch Differenzen, sagen wir z. B. zwischen Gorbatschow und Ligatschow.

Ich denke, nein. Mir fällt da eine Art Witz ein: Einer der Abgeordneten aus Jelzins Nähe sagte über Gorbatschow und Ligatschow: Wofür mußt du bellen, wenn du einen Hund hast?

Ein bissiger Satz, der vermutlich seinen Grund hat; aber wie es es z. B. in der Frage der Agrarreform? Da gibt es doch sachliche Differenzen. Ligatschow will keine Privatisierung auf dem Lande, Gorbatschow ist unschlüssig ...

... ich denke, es gibt keine prinzipiellen Differenzen. Selbstverständlich sind die Konservativen realistischer. Sie kennen die konkrete Situation viel besser, und sie verstehen die wirklichen Probleme bei Durchführung der Reform. Die Liberalen dagegen verstehen sie nicht. Tatsächlich gibt es keine ernsthaften Differenzen. Bestenfalls ein paar Akzente und Gesten gegenüber besonderen Problemen. Natürlich gibt es solche Differenzen zwischen Gorbatschow und Ligatschow, aber andererseits repräsentieren sie zwei Flügel derselben Elite, derselben politischen Tendenz. Die Konservativen wollen Gesetz und Ordnung. Die Liberalen den freien Markt. Aber die Marktreform, die sie wollen, kommt nicht voran, ohne die repressiven Institutionen zu stärken, statt sie zu schwächen.

Du sprichst von Haupttendenz. Was ist das für eine Tendenz?

Es ist die Tendenz zu einer neuen repressiven Gesellschaft, die wir Marktstalinismus nennen. Es ist die frühere Gesellschaft, die aus dem liberal-konservativen Projekt hervortritt. Warum hält Gorbatschow, der so viele Leute entließ, Ligatschow? Weil er ihn objektiv braucht. Die Leute mögen Gorbatschow, gerade weil sie in vielen Punkten nicht einverstanden sind mit Leuten wie Ligatschow. Sie brauchen einander. Auf der einen Seite haben die Konservativen keine eigene Lösung, kein Programm. Sie haben keine Chance, zu der Breschnew-Periode zurückzukehren. Der Breschnew-Kompromiß basierte auf der exzessiven Ausbeutung der Ressourcen, während jetzt Mangel an Ressourcen herrscht. Auf der anderen Seite können die Liberalen ihre Reform nicht ohne starken Polizeistaat verwirklichen, denn die Reformen sind in der Bevölkerung extrem unpopulär. Sie machen das Leben für die Mehrheit der Bevölkerung schlechter. Das ist der

Grund, warum eine wirkliche Demokratie nicht möglich ist. Wenn eine Politik propagiert wird, die zugleich zur Verschlechterung der Lebenssituation für die meisten Menschen führt, werden die Menschen ihre neuen Rechte sofort gegen diese Politik in Anspruch nehmen.

Ich verstehe dich so, daß Perestroika trotz Glasnost für die Mehrheit der Bevölkerung keine Vorteile, sondern Nachteile gebracht hat.

Ja, genau. Die Bergarbeiterstreiks sind ein sehr typisches Beispiel. Der Durchschnittslohn eines Minenarbeiters sank unter Gorbatschow von 600 auf 250 Rubel, das sind weniger als 50 % des vorherigen Durchschnittslohns. In derselben Zeit wuchs die Arbeitsintensität, so daß die Arbeiter mehr für weniger Geld produzieren mußten. Und die Preise steigen! Das ist das Ergebnis der Perestroika für die Arbeiter!

Ich habe in Analysen Gorbatschow nahestehender sowjetischer Ökonomen gelesen, daß der Durchschnittslohn in der Zeit der Perestroika gestiegen sein soll.

Natürlich steigen die Löhne, aber nicht für die Handarbeiter. Eine Menge Leute im privaten Sektor bekommen mehr bezahlt. Auch das Management erhöht seine Gehälter rapide, denn jetzt sind sie recht frei, ihre eigenen Gehälter festzulegen.

Durch die Einführung von Leistungslohn und Leistungsverträgen kann besser verdient werden, heißt es in den gleichen Quellen.

Ja, bei Managern, bei einigen, aber wenigen Ingenieuren, bei Leuten, die zur wissenschaftlichen Führung, zu bestimmten exotischen Berufen gehören. Es gibt auch Unternehmen, die besonders effizient arbeiten, nicht unbedingt in der Herstellung guter Waren, sondern beim der Beschaffung von Geld, indem sie die Preise hochtreiben. Es gibt z. B. ein Unternehmen, das Knöpfe herstellt. Sie produzieren da, sagen wir dreihundert Knopftypen pro Jahr. Und jedes Jahr wechseln sie die Liste der produzierten Typen um 50 %. Ob gelbe, blaue, rote Knöpfe – für die Hersteller bleibt der Preis absolut derselbe, für die Verbraucher nicht. Jedesmal, wenn sie wechseln, heben sie die Preise um etwa 20 bis 30 %. So bekommen sie reichlich Geld und haben die Möglichkeit, eine Menge für ihre Arbeiter zu tun. Unternehmen dieser Art sind eine der Hauptquellen der Inflation. Wo eine solche Möglichkeit, die Preise zu treiben, nicht besteht, ist die einzige Möglichkeit, Profitabilität zu erreichen, die Kürzung von Löhnen. Das wird auch gemacht.

Wie steht es mit den sog. White-Collar-Arbeitern in der Industrie und auf dem Land. Nehmen sie an den Vorteilen der Perestroika teil?

Das ist sehr kompliziert. Einige Gruppen dieser Schicht bekommen mehr und mehr Möglichkeiten. Aber die Mehrheit sieht ihre Position gefährdet, denn sie sind die ersten Opfer der Arbeitslosigkeit.

Du denkst, ihr werdet Arbeitslosigkeit bekommen?

Man muß zuerst verstehen, was Arbeitslosigkeit ist. In jeder Gesellschaft gibt es jederzeit Arbeitslosigkeit. Selbstverständlich hat es in der UdSSR immer Arbeitslose gegeben. Sie waren nur nicht registriert, und es gab keine Unterstützung. Wenn wir dahin kommen, daß offen über Arbeitslosigkeit gesprochen wird, ist das gut. Dann wird es auch Unterstützung und ein System der Arbeitsvermittlung geben. Andererseits ist klar, daß erst mal die Arbeitslosigkeit ansteigt. Es gab Berechnungen, daß wir am Anfang der Perestroika ungefähr 1,5 Millionen Arbeitslose hatten. Das war nicht viel für ein Land wie dieses (mit damals unionsweit 365 Mill. Einw. - ke), also eine vernachlässigenswerte Größe. Jetzt gibt es dagegen keine offiziellen Kalkulationen. Das ist schon entlarvend. Jeder weiß, daß die Zahlen steigen. Es gibt keine Unterstützung, keine Strategie für die Schaffung neuer Arbeitsplätze, nicht mal eine Diskussion über das Problem außer einer Reihe von Artikeln in der Presse, die den Leuten erklären, daß Arbeitslosigkeit wichtig ist, Vollbeschäftigung die Arbeitsmoral verdirbt usw.

Gorbatschow und seine Leute haben versprochen, daß es keine Arbeitslosigkeit, sondern nur Umsetzungen und Umschulungen auf andere Arbeitsplätze geben werde.

Ja, aber es werden keine neuen Berufe geschaffen, es werden keine Umschulungsteams eingerichtet. Unsere Gesellschaft hat überhaupt keine Mechanismen für Beschäftigungspolitik, es wird nicht einmal versucht, einen solchen zu entwickeln. Es ist sehr interessant, daß Gorbatschow einerseits ständig versucht, sich von den radikalsten Vorschlägen seiner Hauptunterstützer zu distanzieren, in der Realität aber sind ihre Maßnahmen genau das, was die Liberalen vorschlagen, nur in einer milderen Form. Das aber einfach nur deshalb, weil sie realistischere Leute sind als die liberalen Ideologen, die auf die Realität keine Rücksicht zu nehmen brauchen. Um darauf zurückzukommen, was der Unterschied zwischen Konservativen und Linken ist: Die Konservativen sind eine Art Garantie für die Menschen, allerdings eine paternalistische, die die Menschen von einer Bürokratie abhängig macht, die die Macht hat, zu geben oder nicht. Wir dagegen wollen ein System sozialer Garantien, das zu wirklichen Rechten wird, kontrolliert durch demokratisch gewählte Körperschaften, um so den Menschen den Zugang zur Kontrolle ihres eigenen Geschickes zu geben. Hauptpunkt ist, die demokratisch gewählten Körperschaften auf verschiedenen Ebenen der Selbstverwaltung zu schaffen: auf lokaler Ebene, in der Produktion, durch Herstellung wirklichen Eigentums, möglicherweise durch Überführung von Staats- in Munizipaleigentum, parallel dazu Schaffung von demokratischen Stadträten, Verlagerung von Verantwortung auf die tiefstmöglichen Ebenen von Kommunen als Teil der Städte oder Distrikte usw.

Also starke Dezentralisation.

Ja, wir wollen nicht nur eine Dezentralisation formaler Macht, sondern auch des Eigentums. Wir wollen soziales Eigentum. Aber wir wollen, daß es dezentralisiert wird, und zwar nicht nur auf der Ebene des Managements, sondern auch auf der des formalen Eigentums. Das ist ein großer Unterschied. Und wir wollen gewerkschaftliche und demokratische Rechte als Garantien für das soziale Gefüge.

Der Unterschied zwischen konservativen und euren Vorstellungen ist klar. Aber was macht nun den Unterschied zwischen euch und den liberalen Perestroika-Anhängern?

Zuallererst: Wir wollen nicht mehr freien Markt! Wir wollen einen Rahmen für den Markt. Wir sind sehr skeptisch gegenüber den Perspektiven, überhaupt einen Markt in diesem Land zu schaffen. In einer Situation des finanziellen Chaos wie bei uns kann man den Unternehmen freiere Hand zur Preisgestaltung geben, aber sie werden den Verbraucher immer ignorieren, die Preise hochtreiben, die Inflation anheizen, wie es in Jugoslawien usw. geschieht. Mit einem konvertierbaren Rubel wird es dasselbe sein wie in Jugoslawien und in Polen. Er wird nur das finanzielle Chaos vergrößern. Wir sagen also: Allererste Priorität ist die Priorität der Demokratie. Das gibt die Wahrscheinlichkeit größerer Kontrolle über die Verteilung der Güter unter Aufsicht der demokratisch gewählten Körperschaften. Ich bin nicht sicher, ob das eine Lösung auf Dauer ist. Auf jeden Fall ist es aber sehr verschieden vom liberalen Konzept, einfach alles zu privatisieren, alle Kontrollen abzuschaffen, alle Macht ans Management zu geben, Leuten die Möglichkeit zum Geldmachen zu geben, ohne darüber nachzudenken, wie und was die Zwecke davon sind.

Ich verstehe eure Sicht der Dinge als eine Forderung nach tatsächlicher Erfüllung der von Gorbatschow und seinen InterpreteInnen in allen Reden immer wieder beschworenen Erneuerung der Revolution zu einer wirklichen sozialistischen Gesellschaft.

Er redet so, aber er tut immer das genaue Gegenteil. Was haben sie wirklich während der Perestroika gemacht? In der Wirtschaft haben sie nur drei Dinge getan: Sie gaben den Kooperativen freie Hand, die in Wirklichkeit Privatfirmen sind. Sie begannen Staatsunternehmen an Kooperativen zu verkaufen. Das bedeutet in der Realität Privatisierung. Zweitens: Sie begannen Joint-Ventures mit Westfirmen herzustellen. Die Joint-Ventures kombinieren in starkem Maße die negativen Aspekte des kapitalistischen Systems mit denen des Sowjetsystems, wenn die Profitorientiertheit des westlichen mit dem sowjetischen Funktionärswesen zusammentrifft, das seine Privilegien sichern will. Interessant ist, daß die Joint-Ventures, die wie Pilze aus dem Boden schießen, jetzt ein echtes Problem werden. Sie blockieren den Export. Andere Firmen, eingeschlossen Kooperativen übrigens, die keine Joint-Ventures abgeschlossen haben, können nicht zu gleichen Bedingungen exportieren. So werden sie gezwungen, in Joint-Ventures einzutreten und 50 % ihres Profits an die Ausländer zu geben. Das ist das zweite Element der Reform. Das dritte ist: Alle Macht wird ans Management gegeben, mehr oder weniger freie Hand, die Löhne zu drücken und die Arbeit zu intensivieren usw. Das sind die einzigen drei Elemente der Reform. Das ist nichts anderes als der Versuch, einige Elemente des kapitalistischen Systems ins Sowjetsystem einzuführen, ohne die Position der Spitzenbürokratie zu gefährden. Zugleich ist zu sehen, daß Gorbatschow sich vor jeder Art wirklicher demokratischer Beteiligung des Volkes fürchtet. Die Wahlen für den Deputiertenkongreß wurden im Westen als Schritt vorwärts in Richtung Demokratie verstanden. Tatsächlich war das ein Versuch, die Partei vor Angriffen zu schützen. Nach der Parteikonferenz gab es enormen Druck auf die Partei. Tatsächlich waren die Partei-Institutionen früher demokratischer. Es gab wenigstens einige formale Mechanismen für die Parteimitglieder, Entscheidungsprozesse mindestens auf den unteren Ebenen zu beeinflussen. So entstand während und nach der Parteikonferenz die echte Gefahr, daß die unteren Ebenen der Partei durch die neuen Aktivitäten der Parteibasis zerschlagen werden könnten. Was war das Ergebnis? Die Aktivitäten an der Basis, eingeschlossen die der Parteimitglieder, wurden von der Partei ausgeschaltet. Die Wahlen waren nicht ganz demokratisch. Das war der leichteste Weg für die Bürokratie. Zur selben Zeit änderten sie die Wahlgesetze für Parteifunktionäre in entschieden weniger demokratische, indem sie die Parteibasis einfach ihres Rechts beraubten, ihre eigenen Vertreter zu wählen, sondern festlegten, daß dies durch Plena und verschiedene Sitzungen offizieller Körperschaften des Apparats zu geschehen habe.

Du sprichst über die innere Situation der Partei?

Ich zeige dir den Mechanismus, den Gorbatschow benutzt hat. Es ist ein Versuch, Spannungen von einer Seite auf die andere zu wenden. Neue Regeln eröffnet er nur, wenn er Gefahr sieht, daß die alten Regeln durch wirkliche Massenbeteiligung und echte demokratische Forderungen gefährdet sind. In gewisser Weise rettete die Deputiertenwahl die Partei vor den Forderungen der Parteibasis.

Ich verstehe. Und doch hat es Veränderungen gegeben. Ihr konntet z. B. die »Volksfront« gründen, die »Sozialistische Initiative«, jetzt das »Komitee«. Wir können hier dieses Gespräch ohne Einschränkungen führen. Also, irgendwas ist doch auch tatsächlich neu?!

Selbstverständlich gibt es Veränderungen, und es wird noch weitere geben. Die nächsten wahrscheinlich zum Schlechteren. Es sieht so aus, daß die liberalen Delegierten und die Ratgeber Gorbatschows meinen, daß Glasnost zu weit ging. Nicht die Konservativen, die Liberalen sagen: Natürlich müsse man Pluralismus haben, aber nicht für die Linksradikalen, die die Perestroika zerstören usw. Da gibt es z. B. den sehr populären Ideologen der liberalen Elite, Andranik Migranjan[73]. Er sagt sehr offen, daß das Ziel der Perestroika sei, die egalitäre Seite der Gesellschaft zu zerstören. Und das kann nicht über einen demokratischen Weg geschehen. Man braucht ein starkes autoritäres Regime, einen starken Polizeistaat etc. Das ist eine andere Seite von Perestroika, daß man solche Dinge frei und offen sagen und publizieren kann. Wenn man diesen Weg geht, ist der

73 Mehr zu Migranjan unter dem Stichwort: Sowjetischer Pinochet in: Kai Ehlers, *Sowjetunion, Mit Gewalt zur Demokratie? Im Labyrinth der nationalen Wiedergeburt zwischen Asien und Europa*, S. 86 ff (siehe Anhang).

Rückschlag unvermeidlich. Man sehe sich an, was mit den Liberalen geschehen ist. Sie wollten die Macht von den Konservativen. So befürworteten sie die Demokratisierung, und es gab keine Möglichkeit, die Dinge unter Kontrolle zu halten in diesen Auseinandersetzungen. So begannen die Dinge, sich spontan zu entwickeln und schließlich mehr Freiheit und Rechte nicht nur für die Liberalen mit sich zu bringen, sondern auch für Leute, die gegen sie sind. Jetzt ist es sehr schwierig, diese Außenseiter vom Zugang zu den neuen Freiheiten auszuschließen, ohne eine Menge Schwierigkeiten zu verursachen. Andererseits, kaum an der Macht, ist ihre Hauptsorge, wie sie diesen Prozeß stoppen können. Aber sie wissen nicht, wie. Gorbatschow selbst weiß nicht, wie. Sein politisches Schicksal ist irgendwie verbunden mit diesen ganzen Entwicklungen. Er ist sehr abhängig von der öffentlichen Meinung im Westen, denn er braucht Unterstützung vom Westen. Es ist eins der Schlüsselelemente ihrer Strategie, finanzielle Hilfe aus dem Westen zu bekommen. Die westlichen Kreise wiederum brauchen eine gewisse Unterstützung durch die öffentliche Meinung usw. Das ist alles sehr kompliziert. So können sie nicht einfach auf Repression umschalten. Trotzdem glaube ich, daß eins der Hauptprobleme, das sie zu lösen haben, das ist, wie sie zur Repression übergehen können, ohne ihre Position noch mehr zu destabilisieren, als sie es schon durch die neuen Freiheiten wird.

Welche Art von Repression ist zu befürchten?

Nun, in Georgien und Armenien hatten wir Proben, als in Armenien sogar die Abgeordneten verhaftet wurden. Sie repräsentierten wirklich den Willen des Volkes. Es waren die Abgeordneten, die mit der Menge zusammen agierten. Deshalb wurden sie verhaftet. Die Abgeordneten des Volkskongresses werden sicher nicht mit den Leuten auf die Straße gehen. Sie sitzen bequem in ihren Sesseln, auch wenn sie protestieren. Wie auch immer, man kann das neue Polizeigesetz sehen, wie es in Armenien wirkt, wie das Karabach-Komitee unterdrückt wurde, wie sie versuchten, die georgische Bewegung zu unterdrücken.

Kannst du das bitte etwas genauer beschreiben?

Zu den Armeniern kam Gorbatschow nach dem Erdbeben. Die Menschen dachten, er sei dort hingegangen, um der armenischen Bevölkerung zu helfen. Aber das einzige, was er tat, war, einige örtliche Offizielle zu treffen, um die militärische Leitung der Region auszuwechseln. Direkt nach seiner Abreise gab es eine Reihe von Verhaftungen. Das Polizeigesetz wurde dadurch gestärkt. Die gesamte Leitung der nationalen Bewegung wurde verhaftet und nach Moskau geschickt. Die Gebäude, wo sich die inoffizielle Bewegung traf, wurden geschlossen. Der örtliche Oberste Sowjet stoppte seine Zusammenkünfte. Genau dies war das Ergebnis von Gorbatschows Reise nach Eriwan. Wenn man jetzt nach Armenien geht und Leute über Perestroika und Gorbatschow befragt, finden sie kein gutes Wort für ihn. Immerhin schaffte er es, die Entwicklung der armenischen nationalen Bewegung für ungefähr ein Jahr zu stoppen. Für ein Jahr war sie zwar nicht zerstört, aber unterdrückt. Jetzt allerdings beginnt sie zu wachsen. Das war eine Probe auf die Methoden, die auch eingesetzt werden könnten, um die demokratischen Bewegungen zu stoppen.

In unseren Zeitungen bekam man den Eindruck, als ob sich Gorbatschows Repressionen gegen die Offiziellen, gegen die Nomenklatura richteten, daß er damit die Perestroika voranbringen wollte.

Nun, was Perestroika ist, weiß keiner. Natürlich versucht Gorbatschow, loyale Leute näher an sich zu ziehen und die zu entfernen, denen er mißtraut. Aber das ist die traditionelle stalinistische Strategie. Da gibt es absolut keinen Unterschied zwischen Gorbatschow und irgendeinem anderen sowjetischen Funktionär. Nur, Gorbatschow wechselt mehr Funktionäre aus als andere zuvor, weil die Situation komplizierter ist als zuvor. Und er hat mehr Angst vor Disloyalität. Darum ist er gezwungen, es schneller zu machen.

Wenn es stimmt, daß er in der traditionellen stalinistischen Weise regiert, wenn es stimmt, daß die Probleme sehr schwierig sind, das Land jetzt in eine schwere Krise gekommen ist, was ist dann der Unterschied zwischen der heutigen Situation und der Chruschtschow- bzw. Breschnew-Zeit?

Weder Breschnew, noch Chruschtschow[74] hatten eine Krise auch nur annähernd ähnlich wie die heutige. Breschnew regierte zu einer Zeit, die wirtschaftlich sehr blühte. Die andere Seite der Stagnation war, daß der Lebensstandard unter Breschnew mehr als unter allen anderen sowjetischen Führern steigen konnte. Das war die Basis der politischen Stagnation, weil er den Leuten einen ökonomischen Lebensstandard geben konnte, der unvorstellbar war für die früheren

74 Chruschtschow, Nikita, nach Stalins Tod 1953 bis 1964 Generalsekretär des ZK der KPdSU, 1958–1964 Regierungschef.

Generationen. Das war gekoppelt mit der generellen Weltlage, mit dem Vorhandensein nützlicher Ressourcen in der Sowjetunion, mit hohen Ölpreisen usw. All das wurde genutzt. Wie auch immer, man muß verstehen, warum Breschnew fähig war zu regieren, wie er es tat. Gorbatschow übernahm eine Situation, die sehr anders war. Nichts funktionierte. Alles war in Unordnung. Das System war ausgehöhlt durch Korruption, durch eine Art moralische Krise. Also, sie mußten etwas ändern. Zumindest um seine Macht zu sichern, mußte Gorbatschow das Haus in Ordnung bringen. Am Anfang waren seine Reformen sehr moderat. Aber es scheint, als ob diese moderaten Reformen, die er in Gang zu setzen versuchte, das System einerseits noch mehr destabilisierten. Es ist, als ob man von Rechtsverkehr auf Linksverkehr umsteigen will, indem man versucht, zuerst die Lastwagen und Busse auf rechts umzustellen. Man kriegt nur mehr Schwierigkeiten und Probleme, die dazu führen, die eigenen Reformprojekte zu radikalisieren, während diese Radikalisierung tatsächlich keinerlei Ergebnisse brachte. Das entwickelte sich, wie gesagt, zu einer Art spontanem Prozeß.

Nach der Methode von Trial and Error ...

Ja, Gorbatschow hatte nur Interesse, an der Macht zu bleiben und immer mit den Gewinnern zu sein. Zum Beispiel während der Krise von Tschernobyl[75] verschwand er. Erst als deutlich wurde, daß alles wieder unter Kontrolle war, tauchte er wieder auf.

Meinst du, daß er sich generell so verhält?

Das ist typisch für alle bürokratischen Herrscher. Stalin verschwand in den ersten Kriegstagen. Gorbatschow ist nicht sehr anders als seine Vorgänger. Die Situation ist anders. Das ist das eigentliche Gorbatschow-Phänomen: Er ist als Führer seinen Vorgängern ganz ähnlich, aber die Situation ist sehr verschieden. Das westliche Medienimage Gorbatschows ist Ausdruck der eigenen Wünsche. Der Westen will einen sympathischen sowjetischen Führer haben, um seine alten Ängste der Sowjetinvasion usw. loszuwerden. In Wirklichkeit braucht der Westen keine Angst vor einem sowjetischen Einmarsch zu haben. Die Verhandlungen über gegenseitige Abrüstung haben sicherlich mehr gegen die Angst vor einem dritten Weltkrieg getan als alle vorherige Propaganda der Friedensbewegungen.

75 Reaktor-GAU von Tschernobyl im Sommer 1986.

Sie haben gezeigt, daß es keine sowjetische Bedrohung gibt, denn die Armee ist nicht stark. Sie ist in einem desolaten Zustand. Aber für die westliche Öffentlichkeit, die lange mit der Vorstellung einer sowjetischen Bedrohung vollgestopft wurde, ist es nicht einfach zu glauben, daß es diese Bedrohung nicht gibt, weil die sowjetische Armee schwach ist. Es ist einfacher zu glauben, daß da jetzt gute Jungs am Werk sind. Für den Westen war das natürlich eine positive Entwicklung. Es beendete die Strategie der Spannung und der Angst.

Aber meinst du nicht, daß auch die sowjetische Gesellschaft eine Öffnung erfahren hat?

Selbstverständlich! Und jeder sowjetische Führer öffnet die sowjetische Gesellschaft mehr als sein Vorgänger. Chruschtschow war ein großer Fortschritt nach Stalin und Breschnew war ein großer Fortschritt nach Chruschtschow. Und es gibt einen enormen Druck, die Gesellschaft jetzt weiter zu öffnen, und zwar auch für die Bürokratie selbst. Sie wollen reisen. Sie wollen westliche Waren haben. Japanische Videos und das ganze High-Tech wurden ein Symbol des Wohlstands und des sozialen Status. Sie wollen nicht nur das Land modernisieren, sondern vor allem den Konsum.

Was sind die Chancen, was sind die Risiken dieser Situation?

Ich glaube, die Lage ist sehr schlecht. Die Arbeiter haben schon begonnen, ihre Zähne zu zeigen. Es gibt eine Art Eskalation von Forderungen in allen Bereichen der Arbeit, zunehmenden Inflationsdruck auf das System. Jeder will etwas für sich herausholen. Es ist nun mal so: Wenn man die ganze Logistik eines Systems ändern will, dann kann man nicht nur einzelne Leute, sondern muß die ganze Art der Machtausübung auswechseln. Klassisch marxistisch ausgedrückt, muß man die Klasse, die soziale Schicht an der Macht auswechseln. Aber das ist nicht wahrscheinlich, und wir sind nicht so idealistisch zu glauben, daß Organisationen wie die unsere auch in ein paar Jahren stark genug werden könnten, die tatsächlichen Machtzentren herauszufordern. Natürlich wollen wir eine Organisation aufbauen, die für reale Macht kämpfen kann. Wir nehmen es ernst. Einerseits hat die Linke keine reelle Chance, eine Organisation zu haben, die die Macht übernehmen könnte. Auf der anderen Seite wollen die Liberalen gar nicht die politische Macht. Sie wollen lediglich, daß die bestehende Macht einige ihrer Ideen umsetzt. Das ist der Grund, warum sie eine Art repressives Regime akzeptieren können, das einige ihrer Vorstellungen benutzen kann und ihnen gegenüber tolerant ist, so daß sie ins Ausland reisen können, ihre Privilegien bekommen, ihr Konsum modernisiert wird usw. So ergibt sich ein Vakuum, in dem die Methoden der Perestroika nicht mehr greifen. Dann wird irgend jemand kommen, der sagt, laßt uns die Ordnung wieder herstellen.

Glaubst du, daß die Sowjetbevölkerung auf eine linke Argumentation hören könnte?

Sie tut es! Die liberalen Intellektuellen, die die Presse und Medien kontrollieren, sind sehr erbost, daß die Menschen auf ihre Argumente nicht hören. Ich gebe ein paar Beispiele. Ich bin zur Zeit einer der am wenigsten veröffentlichungsfähigen Autoren in der Sowjetunion. Solschenyzin[76] dagegen ist veröffentlichungsfähig. Trotzki nicht, ebensowenig die Marxisten vom Neuen sozialistischen Komitee, selbst einige Sozialdemokraten nicht. Es gibt zahlreiche Fälle, die beweisen, daß es eine starke Zensur in der Presse gibt, die beliebige dissidente Meinungen unterbindet, die kritisch gegenüber dem jetzt gültigen Perestroika-Kurs sind.

Du sprichst von linken Kritiken, die behindert werden.

Klar, eine Nina Andrejewa[77] bekommt ihre Öffentlichkeit. Ebenso z. B. die »Novosti« (»Moscow News«). Sie haben die Moskauer »Volksfront« angegriffen, ihr aber niemals Gelegenheit zur Antwort gegeben. Nina Andrejewa bekam dort jedoch ein Recht zu antworten. Sie ist keine Gefahr für sie. In privaten Diskussionen hört man die frustrierende Tatsache, daß sie ihr Bestes versuchen, «diese linksradikalen Unruhestifter« daran zu hindern, Zugang zu den Medien zu finden. Aber auch ohne diese Unruhestifter gibt es in der Öffentlichkeit eine zunehmende linke Orientierung. Sogar Gorbatschow sagte in einer seiner letzten Reden im Zentralkomitee der KPdSU, unglücklicherweise nehme der Einfluß des linksradikalen Flügels zu, und es müsse etwas gegen die Ausbreitung linksradikaler Ideen unternommen werden.

Habt ihr Zeitungen, Bücher oder andere Möglichkeiten, eure Vorstellungen zu

76 Solschenyzin, Alexander: zu dem Zeitpunkt noch im Exil. Solschenyzin wurde seit 1945 zweimal längere Zeit inhaftiert, seit 1974 exiliert, 1990 rehabilitiert; 2008 kehrte er nach Rußland zurück.

77 Andrejewa, Nina, orthodoxe Kommunistin, veröffentlichte Anfang des Jahres 89 unter der Überschrift »Ich kann meine Prinzipien nicht aufgeben« einen Frontalangriff gegen die Liberalisierung in der »Prawda«. (siehe dazu: Kagarlitzki, *Farewell Perestroika*, S. 1/2.)

verbreiten?

Offiziell nichts, absolut nichts!

Auch die »Volksfront« nicht? Sie hat immerhin wenigstens einen Abgeordneten.

Die »Volksfront« kann nichts legal publizieren. Wir publizieren Samisdat-Schriften.[78] Du kannst natürlich Tausende Exemplare von Samisdat-Material publizieren. Aber die offizielle Presse hat Millionenauflagen.

Ich habe einige Zeitungen in deiner Hand gesehen ...

... alles Samisdat-Publikationen. Dafür werden inzwischen Computer benutzt. Nach Arbeitsende wird schwarz gedruckt. Das gute an der Perestroika ist, daß Leute keine Angst mehr haben, sich den Anordnungen ihrer Vorgesetzten zu widersetzen. Es gibt eine starke Ausbreitung von Samisdat-Material. Die offizielle Presse steht nach wie vor fest gegen uns. Erst wenn wir stärker werden, könnte es für die offizielle Presse opportun sein, uns zu Wort kommen zu lassen.

Arbeitet ihr inzwischen legal?

Ja, legal in dem Sinne, daß wir keine Gesetze brechen, aber nicht in dem, daß wir die Erlaubnis hätten zu tun, was wir tun. Wir handeln nach der Formel: Was nicht verboten ist, ist erlaubt.

Also keine eindeutig gesetzlich fixierten Rechte?

Nichts, absolut nichts! Wenn es Gesetze gibt, dann sind sie immer restriktiv so z. B. das Versammlungs- und Demonstrationsrecht.

78 Samisdat – wörtlich: selbst herausgegeben. Das Druckmonopol liegt zur Zeit dieses Gespräches nach wie vor laut Gesetz und per Besitz der Produktionsanlagen ausschließlich bei der Partei- bzw. von der Partei und ihren Untergliederungen kontrollierten Presse. Die Samisdat-Schriften waren Mitte der 80er Texte, die von Schreibmaschine zu Schreibmaschine im Zehnersatz vervielfältigt wurden. Zum Zeitpunkt des Gesprächs geschieht die Vervielfältigung immerhin schon im illegalen Druck von Tausender-Auflagen, deren öffentlicher Handverkauf geduldet wird.

Wenn ihr mehr Konsequenz von der Perestroika fordert, so müßtet ihr mit ihren Befürwortern zum einen zusammenarbeiten, sie zum andern kritisieren. Wo gibt es Zusammenarbeit?

In der Tat gibt es immer weniger Fälle, wo Leute zusammenarbeiten können. Anfangs gab es eine Phase, in der es nur wichtig war, Stalin zu kritisieren. Wenn es jetzt Stalinkritiken gibt in der Presse, dann weil sie nicht über die aktuellen Probleme von heute sprechen wollen. Zu Anfang dagegen war das essentiell. Dasselbe war es mit den Kritiken an Breschnew. Ebenso mit dem Markt. Wenn wir heute die ganze Freimarkt-Paranoia in der Presse sehen, macht uns das nicht glücklich. Andererseits war es ganz zu Anfang, als man hier gerade begann, offen über die Marktfrage zu diskutieren, ein Schritt vorwärts, denn wie auch immer, ob im Kapitalismus oder irgendeiner sozialistischen Gesellschaftsform braucht man irgendeine Art von Marktbeziehung. Es ist nur die Frage, was für ein Markt. So war das am Anfang nur eine Rückkehr zu einer Art gesundem Menschenverstand. Das war natürlich sehr positiv. Aber dann sah man es sich in eine sehr ungesunde Richtung entwickeln. Jetzt sieht man die grundlegende konservative Seite der Perestroika und der verschiedenen Reformen, und das bringt viele Leute in Widerspruch. Bei den Wahlen gab es auch einige offene stalinistische Gruppen und Tendenzen wie die Vereinigte Arbeitsfront, eine Organisation der stalinistischen Pensionäre und Drop Outs, die fast keine Anhänger in der Arbeiterschaft hat. Sie versuchen, die Schwierigkeiten für ihre Zwecke auszubeuten. Es gibt einige besondere Kampagnen, die wir mit den Liberalen zusammen machen. Zum Beispiel während der Wahl zum Deputiertenkongreß haben wir eine Menge liberale Kandidaten unterstützt, weil sie antinomenklaturische Kandidaten waren. Während des Kongresses kamen Tausende auf die Straße, nicht nur um ihre Solidarität mit den liberalen Deputierten zu zeigen, sondern um sie so auch zu stärken. Aber was war das Ergebnis? Bestimmte Liberale wurden ängstlich vor der Masse von Leuten, die zur Unterstützung ihrer eigenen Slogans auf der Straße waren. Sofort suchten sie eine Art Rückversicherung mit Gorbatschow und dem konservativen Teil des Kongresses. Zum Beispiel Afanasjew hatte am Anfang gesagt: Wir haben einen stalinistisch-Breschnewistischen Obersten Sowjet gewählt. Am nächsten Tag riefen Tausende: Keine Unterstützung für den stalinistisch-Breschnewistischen Obersten Sowjet. Wir werden seinen Regeln und Gesetzen nicht folgen. Wir werden mit den Deputierten dieses Obersten Sowjet nicht zusammenarbeiten! Nach ein paar Tagen hatten Afanasjew und seine Leute ihre Meinung geändert. Der Oberste Sowjet mache eine Menge gute Arbeit. Es sei wesentlich, den Gesetzen zu folgen. Man müsse ruhig sein. Besonders während des Kohlenarbeiterstreiks war es typisch. Alle meinten, die Leute müßten ihren Streik stoppen und auf die neuen Gesetze warten, die der neue Oberste Sowjet erlassen werde, genau der Sowjet, den sie vorher stalinistisch-Breschnewistisch genannt hatten.

Kannst du ein paar Angaben über die praktischen Schritte machen, die ihr unternommen habt und unternehmen werdet?

Vor allem besteht das »Komitee für Neuen Sozialismus« innerhalb der »Volksfront« und arbeitet mit ihr zusammen bei der Entwicklung einer Massenpolitik zum einen, einer Art sozialistischen strategischen Kerns für diese Bewegungen zum zweiten. Das ist wohl eine recht traditionelle Hegemonie-Vorstellung. Weiterhin geht es darum, ein Netzwerk ähnlicher Komitees über das ganze Land auszubreiten, um die Möglichkeiten gleichzeitigen Handelns zu schaffen. Das zweite ist, daß wir ein wirkliches System politischer Erziehung haben wollen, um kompetente, gutinformierte und politisch gutausgebildete Aktivisten zu haben. Es gibt einen großen Mangel an politischen Menschen hierzulande. Das ist einer der Gründe des liberalen Monopols in der öffentlichen Meinung. Sie sind ausgebildet, ihre Positionen zu verteidigen. Und es ist nicht nur ein Problem der Zensur, sondern es gibt eben viele Leute, die mit ihnen nicht übereinstimmen, aber sich nicht in derselben Weise ausdrücken können, wie die Liberalen oder Intellektuellen es können. Wenn du so willst, geht es darum, eine neue Art radikale Elite, nicht im Sinne von Privilegien, sondern im Sinne von Qualität, politischer Aktivität zu erziehen. Das ist der zweite Punkt. Drittens geht es darum, eine Art periodischer Presse zu schaffen. Die sozialistische Presse ist sehr schwach, sogar verglichen mit der Samisdat-Presse auf der Rechten. Das ist unser Problem. So müssen wir eine neue sozialistische Presse schaffen. Dabei müssen wir auch die Möglichkeiten von »SozProf« nutzen, das jetzt gerade versucht, eine eigene legale Organisation mit eigener Presse, eigenem Geld usw. zu bilden. Das ist der letzte Punkt: Schaffen einer politischen Partei, die unterschiedliche Arten von Sozialisten verbinden kann, und Stärkung der soeben legalisierten Vereinigung sozialistischer Gewerkschaften, nicht nur als ökonomisches, sondern auch als politisches Kampfinstrument. So kann man nicht nur passive Unterstützung von Seiten der Arbeiterschaft bekommen, sondern sie selbst in ihren Kämpfen fürdern. Das ist so oder so der Hauptpunkt.

Wer wird, wer kann Mitglied im neuen »Komitee« sein?

Jeder, der mit den Prinzipien des »Komitees« übereinstimmt, nicht den ideologischen, sondern den politischen. Eine Menge Mitglieder der Kommunistischen Partei sind dabei. Viele Mitglieder der Kommunistischen Partei sagen, die Kommunistische Partei ist keine politische Partei, darum müssen sie einer Partei beitreten. Natürlich gibt es Grenzen. Leute, die antisozialistisch sind, können nicht hinein. Außerdem wollen wir Leute, die im »Komitee« tatsächlich arbeiten, keine Karteileichen.

Habt ihr schon ein festes Programm?

Es gibt eine Theorie-Kommission, die ein Programm erarbeiten soll. Die Hauptlinien sind klar.

Ihr arbeitet daran?

Im September, möglicherweise im Oktober wird es vorliegen. Dann werden wir einen offiziellen Gründungskongreß haben. Das Treffen vor zwei Tagen war nur eine Aktivistenversammlung, etwa die Hälfte der Mitglieder. Es ging um die Einrichtung eines Büros und vorläufigen Statuts.

Ihr wollt auch für das »Komitee« eine pluralistische Struktur?

Ja, denn es gibt unterschiedliche Sichtweisen im »Komitee«. Man sollte z. B. nicht sagen, daß es eine marxistische Gruppe ist. Aber es ist auch keine sozialdemokratische. Es ist unsere Vorstellung, daß wir eine Art neue Identität schaffen müssen. Daher der Name »Neues sozialistisches Komitee«.

Das ist für uns im Westen nicht anders. Auch unsere Frage lautet: Was kann zukünftig Sozialismus sein? Dieselbe Grundfrage!

Ja! Ich denke, in diesem Sinne können unsere Aktivitäten von Interesse für den Westen sein. Ich denke, es gab eine reale Krise für alle traditionellen Typen sozialistischer Bewegungen. Die Krise der sozialdemokratischen Bewegung ist natürlich im Westen offensichtlicher, nicht so sehr im Osten. Andererseits sind alle Varianten von Kommunismus, eingeschlossen den demokratischen Kommunismus sowie einige Sektionen des revolutionären Marxismus oder andere radikale Strömungen, alle diese Werte in der Krise. In mancher Hinsicht repräsentieren sie die Vergangenheit. Aber das heißt nicht, daß der Sozialismus, wie die Rechten sagen, ideologisch die Vergangenheit verkörpert.

Es bedeutet einfach nur, daß der Sozialismus seine alten Formen überwinden muß.

Wir verstehen es so, daß die ersten Versuche, Sozialismus revolutionär zu verwirklichen wie in der UdSSR, wie in der VR China und anderswo gescheitert sind. Diese Gesellschaften erklären jetzt vor aller Welt praktisch ihren Bankrott. Wir müssen neu nachdenken, wie Sozialismus entwickelt werden kann.

Genau! Ich denke, es gibt einige grundsätzliche Dinge, die Sozialismus zum Sozialismus machen. So kann man z. B. sozialistische Politik innerhalb einer kapitalistischen Gesellschaft entwickeln. Aber es gibt keinen Sozialismus als funktionierendes und sich weiterbildendes System ohne soziales Eigentum. Das ist das eine. Nach Überwindung der kapitalistischen Gesellschaft geht es darum, daß die spontane Entwicklung, die den Menschen große Opfer für den Fortschritt auferlegt, durch eine bewußte, planmäßige abgelöst wird. Das Problem des Sozialismus ist also die Frage des Preises, der für den Fortschritt gezahlt wird. Da kann man zu dem Punkt kommen, daß Selbstverwaltung grundlegend ist. Aber Demokratie ist ebenfalls grundlegend. Ohne Demokratie gibt es keine Selbstverwaltung. Das ist der Grund, warum das jugoslawische Experiment scheiterte.

Sozialistische Entwicklung, das beinhaltete vor allem auch die langfristige Utopie der Überwindung der Entfremdung des Menschen vom Produkt seiner Arbeit und des allmählichen Absterbens des Staates. So weit heute erkennbar, haben die ersten sozialistischen Experimente statt dessen mehr Entfremdung und mehr Staat gebracht. Das ist für mich das Hauptproblem.

Genau! Bezüglich der Entfremdung und dem Verschwinden des Staates stimme ich zu. Ich muß aber sagen, es ist nicht nur eine Frage von weniger oder mehr Staat, sondern auch die Frage, welcher Staat. In der russischen oder chinesischen Revolution z. B. gibt es Perioden, wo es wirklich zu rapiden Veränderungen des Staates kam. Er wurde zum Staat der Massen. Es war der Weg zu seinem Verschwinden. Der Staat war gewissermaßen von den Massen gekapert. 1917 repräsentierten die Sowjets die Gesellschaft tatsächlich mehr als den Staat. Aber schon 1919, zwei Jahre später, war es nicht mehr so. Sie wurden Teil der Partei und der repressiven Staatsmaschinerie, und das nicht wegen des üblen Bewußtseins der Bolschewiki, sondern wegen der objektiven Situation, die nicht günstig für sie war. Das Problem ist also, den Staat in einer Weise zu transformieren, die ihn weniger statisch macht. Das ist nicht das liberale Konzept, alles zu privatisieren und so weniger Staat zu haben. Das Problem ist nicht nur weniger Staat, sondern ein anderer Staat. Und was die Entfremdung betrifft: Ich glaube, Selbstverwaltung allein löst das Problem der Entfremdung nicht, es kann historisch nur gelöst werden, wenn man in den Bereich irgendeiner Art Sozialisierung, Selbstverwaltung usw. kommt. Auch hier ist es das Problem, mit solchen Prozessen zu beginnen.

Ich glaube, das ist nicht zuletzt auch eine Frage von Bildung und Erziehung. Wie steht es mit der Bildungsreform bei euch?

Sehr interessant! Die offizielle Politik begann mit der Einleitung einer Bildungsreform. Aber jetzt scheint es zu einem Stillstand gekommen zu sein. Es gab kein klar geschnittenes Konzept für die Reform. Sie begann sich also spontan zu entwickeln. Z. B. werden die staatlichen Schulen immer weniger effizient. Es entwickelt sich zu einem Desaster. Das einzige effektive Element der Reform war die Bildung einer Art von Privatschulen. Das übernimmt einfach das westliche System der Privilegien. Das ist ein Nebenergebnis der fehlerhaften Reform. Da die Urheber der Reform es nicht schafften, eine gute Allgemeinerziehung für alle zu entwickeln, beschlossen sie am Ende, wenigstens einen Bereich guter Erziehung für die privilegierte Minderheit zu schaffen. Das ist auch der Punkt für die Linke: Zu fordern ist eine pluralistische Erziehung, die unterschiedliche Möglichkeiten für unterschiedliche Leute, aber gleiche Chancen schafft. Ich behaupte nicht, daß wir wüßten, wie dieses Problem zu lösen wäre. Ich sage nur: So muß man die Frage stellen.

Übrigens ist es genauso im medizinischen Bereich, wo auch die Qualität der Versorgung angehoben werden muß. Das staatliche System bleibt für die Armen: unwirksam, ohne Arzneien, ohne gute Doktoren, ohne Spezialisten, ohne Technologie, grade eben eine Einrichtung, die reicht, um den Krankenschein als Nachweis für das Krankengeld zu besorgen. Sonst nichts, keine wirkliche Hilfe für die Leute. Demgegenüber entwickelt sich jetzt eine enorme Anzahl kooperativer Krankenversorgungssysteme, kommerzielle Dienste im Staatssektor, wo man die besten Ärzte bekommt, beste Ausrüstung und so weiter. Privilegierten und Leuten mit Geld wird eine qualitativ bessere Privatversorgung organisiert. Auch hier müßte es so sein, daß die qualitative Verbesserung und Differenzierung der Versorgung nicht auf Kosten gleicher Chancen gehen darf.

Diese Differenzierung scheint eine allgemeine Entwicklung der sowjetischen Gesellschaft zu sein. Aber noch mal zurück zur Bildungspolitik. Ich war in den letzten Jahren immer wieder befremdet über den paramilitärischen Erziehungsstil in der Schule, bei Jungen Pionieren und Komsomolzen. Steht das auch zur Disposition? Ist das für euch ein Problem?

Nun, die jungen Leute nehmen das nicht wirklich ernst.

Aber es konstituiert das Staatsverständnis in Kindergarten und Schule.

Ja, schon. Aber im Estland z. B. hat man es schon abgeschafft. Es wird weder von den Kindern noch von den Eltern ernst genommen. Das könnte möglicherweise sogar von der Gorbatschow-Regierung abgeschafft werden. Es ist nicht essentiell. Essentiell für das liberale Projekt ist jetzt, private Schulen für Privilegierte zu schaffen. In diesen Schulen werden sie ihre eigenen Kinder nicht in dieser Art verderben wollen. Schlimmstenfalls reservieren sie auch das für die Armen. Für Privilegierte gibt es ja sehr andere Arten der Erziehung. *(lacht)*

Zu den letzten Fragen: Wie beurteilst du die Chancen eures neuen Ansatzes?

Um unsere Ziele durchzusetzen, werden wir einen langen Weg gehen müssen. Das kann drei bis fünf Jahre dauern. In dieser Zeit kann viel geschehen. Es kann Repression geben. Deshalb kann man jetzt nicht sagen, ob wir eine strategische Chance haben, direkt zur Schaffung einer sozialistischen Partei oder Massenbewegung vorzudringen, um die Macht zu ergreifen, was natürlich das Grundkonzept ist. Andererseits ist die Entwicklung in gewisser Weise irreversibel: Es entwickelt sich jetzt eine Art sozialen Milieus, für das es von grundlegender Bedeutung ist, diese Art sozialistischen Projektes weiterzubetreiben. Ich spreche nicht über einzelne Leute. Ich spreche über das Milieu, das entsteht. Ich denke, es ist unzerstörbar, selbst wenn es irgendwelche Repressionen geben sollte. Es gibt jetzt bereits Möglichkeiten des Ersatzes der Kader, der Mitgliedschaften etc.

Gewissermaßen die Stimmung in der Bevölkerung …

Ja! Deshalb denke ich, daß unsere Chancen ziemlich gut sind. Natürlich weiß man nicht genau, was der nächste Schauplatz sein wird. Wahrscheinlich wird es ziemliche Rückschläge geben. Aber es scheint, als ob das Gefühl für die moralische Autorität und die tatsächliche Wichtigkeit für diese Art von Aktivitäten unter den einfachen Leuten wächst. Das ist sehr wichtig, denn von dort bekommen wir unsere Unterstützung. Obwohl es eine Minderheitenbewegung ist, die nicht vorgibt, die Mehrheit zu vertreten, kann es doch eine grundlegende Minderheit unter allen andern Minderheiten werden. In diesem Sinne können wir schon in den nächsten Monaten zu dem Punkt kommen, an dem wir - immer noch eine Minderheit - zeigen können, daß wir mehr Leute repräsentieren als irgendeine andere der Minderheitsgruppen. Man muß sehen, daß die Gorbatschow-Gruppe so wie irgendeine der anderen Gruppen alle auch Minderheitsgruppen sind. So wäre das also schon ein großer Erfolg, auch wenn die reale Macht in anderen Händen bleibt.

Hältst du eine revolutionäre Umgestaltung in der UdSSR für möglich?

Auf lange Sicht habe ich Hoffnung. Aber ich denke, wir werden fast notwendig an den Punkt kommen, an dem Unterdrückung organisiert werden wird. Wahrscheinlich würden diese Versuche allerdings nicht erfolgreich sein.

Habt ihr über die Ereignisse in der VR China[79] diskutiert?

Ja, China ist ein sehr enthüllendes Beispiel, was geschieht, wenn die Reformer ihre Reform bedroht sehen.

Andererseits blieben die Streiks in der Sowjetunion bisher ohne Unterdrückung.

Bisher ja. Aber es gab Repression in Armenien, wo es zuerst Streiks gab. Der Punkt ist, die Autoritäten waren überrascht. Sie hatten nicht erwartet, daß so eine starke Streikbewegung auftreten könnte. Es kam so weit, daß sie ihre Repressionsinstrumente nicht anders als auf dem Niveau des Stalinismus hätten anwenden können. Darauf waren sie weder psychologisch noch politisch vorbereitet. Liberale Repressionen hätten die Streiks nur politisiert, nicht gebrochen.

Ihr werdet viel Arbeit haben in nächster Zeit. Wie viele seid ihr zur Zeit?

Zur Zeit sind etwa dreißig Mitglieder im Komitee. Es gibt drei andere Komitees in Leningrad, Saratow und Gorki und ungefähr 5.000 Leute in der neuen sozialistischen Gewerkschaft. In der offiziellen sind natürlich unvergleichlich

79 Am 3. und 4. Juni 1989 schlug das chinesische Militär auf dem Tian`namen-Platz (Platz des Himmlischen Friedens) im Zentrum Pekings gewaltsam die Forderungen nach demokratischer Öffnung nieder, um die Stabilität zu wahren. In der Sowjetunion lösten die chinesischen Ereignisse bei vielen Intellektuellen die Frage aus, ob ein chinesischer Weg nicht der bessere gegenüber Glasnost und Perestroika sei.

mehr Leute. Es ist tatsächlich eine ungeheure Arbeit zu leisten.

Beste Wünsche für euch, und ich danke dir für das Gespräch.

Die »Moskauer Volksfront« ist eine breite Bewegung[80]

Sie sind der Leiter einer »Sozialistischen Initiative« in der »Moskauer Volksfront«. Wie kamen Sie in die demokratische Politik?

Nun, das ist lange her, ungefähr zehn Jahre. Als Student wurde ich in eine kleine sozialistische Gruppe hineingezogen. Später wurde sie »Gruppe Junge Sozialisten« genannt. Sie stellte ein Samisdat-Journal namens »Die linke Wende« her. Das endete natürlich schlecht. Wir wurden verhaftet. Ich verbrachte dreizehn Monate im Gefängnis. Dann, schon in der Zeit der Perestroika, organisierten wir zusammen mit Leuten, die politische Erfahrung hatten, den »Club für soziale Initiativen«, der einer der ersten inoffiziellen Gruppen war und der versuchte, die Aktivitäten der entstehenden Untergrundgruppen zu koordinieren. Schließlich spaltete er sich in drei Teile. Ein Teil wird jetzt »Óbschtschina« (Gemeinschaft) genannt. Das ist eine Art anarchistische Gruppe. Der andere nennt sich »Graschdanskaja Stoinstwa« (bürgerliche Ehre), was so etwas wie ein rechtslibertärer Verband ist. Das dritte ist die »Sozialistische Initiative«. Sie hieß bis heute so. Im Moment wird sie gerade in das »Neue sozialistische Komitee« von Moskau überführt. Das ist eine Initiative für eine neue sozialistische Partei. Es gibt da also eine Kontinuität in der ganzen Angelegenheit.

Aber Sie waren auch in der »Moskauer Volksfront« tätig, die zur Zeit aktiver ist als der »Sozialistische Club«.

Ja, natürlich. Aber die »Sozialistische Initiative« war eine der Gruppen, die die »Moskauer Volksfront« gebildet haben. Die »Moskauer Volksfront« war und ist in

80 Das Gespräch wurde als Gemeinschaftsinterview wenige Tage nach der konstituierenden Sitzung des »Sozialistischen Komitees« geführt. Teilnehmer waren außer mir zwei amerikanische Journalistinnen. Es wird hier zum ersten Mal im deutschen Sprachraum veröffentlicht.

gewisser Weise beherrscht von sozialistischen Gruppen wie der »Sozialistischen Initiative«. Die »Sozialistische Initiative« ist die am besten organisierte unter ihnen, die ideologischste, die kompetenteste. Sie hat mehr Professionelle, mehr Wissenschaftler. Sie ist nicht als Diskussionsclub organisiert, sondern als Organisation, wo man beides hat: Wissenschaftler und Aktivisten. Die Gruppen der »Moskauer Volksfront« waren daher sehr beeindruckt von der Fähigkeit der Sozialisten, so etwas wie eine strategische Perspektive zu entwickeln. Das ist der Grund, warum sozialistische Gruppen so wichtig geworden sind.

Sie sind Mitglied des Koordinationsrates?

Ja, ich bin einer von dreizehn Mitgliedern des Koordinierungsrates der »Volksfront«.

Lassen Sie uns zuerst darüber sprechen: Wann wurde die »Volksfront« gegründet? Was sind ihre Ziele und Strategien?

Die ersten Treffen der »Volksfront« wurden im Mai letzten Jahres abgehalten (1988 – ke). Dann gab es einen langen und schwierigen Prozeß der Organisation der Bewegung. Lange Zeit war es unmöglich zu sagen, ob sie überleben würde oder nicht. Es gab eine Menge Streit, eine Menge sektiererischer Kämpfe, viel Inkompetenz. Es gab eben keinerlei Erfahrung darin, in diesem Land eine ernsthafte Bewegung zu organisieren. Das ist nicht dasselbe, wie eine kleine Gruppe zu organisieren, verstehen Sie. Jetzt gibt es mehr als tausend Aktivisten in der »Moskauer Volksfront«, obwohl man sicher sagen muß, daß nicht alle aktiv genug sind, manche sind es auch nur in ihren Bezirken, nicht aber bei Treffen, Versammlungen auf Stadtebene etc. Aber immer noch ist das die größte politische Organisationsebene in Moskau außer den offiziellen. Das war also sehr schwer zu organisieren, versteht sich. Nach dem Anfangschaos versuchten wir, einen Koordinationsrat von neun Mitgliedern zu wählen, um die Gründungskonferenz der Moskauer Konferenz vorzubereiten. Zuerst gab es eine programmatische Versammlung, in der das Programm und die Identität der »Moskauer Volksfront« diskutiert wurden. Einen Monat später gab es die Gründungskonferenz der »Moskauer Volksfront«.

Welche Entscheidungen wurden getroffen? Wie sieht das Programm aus?

Die »Moskauer Volksfront« ist eine breite Bewegung, keine politische Partei. Ihre Struktur läßt daher großen Spielraum für Spontaneität und erlaubt viele

Differenzen. Es ist eine Organisation, die sich einsetzt für die Entwicklung von demokratischem Sozialismus in diesem Lande. Das ist das erste. Zweitens benutzt sie die Definition vom demokratischem Sozialismus für eine Gesellschaft, in der man nicht nur im politischen Bereich alle politischen Freiheiten hat und an Demokratie teilnimmt, sondern auch in der Ökonomie, auf der Ebene ökonomischer Entscheidungen. Drittens versucht die »Volksfront« verschiedene Arten der Selbstverwaltung zu ermutigen, sowohl wirtschaftliche Selbstverwaltung der Arbeiter als auch territoriale. Hauptpunkt für die Moskauer »Volksfront« ist daher die sog. Munizipalisation. Erstes Ziel ist, so eine Art munizipalen Sozialismus in Moskau zu entwickeln. Wichtig ist auch: Es ist schwierig zu sagen, was demokratischer Sozialismus ist. Man hat ihn in der Praxis noch nicht gesehen. Aber was munizipaler Sozialismus ist, können wir zeigen. Da gibt es Beispiele in Westeuropa.

Ist Westeuropa für Sie ein Modell?

Einige Leute meinen, daß Schweden oder einige Städte in Italien, Frankreich oder England als Beispiele für guten städtischen Sozialismus betrachtet werden können, wie die Linke eine Stadt verwalten kann, wie die Arbeit in den Stadträten gut betrieben werden kann usw. Jetzt gibt es eine Art Umstellung auf lokale Ergebnisse. Wir werden Lokalwahlen haben, vielleicht im September, vielleicht im März. Man wird sehen. Das hängt von den Autoritäten ab. So oder so werden sie stattfinden. Die munizipalen Ergebnisse kommen in die vorderste Linie. Aber wenn man sagt, daß Stockholm ein Beispiel einer munizipal regierten Stadt ist, muß man zugleich festhalten, daß das nicht bedeutet, daß irgend jemand Moskau so wie Stockholm verwalten will. Moskau ist ja nicht Stockholm. Wir müssen hier die Probleme von Moskau lösen. *(lacht)* Der Grundgedanke ist, daß wir eine Menge Staatseigentum munizipalisieren müssen, expropriate the state, das Staatseigentum munizipalisieren.

Sie sprachen über die Wahl. Sie sagten, Sie wollten Macht gewinnen. Die Wahlen im Frühjahr scheinen ein Wendepunkt gewesen zu sein, in dem ganz neue Aktivitäten der Untergrundorganisationen auf die Bühne kamen. Könnten Sie etwas darüber sagen, welche Wirkung diese Wahlen auf die Untergrundorganisationen hatten?

Zunächst einmal war es das Ende der informellen Gruppen. Man konnte viele Chancen haben, etwas mit einer Gruppe von zwanzig Leuten zu tun, die einander kennen, alle gute Kumpel sind usw., aber schließlich kam man zu dem Punkt, daß man die Wahl in einer Wählerschaft von 300.000 Menschen zu gewinnen hatte. In diesem Fall konnte man mit den informellen Gruppen gar nichts machen. Man mußte formelle, normale Organisationen bilden mit normalen, regulären Strukturen, mit Programmen, mit so etwas wie einem mindestens embryonalen Apparat, so etwas wie Finanzen, mit geachteter und verantwortlicher Leitung, also einer Art politischer Maschinerie. Das war einer der Wendepunkte. Auf der anderen Seite wurden Massen von Menschen in die Politik gezogen. Das war natürlich wesentlich wichtiger. Diese Leute kamen mit ihren eigenen Wünschen, ihren eigenen Vorstellungen, ihren eigenen Vorurteilen usw., und die Leute, die bereits involviert waren in irgendeine Art von politischen Aktivitäten oder demokratischer Bewegung, mußten sich an die neuen Realitäten anpassen. Zum Beispiel war die »Demokratische Union«, die sehr wichtig für die Organisation von Demonstrationen war, absolut unfähig, die Wahlen zu beeinflussen. Ihre Slogans und ihre Art, Politik zu machen, fanden einfach keinen Widerhall bei den Leuten, wenn es um ernste Punkte ging. Die offiziellen Liberalen z. B. schafften es, einige der Wahlkreise zu hegemonisieren. Gleichzeitig war der Hauptgewinner Jelzin, der ein Populist ist und mit der liberalen Intelligenzija nichts zu tun hat. Schließlich brachte die Wahl all die verschiedenen Tendenzen zusammen, um eine überregionale Moskauer Deputiertengruppe zu bilden. In ihr gab es Leute, die die »Moskauer Volksfront« unterstützten, die Jelzinisten, die an den kommenden guten König glauben, die Liberalen, die die Befreiung der Privatinitiative wollen, mit starker Regierung und freiem Markt und Öffnung zum Westen *(lacht)* – eine sehr spezielle Art des russischen Liberalismus usw. usf. Sie alle sind zusammengebunden. Das gibt eine sehr explosive und manchmal sehr uneffiziente Mischung. Da kommt man an den Punkt, wo die Dinge einfach getrennt laufen müssen und ein normales politisches Spektrum geformt werden muß, wo alle Hauptströmungen sich in irgendeiner Weise artikulieren und organisiert sind.

Es scheint in diesem Sommer also zweierlei geschehen zu sein: Das eine ist der Versuch der Einigung der unterschiedlichsten Gruppen, um die Wahl zusammen durchzufechten. Das andere ist eine Bewegung der Differenzierung in verschiedene Parteien. Die »Sozialistische Partei«, die sozialdemokratische, die »Russische Volksfront« u. a. m. Können Sie den Prozeß von der Einheit zur Differenzierung ein bißchen genauer darstellen?

Nun, zuallererst glaube ich nicht an diese Einheit. Ich glaube, daß diese Einheit nur Konfusion hervorbringt, wie sie es immer tat. Wozu ist die Einheit nötig? Was ist ihr praktischer Zweck? Es gibt keinen, absolut keinen.

Wären die örtlichen Wahlen nicht einer?

Absolut nicht! Das Wahlsystem ist wie das französische. Wenn es ein Wahlsystem ähnlich dem englischen gäbe, könnte das, wenigstens technisch, Gründe für die Einheit abgeben. Dann hätte man so eine Art Wahlverbindungen aufzubauen, um wenigstens einige Kandidaten über die Erfolgsgrenze zu schicken. Mit einem System, das dem französischen so ähnlich ist, wo es zwei Durchgänge gibt und wo man im ersten Durchgang sehen kann, wer der stärkste Kandidat ist, so daß dann im zweiten Durchgang, ob es einem gefällt oder nicht, die große Mehrheit den Spitzenmann für ihre Position wählen würde, hat diese Einheit überhaupt keinen praktischen Sinn. Deshalb denke ich, daß alle Anstrengungen dafür fehlgeschlagen sind und fehlschlagen werden.

Im Sommer gab es viele Treffen zwischen den Gruppen in Moskau. Da war die »Moskauer Partei von Luschniki«[81] Mitte Juli, dann der »Koordinierungsrat der Wählerclubs«, Ende Juli dann ein Treffen, auf dem versucht wurde, eine »Gemeinschaft von Wählerclubs« zu gründen. Sie waren auf einigen dieser Treffen. Können Sie eine Übersicht geben, was sich in diesem Sommer bei den Bemühungen um diese Einheit in Moskau abgespielt hat?

Nun, im Ergebnis hatten die Leute keinen Erfolg, eine Art Struktur aufzubauen, die vereinheitlicht wäre oder wenigstens einfach neutral, um wenigstens technische Möglichkeiten für alle Mitglieder, Kommunikation zwischen den Gruppen, aber nicht mehr herzustellen. Es war einfach ein Fehlschlag. Andererseits – das ist eben widersprüchlich – sind das die Anfänge der jelzinistischen Partei, denn die Jelzinisten versuchen, sich im Rahmen der Wählerclubs zu organisieren. Aber andere Gruppen versuchen ebenfalls, die Wahlvereinigungen als eine Art Netzwerk zu benutzen, um ihre eigenen Informationen zu verbreiten, Zugang zu technischen Möglichkeiten zu bekommen usw. Sie machen den Jelzinisten ihre Arbeit sehr schwer. Die müssen zwei entgegengesetzte Probleme lösen. Am Ende waren die Jelzinisten in der Leitung der Wählervereinigung,

81 Benannt nach einem Platz in Moskau.

aber zur selben Zeit wurden die politischen Möglichkeiten der Vereinigung sehr begrenzt. Sie entschieden sich, nahezu keine direkte politische Verantwortung zu übernehmen, sondern nur die technischen Belange der Wahlinitiativen zu unterstützen. Das war schließlich auch eine Sackgasse. Da gab es Mitglieder der »Volksfront«, der jelzinistischen Bewegung. Die russischen Nationalisten verließen die Hauptversammlung.

Warum gingen sie?

Oh, das war kein Platz für sie! Sie wurden von den anderen nicht als gute Genossen betrachtet, und sie waren frustriert, daß es dort so viele Juden in der Halle gab.

Also hatten alle diese Treffen keinen wirklichen Erfolg in diesem Sommer.

Nein, sie hatten keinen wirklichen Erfolg. Aber Erfolg wurde auch nicht von ihnen erwartet. Die meisten Teilnehmer waren von Anfang an sehr pessimistisch. Es war mehr eine Art pflegerische Fürsorge: Man mußte zu Ende führen, was man begonnen hatte. Was war z. B. die Position der »Volksfront«? Wahrscheinlich wird das Ganze keinen Erfolg haben, aber wir werden nichts tun, damit es scheitert.

Sie haben die Einheitsbestrebungen nicht gefördert?

Wir beteiligten uns. Unsere Position war: Wir wollten nicht verantwortlich sein für das Scheitern. Wir wollten das Scheitern nicht unterstützen. Es war eher mechanisch. Die Leute nahmen teil, weil sie teilnehmen mußten. Sonst nichts.

Die Leute glaubten wohl, daß es die Gruppen schwächt, wenn sie nicht zusammenarbeiten. In diesem Stadium macht es doch mehr Sinn zusammenzuarbeiten.

Ja, aber das war mehr das Ergebnis einer Art emotionalen Denkens, nicht das Ergebnis politischer Kalkulation. In der Praxis ist es ja genau umgekehrt. Die Gruppen schwächen sich, wenn sie zusammenkommen. Es ist eine Art Sackgasse. Sie blockieren sich gegenseitig. Sie hindern sich gegenseitig an der Entwicklung. Die meisten bemerken das, aber sie haben Angst, es offen zu sagen, weil das bedeutet, daß man gegen die Grundgefühle vieler Mitglieder steht. Für sich selbst versteht das jeder, obwohl es nicht zugegeben wird.

Der Zweck der Wählervereinigungen wird jetzt also einfache Kommunikation,

nicht mehr die Aufstellung von Kandidaten sein?

Ja, vielleicht noch in zwei oder drei Wahlkreisen, aber sonst nicht.

Worin liegt die trennende Dynamik zwischen den Gruppen?

Ihre realen Interessen. Sie widersprechen einander. Das macht es unmöglich, daß diese Gruppen zusammenkommen. Z. B. die liberale Intelligenz, die die sog. progressive Gruppe auf dem Deputiertenkongreß beherrscht, ist interessiert am Aufbau einer Art Elitestaat mit einer Menge Privilegien, nur daß die Privilegien legal sein und nicht in bürokratischen Entscheidungen hinter der Szene ausgedrückt werden sollten, sondern kalkulierbar und monetaristisch vom Geld bestimmt. Das ist kein westlicher Gesellschaftstyp, sondern einer, wie man ihn in einigen lateinamerikanischen oder wahrscheinlich in einigen weniger entwickelten kapitalistischen Ländern findet, wo eine neue Wirtschaftselite entsteht, die die übrige Gesellschaft hinter sich hat. Im ehrlichen Gespräch sind die Leute von der Deputiertengruppe ganz klar in diesem Punkt.

Wer sind die führenden Figuren dafür.

Das schließt Lisischkin ein, Schmeljew, Popow[82] und alle anderen, die diese Art technokratischen Verwalter repräsentieren, die natürlich an einer Verwestlichung des Landes interessiert sind, aber sie wissen, daß die Gesellschaft nicht entwickelt genug ist, um das westliche Niveau des Konsums z. B. zu erreichen. Sie sagen, das westliche Konsumniveau muß für die progressive Elite übernommen werden auch zu dem Preis der sozialen Degeneration der anderen.

Die Deputiertengruppe wird sich also auch untereinander spalten?

Sofort! Bei der ersten ernsthaften Problematik. Das einzige, was sie zusammenbindet, ist ihre Unzufriedenheit mit Gorbatschow. Aber sowie jemand kommt, der Gorbatschow ernsthaft herausfordert, werden sie auseinandergehen. Wenn man die Regierung herausfordert, muß man erstens ein Alternativprogramm vorschlagen. Darin werden sie nie übereinstimmen. Zweitens sind zu viele Führer unter ihnen. In diesem Punkt wird es nie Einigkeit unter ihnen geben. Das Dritte und Wichtigste ist, daß die Liberalen, auch wo sie Gorbatschow

82 Popow, Gawriil, von Juni 1991 bis 05. 06. 1992 Bürgermeister von Moskau, als Ökonom Monetarist wie Lisischkin und Schmeljew (Kagarlitzki, *Farewell Perestroika*, div.).

kritisierten und angriffen, ihn doch auch immer verteidigt haben, immer ihre Loyalität zu ihm bekunden, immer sagen, daß sie ihn lieben. So fühlt die Mehrheit der Leute.

Wie geht es Ihnen mit Gorbatschow?

Sehr schlecht!

Wieso?

Nun, das westliche Image Gorbatschows ist das Ergebnis westlicher Bewußtseinsindustrie. Das westliche Image ist das eines weisen Reformers, der die Gesellschaft nach einem ansatzweisen Plan und zielgerichtet Schritt für Schritt verändert. Meine Ansicht wie die vieler, vieler Menschen im Lande ist, daß er einfach ein schwacher Führer ist. Wir haben keine wirkliche Demokratisierung, Liberalisierung oder Revolution von oben, wie es im Westen heißt, sondern schlichtweg eine äußerst schwache Führung, die die Ereignisse nicht kontrollieren kann. Sie geschehen nach der alten Dynamik. Das ist die Art, wie die Demokratisierung hervorgebracht wird: durch die alte Dynamik angesichts einer Führung, die die Entwicklung nicht stoppen, aber auch nicht ernsthaft nutzen, sondern das nur immer wieder versuchen kann. Ein typisches Beispiel: Was geschah mit Gorbatschow während der Ereignisse von Tschernobyl? Er verschwand! Am Anfang der Armenienkrise? Er verschwand! Jedesmal, wenn es eine ernste Krise gibt, verschwindet er. Er versucht, das Ergebnis abzuwarten. Wenn das Ergebnis vorliegt, kommt er, um zu sagen: Das ist ein gutes Ergebnis! Ich stimme zu und unterstütze es. Dasselbe geschah mit dem Bergarbeiterstreik. Als er begann, verschwand Gorbatschow für ein paar Tage. Als die Regierungskommission schließlich eine vorläufige Einigung erzielt hatte, tauchte er wieder auf, um zu sagen, daß sei ein sehr gutes Ergebnis, vortrefflich, außergewöhnlich usw. Er kommt zum letzten Akt auf die Bühne, um die Schlechten, die schon bestraft sind, zu bestrafen und den Guten zu helfen, nachdem sie bereits Erfolg hatten.

Es scheint, daß Jelzin als Person erfolgreicher war, was Popularität und Unterstützung durch die Masse der Bevölkerung anbetrifft. Was für eine Rolle spielt er?

Jelzin ist die Verkörperung des Volkszorns gegen Gorbatschow. Das ist eines der Dinge, die die westliche Presse nie berichtete. Aber wenn man in eine Menge von Jelzinisten geht, wenn man mit jelzinistischen Rednern spricht, dann wird klar, daß sie Jelzin wählen, nicht weil sie ihn kennen, weil sie ihn lieben oder überhaupt eine konkrete Vorstellung haben, was Jelzin bedeutet, sondern einfach weil sie sehr zornig auf Gorbatschow sind. Sie wollen Gorbatschow bestrafen, indem sie Jelzin helfen. Es ist eine Art Protestwahl. Übrigens sieht es so aus, als ob Jelzin sich dessen anfangs nicht bewußt war. Jetzt allerdings ist es ihm sehr klar, und er benutzt diese Tatsache. Es scheint, als ob Jelzin viel aus seinen eigenen politischen Erfahrungen lernt. Der Jelzin von heute ist ein anderer als der Jelzin von gestern und wahrscheinlich als der von morgen. Er wechselt den Ton. Und er wechselt ihn sehr leicht. Während der Wahlkampagne sagte er an einem Tag z. B., daß er der »Moskauer Volksfront« sehr gewogen sei. Am nächsten sagte er, er habe nichts zu tun mit den Extremisten der »Volksfront«. Drei Tage später sagte er, er wisse nichts über eine solche Organisation. Das alles in einer Woche. In gewisser Weise ist das ein Zeichen politischer Kompetenz. Seine Kampagne wurde von der offiziellen Presse boykottiert. Niemand berichtete über seine Reden. Er war also frei zu sagen, was ihm paßte. Niemand konnte es lesen. *(lacht)* Es hing von den Zuhörern ab, der jeweiligen Situation, seiner Stimmung, was für ihn jeweils das Bessere zu sagen war. Um es ernsthafter zu sagen: Jelzin ist natürlich nicht nur populär, weil die Leute unglücklich mit Gorbatschow sind, sondern auch weil er als eine Art Rollenbrecher der Bürokratie, als Spielverderber gilt. Er bricht die Regeln des Apparats. Er ist ein Mann des Apparats, aber im Kampf um seine Karriere verhält er sich nicht diesen Regeln entsprechend. Z. B. ist es bekannt, daß Entscheidungen im Apparat vor dem großen Plenum vorgetragen werden müssen, aber die inneren Streitigkeiten nicht auf Massentreffen gezeigt werden. Jelzin macht immer das genaue Gegenteil. Deswegen wird er von den Leuten unterstützt. Seine Aktivitäten sind sehr gefährlich für das normale Funktionieren des Apparats. Das ist einer der Hauptgründe.

Wenn Sie denken, die politischen Aktivitäten und die Organisation der Wahl sei nicht durch eine vereinigte Gruppe möglich, wie wird es dann geschehen? Wird die »Volksfront« einen eigenen Kandidaten aufstellen?

Natürlich wird die »Volksfront« Absprachen mit kleineren Gruppen haben, die wir für wichtig halten und die uns und denen wir unsererseits real helfen können. Z. B. mit der ökologischen Bewegung, mit verschiedenen örtlichen Gruppen in unterschiedlichen Stadtteilen von Moskau, außerdem mit einigen Abspaltungen von den Sozialdemokraten der »Demokratischen Union«, die jetzt beginnen, uns zu unterstützen. Da wird es schon so etwas wie eine begrenzte Koalition geben. Es könnte auch noch andere Koalitionen geben, die von anderen Organisationen geschaffen werden. Es könnte zu drei oder vier Hauptkoalitionen für die Wahl kommen.

Und was ist mit den Jelzinisten?

Ich denke, wir können auch mit den Jelzinisten so etwas wie eine Koalition haben, aber lokal, denn es gibt keinen Moskauer Gesamtzusammenschluß der Jelzinisten. Man kann mit ihnen keine Stadtkoalition haben, weil sie nicht in dieser Weise organisiert sind. Aber mit örtlichen jelzinistischen Gruppen sind sie wichtig und notwendig. Ich kann voraussagen, daß – vorausgesetzt die Wahlen finden statt, was ja immer noch nicht ganz sicher ist – die Jelzinisten eine Menge Stimmen bekommen. Ich hoffe, daß auch die Volksfront in einem guten Verhältnis abschneiden wird. In Bezug auf die anderen bin ich dagegen skeptisch. Man muß schon so etwas wie ein Wahlprogramm haben. Es könnte schon viele unabhängige, charismatische Kandidaten mit einer Zahl von Anhängern geben, aber die Jelzinisten haben ein starkes Image und ihr Führer ist sehr populär.

Die »Moskauer Volksfront« hat einige Wahlclubs gegründet. Sind deren Mitglieder auch alle Mitglieder der Volksfront?

Nein, nicht alle sind Mitglieder. Es sind sogar viele Nichtmitglieder. Die »Volksfront« versucht, ihren Einzugsbereich auszuweiten. Aber sie teilen eine Menge Ideen der »Volksfront«. Das Problem ist, viele Jelzinisten haben dieselben Vorstellungen. Die jelzinistische Bewegung hat es nur bisher nicht geschafft, ein konkretes Programm zu formulieren. Das ist ihr Problem.

Wenn die »Volksfront« mit einem Programm zur Wahl aufruft, was ist dann der Zweck der neuen Organisation des »Neuen sozialistischen Komitees«?

Nun, die bisher bestehende »Sozialistische Initiative« war immer so etwas wie ein Ideenzentrum der »Moskauer Volksfront«. Ich hoffe, das wird sich fortsetzen. Andererseits gibt es einige sehr wichtige Schwächen der »Volksfront«. Es ist eine Art politische Partei, aber ihre Organisation ist weit, häufig schlecht organisiert, in manchen Situationen unstabil. Das Niveau des politischen Bewußtseins und der politischen Erziehung ist nicht hoch genug. Deshalb haben einige gesagt: Wir müssen einen Kristallisator innerhalb des breiteren Bewegung aufbauen, der so etwas wie ein strategisches Herz der Bewegung werden kann. Das ist der eine Punkt. Der zweite: Die »Moskauer Volksfront« ist sehr schwach im Betriebsbereich. Es ist eine Art kommunale Bewegung. Alle Grundstrukturen sind lokal, bezirklich, so gut wie keine in Industriebetrieben. Viele Arbeiter unterstützen die »Volksfront«. Nur wenige schließen sich an. Es gibt keine Vorstellungen in der Organisation, was in diesem Bereich getan werden könnte. Die Aktivität ist bisher zu zerstreut. Um zur arbeitenden Bevölkerung zu gehen, muß man zunächst etwas Geschlosseneres aufbauen und auf die besonderen Punkte bei den Unternehmen eingehen. Das macht nicht das »Neue sozialistische Komitee«. Die »Neuen Sozialisten« waren vielmehr sehr wichtig für die Entwicklung einer neuen Gewerkschaft, die natürlich sehr eng mit dem Komitee verbunden ist. Sie wurde vor einer Woche in Moskau registriert. Sie wird die erste registrierte, nicht offizielle Gewerkschaft sein. Sie nennt sich Verband sozialistischer Gewerkschaften (russ. Kürzel: »SozProf«). Ich will nicht behaupten, sie sei schon stark, aber wie dem auch sei: Sie wächst und entwickelt sich zu einer richtigen Organisation. Man wird also die »Volksfront« als eine Art Wahl- und Kommunalorganisation haben, die sich an städtischen Aufgaben orientiert. Der »Verband sozialistischer Gewerkschaften« orientiert sich an Betriebsproblemen. Dazu wird es unterschiedliche Gruppen im ganzen Land zu unterschiedlichen Problembereichen haben, nicht von Seiten der »Volksfront«. Da benötigt man so etwas wie eine Herzorganisation, die versuchen kann, all diese verschiedenen Arten von Kämpfen zu koordinieren, eine gemeinsame Perspektive und Art gemeinsamer Strategie für die verschiedenen Kämpfe aufzubauen. Es geht nicht nur darum, einige Gruppen zusammenzubringen, die untereinander streiten, sondern unterschiedliche Arten von Kämpfen und unterschiedliche Kämpfe zu koordinieren, die häufig von unterschiedlichen sozialen Gruppen geführt werden.

Ist dies der Anfang einer politischen Partei?

Ich denke, es ist das, was eine politische Partei tun muß. Es ist der Grund, warum wir eine politische Partei aufbauen wollen.

Aber es kann jetzt noch nicht Partei genannt werden?

Nun, es ist keine Partei! Man sollte es also nicht Partei nennen, wenn es keine ist, nicht weil wir das nicht möchten, sondern weil eine richtige politische Partei durch einiges an Entwicklung zu gehen hat. Man muß eine Menge Dinge tun.

Wurden der Gewerkschaft Schwierigkeiten gemacht, sich zu organisieren? Ist es erlaubt, in diesem Land eine andere Gewerkschaft zu haben?

Es ist nicht verboten! Und das benutzten sie. Sie proklamierten sich selbst als neue Gewerkschaft, doch nicht wie die Dissidenten, die das nur proklamieren, aber nie in irgendwelche Verhandlungen mit den Autoritäten einstiegen. Die »SozProf«-Aktivisten forderten Verhandlungen. Sie hatten eine Menge Initiativgruppen in verschiedenen Unternehmen. Das war nicht nur eine Gruppe, die sich innerhalb der Gewerkschaft als unabhängig erklärte. So was geschah hier vorher mindestens zweitausend Mal ohne Erfolg. Diesmal organisierten sie als erstes eine Konferenz, die zeigte, daß sie wirklich etwas repräsentierten, nämlich Gruppen in unterschiedlichen Unternehmen verschiedener Branchen usw. Dann nahmen diese Komitees Verhandlungen mit den Autoritäten auf, verschiedenen Institutionen, mit den offiziellen Gewerkschaftsbossen. Nach drei Monaten erreichten sie schließlich ihre Registrierung.

Aber es ist keine zweite »Solidarność«. Ich erwarte eigentlich nicht, daß sie zur Größe der »Solidarność« anwachsen. Dies aus unterschiedlichen Gründen. Zunächst sind die offiziellen Gewerkschaften in der Krise, aber es gibt nicht so ein starkes Gefühl unter den Arbeitern, daß man eine neue Gewerkschaft braucht. Die Leute sind satt von den offiziellen Gewerkschaften, aber sie wissen nicht, ob sie überhaupt eine Gewerkschaft brauchen. Das ist das Problem. Sie wissen überhaupt nicht, wozu Gewerkschaften gut sind. Das ist das erste. Das zweite: In diesem riesigen Land ist das Bewußtsein in den verschiedenen Teilen des Landes, der Arbeiterklasse, der Bevölkerung, in verschiedenen Industriebranchen so unterschiedlich, daß man nicht hoffen kann, daß eine einzige Gewerkschaft diese ganze Masse der Arbeiter umfassen kann. In Polen schafften sie es, fast das ganze Industrieproletariat zu organisieren, um in marxistischen Termini zu sprechen, obwohl sie nicht das ganze Arbeitsleben erfaßten. Das kann man hier nicht erwarten. Außerdem glaube ich, daß die Autoritäten, wenn sie klug genug sind, wahrscheinlich noch weitere inoffizielle Gewerkschaften legalisieren werden, um die Konkurrenz zwischen den verschiedenen Initiativen für unabhängige Gewerkschaften zu erhöhen. Trotz allem hat der Verband sozialistischer Gewerkschaften, der von Chramow und Wolownik, übrigens einer der Mitbegründer des »Neuen sozialistischen Komitees«, gegründet wurde, sehr gute Chancen. Einmal weil er der erste ist, der organisiert wurde. Er ist anderen vergleichbaren Initiativen weit voraus. Und er füllt jetzt einfach das Vakuum aus, das durch den Kollaps der offiziellen Gewerkschaft während des Bergarbeiterstreiks entstand.

Wie war das mit dem Kollaps der offiziellen Gewerkschaften während des Bergarbeiterstreiks?

Sie waren einfach nicht anwesend. Die Bergarbeiter organisierten ihr Streikkomitee. Die offiziellen Gewerkschaften reagierten zuerst überhaupt nicht. Dann begannen sie zu diskutieren, was sie mit den Bergarbeitern tun sollten. Dann wandten sie sich an das Ministerium, daß sie jetzt die Rechte der Arbeiter vertreten wollten und nahmen Kontakt mit Moskau zum Zweck von Beratungen auf.

Moskau – heißt das Regierung oder Gewerkschaftszentrale?

Ihre Vorgesetzten. Diese wiederum konsultierten die Parteivertreter. Schließlich kamen sie zu den Bergarbeitern und saßen auf der Seite der Verwaltung, von wo aus sie die Bedingungen des Kompromisses mit den Bergarbeitern diskutierten. Aber als Repräsentanten der anderen Seite! Sie entlarvten sich als Teil des ministeriellen Apparats. Aber als Teil des Apparats werden sie auch nicht gebraucht, haben sie keine besondere Funktion. Deshalb gibt es für sie keine Möglichkeit zu überleben. Zugleich hinterläßt das ein Vakuum. Das ist so etwas wie eine Sackgasse. Es ist durchaus nicht selbstverständlich, daß die Arbeiter sofort beginnen, neue Gewerkschaften zu bilden. Die Arbeiterkomitees sind häufig nicht interessiert an Gewerkschaften. Sie sagen, wir haben die Streik- und Arbeiterkomitees gebildet. Das reicht. Es gibt keine Notwendigkeit, eine Gewerkschaft zu bilden. Manchmal sagten die Bergarbeiter sogar: Laßt uns die Streiks der anderen stoppen. Wenn sie streiken, werden sie etwas bekommen, was uns genommen wird. Das war natürlich nicht typisch für alle Reviere. Es war eins der Extreme der Bewegung, aber es gab eben auch keinerlei Koordination zwischen den verschiedenen Streikgebieten. In Karaganda wußten sie nichts über Novokusnjez, außer daß dort gestreikt wurde und daß der Streik erfolgreich war. Das ist alles, was sie wußten. Das ist der Grund, warum die Gewerkschaft wirklich gebraucht wird, aber auch der Grund, warum es so schwierig ist, sie aufzubauen.

Noch mal zu dem »Neuen sozialistischen Komitee«. Was werden seine Arbeiten sein? Und kommt jetzt die Zeit der Herausbildung politischer Parteien?

Wahrscheinlich in weniger als einem Jahr wird es so weit sein. Eine Sache ist z. B. sehr wichtig. Eine Menge Mitglieder der Kommunistischen Partei sind auch Mitglieder des »Neuen sozialistischen Komitees«. Das heißt zuallererst: Die Kommunistische Partei ist keine politische Partei. Man kann sich kaum vorstellen, daß Mitglieder irgendeiner westlichen politischen Partei sich am Aufbau irgendeiner anderen politischen Partei beteiligen, außer wenn sie ihre alte Partei verlassen wollen. Hier dagegen sind die Leute keineswegs bereit, die Kommunistische Partei zu verlassen. Das ist das eine. Zweitens hängt die Zukunft der »Sozialistischen Partei« sehr von der Zukunft der offiziellen Partei ab. Wenn sich die Krise der offiziellen Partei verschärft, wenn die Dissidenten entweder gezwungen werden, die Partei zu verlassen, oder so stark werden, die offizielle Partei spalten zu können, dann könnte das die Aufgabe der Bildung einer sozialistischen Alternative erheblich erschweren.

Die Volksfront steht in Opposition zur Kommunistischen Partei. Wie ist es möglich, daß dann so viele Kommunisten in ihr Mitglied sind?

Weil die Kommunistische Partei keine Partei ist.

Wie das?

Sie ist einfach ein Apparat, der Teil der staatlichen Strukturen ist. Warum treten Leute ein? Nicht, weil sie die Vorstellungen der Partei teilen, denn es gab keine Vorstellungen in der Partei, wenigstens nicht während der Breschnew-Periode, sondern um einen Posten, einen Job zu bekommen, ist man gezwungen, in der Partei zu sein. So sind jetzt eine Menge Antikommunisten in der Partei. Ich selbst kenne eine Menge Leute, die sehr aggressive Antikommunisten sind, weit rechts von Mister Reagan[83] z. B., die der Meinung sind, alle Kommunisten gehören aufgehängt. Aber sie sind Mitglied der Partei. Es gibt viele solche Leute. Es gab keinen anderen Weg, Posten zu bekommen. Das muß man verstehen. Das wirkt noch. Ein Witz. Zweitens: Auch wer eintrat, hatte deswegen noch keine Möglichkeit, die Politik der Partei zu beeinflussen. Man hatte nichts zu sagen. Man entfremdete sich also der Partei. Dann gibt es den Apparat, der auch nicht als politischer Apparat funktionierte, sondern viel eher als Teil des Staates. Darin trafen sie ministerielle Entscheidungen. Sie haben das System auf verschiedenen Ebenen als Staatsfunktionäre gemanagt, genauer, anstelle von Staatsfunktionären. In dieser Position beanspruchten sie auch, Politiker zu sein, obwohl sie es nie wirklich waren. Am Ende ist diese befremdende Struktur gezwungen, Politik zu machen, obwohl sie dazu in keiner Weise bestimmt ist. Sie ist für ganz andere

83 Reagan, Ronald, 1981 bis 1989 Präsident der USA.

Zwecke bestimmt, nämlich schlicht, die Gesellschaft in die totalitäre Grundverfassung einzubinden. Sie wissen also überhaupt nicht, wie man Politik macht. Sie können Politik nur auf eine einzige Art machen, nämlich untereinander streiten. Nichts vereint sie. Das geschieht mit der Partei.

Danke für das Gespräch.

August 1989

Nachtrag
Von den informellen zu oppositionellen Parteiansätzen[84]

»Wir sind der linke Flügel der Perestroika«, lautete das Motto, unter dem die »Föderation sozialistischer Clubs« nach dem ersten Kongreß der informellen Gruppen in Moskau im August 1988 ihren politischen Anspruch auf Einmischung in den Prozeß der sowjetischen Umgestaltung anmeldete. 600 Delegierte aus 50 Gruppen hatten sich in einem viertägigen, z. T. zähen Ringen darauf geeinigt, zukünftig im Rahmen zweier Organisationen zusammenzuarbeiten: dem Verband gesellschaftlicher Initiativen mit offener Mitgliedschaft und allgemeinem, demokratischem Programm sowie der »Föderation sozialistischer Clubs«, deren hauptsächliches Ziel die kritische Unterstützung der Perestroika war.

Damit fand die seit der zweiten Hälfte 86 sprunghaft in Bewegung geratene Szene der Informellen, insbesondere wie die des von B. Kagarlitzki mitbegründeten »Clubs der sozialen Initiativen« (KSI) und deren diverser Spaltprodukte ihren ersten Höhepunkt.[85] Es war der zweite Frühling der Informellen. Der erste endete mit Chruschtschows Amtszeit. Schon unter Chruschtschow, aber voll dann mit Einsetzen der Restaurationsphase unter Breschnew wurden zunächst informelle sozialistisch orientierte Unterstützergruppen, die sich für die Reformpolitik Chruschtschows engagierten, als antisozialistische geächtet, dann die so entpolitisierte, sogar nach rechts abgedrängte, informelle Jugendprotest- und Fanszene kriminalisiert und alles zusammen in die Illegalität abgedrängt. Kein Wunder, daß dieser Kessel schon vor Antritt Gorbatschows unter Dampf stand! Kein Wunder, daß sowjetische Soziologen nach Gorbatschows Antritt schon für 1986 über 30.000 informelle Gruppen in allen Lebensbereichen und allen politischen Spektren zählten, von der rechten »Pamjat«-Bewegung bis zu den anarchistisch gewaltfrei orientierten Friedensaktivisten der »Vertrauensgruppen«.

84 Überschrift und Text von Kai Ehlers, veröffentlicht in *ak*, 310, 18.09.1989, S. 11.
85 Siehe *ak* 289, 14.12.1987: Unabhängige Initiativen im Schatten der Perestroika von A. Seweruchin.

Der August, mensch erinnere sich, war zugleich die Geburtsstunde der jelzinistischen Opposition, als Boris Jelzin, bis dahin Moskauer Parteichef und einer der ersten und engsten Mitkämpfer Gorbatschows, als Abenteurer aus dem ZK gejagt und zum Bauminister degradiert wurde. Jelzins Sturz wurde in der Bevölkerung als Bauernopfer Gorbatschows gegenüber den Konservativen und als erster Sündenfall der Perestroika begriffen. Jelzins Sturz führte aber keineswegs zu dessen politischem Ende, sondern festigte sein Ansehen und damit den Beginn seiner populistischen Oppositionsrolle weit über Moskau hinaus. Schlaue Dialektiker unkten seinerzeit sogar, Gorbatschow habe genau das erreichen wollen.[86]

Die Wahlen zur Allunionsparteikonferenz im Juli 1988, noch mehr die der Deputierten für die Neukonstituierung eines Allunionskongresses im März 1989, führten zu einer stufenweisen Bündelung linker und linksliberaler Perestroika-KandidatInnen bei der Anstrengung, Oppositionelle über gemeinsame alternative Listen in die Parteigremien bzw. den Kongreß zu entsenden.

In Moskau, Leningrad und anderen größeren Städten bildeten UnterstützerInnen schon zur Parteikonferenz neben den Wahlkomitees der Jelzinisten, mit ihnen teils kooperierend, teils konkurrierend, die ersten Wahlbündnisse der Volksfronten heraus. Zwei Demonstrationen auf dem Moskauer Puschkinplatz und im umliegenden Innenstadtbereich mit je 2.000 TeilnehmerInnen machten z. B. die »Moskauer Volksfront« bekannt und warben für deren Anerkennung als eingetragener Verein. Seitdem gilt der Puschkinplatz in Moskau als eine Art Hyde Park , wo jede/r reden kann, wo das Volk diskutiert und die in der Volksfront versammelten Gruppen ihre Infostände machen, ihre Flugblätter und diverse Samisdat-Produkte anbieten. Ähnlich in Leningrad und in anderen größeren Städten.

Gorbatschow hatte angekündigt, die Wahlen zur Parteikonferenz für Nichtparteimitglieder öffnen zu wollen. Die Parteibürokratie reagierte jedoch – für die Volksfront-Komitees erwartungsgemäß und von ihnen als Befürchtung öffentlich angekündigt – mit Ausgrenzung und Behinderung auf die vereinigten Bemühungen der informellen und jelzinistischen Aktivisten. Viele von deren KandidatInnen blieben daher auf der Strecke oder konnten wie der Historiker J. Afanasjew erst nach öffentlichem Protest nachdelegiert werden.

86 Siehe Michael Maljutin: Die Informellen in Es gibt keine Alternative zur Perestroika, Greno 1988.

Andererseits konnten die alternativen Wahlkomitees, insonderheit die Jelzinisten und die »Volksfront«, in der öffentlichen Auseinandersetzung mit dem Parteiapparat ihre Glaubwürdigkeit und Popularität erweitern und eine gewisse Autorität entfalten, die sich als starker Impuls für die Wahl der Deputierten im Frühjahr 89 niederschlug. Im Ergebnis zogen eine Reihe von KandidatInnen der alternativen Wahlkomitees gegen KonkurentInnen in den Kongreß ein. So z. B. wenn auch durch einen sensationellen Umweg – Boris Jelzin, sodann der Ökonom Gawriil Popow, Juri Afanasjew, Andrei Sacharow und als Kandidat der »Volksfront« direkt der Historiker Sergei Stankiewitsch.[87] Von den 2.250 Deputierten gelten heute unter liberalen sowjetischen Kritikern ca. 400 als konsequent demokratisch. Weitere 200 bis 400 kommen von Abstimmung zu Abstimmung hinzu.[88]

Auch wenn die Neuerer im neugewählten Kongreß eindeutig die Minderheit bildeten, war das Ergebnis als Erfolg der Demokratisierungslinie Gorbatschows zu werten. Immerhin ging es um nichts Geringeres als die historische Wahl zum sowjetischen Parlament seit Lenins seligen Zeiten und die Wahl des Obersten Sowjet als höchstem staatlichem Machtorgan aus der Mitte des Parlamentes. Ohne die Unterstützung und den Druck der Volksfront-Bündnisse, der Jelzin- und weiterer Komitees allerdings wäre das Ergebnis wohl kaum denkbar gewesen, auch wenn oder möglicherweise gerade weil diese Unterstützung zunehmend die Form scharfer Attacken gegen die Politik Gorbatschows annahm.

Nach dem Kongreß: politische Differenzierung ...

Seit der Kongreßwahl und angesichts bevorstehender Kommunalwahlen im Frühjahr 1990 allerdings polarisieren sich nicht nur Perestroika-Gegner und Perestroika-Anhänger und die Namen Ligatschow und Gorbatschow. Auch das Perestroikalager selbst differenziert sich entlang unterschiedlicher sozialer Interessen zusehends. Wie kommen wir von Glasnost zu Perestroika, heißt das Problem, um das gestritten wird. Anders gesagt, so z. B. in einer ersten halboffiziellen Bilanz in »Moskau News:

87 Stankiewitsch, Sergei, Aktivist der Moskauer Volksfront (mehr in Kagarlitzki, *Farewell Perestroika*, div.).

88 Batkin, Leonid, ist Historiker, Vorsitzender des liberalen Moskau Tribunen Clubs (siehe: Kagarlitzki, *Farewell Perestroika*, S. 145/6). Der zitierte Aufsatz »Opposition in der Sowjetunion: Aus dem Untergrund ins Parlament erschien in Moskau News vom 07. 07. 89 (zitiert nach *ak*, 310, 18. 09. 1989, S. 11).

»Auf dem Kongreß konnten die Widersprüche zwischen verschiedenen Interessen frei zutage treten, es gab aber keinen wirksamen Mechanismus für deren Abstimmung [...] Auf dem Kongreß wurde verkündet, daß die Oberhoheit der Staatsmacht in der UdSSR nur dem Volk zuerkannt wird, das sie über die Sowjets verwirklicht. Es steht jedoch vorläufig noch bevor, diesen Vorschlag in der Praxis zu realisieren.«[89]

Weniger höflich, mehr der Stimmung des sowjetischen Fernsehvolkes angepaßt, das die wochenlangen Redeschlachten des Kongresses mit größter Spannung, aber wachsender Unzufriedenheit verfolgte, wird die Kritik so zusammengefaßt: zu viel Worte, zu wenig Taten. Dies ist vor allem die Kritik der Jelzinisten, die - salopp gesprochen - eine Beschleunigung der sozialökonomischen Beschleunigung fordern. Soeben hat Jelzin als USA-Reisender in Sachen Perestroika diese Kritik erneut verschärft.

Andere KritikerInnen, vor allem aus den Reihen der Sozialisten in den Volksfront-Gruppen, bringen vor, dem Anspruch auf sozialistische Erneuerung stehe die Wirklichkeit einer Differenzierung in Perestroikagewinnler und Perestroikaverlierer gegenüber: Wenigen gehe es besser, der Mehrheit dagegen schlechter.

Tatsächlich kann niemand die offene Klassendifferenzierung, genauer, die Legitimation der bestehenden Klassenrealität und deren Verschärfung durch den Prozeß der Perestroika und die daraus resultierende Zunahme der sozialen Spannungen im Land übersehen: Seinen ersten Ausdruck fand das in der Umkehrung des jahrzehntelangen Überzentralismus durch diverse nationale Unabhängigkeitsbewegungen: Baltische Länder, Moldawien, Ukraine, Aserbaidschan etc. etc. In diesem Zusammenhang entwickelten sich die Volksfronten inzwischen zu breiten nationalen und fundamentalen Oppositionsbewegungen, die die Zentralmacht Moskaus, das ganze siebzigjährige System des Vielvölkerstaats UdSSR - und dies z. T. zunehmend militant - in Frage stellen.

Mit den Bergarbeiterstreiks wurde sodann erstmals seit Jahren auch der soziale Befriedungskonsens von unten in Frage gestellt. Zwar wurden die Streiks mit Versprechungen der offiziellen Stellen vordergründig geschlichtet. Ihre Fortsetzung ist jedoch absehbar, wenn die staatlichen Versprechungen wegen der objektiven Versorgungslage nicht eingelöst werden können. Weitere Streiks z. B. bei den Eisenbahnern sind zu erwarten. Die Inflation marschiert. Die Kriminalität steigt.

89 Batkin, a.a.O.

Die Unzufriedenheit in der Bevölkerung nähert sich dem Siedepunkt. Perestroikagegner wie -befürworter polarisieren sich zunehmend auch auf Massenebene. Gegenüber der neuen demokratischen Bewegung formiert sich eine wachsende konservative Massenbewegung. Radikaldemokratische und sozialistische Kritiker befürchten nicht nur drohende Repressionen von oben nach chinesischem Muster seitens eines Bündnisses aus konservativem Apparat, Mafia und Militärs, sondern auch ein Anwachsen reaktionärer Massenströmungen. Vertreter der Moskauer Friedensgruppe »Vertrauen« sprechen sogar von einer drohenden Faschisierung von unten durch eine wachsende militärpatriotische Bewegung, die von vaterländischen Patrioten, Afghanistanheimkehrern, den konservativen Teilen des Apparats, aber selbst manchem staatstragenden Neuliberalen geduldet bis gefördert werde.[90]

… und oppositionelle Ansätze

Tatsächlich formierte sich die liberale und linke Opposition in diesem Sommer in großer Geschwindigkeit.

Im Mai gründete sich, initiiert durch Jurij Tschubais in Moskau ein »Parteiclub« als innerparteiliche Opposition in der KPdSU. Er forderte einen Sonderparteitag der KPdSU und die Verabschiedung eines neuen Wahlmodus. Delegierte sollen nicht mehr ernannt, sondern von den Basisgremien gewählt werden. Der »Parteiclub« sprach sich für die Einführung eines Mehrparteiensystems in der UdSSR aus und erklärte seine Bereitschaft, mit Oppositionsansätzen wie der »Demokratischen Union«, einer überregionalen Abgeordnetengruppe um Jelzin, zusammenzuarbeiten. Für Ende des Jahres kündigte Tschubais die Vorlage einer Plattform an.

Im Juni deklarierte sich die »Überregionale Abgeordnetengruppe« der liberalen KritikerInnen der Perestroika formell zur radikal-demokratischen Opposition. Dem gewählten Präsidium gehören – der Reihenfolge der Stimmenverteilung nach – die schon bekannten B. Jelzin, J. Afanasjew, G. Popow, außerdem der estnische Wissenschaftler Viktor Palm[91] und A. Sacharow an. Ein 25köpfiger Koordinationsrat vertritt zwischen 200 und 3.000 der Kongreßabgeordneten. Die Zahlen schwanken.

90 Chramow, Nikolai, Vertreter der Moskauer Vertrauensgruppe, in einem Gespräch mit dem Autor über die Arbeit der Antimilitaristischen Gruppen in der UdSSR.

91 Palm, Viktor, Chemiker, Mitglied der estnischen Akademie der Wissenschaften.

Die Gruppe versteht sich als Opposition zur Partei- und Regierungselite. Sie vertritt die technokratische Intelligenz, will mehr Markt, eine schnellere Befreiung der Privatinitiative etc. Demokratisierung, Glasnost, ist ihr soweit wichtig, wie es diesen Zwecken dienlich ist. Im übrigen agitieren Jelzin und andere in typisch sozialdemokratischer Manier u. a. mit Warnungen vor drohenden revolutionären Unruhen, falls der Zauderer Gorbatschow nicht konsequenter zur Tat schreite.

Der Antrag der Gruppe auf Herausgabe einer eigenen Zeitung, »Der Abgeordnete des Volkes«, wurde vom ZK der KPdSU abgelehnt. Die Zeitung soll trotzdem erscheinen. Die Gruppe unterstützt das Anliegen des Parteiclubs für einen Sonderparteitag und bereitet sich auf die Kommunalwahlen im Frühjahr 89 vor. Die sowjetische und internationale Presse sprach von der Geburt der sowjetischen Opposition.

Im August konstituierte sich ein »Neues sozialistisches Komitee« zu und in Verbindung mit der Gründung einer »Neuen sozialistischen Gewerkschaft«. Die Initiative zur Gründung des Komitees ging von der »Föderation Sozialistischer Clubs« und von sozialistischen Kräften in der »Moskauer Volksfront« um Boris Kagarlitzki aus, ist aber nicht auf diese beschränkt. Es handelt sich um einen Gründungskreis von vielleicht 30 bis 40 Leuten mit einem Sympathisantenkreis von ca. 1000 Leuten in Moskau. Drei weitere Komitees gibt es in Leningrad, Saratow und Gorki. Die neue Gewerkschaft zählt ca. 5.000 Mitglieder. Als Koordinierungskern zwischen verschiedenen aktiven, insbesondere auch sozialistischen Gruppen der Volksfronten in den großen Städten der UdSSR zum einen, dem neugegründeten »Verband sozialistischer Gewerkschaften« zum andern, soll das Komitee den Kader einer neuen sozialistischen Partei bilden. Eine eigene Zeitung ist ebenfalls geplant.

Die »Neuen Sozialisten« nehmen für sich in Anspruch, die Interessen der arbeitenden Bevölkerung vertreten zu wollen. Sie kritisieren die Jelzinisten als Liberale, bezeichnen sich demgegenüber als sozialistische Demokraten, die ihr Sozialismusverständnis allerdings erst noch in Abgrenzung zum Sozialismus der KPdSU entwickeln müßten. Ihr Demokratieverständnis zielt nicht auf freien Markt, sondern auf Demokratisierung auf der Grundlage eines sozialgebundenen Eigentums und betrieblicher und munizipaler Selbstverwaltung. Schwerpunkte der nächsten Zeit sollen die weitere Stärkung einer unabhängigen Gewerkschaftsbewegung und die kommenden Kommunalwahlen bilden, an denen man sich über Volksfront-Komitees beteiligen will. Im Gegensatz zur Zeit vor dem Kongreß soll ein Bündnis mit den Jelzinisten zukünftig nur von Fall zu Fall eingegangen werden.

Eine größere Zahl von Gruppen im radikaldemokratisch bis anarchistischen und pazifistischen Spektrum, vor allem Friedens- und Bürgerrechtsgruppen, die aus der Menschenrechtsbewegung in der UdSSR hervorgegangen sind, haben sich vor kurzem unter der Klammer einer »Radikalen Partei« mit Gruppen in Städten wie Moskau, Leningrad, Baku, Kubischew, Riga u. a. zusammengefunden. Diese Kräfte haben die radikale Dezentralisierung und Entmilitarisierung der Föderation und den antifaschistischen Kampf gegen die militärpatriotische Massenbewegung Pamjat auf ihre Fahnen geschrieben. Der Gärungsprozeß ist unübersehbar. Die Zeit der Kritik sei vorbei, nun müsse gehandelt, nun müßten positive Programme entwickelt werden. Das ist der gemeinsame Tenor aller oppositionellen Gruppen. Damit übernehmen sie Gorbatschows eigene Losung aus den ersten Jahren der Perestroika, »djelats, djelats, djelats«, handeln, handeln, handeln, während sie ihm vorwerfen, sich opportunistisch zu arrangieren und die Entwicklung einer radikalen Opposition unterbinden zu wollen. Das von Gorbatschow soeben angekündigte Notstandsprogramm verspricht in der Tat nicht nur unpopuläre Maßnahmen zur Versorgungslage und neue Regelungen der föderalen Ordnung, sondern enthält zwar diffuse, aber unüberhörbare Drohungen in bisher von ihm nicht gewohnter Schärfe gegen linke wie rechte Gegner der Perestroika. Nach Lage der Dinge dürften eher die linken als die rechten in seinem Visier sein.

Angesichts dieser Entwicklung klingt schon fast veraltet, was Leonid Batkin im Zuge der schon zitierten Kongreßbilanz erst im Juli forderte:

»Was wir brauchen, ist statt ungezügelter, unklarer Leidenschaften eine Herauskristallisierung der verschiedenen Perestroikaplattformen und fertiger politischer Haltungen. […] Mit anderen Worten, die real bereits vollzogene und von vornherein erkennbare unausbleibliche Konfrontation muß zivilisierte, parlamentarische Formen annehmen – als Dialog zwischen Mehrheit und Opposition. Es scheint, wir gelangen auf unsere Art zum ›polnischen‹ Disengagement. Das Wie ist bei uns natürlich unwägbar. Eine konstruktive Opposition, gestützt auf die Massenbewegung der Wählerclubs und Volksfronten, steht jedoch historisch schon auf der Tagesordnung. In ihr, in dieser Opposition, liegt die absolut einzige, wenn auch dramatische, diffizile Chance für Michail Gorbatschow und seine Anhänger im Apparat, die Katastrophe durch den Dialog mit den von ihnen unabhängigen Personen und Bewegungen abzuwenden.«[92]

92 Batkin, ebenda.

September 1990

Privatisierungsprogramme, »wilder Kapitalismus«, Positionen der sozialistischen Partei zum »500-Tage-Programm«

Die Situation: Moskau, Leningrad (heute St. Petersburg) und andere größere Städte sind in eine extreme Versorgungskrise geraten. Die Ausrufung des Notstands liegt in der Luft. Aus dem Westen strömen Carepakete ins Land. Die politische Konfrontation zwischen Gorbatschow und Jelzin spitzt sich zu. Jelzin wird zum Ministerpräsidenten und zum Vorsitzenden des Obersten Sowjets der RSFSR[93] gewählt. Einen Monat später erklärt die RSFSR ihre Souveränität. Der XXVIII. Parteitag der KPdSU im Juli hat sich für die Fortsetzung der Perestroika ausgesprochen. Jelzin hat den Parteitag trotzdem verlassen, zusammen mit Delegierten der »Demokratischen Plattform«. Auf Großdemonstrationen in Moskau und Leningrad wird der Rücktritt Gorbatschows und die sofortige Annahme des 500-Tage-Programms gefordert, vor dem Gorabatschow zurückweicht. Gorbatschow erhält Sondervollmachten. Sondervollmachten will auch der Moskauer Bürgermeister Popow haben.

Die Zuspitzungen in Moskau werden begleitet von einer Welle der Souveränitätserklärungen in der Union. Litauen, Lettland, die Ukraine, Tatarstan und diverse kleine autonome Bezirke erklären sich für unabhängig. Auch die politische Differenzierung in der Bevölkerung schreitet voran: »Pamjat«-Mitglieder überfallen eine Veranstaltung der demokratischen Schriftstellervereinigung April im Haus der Literatur in Moskau. Auf der anderen Seite entwickelt sich die Menschenrechtsbewegung; im Zentrum aber steht die öffentliche Debatte um einen chilenischen Weg. Die Niederschlagung der demokratischen Proteste auf dem Tian'namen-Platz in Peking hat bedrohliche Zeichen gesetzt.

Anfang Oktober wird die Welt von der Öffnung der deutsch-deutschen Grenzen überrascht; ein paar Tage später wird in Moskau das Parteienmonopol abgeschafft.

93 RSFSR = Russische Sozialistische Föderative Sowjetrepublik.

Ausgewählte Daten dieser Zeit auf einen Blick:

01.05.1990 Gorbatschow bei Maifeier ausgepfiffen.

Mai 1990 Versorgungskrise in Moskau, erste Preisreform gescheitert.

16.05.–22.06.1990 1. Kongress der Volksdeputierten der RSFSR.

Mai 1990 Jelzin Ministerpräsident und Vorsitzender der des Sowjets der RSFSR.

03./04.06.1989 Massaker auf dem Tian'anmen Platz in Peking.

12.06.1990 Sowjet der RSFSR erklärt die Souveränität.

02.–13.07. 1990 XXVIII. Parteitag der KPdSU für die Fortsetzung der Perestroika. Jelzin verläßt den Parteitag zusammen mit Delegierten der Demokratischen Plattform.

14.–16.07.1990 Helmut Kohl im Kaukasus: Gorbatschow gesteht der BRD weitere NATO-Mitgliedschaft nach Vereinigung mit der DDR zu.

01.08.1990 Gorbatschow und Jelzin initiieren gemeinsam das 500-Tage-Programm.

14.08.1990 Alexander Solschenyzin und andere rehabilitiert.

12.09.1990 Unterzeichnung des 2+4-Vertrages zur deutschen Wiedervereinigung.

16.09.1990 Großdemonstrationen in Moskau und St. Petersburg (damals noch Leningrad) fordern Rücktritt Gorbatschows und sofortige Annahme des 500-Tage-Programms.

23 09.1990 Sondervollmachten für Michail Gorbatschow.

15.10.1990 Friedensnobelpreis für Gorbatschow.

(Weitere Daten in der Chronologie im Anhang)

»In Rußland ist es besser, Repressionsopfer als politisch marginalisiert zu sein«

Hören wir zunächst, was Boris Kagarlitzki, eingefangen zwischen einem Termin um fünf Uhr und dem nächstem um sechs, immer wieder unterbrochen vom Schrillen des Telefons, an die Ecke seines Küchentisches gedrängt, nebenbei ein paar Spaghetti verschlingend, hektisch vom Deutschen zum Englischen, von da zum Russischen und wieder zurück wechselnd, uns über die Probleme des Privateigentums in der Sowjetunion zu sagen hat:[94]

***

Boris: Der Übergang zum Markt wird unserer Gesellschaft nicht nur Vorteile, sondern auch zunehmende Abhängigkeit von einem unentwickelten, wüsten Kapitalismus bringen. Das bedeutet, daß es wichtig ist, die sozialistische Perspektive auch über den Moment hinaus fortzusetzen. Auch als Alternative zu unterentwickelten kapitalistischen Ländern und den Ländern, die den Kapitalismus jetzt erst bekommen. Der Übergang von der industriellen zur postindustriellen Gesellschaft ist nicht beendet. Der postindustrielle Arbeiter muß ein freier Arbeiter sein. Aber das steht in reellem Widerspruch zu den kapitalistischen Strukturen. Das wird im Westen in der nächsten Periode zu neuen Konflikten und neuen Möglichkeiten für das sozialistische Projekt führen.

Das kann man so sehen, vielleicht sogar hoffen.

94 Die Einleitung zu diesem Gespräch mußte ich aus meinem Buch: Sowjetunion - mit Gewalt zur Demokratie? Im Labyrinth der nationalen Wiedergeburt zwischen Asien und Europa ergänzen (siehe Anhang), da die ersten Minuten der Aufnahme aus dem Jahr 1990 technisch unbrauchbar sind.

Das Projekt ist nicht zentralistisch. – Übrigens, habe ich dir über das Leningradtreffen erzählt? Im Dezember haben wir ein Treffen in Leningrad, wo wir die linkssozialistischen Parteien aus Ost und West einladen. Linke Liste sollte dabei sein, auch PDS[95], aber keine Stalinisten. Wir wollen Staatseigentum, aber in einem anderen Staat, einen demokratischen Staat, der durch die Bevölkerung kontrolliert wird. Wir wollen einen Staat wie eine Kommune nach dem Muster der Pariser Kommune, einen kommunalisierten Staat.

Das Munizipalistätsprinzip! Verstehe. Du hast darüber verschiedentlich schon gesprochen, hast Gramsci zitiert usw. Die Vorstellungen sind ungefähr klar, obwohl ich dazu natürlich ganz viele Fragen habe. Das liegt ja auf der Hand.

Ja, dafür braucht man mehr nationale Entwicklungsprogramme, aber demokratisch kontrolliert. Es muß demokratisch entschieden werden, welche Prioritäten gesetzt werden sollen. Dafür braucht man große Investitionsprogramme zur Modernisierung.

Sicher, ich sehe da allerdings ein Problem, das sich durch alle Gespräche zieht, die ich bisher hier geführt habe: Diese Vorstellung eines munizipalen Staatseigentums, das auch dezentral gestaffelt ist, setzt die materielle Basis einer hochentwickelten Ökonomie und einer hochentwickelten, demokratisch motivierten Arbeiterschaft voraus. Wenn das nicht da ist wie bei euch ...

Das ist klar, aber wir sagen, daß der Widerstand, den unsere Arbeiterschaft gegen den Liberalismus und die »500 Tage« leistet, eine sehr wichtige Erfahrung für spätere Selbstverwaltung bringt. Ohne Widerstand ist keine Selbstverwaltung möglich. Jetzt ist eine Selbstverwaltung nicht möglich. Wir haben keine Erfahrung mit realer Selbstorganisation und Widerstand.

Wie stellst du dir diesen Prozeß konkret vor?

Die Streiks der Bergarbeiter sind eine gute Möglichkeit für diese Mobilisierung. Das 500-Tage-Programm ist ein furchtbares Programm, aber es ist auch sehr gut für uns. Das Problem ist nur, daß viele Leute Repressionen gegen die Linke wollen. Aber das ist mehr ein technisches Problem. In Rußland ist es besser, Repressionsopfer als politisch marginalisiert zu sein.

95 Gemeint ist die deutsche PDS, »Partei des demokratischen Sozialismus«.

Sprechen wir doch erst mal nicht davon, ob ihr Opfer seid, sondern davon, wie dieser Prozeß aussehen könnte. Ich habe hier mit vielen Menschen gesprochen, die mir erklären: Was uns als Produkt der ganzen historischen Entwicklung fehlt, das ist Initiative. Wir wissen nicht, wofür wir arbeiten. Wir brauchen die Möglichkeit, uns mit der eigenen Arbeit identifizieren zu können. Dafür ist Privateigentum, dafür ist der Markt notwendig. Ich glaube mich zu erinnern, daß du diesen Gedanken geteilt hast.

Ja, aber er greift[96] nicht. Die sowjetische Erfahrung zeigt, daß unsere Privatunternehmen sogar weniger effizient sind als die staatlichen Unternehmen. Wir haben ja schon Erfahrungen mit sog. kooperativen Unternehmen. In Wirklichkeit ist das nichts anderes als ein privates Unternehmen, ein hundertprozentig rein privates Unternehmen. Solche Unternehmen sind extrem uneffizient. Ihre Preise sind höher als auf dem Staatssektor. Die Qualität ihrer Produkte ist niedriger. Auf der anderen Seite bezahlen sie höhere Löhne, weil sie eine Art privilegierte Position vom privaten Sektor bekommen, der nicht wirklich mit ihnen konkurriert. Das liegt an dem Mangel staatlicher Investitionen im Dienstleistungsbereich. Wenn die Kooperativen da irgend etwas eröffnen, dann gibt es außer ihnen nichts mehr. Dann werden sie eine Art Monopolist. Was geschieht mit den privaten Unternehmen? Sie sind immer mit dem Staat verbunden. Sie profitieren immer von den künstlichen Bedingungen, die der Staat herstellt. Jetzt investiert der Staat in diese Sphäre nicht mehr, verkauft z. B. schlicht die Restaurants, Cafés und Bars an Private. Diese privaten Unternehmen sind auf diese Weise keine privaten Unternehmer, sondern Funktionäre. Die einzige soziale Schicht, die es sich erlauben kann, etwas zu kaufen oder irgendeine Art von Privateigentum zu haben, ist die Bürokratie selbst. Selbst die kriminelle Mafia ist nicht wirklich interessiert, sie zu bekommen.

Das Hauptproblem für die russische Privatwirtschaft ist, daß es keine Quelle für die Entstehung einer wirklich unternehmenden Bourgeoisie der westlichen Art gibt. Das heißt, was immer entsteht, ist nichts anderes als eine Art Bürokratie, die ihre Privilegien privatisiert und diese durch Privatisierung legitimiert. Sie kontrolliert alles.

Es gibt wirkliche moderne Privatunternehmer, aber nur wenige. Es sind vielleicht drei Dutzend im ganzen Land. Sie unterstützen die sozialistische Partei

96 Im Originalton: »funktioniert nicht«.

sehr. Sie sagen, die einzige Möglichkeit für produktive Privatunternehmen, sich zu entwickeln, besteht in der Modernisierung des Landes durch einen effizienten öffentlichen Sektor. Denn die kapitalistische Entwicklung ruiniert das Land schlichtweg. Man friert alle unprofitablen Investitionen ein, Investitionen, die nicht sofort Profit abwerfen. Man schließt Unternehmen, die das Niveau der Entwicklung halten, weil sie nicht profitabel sind. Es ist uninteressant, sie zu privatisieren. Aber die unternehmerischen Leute, die ihr eigenes Geschäft haben, haben nicht genug Geld, um das Land zu modernisieren und sich genug Ressourcen und Möglichkeiten zu verschaffen, um wirkliche Agenten der Entwicklung zu werden. Um also ihre eigenen privaten Unternehmen zu entwickeln, brauchen sie einen starken öffentlichen Sektor. Das ist eine der interessanten Ironien, daß eine der wenigen Quellen der Unterstützung z. B. bei den High-Tech-Unternehmern liegt, also bei den Leuten, die ihr eigenes Geschäft in High-Tech-Sachen aufmachen wollten.

Ja, das habe ich schon bemerkt als ich mit Migranjan und anderen Leuten, auch in Leningrad, gesprochen habe. Sie sprechen über die eiserne Faust, die notwendig ist, um die liberalen Ideen zu erfüllen. Ich denke also, daß du mit dieser Analyse recht hast. Auf der anderen Seite habe ich die Frage: Wie willst du, wie können wir allgemein als Sozialisten Menschen wie in eurem Land, die so tief enttäuscht worden sind ...

... das ist das falsche Problem ...

Moment! Wie kannst du diese Leute dafür bekommen, daß sie für neue Formen des kollektiven Eigentums und Lebens kämpfen?

In zehn Monaten nach dem tatsächlichen Einsetzen des 500-Tage-Programms wird das ideologische Klima das vollkommene Gegenteil zu dem sein, was es jetzt ist. Liberalismus und Kapitalismus werden verhaßter sein als jetzt der Kommunismus.

Sehr wahrscheinlich. Aber das ist eine Hoffnung.

Nein, das ist keine Hoffnung, das ist eine Kalkulation.

Gut, eine Kalkulation. Wie ist die Lage? Jetzt haben wir die Situation, daß Kommunismus und Sozialismus diskreditiert sind. Es gibt das neue Programm der 500 Tage. Das erscheint vielen Menschen wie eine Hoffnung. Und du hast dei-

nerseits die Hoffnung, daß die Menschen begreifen werden, wenn die Dinge tatsächlich losgehen, o. k. – aber wie wird der Kampf aussehen?

Das ist der Grund, warum wir jetzt an Unternehmensräten bzw. Arbeiterräten interessiert sind. Wir werden jetzt keinen Versuch machen, irgendeinen Sozialismus einzurichten, sondern die Selbstorganisation der Bevölkerung unterstützen, damit sie sich gegen das Austeritätsprogramm der »500 Tage« verteidigen kann. Diese Komitees sind in Gang gebracht durch die sozialistische Partei. Das wissen die Leute. Über solche Aktivitäten kommen sie mit uns in Verbindung, und wenn sie mit uns in Verbindung kommen, dann verstehen sie uns auch viel besser.

Konkret. Wenn jetzt im TV Propaganda für Privateigentum und dieses ganze Programm gemacht wird. Was sagt ihr dann? Was sollen die Menschen machen?

Genau das, was ich dir erzähle.

Was sollen sie tun?

Wir sagen: Wir sind nicht gegen Leute, die ihr eigenes Geschäft aufmachen wollen. Wenn jemand sein eigenes Geschäft aufmachen will, dann laß es ihn machen. Aber wenn man den öffentlichen Sektor privatisiert, dann bedeutet das, daß Leute mit ihrem eigenen Geschäft niemals beginnen werden. Sie werden sich einfach der Spekulation, werden sich Anteilen von Staatsunternehmen zuwenden. Wenn man will, daß produktive Unternehmen entstehen, muß man als erstes die Privatisierung des öffentlichen Sektors stoppen.

Das ist eine wichtige Differenzierung in deiner Argumentation. Das habe ich bisher nicht verstanden. Du sagst jetzt also: Schluß mit der Privatisierung im öffentlichen Sektor, aber wenn neue Leute sich geschäftlich engagieren wollen, sollen sie es machen.

Ja, denn das Hauptziel des jetzigen Privatisierungsprogramms besteht darin, eine private Bourgeoisie an der Entstehung zu hindern. Auf der einen Seite hast du den Block der korrupten Nomenklatura mit multinationalen Gesellschaften, ebenfalls mehrheitlich unproduktiv. Auf der anderen Seite gibt es einen Block von Leuten, der sich zu so etwas wie einer nationalen Bourgeoisie oder Art unternehmerischen Schicht entwickeln könnte, mit organisierter Arbeit moderner Unternehmen, die modernisiert werden könnten.

Als ich in Leningrad war, hatte ich eine sehr interessante Unterhaltung mit Oxana Dimitrijewa.[97] Sie arbeitet im Institut für Finanzen und Ökonomie in Leningrad. Sie ist Analytikerin. Sie berichtete mir, daß die Nomenklatura in den letzten Jahren einfach die Form wechselte, daß sie jetzt die Privatisierung beginnt …

Es ist die beste Art, ihre Macht zu erhalten.

Ja, die beste Art, ihre Macht zu erhalten, während sie gleichzeitig seit Jahren gegen neue Leute argumentieren. Das ist ein sehr demagogischer Prozeß. Sie selbst kommen als neue Besitzer hoch, machen aber zugleich Propaganda gegen neue Millionäre. So in der OFT.[98] Ich denke, sie hat recht.

Sie hat vollkommen recht. Nur, daß man von diesem neuen Block noch nicht wirklich sagen kann, daß er so etwas wie eine neue Bourgeoisie wäre. Er hat noch keinerlei Verhältnis erreicht. Diese neue Schicht von Unternehmern ist sehr dünn. Sie wird nicht überleben, wenn sich nicht so etwas wie eine Arbeiterbewegung herausbildet. In gewisser Weise haben sie einen gemeinsamen Feind, und die Wirtschaft, die wir haben werden, ist notwendigerweise so etwas wie eine gemischte Wirtschaft. Wir haben kein Programm der Abschaffung jeder Art von Privatbesitz. Bis man nicht einen öffentlichen Sektor hat, der wirklich dominant in der Wirtschaft, wirklich der Hauptagent der wirtschaftlichen Entwicklung ist, wird es keine Unternehmer geben, die wirklich etwas Positives für das Land entwickeln.

Das bedeutet, daß ihr in eurer konkreten Arbeit jetzt einen Slogan habt gegen die Privatisierung des nationalen Eigentums, aber …

… für die private Initiative! Genau! Ermutigung für neue produktive Unternehmen im öffentlichen und im privaten Sektor, munizipales, privat, kooperativ, was immer.

Das ist eine sehr schwierige Argumentation. Die herrschenden Kräfte werden in ihrer Gesetzgebung schwarzweiß argumentieren: entweder für oder gegen Privatisierung.

97 Dimitrijewa, Oxana, St. Petersburg, zu der Zeit des Gespräches Dr. der Ökonomie und Leiterin der Untersuchungsabteilung des Leningrader finanzökonomischen Instituts für regionale Fragen. Darüber hinaus leitet sie in persönlicher Verantwortung ein Unternehmensberatungsbüro. Heute Stellvertretende Vorsitzende der Fraktion »Gerechtes *Rußland*« in der Staatsduma.

98 OFT – Vereinigte Front der Werktätigen (OFT), orthodoxe politische Ausrichtung.

Das ist nicht so sehr ein Problem der Gesetzgebung. Es ist ein Problem des Finanzmarktes. Die Menge des Geldes auf dem Geldmarkt. Wenn ich ein neues Unternehmen aufmachen wollte, würde ich vermutlich nicht einmal versuchen, einen Staatsanteil zu kaufen. Ich müßte mich um Kredit bemühen. Ich müßte mich um Ressourcen bemühen. Aber der Finanzmarkt wird dominiert von der Nomenklatura, die natürlich die Quellen der privaten Kreditvergabe kontrolliert und sie für die Fortsetzung ihrer Spekulation benutzt. Diese Argumente sind für die Unternehmer selbst sehr verständlich. Sie sind jeden Tag mit diesen Problemen konfrontiert, und die anstehende Privatisierung verschlimmert die Sache. Mehr noch. Wir haben ja einige Unterstützung aus der Managerschicht. Sie sagen, daß die neue Privatisierung die Autonomie der Manager verringert und der Druck auf das Management wächst. Sie sind daher sehr gegen diese Privatisierung, weil sie zurückführe in die stalinistische Vergangenheit, wo ihre Positionen starker Kontrolle unterlagen.

Aber wenn diese Kräfte so reden, dann ist das doch eine sehr, sagen wir mal, doppelbödige Argumentation, denke ich!

Nein, das sehe ich gar nicht! Die schlimmsten Strukturen, die die Menschen immer daran gehindert haben, etwas Positives zu machen, sind genau die, die jetzt die Privatisierung kontrollieren. Das weiß die Bevölkerung! Das ist sehr einfach zu beweisen. Du kannst reichlich Beispiele unter den Privatisierern aufzählen. Man findet nur sehr wenige Privatisierer aus dem wirtschaftlichen Management. Die meisten von ihnen stammen entweder aus der Partei- oder aus der Komsomolbürokratie, die nie irgendwas Positives zustandegebracht hat. Die Menschen wissen das! Es ist nicht schwierig zu zeigen. Das sind nicht die Argumente, für die man erst lange Ableitungen machen muß. Die Beispiele hast du rundherum.

Stimmt: Gidaspow in Leningrad[99] und andere. Das konnte ich sogar als Ausländer bemerken. Und eure Bevölkerung weiß das natürlich. Es haben mir auch tatsächlich alle, mit denen ich sprach, darüber berichtet. Ich sehe allerdings ein anderes Problem. Ich sehe, daß die neuen Privaten legale Manager, Bourgeois usw. usf. sein wollen. Aber zur Zeit sind sie illegalisiert. Genauer, sie sind nicht legal, aber auch nicht illegal. Man fordert sie auf, Dinge zu unternehmen, aber es gibt Gesetze gegen sie ...

Ja, sie werden ermutigt und entmutigt.

Ja, ich meine, um einen solchen Weg zu gehen, braucht das Land eine Entscheidung vom obersten Parlament, daß Privateigentum ...

... legal sein sollte. Nun, das wird man in ein paar Tagen haben, denke ich. Eins der Elemente des 500-Tage-Programms ist die Verabschiedung von Gesetzen zur Legalisierung jeder Art von privatem Eigentum.

Das ist der Punkt: Wenn du gegen das Programm kämpfst, mußt du deine Argumentation also aufspalten.

Natürlich!

Etwa so: Wir sind gegen nationale Privatisierung, aber für die Legalisierung privaten Eigentums.

Ganz genau! Das ist z. B. unsere Differenz zur marxistischen Arbeiterpartei. Sie hassen einfach, was wir dazu vorbringen. Sie sind aus Prinzip gegen jede Art von privatem Unternehmen, gegen jede Art von gemischter Wirtschaft. Es gibt natürlich auch verschiedene Arten der Mischung. Die sowjetischen Sozialde-

99 Gidaspow, Boris, letzter Parteichef von Leningrad, Mitglied der OFT. Ein Gespräch, das ich mit ihm kurz vor dem Treffen mit Boris Kagarlitzki hatte, war wirklich sehr bezeichnend: Er hatte mich empfangen, wie er Zeit seines Lebens zu empfangen gewohnt war – im Prominententrakt des Hotels »Moskwa« in Moskau, wo er sich zur Zeit unseres Gespräches auf »kommandirowka«, Geschäftsreise, aufhielt. Für ihn hatte sich nicht viel geändert. Er war bis dahin Manager eines der größten Rüstungsmonopole der UdSSR, eines »kleinen Hoechst«, wie er es nannte, er würde es auch in Zukunft sein. Den Posten des 1. Sekretärs der Leningrader Parteisektion übernahm er 1989 auf Drängen Gorbatschows, ohne vorher je Parteimitglied gewesen zu sein. Er sollte die Partei von den politischen auf die wirtschaftlichen Kommandohöhen überführen. Gidaspow wurde zum Symbol für den Formwechsel der Macht in den zurückliegenden Jahren der Perestroika. Wegen seiner Vorstellungen eines autoritären Weges zur Lösung der Krise handelte er sich im Volke den bösen Namen »Gestapow« ein.

mokraten z. B. verfälschen die ganze Argumentation. Für sie bedeutet gemischte Wirtschaft Joint-Venture-Gesellschaften, private Gesellschaften, nationale Gesellschaften. So werde eine gemischte Wirtschaft entstehen. Das ist allerdings die perfekte Mixtur!

Es ist ein Chaos! Ich habe in Leningrad mit ihnen gesprochen.

Oder sie sagen, es sollte schon einige staatliche Unternehmen geben. Über gemischte Wirtschaft so allgemein zu sprechen, heißt nichts anderes, als über Cocktails zu reden, ohne zu sagen, woraus sie bestehen, wie sie zusammengesetzt sind. Da kannst du auch ein Glas Tomatensaft und einen Tropfen Wodka als Cocktail bezeichnen.

So wird eure Kampagne also lauten: Privatisierung, nein, Legalisierung privater Initiative, ja?

Natürlich, im Moment erscheinen unsere ganzen Argumente ziemlich spitzfindig. Das ist der Grund, daß zu uns auch hauptsächlich spitzfindige Leute kommen. Das ist gar nicht so schlecht. Das Problem ist, eine gemeinsame Front der verschiedenen Gruppen zu bekommen, wo unterschiedliche Leute zusammenkommen können.

Mai 1991

Vor dem Putsch

Die Situation: Die Lage spitzt sich zu: Gorbatschow wird der Friedensnobelpreis angeboten – in Moskau und Leningrad (St. Petersburg) drohen Hungerkatastrophen. Preisfreigaben und Währungsreform führen zu Panik in der Bevölkerung. Auf Massendemonstrationen wird Gorbatschows Rücktritt und der sofortigen Übergang auf das Programm der 500 Tage gefordert. Die Bergarbeiterstreiks weiten sich aus. Gorbatschow verbietet Streiks und Demonstrationen. Die Konfrontation zwischen Gorbatschow als Präsident der Union und Jelzin als Präsident Rußlands nimmt den Charakter einer unlösbaren Doppelherrschaft an. Der eine erhält weitere Sondervollmachten als Präsident der Union, der andere als Präsident für die RSFSR. Unions-Außenminister Schewardnaze[100] tritt mit Warnungen vor einer Diktatur zurück. Spezialtruppen richten ein Blutbad in Wilna an. Im Mai einigen sich Gorbatschow und Jelzin auf ein von Gorbatschow vorgelegtes Notstandsprogramm, mit dem der Übergang zur Marktwirtschaft und der Erhalt der Union gesichert werden sollen. Im Juni wirbt Gorbatschow bei der G7-Tagung in London vergeblich um Hilfe für seinen Kurs des schrittweisen Übergangs. Jelzin hält sich fast zeitgleich in den USA auf, wo er Zusagen erhält.

100 Schewardnaze, Eduard, von 1985 bis 1990 Außenminister der UdSSR; von 1995 bis 2003 zweiter Präsident Georgiens.

Ausgewählte Daten dieser Zeit auf einen Blick:

15.10.1990 Friedensnobelpreis für Gorbatschow.

Nov. 1990 Moskau und Leningrad droht Hungerkatastrophe.

20.12.1990 Außenminister Schewardnaze tritt mit Warnungen vor Diktatur zurück.

01.01.1991 Jelzin gestattet den Verkauf von Land in der russischen Republik.

01.01.1991 In der Union bleibt Verkauf von Land verboten.

13. 01.1991 Spezialtruppen der Union (OMON) richten Blutbad in Wilna an.

27.01.1991 Währungsreform, Panik in der Bevölkerung.

Febr. 1991 Bergarbeiterstreiks weiten sich aus.

17.03.1991 Referendum zur Frage der Union: 76 % der Befragten für Erhaltung der Union.

26.03.1991 Gorbatschow verhängt Demonstrationsverbot für Moskau.

28.03.-04. 04.1991 3. Kongress der Volksdeputierten der RSFSR. Proteste gegen Gorbatschow und für Jelzin.

01.04.1991 Freigabe der Preise; drei Tage später: Abwertung des Rubel.

09.04.1991 Georgien erklärt sich für unabhängig.

10.04.1991 Gorbatschow legt Notstandsprogramm vor.

24. 04.1991 Notstandsprogramm gemeinsam mit Jelzin und anderen Republikführern.

28.04.1991 Sonderkongreß der KP der RSFSR. Abwahl Jelzins erhält keine Mehrheit. Stattdessen spaltet sich die russische KP. Massendemonstrationen in Moskau trotz Verbots durch Gorbatschow.

06.05.1991 Jelzin legt den Bergarbeiterstreik bei.

16.05.1991 Oberster Unions-Sowjet verhängt Ausnahmezustand über Georgien.

16.05.1991 Verabschiedung eines Anti-Krisen-Programms..

20.05.1991 Neues Streikgesetz: Präsident kann Aussetzung von Streiks anordnen.

12.06.1991 Jelzin wird zum Präsidenten der RSFSR gewählt.

17.06.1991 9+1-Konsens (RSFSR[101] + Republiken) für einen neuen Unionsvertrag.

03.07.1991 Privatisierungsgesetz für die Union verabschiedet.

18.-22.06.1991 Jelzin erhält in den USA Zusagen, ihn zu unterstützen.

15.-17.07.1991 Gorbatschow beim Treffen der G7 in London; keine konkreten Zusagen.

(Weitere Daten in der Chronologie im Anhang)

101 RSFSR = Russische Sozialistische Föderative Sowjetrepublik.

Pinochet ist ein Held des Kapitalismus geworden[102]

Sei gegrüßt, Boris! Zunächst mal dies: Ich schreibe ja auch für die »Schweizer Wochenzeitung« (WOZ) und soll dich in ihrem Namen in die Schweiz einladen.

Ach! Gibt es eine linke Zeitung in der Schweiz? *(lacht)* Das ist doch ein phantastischer Widerspruch. Ich dachte, so etwas gibt es nicht.

Bei uns ist sie auch wenig bekannt, aber sie ist die größte linke Zeitung der Schweiz. Es gibt sie seit zehn Jahren, und für den Herbst ist eine Jubiläumsausgabe geplant. Im Frühjahr gibt es eine internationale Veranstaltung der WOZ-Reihe »Schöne neue Welt«, zu der ich dich im Namen der Zeitung einladen soll.

Danke, das ist gut. Aber es gibt etwas zu bedenken: Ich mache sehr viel im Ausland, vielleicht ist es besser, andere einzuladen. Es gibt ja interessante Leute, die in Frage kämen, z. B. Andrei Isajew[103]. Wir haben eine Wiedervereinigung der linken Kräfte angestrengt, das sind in der Hauptsache die Anarchosyndikalisten KAS[104], aber nicht alle. Sie sind uneinig. Eine Gruppe will mit den Grünen zusammenarbeiten, eine andere mit den Sozialisten. Die zweite Komponente ist die sozialistische Partei und die dritte ist der Moskauer Gewerkschaftsbund. Die alten offiziellen Gewerkschaften sind sehr geteilt und haben eine neue Leitung. Diese neue Leitung ist bewußt links orientiert, der russische Gewerkschaftsbund

102 Pinochet, Augusto, General, 1973 bis 1990 Vorsitzender der Militärjunta in Chile, kam durch einen blutigen Militärputsch gegen den sozialistischen Präsidenten Salvador Allende an die Macht, setzte als Militärdiktator und nicht gewählter Präsident mit Gewalt ein neo-liberales Wirtschaftsprogramm durch.

103 Isajew, Andrei, Begründer und Herausgeber der gewerkschaftsorientierten Zeitung »Solidarnost« – später als Gewerkschaftsspezialist aufgerückt ins Sozialministerium.

104 Konföderation der Anarchosyndikalisten, entstanden 1989 aus der 1988 gegründeten »Union unabhängiger SozialistInnen«. Die Gruppe hatte bis 1991 massenhaften Zulauf. Danach zerfiel sie in verschiedene Richtungen.

wird von Jelzin kontrolliert. Dann gibt es da noch Nagaitzew[105]. Er ist Moskauer Gewerkschaftsideologe. Er sagt, die Gewerkschaften seien organisch links, weil Gewerkschaften einfach links sein müßten; das ist für mich logisch. Ich arbeite jetzt selbst als politischer Berater der Moskauer Gewerkschaft. In der alten offiziellen Gewerkschaft sind 90 % der Arbeiter organisiert. Die Leitung der Moskauer Gewerkschaften hat die sozialistische Partei finanziert. Man spricht jetzt über die Partei der Arbeit. Naigaizew ist zwar ein Funktionär, kein Intellektueller par Exzellence, er ist ein Ideologe, ein interessanter Mann. Er und Isajew sind interessante Leute.

Was macht Isajew?

Er leitet die KAS. Er ist sehr jung. Aber er ist jetzt mehr Sozialist als Anarchist. Ich kenne ihn schon sehr lange, wir haben sozialistische Clubs gegründet, bevor die Anarchosyndikalisten uns spalteten. Jetzt sind sie zurückgekommen.

Die Moskauer Gewerkschaften sind also der linke Flügel der neuen Gewerkschaftsbewegungen.

Nein, das ist die alte Gewerkschaftsbewegung. In Moskau haben sie mit der Partei gebrochen. Auch zu Jelzin haben sie eine schlechte Beziehung. Die alten Gewerkschaften sind jetzt zu Jelzins Gewerkschaften übergegangen. Lokale Gewerkschaften wollen Arbeitergewerkschaften sein und nicht zur Partei oder zu Jelzin gehören. Die neuen Gewerkschaften haben eine schwere Zeit. Die Gewerkschaft der Bergleute z. B. ist gespalten, eine Gruppe will mit den alten Gewerkschaften, andere wollen nur mit Teilen der alten Gewerkschaften zusammenarbeiten. Es ist jetzt die Periode der Rekomposition. Die alten und neuen Kräfte stehen sich nicht mehr gegenüber. Es gibt jetzt eine neue Konfrontation. Die alte Nomenklatur: Jakowlew[106], Schewardnardse und Bakatin[107] usw. Auch Gorbatschow selbst ist mit Jelzin und Popow organisiert. Auf Gewerkschaftsebene

105 Nagaitzew, Michael, Perestroika-Aktivist, später Vorsitzender der »Moskauer freien Gewerkschaften«.

106 Jakowlew, Alexander, Schriftsteller, Direktor des »Instituts für Weltwirtschaft und Internationale Beziehungen«, Vorsitzender der »Russischen Partei der Sozialdemokratie«, enger Berater Gorbatschows. http://de.wikipedia.org/wiki/Alexander_Nikolajewitsch_Jakowlew.

107 Bakatin, Vadim, seit 91 Chef des KGB mit dem Auftrag zu dessen »demokratischer« Abwicklung.

gibt es etwas Ähnliches. Es sind also Teile der neuen und alten Strukturen gegen andere Teile. Der Moment der Klassenpolitik hat jetzt wohl begonnen.

Ich war in Leningrad bei Victor Kamarow[108], er war sehr müde, politisch deprimiert.

In Moskau ist es besser. Auch die Leningrader Gewerkschaften sind aber aktiv. Kamarow muß für alle arbeiten. Kaum jemand hilft ihm in politischen und Organisationsfragen. Die moralisch-ideologische Situation ist dort kompliziert.

Sie sind isoliert dort, das spürte ich. Ich will aber noch einmal auf die Einladung zurückkommen. Wer wäre also ansprechbar für so eine Einladung?

Es gibt noch zwei interessante Abgeordnete Kondratow[109] und Popow Alexander[110]. Popow ist ein Skandalist. Er hat Korruptionen aufgedeckt. Für die Moskauer Führung war das sehr unangenehm. Ein weiterer interessanter Mann ist Anatoli Baranow, er ist Journalist. Er schrieb auch über die Korruption, die mit der demokratischen Führung zusammenhing. Daraufhin verlor er seinen Arbeitsplatz. Er ist in Moskau sehr populär und ebenfalls Mitglied der sozialistischen Partei geworden, ein interessanter Mann. Aber er spricht nur Russisch. Popow und Kondratow sprechen ein wenig Englisch. Baranow schreibt für den »Moskowski Komsomoliz« und für »Stubeni«, das ist eine Jugendzeitung mit 600.000 Auflage, auch links orientiert. »Stubeni« ist eine gute Zeitung, sie haben gute Leute, viel besser als die »Novaja Gazeta« in Leningrad, dort arbeiten Amateure.

Was hältst du von »Radio Echo Moskwy«?[111]

Interessant. Eine demokratische Plattform für verschiedene Leute. Sie sind verhaßt für ihre Unabhängigkeit, denn sie geben nicht nur offiziellen Leuten Sprechzeiten sondern auch Linken. Zum Beispiel trat neulich ein Chilene bei ihnen auf, denn alle Zeitungen schreiben jetzt über Pinochet. Dieser linksgerichtete Chilene fand in Radio Echo die einzige Plattform für seine Erklärungen in Moskau.

108 Kamarow, Victor, Leiter des St. Petersburger Büros der gewerkschaftsoppositionellen Zeitung »Solidarnost« und führender Kopf des »Bündnis Vereinigte Linke« in St. Petersburg.

109 Kondratow, Abgeordneter des Moskauer Sowjet.

110 Popow, Alexander, Abgeordneter des Moskauer Sowjet.

111 Radio Echo Moskwy – Unabhängiger Moskauer Radiosender.

***

Das weitere Gespräch verengt sich noch einmal auf die Erörterung, wer wann mit wem der Einladung in die Schweiz folgen könnte. Boris Kagarlitzki macht noch einmal deutlich, daß er nicht allein reisen möchte, weil er vor seinen Leuten nicht als vom Westen Privilegierter dastehen möchte. Nach Klärung dieser Fragen, wendet sich das Gespräch wieder thematischen Fragen zu.[112]

***

Kommen wir zu unserem eigentlichen Thema, du erinnerst dich sicher: Vor einem halben Jahr haben wir über Entwicklungen gesprochen, die die jetzige Situation schon erwarten ließen – wilder Kapitalismus, bürokratische Privatisierung. Du sagtest, wenn die Privatisierung stattfinde, dann werde das Land in 100 Tagen nicht wiederzuerkennen sein …

Es ist erstaunlich wenig passiert, und die Privatisierung ist sehr kontrolliert. Es gibt wilde Privatisierung in einzelnen Bereichen. Eigentlich werden die Finanzen privatisiert, nicht die Betriebe. Es gibt viel Korruption. Die Leitungen haben Angst vor den Konsequenzen des eigenen Programms. Das denke nicht nur ich, das wird allgemein so gesehen. Es gibt außerdem starke Tendenzen zu einem starken Staatssystem, einer Diktatur. Erst nach der Stabilisierung der Strukturen könne man privatisieren. Das hat z. B. Gabriel Popow veröffentlicht. Die »Nesawissimaja Gazeta« schrieb, daß Pinochet in Chile viel Erfolg hatte und daß dies auch für uns ein guter Weg wäre. Pinochet ist ein Held des Kapitalismus geworden. Letzten Dienstag gab es eine ganze Seite nur über »Pinochet als Weg für uns«.

Sag mir mehr über den wilden Kapitalismus. Was ist passiert?

Ich sagte ja bereits, daß sie jetzt Angst haben, radikale Privatisierung zu machen. Jetzt heißt es, daß zuerst eine starke Staatsmacht vorhanden sein müsse,

112 Am Ende waren es dann Boris Kagarlitzki und Michail Nagaitzew, die der Einladung der *WOZ* folgten. Boris schrieb vorab zwei Texte für die Jubiläumsausgabe. Diese Texte werden im Anschluß an dieses Gespräch dokumentiert. Die Rede, die er auf der Veranstaltung »Schöne neue Welt« am 26. März 1992 hielt, folgt zwei Kapitel weiter unter der Überschrift: »März 1992, Kagarlitzkis Rede in der Schweiz«.

eine starke Exekutive, das bedeutet praktisch Diktatur. Erst dann könne man die ökonomischen Reformen realisieren. Deswegen baute man diese Legenden über Pinochet usw. auf. Es gibt auch einen starken antidemokratischen Druck vom sogenannten Demokratischen Rußland als Hauptakteur.

Du bezeichnest die Kräfte, die bei uns demokratisch genannt werden, als reaktionär.

Sie sind rechtsradikale Antikommunisten und Antidemokraten! Sie sind für den Westen, für freie Marktwirtschaft, aber sie haben keine ideologischen Probleme mit 100 %-igen Monopolen. Dies ist typisch. Freier Markt für Monopolisten, freie Ausbeutung der Verbraucher. Das ist rechtsradikal.

In meinem Sinne sind das keine Rechtsradikalen. Für mich sind Gruppen wie »Otetscheswo« (Vaterland)» »Pamjat« (Erinnerung) und ähnliche rechtsradikal.[113]

Es gibt kaum einen politischen Unterschied zwischen z. B. »Otetscheswo« und Jelzin. Einer der Mitbegründer von »Otetscheswo« war Rutskoj[114], der jetzt der zweite Mann hinter Jelzin ist. »Otetscheswo« ist nur eine Fraktion der sogenannten demokratischen Bewegung, die in Wahrheit eine antidemokratische rechtsradikale Bewegung ist. »Pamjat« ist nur eine kleine Gruppe. Auch in Chile gab es 1973 kleine Gruppen, die noch rechter als Pinochet waren. Diese Kräfte sind aber nicht wichtig. Zu »Pamjat« gehören weniger als 300 Leute.

Gib mir bitte eine Skizze der Kräfteverteilung von links nach rechts.

Es gibt kaum Gruppen, die man als Linkskräfte definieren kann, z. B. die »Sozialistische Partei«, die »Konföderation der Anarchosyndikalisten«, KAS. Einige Strömungen der KPdSU, allerdings sehr schwach. Einige Leute in den Gewerkschaften, das ist alles, was man als links bezeichnen kann. Es gibt auch linksdogmatische, stalinistische Kräfte wie Nina Andrejewa, Poloskow[115] usw.

113 Bei diesen Gruppen handelt es sich um provokative Antisemiten und Nationalisten.

114 Rutskoj, Alexander, Offizier und Politiker, 1991–1993 Vizepräsident. Im Verfassungskonflikt 1993 während der Besetzung des sog. »Weißen Hauses« 1993 wurde er vom aufgelösten Deputiertenkongreß vorübergehend zum amtierenden Präsidenten anstelle Jelzins gewählt.

115 Poloskow, Iwan, seit 1977 Parteiarbeiter des ZK der KPdSU.

Die zählst du zur Linken?!

Natürlich sind die links!

Für mich sind das Rechte!

Aber die DKP in Deutschland oder die Maoisten waren immer links. Das sind linksdogmatische Kräfte, die sozial sehr gefährlich sind, aber sie stehen eindeutig links. Die sowjetische Ideologie hat das Wort links positiv belegt, das Wort rechts hingegen negativ. Wenn man das Wort links benutzt, meint man nur, daß man etwas positiv definieren will. Politisch hat das keinen Sinn. Wenn man mit sowjetischen Politologen spricht, versteht man sehr gut, was linke und was rechte Strömungen sind. Ich kann dir einen Artikel in »Nesavisimaja Gazeta« zeigen, das ist eine ideologische Zeitung der Rechten. Die Journalisten der Zeitung sind seriös. Sie schreiben öffentlich, daß sie rechts stehen, rechtsliberal. Ihr Hauptideologe[116] hat einen Artikel mit dem Titel »Wo ist der linke Flügel?« geschrieben. Er meinte, daß es in der Sowjetunion keine wichtigen Linkskräfte gibt, das sei sehr gut, denn was jetzt in der Sowjetunion passiere, könne das historische Ende der Linkstendenz der ganzen Welt bedeuten. Ich bin mit dieser Analyse nicht einverstanden, aber er weiß, was er meint. Es gibt hier kein Zentrum wie FDP oder SPD in Deutschland. Es gibt viele Gruppen, die sich sozialdemokratisch nennen, aber sie sind alle rechter als z. B. die CDU in Deutschland. Sie sind antiliberal, sie sind antitolerant. Alle politischen Kräfte in der Sowjetunion geben sich einen sozialen liberalen Anstrich, in Wahrheit aber ist keine dieser Gruppen sozialdemokratisch liberal. Es gibt einige Neoliberale, die versuchen, sozialdemokratisch aufgefaßt zu werden. Keine dieser Gruppen nimmt traditionell liberale Positionen ein, wie Toleranz usw. Im Zentrum gibt es also ein völliges Vakuum. Es gibt gefährliche kommunistische, stalinistische Kräfte, d. h. es gibt eine nicht sehr breite Linke, kein Zentrum und eine relativ radikale Rechte, die in verschiedene Fraktionen gespalten ist, das ist das Bild.

Als rechts bezeichnest du also jede Gruppe, die gegen früheren oder auch heutigen Sozialismus auftritt …

… nicht nur so, sondern gegen soziale Rechte, gegen die Rechte der Arbeitnehmer, gegen die Gewerkschaften, gegen Frauenrechte. Du kannst nehmen, was

116 Leontiew, Jaroslaw, siehe: Kagarlitzki, *Farewell Perestroika*, S. 2.

du willst, Freiheit der Lehre, Familienrecht. In all diesen Punkten sind sie negativ, das heißt, sie sind gegen jede Art sozialer Absicherung.

Wenn du an die »Demokratische Union« denkst, wo steht die?

Das ist eine merkwürdige Mischung aus Radikalen aller Art, dort gibt es Trotzkisten, Nationalisten, Rechtsliberale. Die »Demokratische Union« war ein Phänomen, bei dem aber der rechte Flügel dominant war, jetzt gibt es Bewegung in der »Demokratischen Union«. Es treten integrative Figuren auf, und aus der rechtslastigen Gruppe wird eine linksextreme Gruppe. Sie haben aber keine Debatten darüber. Letztlich steht diese Gruppe weder links noch rechts. Es ist einfach eine Mischung von allem.

Noch einmal zu Jelzin und »Otetscheswo« – das ist doch aber sicherlich nicht das Gleiche.

Es gibt minimale Unterschiede. »Otetscheswo« ist für Privatbesitz, für die Kapitalisierung des Landes, für die russische Republik und für russische Identifikation. Es gibt nur geringe Unterschiede dazu in den Aussagen von Jelzin in den Allianzen, die sie eingehen.

Jelzin ist für den freien Markt genau wie »Otetscheswo«?

Genauso.

Aber was ist mit »Pamjat«, was mit »Jedinstwo«[117]?

Die Sache ist, daß alle Informationen von 1989 widersprüchlich waren. Es ändert sich vieles sehr schnell, wie auch die demokratische Union zeigt. »Jedinstwo« ist eine andere Sache, aber die Leute von »Otetscheswo« sind in die Politik Jelzins integriert. Rutskoj ist hierfür nur ein Beispiel. Aber wenn man sich die Strukturen betrachtet, wird es deutlicher.

O. k. – gehen wir eine Stufe höher: Laß uns über den »wilden Kapitalismus« sprechen: Meinst du, es gibt ihn schon?

Ich habe dir vom Gagarinplatz erzählt, der für zehn Dollar pro Jahr an die

117 »Jedinstwo«, (Einheit), Partei der Macht, hervorgegangen aus »Unser Haus Rußland«, dann in »Einiges Rußland« übergegangen (siehe Chronologie im Anhang.)

Franzosen verpachtet wurde. Der Platz umfaßt sechzig Hektar. Die Erklärung war, daß es der beste Weg gewesen sei, Kapital heranzuziehen, andernfalls wären ausländische Kapitalisten nicht gekommen, die zweite Begründung war, daß öffentliche Strukturen von dem Handel profitierten, es wurde nicht der ganze Platz an die Franzosen verpachtet. Ein Teil blieb der Stadt. Die Sache ist aber, daß dieser Handel die bestehenden Regeln bricht, etwas an unabhängige Firmen abzugeben, außerdem ist es ein reines Profitobjekt.

Was hat sich seit letztem Jahr geändert?

Alles fällt auseinander. Dramatisch ist es jetzt, daß die Gesellschaft auseinanderbricht. Früher sprach man vom Zusammenbruch des Systems. Dies ist der Grund, warum ich mit deinem Freund Kabakow[118] nicht übereinstimme. Er ist sehr optimistisch. Die Gesellschaft ist jetzt schon so zerstört, wie er es in seinem Buch beschrieben hat. Du kannst dir also vorstellen, was passieren wird, wenn die Administration ebenfalls völlig zusammenbricht. Ein großes Problem ist, daß die neuen Firmen keine Führungen haben. Es wird eine dramatische Krise geben. Wir stürzen immer tiefer hinein, und ein Ende ist noch nicht zu sehen.

Was ist das Zentrum der Krise?

Das Zentrum ist der Zustand der Wirtschaft, denn das alte System ist bisher durch nichts ersetzt worden. Die Reformen zum freien Markt, stehen noch ganz am Anfang. Sie können die Krise nicht überwinden. Es gibt keine Antikrisenstrategie. Was wir jetzt sehen, ist, daß einige führende Leute versuchen, die Krise zu nutzen, deswegen ist es nicht so wichtig, ob die Reformen erfolgreich verlaufen oder nicht. Es gibt einfach keine Strategie.

Was wäre eine Antikrisenstrategie?

Die sozialistische Partei versucht, eine vorzustellen, es ist allerdings schon nicht mehr ein spezielles Programm der sozialistischen Partei, wir haben in letzter Zeit viel darüber diskutiert. Es muß eine staatliche Intervention in den Hauptsektoren der Wirtschaft geben, sie müssen dynamisch stimuliert werden.

118 Kabakow, Alexander, Autor eines utopischen Romanes »Kein Zurück«, S. Fischer Verlag, Frankfurt 1990. Er hatte mir in einem Interview erklärt, daß die Erneuerung durch Gewalt und Chaos gehen müsse – das Schlimmste in Rußland aber wohl schon vorbei sei.

Das Managementsystem muß dezentralisiert werden und kontrollierbar für verschiedene demokratische Instanzen werden. Die Arbeitnehmer müssen beteiligt werden, dieser Sozialismus kann die Wirtschaft in eine Lokomotive verwandeln. Gleichzeitig muß es aber eine gewisse Kontrolle geben. Wir sind gegen eine wilde Privatisierung. Privatisierung an sich ist notwendig, aber so wie es hier vor sich geht, hat das mit kapitalistischer Strategie nichts zu tun. Wir wollen den öffentlichen Sektor stärken, nicht zerstören. Zuviel Privatisierung schwächt den öffentlichen Sektor. Es gibt zu viele Firmen, die unnötig sind und der Integrität des öffentlichen Sektors schaden. Solche Firmen sollten verkauft werden, nicht verschenkt. Dies ist ein Weg, Geld in die öffentlichen Investmentfonds zu bekommen, das für den Wiederaufbau benutzt werden kann. Die Rücklagen müssen also im öffentlichen Sektor konzentriert werden. Gleichzeitig müssen die Privatbetriebe von unten heranwachsen, sie müssen stimuliert werden, Produkte für den täglichen Gebrauch herzustellen. Momentan gibt es keine Stimulation. Die Privatbetriebe haben unter harten Bedingungen zu leiden. Es muß also sowohl eine Protektion des öffentlichen wie auch des privaten Sektors geben, das ist die Strategie, die wir bevorzugen.

Wir haben in früheren Gesprächen von der Rückgewinnung der Macht der ehemaligen Führung in der Wirtschaft gesprochen. Das ist alles genau so gekommen.

... natürlich, es ist nichts neues, was vorgeht.

Es wird also immer schlechter ...?

Mehr oder weniger ja.

Was ist mit dem Unionsvertrag? Gorbatschow und Jelzin arbeiten jetzt zusammen?

Für Gorbatschow und Jelzin ist es besser geworden. Es gab eine Periode, in der jeder versuchte, einen größeren Teil für sich zu bekommen, jetzt weiß jeder, welches Teil seines ist, und sie tun sich zusammen gegen den Rest der Gesellschaft. Für die Gesellschaft ist es also schlechter, für sie ist es besser geworden. Das System ist stabiler geworden. Sie tun dies, weil sie Angst vor den Problemen des nächsten Winters haben. Jelzin weiß, daß er nicht noch einmal gegen die Zentralregierung vorgehen kann, er braucht die Zentrale als Hilfe bei den großen Problemen.

Die Leute sagen, man könne es noch nicht einschätzen.

Ich finde, es ist schon recht spät, etwas über Jelzin zu sagen, sie geben ihm erst die Macht und sagen dann, daß es zu früh ist zu urteilen. Wenn einer die absolute Macht haben will, ist das schon alleine ein Skandal. Jemand, der die absolute Macht will, kann nicht als Demokrat angesehen werden. Das ist das gleiche, als wenn man zu Hitler[119] 1932 gesagt hätte, es sei zu früh zu urteilen, weil er ja zu dem Zeitpunkt noch keine Millionen von Menschen getötet hatte. Er mußte erst Millionen töten, bevor die Menschen einen Grund sahen zu sagen, das war ein schlechter Mensch.

Kannst du mir einige konkrete Beispiele geben, wo Jelzin als Diktator auftrat?

Wenn man sich alleine die russischen Medien anschaut: Dort wird eine Hexenjagd gegen unabhängig denkende Kommunisten veranstaltet. Während des Wahlkampfes wurde das russische Radio sehr stark zensiert. Die Sendung Arbeiterbewegung von Andrei Isajew wurde sogar ganz abgesetzt, weil sie gegen die Meinung der Sendeleitung gewesen sei und das Volk beeinflusse, so daß Jelzins Chancen zu gewinnen geringer würden.

Während der Streiks versprach er den Arbeitern alles, wenn er nur gewählt würde.

Ein anderes Beispiel ist die sogenannte Entparteiisierung. Die Strukturen der kommunistischen Partei werden verboten. Allein dies ist nicht sehr demokratisch. Aber Punkt zwei dieser Bestimmung verbietet Versammlungen von Arbeitern gegen den Willen der Betriebsleitung, das war ein großer Skandal, denn dieser Punkt macht praktisch die Arbeit von Gewerkschaften illegal, wenn nur die Betriebsleitung dagegen ist.

Was ist der Grund hierfür?

Streiks zu verhindern. Denn ohne funktionierende Gewerkschaft, kann es keine Streiks geben, somit werden auch Streiks illegal.

Wie argumentieren sie?

119 Hitler, Adolf, Reichskanzler, »Führer« der Nationalsozialistischen Partei Deutschland (NSDAP), Diktator des Deutschen Reiches 1933 bis 1945.

Gewerkschaften würden die Entwicklung behindern, außerdem wären sie von Kommunisten unterwandert. In Wahrheit sind die Gewerkschaften aber nicht mehr von den Kommunisten dominiert. Sie wollen die Gewerkschaften verbieten, weil sie immer unabhängiger werden.

Was ist mit anderen Parteien?

Die anderen Parteien stehen den Betrieben nah, denn es ist klar, daß die einzigen Parteien, die den Betrieben schaden können, linke Gruppen sind; das ist leicht zu verstehen.

Was ist mit den Bergarbeitern?

Die Bergarbeiter sind auch sehr frustriert, denn er ließ sie gegen Gorbatschow antreten und machte jetzt diese Abmachung mit Gorbatschow.

Er versprach ihnen, daß sich ihre Situation verbessern würde. Ist das passiert?

Nein, gar nicht. Sie sind von einem Teil der Unionsstruktur zu einem Teil der Republikstruktur geworden. Dies ist auch ein Weg, die unabhängige Bergarbeitergewerkschaft zu brechen, die unionsweit organisiert ist. So werden die Bergarbeiter vom Kusbass[120], Donbass[121] und andere getrennt. Die soziale Situation ist auch sehr schwierig, sie ist ungerecht. Das Problem ist, daß die Leute sagen, die Russen wollen keine Qualität, denn Qualität wird gebraucht, um die Wirtschaft in Gang zu setzen. Was die Leute sehen, ist, daß die Wirtschaft nicht funktioniert, d. h., daß Qualität die Wirtschaft nicht effizienter macht. Es muß eine Differenzierung innerhalb der Gesellschaft geben. Ob ich das gut finde, ist eine andere Frage. Die Differenzierung innerhalb dieser Gesellschaft hat nichts zu tun mit dem Wachstum der Wirtschaft. Es ist eine Desintegration und ist nicht konstruktiv. Es stimuliert die Leute nicht mehr, härter zu arbeiten.

Was ist mit dem Unionsvertrag in diesem Sinne?

Der Unionsvertrag ist nur für die Zentrale und lokale Bürokratien, sie wollen kooperieren, sie organisieren sich gegen die Gefahr.

120 Kusbass – Kohlerevier in Sibirien.
121 Donbass – Kohlegebiete am Don/Ukraine.

Es ist ein Notprogramm?

Ja, der Hauptpunkt ist die Zusammenarbeit der Exekutiven verschiedener Ebenen, die Koordination, falls Streiks oder Demonstrationen zu brechen sind. Nur deshalb brauchen sie diesen Vertrag. Sie sind sich sicher, daß der Winter sehr hart wird, und erwarten soziale Unruhen. Hierauf bereiten sie sich vor. Das heißt, eine Seite ist vorbereitet, die andere Seite ist dagegen völlig unvorbereitet. Leider, doch das ist eine andere Geschichte.

Was meinst du damit?

Nun, die Union ist dabei, sich vorzubereiten, auch linke Gruppen bereiten sich vor, aber sie sind sehr gespalten und demoralisiert vom Verbot. Die »Sozialistische Partei«, die die stärkste linke Partei im Land ist, hat weniger als 1000 Mitglieder im Land. Dies verdeutlicht die schlechte Lage der Linken: Das Gefühl innerhalb der Linken wird jetzt viel besser; das Problem ist nur, daß es nicht so schnell wächst, wie es müßte. Der Einfluß der Gewerkschaften wird größer, aber irgendwie ist es zu spät.

Was meinst du mit »zu spät«?

Wie ich sagte: Die eine Seite bereitet sich vor mit demVerbot linker Gruppen, mit Pressezensur. Die andere Seite macht gerade Fortschritte mit der Anerkennung im Volk.

Was sind konkrete Schritte?

Das ist die Parteiarbeit, die eine substantielle linke Kraft werden könnte.

Kannst du darüber etwas mehr sagen?

Sie wird unterstützt von den Gewerkschaften Leningrads und Moskaus und teilweise von Gewerkschaften anderer Landesteile. Die Basis dieser Parteiarbeit stellt aber die sozialistische Partei. Es soll eine breite Organisation werden. Wir brauchen ein Programm, das definitiv links sein wird, das ist aber keine ideologische oder intellektuelle Partei, keine dogmatische.

Kannst du etwas über die definitive Ideologie erzählen?

Sie beginnt mit den Grundrechten. Gleichberechtigung der Frau, Recht auf Arbeit, der öffentliche Sektor als Schlüssel zur wirtschaftlichen Entwicklung, Mitbestimmung der Arbeitnehmer, Gewerkschaftsrechte, öffentliche Krankenversorgung, Ausbildung, Rentenansprüche. Das ist praktisch ein Korb an Rechten, die wir fordern. Das ist ein Versuch, die sozialistische Ideologie herzuholen von der Hintertür, denn wir haben diese Forderungen und möchten damit die sozialistische Ideologie an die Vordertür holen, wo sie hingehört. Das ist die eine Sache. Auf der anderen Seite wollen wir eine pluralistische Partei aufbauen, sie kann Marxisten aufnehmen, aber auch linke Sozialdemokraten, sie alle müssen in dieser Partei bestimmte Charakteristika finden, aber wichtig ist, daß sie nichts gegen die Basis dieser Partei haben. Es wird definitiv keine sozialdemokratische Partei westlichen Zuschnitts werden, denn es gibt hier keinen Raum für sozialdemokratische Politik. Ich kann voraussagen, daß wir große Diskussionen mit meinen linken Freunden im Westen haben werden, es sind viele Trotzkisten dabei, und sie werden Fragen stellen, über die Sozialdemokratie, das linke Projekt usw.

Das kann ich mir vorstellen.

Ich meine, daß verschiedene sozialdemokratische Positionen unserer Partei gegenüberstehen, und dies ist der Grund, daß wir sie nicht aufnehmen sollten.

Was ist der Unterschied zu sozialdemokratischen Parteien westlichen Zuschnitts?

Ein Unterschied ist das Festhalten an öffentlichen Betrieben. Dies ist zwar auch eine traditionell sozialdemokratische Position, aber für heutige Parteien nicht mehr typisch. Das zweite ist die sehr enge Verbindung zur Arbeiterbewegung, was ebenfalls mit alter sozialdemokratischer Politik zu vergleichen ist. Die dritte Sache, die uns völlig von der Sozialdemokratie unterscheidet, sind die Konzepte zur Mitbestimmung in Betrieben und zur Selbstverwaltung. Es gibt noch weitere Unterschiede zur Sozialdemokratie, z. B. daß wir eine produktive Partei werden wollen. Wir sind nicht so radikal sozialistisch, wie westliche sozialistische Parteien es gerne wären, weil wir es hier mit einer Mischwirtschaft zu tun haben. Es ist auch ein sozialer Kompromiß, der breite Linien produktiver sozialer Kräfte beinhaltet, des weiteren ist es eine pluralistische Partei, die ein breiteres politisches Spektrum abdecken soll. Ein Unterschied ist auch hier die Ausgerichtetheit auf die Gewerkschaften. Es gibt also einige Dinge, die uns mit der Sozialdemokratie vergleichbar machen, allerdings nicht mit irgendeiner heute existierenden Sozialdemokratie.

Meinst du, daß die Arbeiterbewegung stärker werden wird?

***

Diese Frage konnte nicht mehr beantwortet werden, weil der Gefragte plötzlich und dringend aus dem Gespräch abberufen wurde.

Sommer 1991

Botschaften: Zwei Texte von Boris Kagarlitzki[122]

Ende des Sozialismus oder rote 90er?

Das Jahr 1989 bezeichnet einen historischen Einschnitt. Darin sind sich alle einig. Weniger Übereinstimmung besteht darin, was danach kommt. Als die Berliner Mauer fiel, hofften einige westliche Linke bereits, daß im östlichen Europa nun eine Ära des demokratischen Sozialismus begonnen habe. Das sind schon jetzt Illusionen. Diese Illusionen hatten auch viele Aktivisten und Führer von Organisationen in der ehemaligen DDR selbst, obwohl die Entwicklung der Ereignisse in Ungarn, Polen und in der Sowjetunion von vornherein erkennen ließ, wie naiv solche Erwartungen waren.

Ostdeutschland verschwand von der Karte Europas und, wie es scheint, folgt ihm jetzt Jugoslawien. Die Länder des ehemaligen Ostblocks wählten eins nach dem anderen rechte und neoliberale Regierungen. In Rußland kündigte Jelzin triumphierend an, daß das Land nicht weiter auf dem Weg des Sozialismus gehen, sondern in den Schoß der Zivilisation zurückkehren werde. Das Symbol dafür wurde das Restaurant McDonald's sowie die riesigen, ständig beschädigten Reklamewände für Coca-Cola auf dem Puschkinplatz in Moskau. Früher hat die Miliz dort die Teilnehmer von nicht genehmigten demokratischen Meetings verprügelt und verhaftet.

Sogar dort, wo die Kommunisten an der Macht blieben, triumphierte die Ideologie des Neoliberalismus, brachte Trinksprüche auf die Rückkehr zum freien Markt, begann eine unkontrollierte und gesetzlose Privatisierung des Staatseigentums, wurden die Systeme der sozialen Garantien liquidiert. Die kommunistischen Parteien selbst, die schon lange ihren anfänglichen Kredit verloren hatten, zerfielen vor unseren Augen. Aber sie verloren nicht nur gänzlich oder teilweise ihre Macht, sie konnten auch ihre Rolle als ernsthafte Opposition nicht

122 Übersetzung von Kai Ehlers, Veröffentlichung in der *Schweizer Wochenzeitung* (WOZ) als Vorbereitung auf die Veranstaltung »Schöne neue Welt« am 26.03.1992.

spielen. Die Parteien veränderten nur Namen und Ideologien, vollzogen eiligst eine Umwandlung der Farbe in Richtung der Sozialdemokraten.

Aber auch bei den Sozialdemokraten liefen die Dinge nicht besonders gut. Ende der 80er Jahre waren sozialdemokratische Ideen in Osteuropa äußerst populär. Doch bei den ersten freien Wahlen 1989/90 haben die Sozialdemokraten einen gründlichen Niedergang erlebt. Sogar die kommunistischen Parteien, ungeachtet der allgemeinen Abneigung gegenüber den alten Regimes, erzielten oft bessere Ergebnisse.

Die Wähler im östlichen Europa waren ziemlich naiv, aber es waren doch nicht alle so naiv, die Perspektivlosigkeit der Sozialdemokratie für den Osten nicht zu begreifen. Diese Partei hatte versprochen, den Kapitalismus effektiv und gerecht zu regulieren, aber es gab nichts zu regulieren. Sogar diejenigen, die an die Überlegenheit eines regulierten gegenüber einem wilden Kapitalismus glaubten, gaben ihr Votum nicht den Sozialdemokraten, sondern den Anhängern der Liberalen oder rechten Populisten, die versprachen, den Kapitalismus in kürzester Frist aufzubauen.

Bleibt anzumerken, daß dank unseres Antikommunismus und unserer Sucht, nicht hinter der liberalen Welle, die Osteuropa überschwemmt, zurückzubleiben, die östliche Sozialdemokratie sich als die rechteste der Welt erweisen wird. Sie ist dermaßen rechts, daß sogar die Führer der westlichen sozialdemokratischen Parteien, keineswegs ausgezeichnet durch Radikalismus, daran zweifeln, ob sie diese heutigen usurpatorischen Parteien als Bruderparteien akzeptieren können.

Im westlichen Europa und in den USA herrschten Neokonservative und Neoliberale wie früher. Rechte Regierungen stießen allerdings überall auf wachsende Schwierigkeiten. Aber es gab dennoch nirgendwo eine starke linke Opposition, die fähig gewesen wäre, diese Schwierigkeiten zu nutzen und sich zu einer alternativen Kraft zu entwickeln. Sogar Thatchers Abtreten von der Macht in England hat die Situation nicht verändert. Die Krise der Konservativen wurde durch einen hauseigenen Wandel in der Führung der Partei selbst bewältigt. Der Labour-Opposition blieb nicht eine einzige Chance für eine schnelle Revanche. Sogar in der Schweiz, die von der ganzen Welt für ein sozialdemokratisches Paradies gehalten wird, verloren die Sozialdemokraten stark an Popularität, und auch das von ihnen gebildete Gemeindemodell hat eine scharfe Krise erlebt.

Zahlreiche revolutionäre Bewegungen der 3. Welt siechen sichtbar dahin. Diejenigen von ihnen, denen es in den 70er Jahren gelang, die Macht zu ergreifen, verloren ihren anfänglichen Demokratismus und versanken, nicht ohne Zutun des größeren sowjetischen Bruders, in bürokratischer Ineffektivität, Autoritarismus und Korruption. Mit Beginn der Krise im Osten begannen diese Regierungen auf der Suche nach einem neuen Herrn eine nach der anderen ihr Gesicht nach dem Westen zu wenden. Allein in Nicaragua hielten sich die Sandinisten ungeachtet des Bürgerkrieges, blieb die sowjetische Hilfe den demokratischen Traditionen verpflichtet. Aber die Durchführung der freien Wahlen endete für die Revolutionäre mit einer Niederlage.

Es schien, als könnten die Anhänger des Kapitalismus in einem historischen Sieg triumphieren. Und sie triumphierten! Alle westlichen, danach auch osteuropäischen und russischen Zeitungen von 1990–1991 waren voll von Abhandlungen über den endgültigen Zusammenbruch nicht nur des Kommunismus, sondern auch des demokratischen Sozialismus, voll davon, daß die Welt nun Kapitalismus und Freiheit gewählt habe. Allerdings legt sich das Triumphgeschrei allmählich. Im Gegenzug breitet sich ein konfuses Schweigen aus. Irgend etwas ist offenbar nicht so gelaufen, wie es sollte.

Die Versuche, unter der Flagge des Übergangs zum Markt den Kapitalismus in Osteuropa entstehen zu lassen, wurde überall von katastrophalen Folgen begleitet. Die Bevölkerungen, durch die kommunistische Herrschaft ohnehin schon zu einem gedrückten und niedrigen Niveau des Lebens gezwungen, erkannten, daß der Aufbau des Kapitalismus aus dem Nichts neue Opfer bringen wird, und zwar dermaßen schwere, daß die Menschen sich anfangs einfach weigerten zu glauben, daß so etwas in einem europäischen Land am Ende des 20. Jahrhunderts überhaupt möglich ist. Liberale Wirtschaftswissenschaftler sagten bestimmte Schwierigkeiten im Verlauf der Übergangsperiode voraus, aber man redete nicht über die Schwierigkeiten. Man redete von der nationalen Katastrophe.

Der Zerfall der Föderation, die blutigen Auseinandersetzungen in Jugoslawien, das Gemetzel an den Rändern des ehemaligen sowjetischen Imperiums, das Anwachsen des Autoritarismus in verschiedenen Ländern, die soeben vom Kommunismus befreit worden sind, bezeugen in der Tat, daß Freiheit, Wohlstand und Demokratie durchaus nicht zusammen mit dem Kapitalismus kommen. Die Reihe der Katastrophen aber war ganz und gar gesetzmäßig, schon deshalb, weil zu erwarten war, daß die einzige soziale Schicht, die sich wirklich für die Privatisierung, die Formierung der kapitalistischen Ökonomie und den freien Markt interessierte, die alte Partei- und Staatsbürokratie und die Mafia war. Nur sie verfügen über Mittel und Verbindungen, die ihnen die Möglichkeit geben, neue Eigentümer zu werden. Mehr noch, die Furcht vor dem Aufbruch des Volkes in den 80er Jahren trieb sie auf den Weg der Kapitalisierung, da sie ihre Macht und ihre Privilegien nur erhalten können, wenn sie die Herrschaft über das heilige und unantastbare Eigentum haben. Sofern irgendwo in Rußland oder im östlichen Europa eine nationale unternehmerische Bourgeoisie geboren wird, machen ihre Vertreter recht schnell klar, daß sie in der heutigen Situation nicht überleben kann, daß ein starker öffentlicher Sektor für sie bei weitem der bessere Partner wäre als das heute herrschende bürokratische Kapital. Der uneffektive, durch und durch korrumpierte und der Demokratie feindlich gegenüberstehende bürokratische Kapitalismus, eingefügt in das östliche Europa, führt unvermeidlich zu erbittertem Klassenkampf. Diesmal werden dabei keinerlei Versuche durchgehen, dieses System zu reformieren und zu zivilisieren, ohne daß die Grundlagen aufgerührt werden, denn die herrschende Klasse ist sozial unentwickelt und zurückgeblieben. In den osteuropäischen Gesellschaften beginnt die Enttäuschung über den Liberalismus zu wachsen. Schon jetzt ist es nicht mehr möglich, jemanden mit dem Versprechen des satten Lebens nach dem Sieg über den Kommunismus zu täuschen, denn das danach ist bereits eingetreten. Die Zeit ist gekommen, die Rechnungen zu bezahlen.

Bei näherer Betrachtung der Ideologie, die den Platz der kommunistischen einnimmt, offenbart sich, daß dies kein westlicher Liberalismus ist, sondern ein autoritär-nationalistischer Populismus dieser oder jener Spielart. Wenn statt Konkurrenz wie früher jetzt die bürokratischen Monopole triumphieren, dann tritt die parlamentarische Demokratie ihren Platz unvermeidlich an die starke Macht ab, an neue Führer.

Als einziges Land, in dem die Formierung kapitalistischer Strukturen nicht unter der Kontrolle der alten Bürokratie stattfindet, erweist sich die frühere DDR. Hier hatte die westdeutsche Bourgeoisie solche Vermittler nicht nötig. Aber als Resultat erschien das pure koloniale Modell einer Entwicklung, denn auf östlichem Boden bildet sich keine normale besitzende Klasse als herrschende heraus. Der proletarisierte Osten Deutschlands steht unter der Macht der Bourgeoisie des Westens. Als Resultat stehen zwei Teile eines Landes heute weiter voneinander entfernt als jemals zuvor.

Die wirtschaftliche Katastrophe im östlichen Deutschland wurde zum Musterbeispiel dafür, wie Wirtschaft nicht reformiert werden kann. Dabei erweist es sich als sinnlos, die massenhafte Schließung von Unternehmen in der ehemaligen DDR allein aus deren uneffektiver Nutzlosigkeit zu erklären. Sowohl das technologische Niveau als auch die Effektivität der Wirtschaft der DDR, gemessen an den heutigen Standards, war so niedrig nun auch wieder nicht. Die Wirtschaft vieler westlicher Länder (z. B. Island, nicht zu sprechen von Portugal oder Griechenland) wäre genauso zusammengebrochen, wenn es eine Wiedervereinigung mit einer BRD nach denselben Regeln gegeben hätte, die für die DDR galten.

Die Ergebnisse für ähnliche Umwandlungen sind nicht schwer vorauszusagen. Der Westen siegte zweifellos und mit Recht im Kalten Krieg, aber sehr bald werden sich alle davon überzeugen müssen, daß das ein Pyrrhussieg war. Die Welt ist heute nicht mehr geteilt durch die Berliner Mauer. Alle werden zunehmend hineingezogen in die Konflikte und Kämpfe im Osten. Die Regierungen des Westens liefen in die Falle ihrer eigenen Ideologie. Im Osten reifen neue antikapitalistische Bewegungen, obwohl heute ein allgemeiner Widerwille gegen die kommunistischen Termini den Aufbruch einer offenen sozialistischen Ideologie noch stört. In Wahrheit – mit jedem Tag weniger!

Überhaupt laufen die Dinge im Westen auch insgesamt nicht so glänzend. Das Gespenst des Niedergangs läßt den Regierungen keine Ruhe. In der 3. Welt erhebt sich eine Welle neuer oppositioneller Bewegungen. Dabei ist schon nicht mehr über avantgardistische, revolutionäre Parteien des bolschewistischen Typs zu reden, die die Macht leicht ergriffen haben und sich leicht anpassen, sondern von massenhaften demokratischen Bewegungen, die den alten Systemen den Fehdehandschuh hingeworfen haben.

Vor dem Hintergrund des Triumphes des Liberalismus war die Brasilianische Partei der Werktätigen am Ende der 80er Jahre das einzige positive Beispiel, auf das sich eine linke Ideologie beziehen konnte. Die Brasilianische Partei (PT) war keine Ausnahme. Sie war aber auch kein Beispiel für Nachahmer. Sie war bloß die erste aus einer ganzen Reihe linker Parteien und Bewegungen der neuen Generation, der die Kämpfe für die Interessen der Werktätigen der 90er Jahre bevorsteht.

Unvermutet sogar für viele radikale Ideologen begann sich die Position der Linken in den skandinavischen Ländern zu festigen, wo bis vor kurzer Zeit die herrschende Sozialdemokratie sich selbst gewissermaßen als die vernünftigste Kraft einschätzte. Die sozialistische Partei Norwegens, die in ihrem Programm traditionelle linke Prinzipien mit heutigen ökologischen Positionen vereinigt, verstümmelte ihren Einfluß im Land am Anfang der 90er Jahre ziemlich. Befestigt hat sich die Position der Schweizer linken Partei.

Im östlichen Deutschland, ungeachtet der grundsätzlichen Hexenjagd, wurde die Partei der demokratischen Sozialisten, die aus den zusammenbrechenden Flügeln der kommunistischen Partei entstand, eine ernst zu nehmende regionale

Kraft, die fähig ist, die Interessen des ruinierten und betrogenen Ostens auszudrücken und zu schützen, und dem neuen Herren aus dem Westen Widerstand zu leisten.

Der Zusammenbruch des Kommunismus, begleitet von der Krise der Sozialdemokratie, läßt in der Geschichte der Linken überall in der Welt Kräfte entstehen, eine neue Seite der Entwicklung aufzublättern. Die alten Parteien mit ihren autoritären Ideologien, Satzungen und Losungen überlassen ihren Platz zunehmend den neuen, demokratischen und unter neuen Bedingungen entstandenen Parteien. Die können aus den Gewerkschaften erwachsen, aus gesellschaftlichen Bewegungen, sogar aus den zerfallenden oder erneuerten alten Parteien. Wobei zu sagen ist: Wenn aus dem Zusammenbruch der alten Parteien tatsächlich irgendeine neue und zeitgemäße aufgebaut wird – so bekommt sie ihren Stoff eher von Seiten der ehemaligen kommunistischen als der sozialdemokratischen Organisationen, da die Krise bei ihr (hier bleibt der grammatische Bezug offen, ke) stärker ist. Allerdings – nur den Stoff! Die Hoffnungen zahlreicher Hüter des Feuers auf eine Wiedergeburt der alten Parteien aus den zurückliegenden Ideen des Kommunismus werden niemals in Erfüllung gehen, da sie zusammen mit ihren Entstehungsbedingen aus der Vergangenheit kommen.

So oder so, mit Sicherheit werden die 90er Jahre eine interessante Zeit. Das Jahrzehnt des Liberalismus – es ist noch nicht entstanden und wird nicht entstehen. Kommen dann also diese roten 90er, wie ein englisches radikales Journal schrieb? Wir werden sehen. Aber auf jeden Fall wird es ein Jahrzehnt ernsthafter Kämpfe und der Anfang einer neuen Etappe für alle Linken auf der ganzen Welt.

Boris Kagarlitzki

Was geht in den Gewerkschaften vor?

Im Land, in dem beinahe alle politischen Führer über die Verbindung von freiem Markt und sozialer Sicherung sprechen, wächst natürlich die Erwartung auf ein schnelles Wachstum der Autorität der Gewerkschaften. Würde das doch unter den Bedingungen des Marktes tatsächlich bedeuten, eine starke ökonomische Macht zu werden, die einen effektiven und beständigen sozialen Schutz für die Werktätigen sichert. Dabei ist die Sache mit den Gewerkschaften in Rußland nicht wichtig.

Zur Zeit der polnischen »Solidarnośċ« eroberte der Mythos allmächtiger freier Gewerkschaften die Geister der demokratischen Ideologen wie der Linken, der sozialistischen und, teilweise auch, der Rechten und Liberalen. Aber nach dem Zusammenbruch der kommunistischen Systeme im östlichen Europa zeigten sich die freien Gewerkschaften, gegründet unter dem Einfluß der polnischen Erfahrungen, überall in der Krise. Sogar in Polen selbst gibt die »Solidarnost« nach Zahl und Effektivität den Weg für die alten Gewerkschaften frei, die aus der Erbschaft der Zeit Jaruzelskis[123] übriggeblieben sind. Bis heute kümmern sie sich um ihre Mitglieder, tragen die Veränderungen, schützen deren Interessen. Einige ihrer Macher fordern von den Arbeitern Opfer im Namen der Demokratie, andere befassen sich mit den praktischen Kämpfen.

In unserem Land ist das Bild noch trauriger. Als erste starke freie Gewerkschaft entstand die »SozProf«. Das war schon 1989. Aber sie entwickelte sich nicht zu einer Massenbewegung. In den folgenden Jahren gingen in der »SozProf« Spaltungen und Säuberungen vor sich, als deren Resultat die Unionsstruktur der Gewerkschaft sich im Kriegszustand mit der russischen befand und einer von den zwei Gründungsorganisatoren, Lew Wolowik[124], pfiff auf alle und emigrierte nach Israel.

Die größte starke freie Gewerkschaft des Landes entstand aus den Streiks der Bergleute. Die Gründung der »Unabhängigen Gewerkschaft der Bergleute« (NPG) erschien vielen als der Anfang einer neuen Ära der Arbeiterbewegung. Dieses Mal ging der Fluß in Richtung einer tatsächlichen massenhaften Arbeiterorganisation, mit deren Vorgehen Regierung und Verwaltung zu rechnen hat-

123 Jaruzelski, Wojciech, 1985 bis 1990 Staatsoberhaupt der Volksrepublik Polen.
124 Wolowik, Lew, einer der Gründer der SozProf.

ten. Aber auch der Weg der NPG war nicht beruhigend rosa. Bei aller Aktivität zeigte sich doch bei den Bergleuten in den Sommertagen 1989, daß man sich schnell hinüberwendete auf staatliche und bezirkliche Streikchen. In den Versammlungen der Streikführer wurde nicht denen zugehört, die ihre Autorität durch lange Teilnahme in der Bewegung (da es ja keine Bewegungen gab) unter Beweis gestellt hatten, sondern einfach denen, die am lautesten schrien. Die Streikenden wurden sodann in den Kreml eingeladen, um die einen gesondert von den anderen mit einer Arbeit in der öffentlichen Staatskommission zu belohnen, um sie, als Beobachter für die Erfüllung der Vereinbarungen zwischen Regierung und Bergleuten, nach Amerika, nach England, nach Argentinien einzuladen. Die Politiker, die vor den Ausständen von 1989 wenig an den Problemen der Kohleindustrie interessiert waren, begannen nun, die Bergleute zu umgarnen, ihnen von allen Seiten Honig um den Bart zu schmieren.

Ganz am Anfang behielten sich die Bergleute vor, die Politik auszuklammern. Man hatte kein Verlangen, die Parteimacht zu provozieren und zum Spielzeug von Moskauer Machen dieser oder jener Richtung zu werden. Aber sie konnten der Politik nicht davonlaufen. Eine wahre politische Selbstbestimmung kam so nicht zustande. Schlichtweg nicht aufgeklärt über die wichtigsten politischen Fragen, sahen die Bergleute ihre Absichten mit vielfältigen politischen Konflikten vermischt. Als Ergebnis der Ablehnung, sich mit Politik zu beschäftigen, begannen die Bergleute zum politischen Wechselgeld für ihnen fremde politische Kombinationen zu werden. Die Wachsamkeit gegenüber den Beziehungen zur Moskauer Politik verwandelte sich unter den Streikführern in gedankenloses Vertrauen. Übrigens, bis zu einem gewissen Grade veränderten sich auch die Streikführer selbst. Sie wurden ihren Freunden aus der Moskauer politischen Elite ähnlicher als ihren eigenen Kollegen. Der paradoxe Weg von der 89er-Losung: »Wir haben unsere eigenen Probleme. Keine Politik!« zur gewöhnlichen Politikasterei erweist sich als sehr kurz, und zwar deswegen, weil niemand überlegt hat, was eine eigenständige Politik für die Werktätigen sein könnte.

Boris Kagarlitzki

August 1991

Nach dem Putsch

Die Situation: Im August 1991 hat sich das Blatt gewendet. Die Doppelherrschaft Gorbatschow-Jelzin endet mit dem Triumph Jelzins, nachdem ein Versuch der alten Garde, die Entwicklung noch einmal aufzuhalten, gescheitert ist. Das Bild von Boris Jelzin, der auf einen Panzer klettert, um von dort aus die Menschen gegen den Putschversuch aufzurufen, geht um die Welt. Anschließend verfügt Jelzin die Auflösung der russischen KPdSU[125]. Bei seinem Auftritt im russischen Obersten Sowjet, bei dem Gorbatschow, noch Chef der Partei, noch Staatspräsident der Union, trotz des Putsches noch einmal für die Reformierbarkeit der Partei eintreten will, unterbricht ihn Jelzin mitten in dessen Rede vor laufenden Kameras und zwingt ihn, sein, Jelzins, Dekret zur Auflösung der Partei selbst vorzulesen. Damit ist der Machtwechsel vor aller Augen demonstriert, nicht aber die die Krise überwunden. Faktisch setzt Jelzin die Notstandspolitik fort, nur unter umgekehrten Kennzeichen, nicht mehr im Namen einer Reform des Sozialismus, sondern dem der Beschleunigung der kapitalistischen Modernisierung. In der politischen Wirklichkeit richtet sich die Auflösungsverfügung zur KPdSU nicht nur gegen die Partei, sondern zugleich gegen die soeben entstehende Opposition in den Gewerkschaften und der Arbeiterschaft. Kritische Beobachter sehen das Ende der »demokratischen Erneuerung« gekommen. Boris Kagarlitzki hält den »Putsch« nur für eine Vorstufe zu erwartender Repressionen. Andererseits können solche Gespräche, wie das im Folgenden dokumentierte, in Moskau nach dem Putsch vollkommen ungestört stattfinden. Perestroika, der »Umbau«, ist in eine äußerst widersprüchliche Phase eingetreten.

125 Noch war die RSFSR eine von vielen Republiken der Union; trotzdem hatte der Erlaß bereits faktische Auswirkungen schon auf die KPdSU als Ganze.

Ausgewählte Daten dieser Zeit auf einen Blick:

Aug. 1991 Moskauer Regionalgruppe der Partei der Arbeit gegründet.
31.07.1991 START I von Busch[126] und Gorbatschow unterzeichnet.
06.08.1991 Jelzin verbietet KPdSU in den Betrieben.
18.08.1991 Putschversuch der Konservativen. Jelzin wird Volksheld.
21.08. 1991 Putschversuch gescheitert. Jelzin triumphiert.
23.08.1991 Verbot der KPdSU in der RSFSR.
24.08.1991 Gorbatschow tritt vom Parteivorsitz zurück.

(Weitere Daten in der Chronologie im Anhang)

126 Bush, George H.W., 1989 bis 1993 Präsident der USA (von US-Kritikern wie S. Brzezinski auch Bush I genannt im Unterschied zu seinem Sohn, H.W. Bush (Bush II).

Geplant, durchdacht und erfolgreich durchgeführt …

Hallo Boris, schön, dich gesund anzutreffen. Ist ja klar, was mich brennend interessiert. Meine Frage: Was hat sich durch den sogenannten Putsch geändert?

Ich bin mit Nagaitsew einer Meinung, daß der Umsturz mit vollem Erfolg abgeschlossen wurde, es war ein Umsturz Jelzins. Alles, was das Notstandskomitee machte, war eine Vernebelung für den realen ernsthaften Umsturz, der geplant und durchdacht war und erfolgreich durchgeführt wurde. Jetzt sind wir gezwungen unter den Folgen dieses Umsturzes zu leben. Die Folgen sind: 1. die Pressefreiheit wurde stark eingeschränkt. Ich kann einige anekdotische Beispiele bringen. Die Zeitschrift »Dialog«, eine der populärsten Monatszeitschriften wurde im August zweimal geschlossen, das erste Mal am 19. August auf Befehl des Notstandskomitees, das zweite Mal am 23. August auf Befehl Jelzins; das geschah alles innerhalb von zehn Tagen. Allein im Gebiet Moskau (ohne Stadt) wurden im August sechsunddreißig Zeitschriften geschlossen. Natürlich wurden die kommunistischen Zeitungen geschlossen, die der KPdSU gehören. Das waren Zeitungen verschiedener Richtungen, da es in der KPdSU verschiedene Strömungen gab. Die Zeitungen wurden mit verschiedenen Auflagen geschlossen. Nach einigen Monaten wurden sie von neuem eröffnet. Heute sind fast alle wieder offen, aber sie haben in der Regel neue Mitarbeiter, da die Presse der KPdSU nicht mehr existiert, sie haben neue Chefredakteure und faktisch neue politische Linien. Bei der Einkassierung des Besitzes der KPdSU haben die offiziellen Gewerkschaften die Zeitung »Arbeitertribüne« bekommen mit einer großen Auflage. Andere Beispiele sind die Presse der KPdSU in den verschiedenen Gebieten. Es gibt viele Beispiele für die Einkassierung von Zeitungen und Verlagen, die früher der KPdSU gehörten, durch die Regierung oder durch Pro-Regierungsorganisationen. Das Wichtigste, worüber jetzt alle Journalisten reden, ist, daß es gar nicht darum geht, daß die Zeitungen geschlossen waren, sondern darum, daß ein Präzedenzfall geschaffen wurde. Jelzin war es nicht wichtig, die kommunistischen Zeitungen zu liquidieren, viel wichtiger war es zu zeigen, daß die Regierung mit einem Befehl die gesamte oppositionelle Presse liquidieren kann, in wenigen Minuten.

Wie?

Durch Befehl, wie man auch die kommunistischen Zeitungen liquidiert hat. Dieser Präzedenzfall war wichtig, ob die Gesellschaft hinnimmt, daß die Regierung die stärkste Oppositionspartei liquidiert, ob die Gesellschaft hinnimmt, daß ein großer Teil der Presse konfisziert wird und an andere Gruppen übergeben wird, die andere Richtungen vertreten. In vielen Zeitungen wurden die Redaktionen ausgewechselt. Für die Journalisten entstand ein unerträgliches Klima, u. a. auch in den Pro-Jelzin-Verlagen. Charakteristisch ist auch, daß nach dem August die »Njesawissimaja Gazeta«, die bis dahin von der Regierung kontrolliert wurde und hart die Linie Jelzins vertrat, einige kritische Materialien zu Jelzin und seiner Politik veröffentlichte. Die Leute spürten, daß auch für sie Gefahr drohte. Zuvor hatten sie freiwillig die russische Regierung unterstützt, doch nachdem, was mit der kommunistischen Presse passierte, haben die Leiter der unabhängigen Zeitung sofort verstanden, daß ihnen bei den kleinsten Anzeichen von Unabhängigkeit das gleiche Schicksal droht wie den kommunistischen Zeitungen. Die »Njesawissimaja Gazeta« veröffentlichte also einige Artikel, hauptsächlich von Dimitri Purman[127], von Sacharow bis Chasbulatow.[128] Eine recht scharfe Kritik an der russischen Regierung, nach der die Unannehmlichkeiten für die Zeitung begannen. Die Zeitung war gezwungen, einen Artikel zu veröffentlichen, in dem sie sich entschuldigt und schreibt, daß sie nicht gegen die Regierung sei, daß sie keine oppositionelle Zeitung sei, daß sie nur einige Artikel veröffentlicht hätten, mit dessen Inhalt die Redaktion nicht einverstanden sei. Sie mußten sich also von dem lossagen, was sie vorher veröffentlicht hatten.

Aber da reicht doch sicherlich nicht ein einziger Befehl, um solch eine Situation für die Presse herzustellen.

Doch, die gesamte Presse hängt sehr stark von der Regierung ab. Papier z. B. ist sehr teuer. Zu Marktpreisen kann sich keine Zeitung Papier leisten, und sie verlieren große Teile ihrer Leserschaft, da es für sie zu teuer wird. In dieser Lage müssen

127 Purman, Dimitri, Publizist.

128 Chasbulatow, Ruslan, 1991 bis 1993 Vorsitzender des Obersten Sowjets der Russischen Föderation.

die Zeitungen zu staatlich subventionierten Preisen einkaufen. Früher konnte der Subventionsträger entweder die russische Regierung oder die Zentrale der KPdSU sein, die ihre Papierfonds hatten. Nachdem die KPdSU liquidiert war, und ihr Papierfonds von der russischen Regierung einkassiert wurde, stiegen die Möglichkeiten der Regierung enorm, die Presse mit wirtschaftlichen Methoden zu kontrollieren. Das Gleiche geschieht auf allen Ebenen. Nicht nur die Freiheit der Presse wurde eingeschränkt, auch die Bürgerfreiheiten; im Land gibt es eine Welle von Denunziationen, im Fernsehen gibt es eine extrem strenge Zensur, die es früher nicht gab. Sogar der Vorsitzende des Mossowjets, Nicolai Gontschar[129]; kann nicht im Fernsehen auftreten, man hat es ihm verboten. Am 28. August wurde der antikonstitutionelle Ukas Nr. 96 angenommen, der dem Moskauer Sowjet die meisten seiner Rechte nahm, die durch russische Gesetze garantiert waren, u. a. die Rechte auf Eigentum, auf Haushalt, auf Ernennung und Kontrolle über die Polizei usw. Das Wichtigste aber ist der Haushalt. Er wurde derart gekürzt, daß er faktisch in den Händen der Exekutive liegt. Jelzin fordert weitere Machtbefugnisse; nachdem das russische Parlament sich zu widersetzen begann, mußte Parlamentspräsident Chasbulatow gehen. Jelzin erklärte dem Parlament geradeheraus, wenn noch einmal gegen ihn vorgegangen werde, dann werde er die Wachen des »Weißen Hauses« rufen, um euch hinauszujagen. Das war in der Presse zu lesen.

Worauf läuft das deiner Meinung nach hinaus?

Es begann eine Vertreibung der alten Machtorgane. Ein Teil ist schon liquidiert, in dem sich eine Mehrheit von Kommunisten befand. Schwierigkeiten gibt es bei denen, in denen sich eine Mehrheit für Jelzin ausgesprochen hatte. Jelzin hatte politische und ebenso psychologische Probleme mit der Liquidierung der Strukturen, mit Hilfe derer er an die Macht kam. Sie werden aber ebenfalls liquidiert werden, da er sie jetzt schon nicht mehr braucht. Sie bilden ein Hindernis für die unbegrenzte Macht. Die Wahrscheinlichkeit der Liquidierung dieser Organe bis Februar ist sehr groß. Höchstwahrscheinlich werden alle diese Sowjets gerade noch bis zum Frühjahr 1992 überleben, im besten Fall, wenn wir Glück haben. Vor einigen Tagen sagte Popow, der Bürgermeister Moskaus, bei einer Versammlung der Bewegung für demokratische Reformen: Wir müssen die Preise anheben, wir müssen den Lebensstandard senken, hierauf werden linke Radikale das

129 Nikolai Gontschar, Vorsitzende des Moskauer Sowjet.

Volk auf die Straßen rufen, sogar die Kräfte des KGB und die der Miliz reichen nicht aus, um sie aufzuhalten. Es ist daher unumgänglich, den Ausnahmezustand auszurufen, um die Unternehmer zu schützen. Die Bewegung für demokratische Reformen ist eine neue staatliche Organisation, die faktisch den Platz der KPdSU im System eingenommen hat.

Das ist kurz gesagt die Position. Charakteristisch ist die Ernennung des früheren KGB-Vorsitzenden in Moskau, Sawastjanow[130], zum Leiter der Moskauer Polizei und Muraschows[131] zum Vertreter einer leitenden Gruppe. Keiner von beiden ist Spezialist, nicht einmal Jurist.

Diese Leute fassen Fuß in den Rechtsaufsichtsorganen, was einen ganz anderen Hintergedanken hat. Wenn man kompetente Leute ernennen wollte, die auf die Einhaltung der Gesetze achten, dann hätten man Juristen benennen müssen. Es sind aber im Gegenteil Leute, die weit weg von den Gesetzen stehen. Sawastjanow hat für Popow Informationen über die Tätigkeit politischer Gruppen in Moskau gesammelt. Vor allem über die Opposition in Moskau. Es ist also völlig klar, daß der KGB wieder die Funktion einer politischen Polizei übernimmt. Das versucht auch niemand zu verheimlichen. Es werden nicht nur die Telefone wieder abgehört, und weil in Moskau sowieso alles schlecht funktioniert, verschlechtert sich dadurch das Telefonnetz. Bei allen Oppositionellen fingen die Telefone in den letzten zwei Wochen an zu rauschen.

Ende September wurde versucht, einen Abgeordneten des Mos-Sowjet, Andrei Babuschkin[132], Mitglied der Sozialistischen Partei, zu ermorden, nachdem man ihn auf Meetings mehrmals als Feind der Demokratie beschimpft hatte: Er hat sich nur wie durch ein Wunder gerettet. Man klingelte um 12 Uhr nachts an seiner Tür. Er öffnete die Tür, man zog ihn ins Treppenhaus und begann, mit Eisenstangen auf ihn einzuschlagen. Das Licht war aus, die Sicherung war herausgedreht. Er wurde nur gerettet, weil im Haus noch zwei seiner Helfer saßen, die auf seine Schreie hin zu Hilfe kamen. Die Schläger flohen.

In Moskau und auch in anderen russischen Städten wurde eine nationale Garde gegründet. Das ist eine nach unseren Informationen gut bewaffnete, ungesetzliche Gruppe, d. h., es gibt keine gesetzlichen Akte, die ihr eine Existenzberechtigung zubilligten. Diese nationale Garde wählt ihre Mitglieder nach dem

130 Sawastjanow, bis zur Auflösung des KGB Moskauer KGB-Vorsitzender.
131 Muraschow, Arkadi, Gruppenleiter bei der Polizei.
132 Babuschkin, Andrej, Abgeordneter des Moskauer Sowjet.

Prinzip der Loyalität zur Regierung aus. Die Gruppe wurde gegründet für die Abrechnung mit dem politischen Gegner.

Noch eine Frage zu der Parteiauflösung durch Jelzin: Was bedeutet seine Verordnung? Ich habe mit vielen Leuten darüber gesprochen. Soweit ich verstanden habe, ist die Partei nicht verboten, sondern, wie es heißt, liquidiert. Zweitens höre ich von allen, daß sich die Maßnahmen nur gegen die Partei richteten und keine andere politische Kraft behindert werde. Was ist an diesen Behauptungen? Wie ist die Lage faktisch?

Fangen wir damit an, daß es keine »juristische Lage« wie die Einstellung oder Liquidierung der Partei gibt. Liquidierung ist jedoch mehr als Verbot. Ein Verbot liegt vor, wenn der Staat einer Partei den legalen Status entzieht. Mit Hilfe eines Verbots allein kann man eine Partei nicht liquidieren. Im vorliegenden Fall der KPdSU wurde die Partei nicht nur verboten, sondern effektiv liquidiert, d. h. aufgelöst. Das konnte gelingen, weil der Staat und ihre eigene Führung die Liquidierung mit vereinten Kräften betrieben. Deswegen war die Liquidierung vollständig und absolut unabwendbar. Wenn die Partei nur verboten worden wäre, wäre sie in den Untergrund gegangen und wäre dort weiter aktiv geworden.

Was heißt also dann Liquidierung?

Was das heißt? Es fängt an bei den Informationen über die Konten der Partei, über das Geld auf diesen Konten. Die Führung der KPdSU stellte der neuen Macht diese Informationen zur Verfügung. Es wurden Strukturen gegründet, die sich speziell mit der Liquidierung der Partei beschäftigten. Was noch? Man redet jetzt viel über »geschlossene Parteigelder«. Das Geld war aber nicht etwa versteckt. So würden wir z. B. handeln, wenn man versuchen würde, unsere Partei der Arbeit zu verbieten: Dann wären wir daran interessiert, einen Teil unserer Mittel zu retten, um im Untergrund weiterarbeiten zu können. Im Falle der KPdSU ist es anders: Es gibt keine geschlossenen, keine versteckten Parteigelder – es gibt geraubte Parteigelder. Ein Teil der Mittel der KPdSU, vielleicht der größte Teil, über den die Partei verfügte, ist einfach gestohlen worden, privatisiert worden, wie sie es nennen. Das sind jetzt Synonyme: Stehlen und Privatisieren. Jedenfalls sind die bisherigen Parteimittel jetzt Privatmittel der Parteifunktionäre, die mit ihnen Geschäften machen. Es gibt auch keine legale Möglichkeit der Auflösung der Partei. Die Entscheidung Gorbatschows über die Liquidierung des ZK der KPdSU bedeutet, daß es keine einheitliche Gruppe von Leuten gibt, keine

Organisation, die als Rechtsnachfolgerin für der KPdSU auftreten könnte. Von heute an kann jede beliebige Gruppe von Parteimitgliedern, sagen wir drei Mitglieder, die sich versammeln, als Rechtsnachfolgerin der KPdSU auftreten. Einige Initiativen dazu gibt es schon, da eine kommunistische Tätigkeit ja bisher nicht verboten ist. Ich unterstreiche: bisher.

Bisher? Du erwartest also, daß der Liquidierung noch ein ausdrückliches Verbot folgen wird?

Ja, dafür werden gerade die Bedingungen hergestellt. Auch die Verfassungsdokumente, die jetzt vorbereitet werden, enthalten schon Bedingungen zum Verbot oppositioneller Parteien. Unter anderem ist Aufruf zum Klassenkampf oder überhaupt Anerkennung des Klassenkampfes als Realität schon als Tatbestand in diese Dokumente aufgenommen worden. Dies ist jetzt auch in die Verfassung der UdSSR, schon Verfassung Rußlands, als antikonstitutionelle Tätigkeit aufgenommen. Jede Partei, die den Klassenkampf anerkennt, wird sich - wenn sie auch nicht gleich verboten wird - doch an der Grenze des Gesetzes befinden. Dadurch gibt es in jedem beliebigen Moment eine Grundlage für ihr Verbot. Eine andere Frage ist, ob dieses Verbot umgesetzt wird. Aber das ist schon eine politische Frage. Die juristische Grundlage zum Verbot jeder Partei in jedem beliebigen Moment gibt es schon.

Das heißt also, ihr lebt jetzt in einer gesetzloseren Zeit als früher? Unsicherer als vorher, weil es keine Parteistrukturen mehr gibt?

Es gibt einen bekannten französischen Politologen, De Verges[133], er hat ein abstraktes Modell gezeichnet. Er erklärte es für interessant, wenn es im Land nur zwei Parteien gebe: eine kommunistische und eine faschistische. Er meinte, daß die Demokratie in einem solchen Land genau so lange existiere, wie sich die Balance genau zwischen diesen beiden Parteien hielte, solange keine von ihnen siegen könne. Sobald eine siege, liquidiere sie sofort die andere, und gleichzeitig jede reale Opposition usw.

Sehr abstrakt! Aber ich verstehe, was gemeint ist.

133 Jacques de Verges, »Anwalt des Teufels«, bekannt durch sein Eintreten für extreme juristische Fälle.

Das ist nicht abstrakt, das ist genau das, was in diesem Land passiert ist. Was ist hier passiert? Wenn wir über die Kräfte reden, die an die Macht gekommen sind, so sind das rechte Populisten mit relativ ausgeprägten faschistischen Tendenzen. Die Faschisierung setzt sich fort. Wir haben noch kein faschistisches Regime, aber wir verfügen über alle Bedingungen zur Formierung eines faschistischen Regimes. Und diese Arbeit wird bewußt von den Regierungskreisen fortgeführt. Deswegen ist es kein Zufall, wenn viele Leute die Situation mit Deutschland 1932/1933 vergleichen, als Hitler schon Kanzler war, aber der Reichstag noch nicht angezündet worden war.

Aber Jelzin ist doch kein Hitler.

Das ist in etwa das Gleiche. Der einzige Unterschied liegt darin, daß Hitler viel fähiger war, klüger. Hitler war eine talentierte Figur, Jelzin ist eher mit Mussolini vergleichbar.

Dieser Vergleich scheint mir sehr gefährlich zu sein. Ich verstehe, daß du Jelzin als totalitären Herrscher bezeichnest. Der Vergleich mit Hitler scheint mir aber zu schnell.

Ja, nicht mit Hitler. Er ist wie Mussolini.

Schon eher, aber auch sehr problematisch, finde ich …

… unsere Situation mit dem deutschen Nazismus zu vergleichen, entbehrt natürlich jeder Grundlage, anders mit dem italienischen Faschismus, da kann man sie eindeutig vergleichen, besonders mit seinen frühen Phasen. Bei uns gibt es noch eine oppositionelle Presse und eine oppositionelle Partei, in Italien gab es auch einige Jahre nachdem die Faschisten an die Macht gekommen waren noch eine legale Opposition.

Der große Unterschied ist aber doch wohl, daß die faschistische Herrschaft, auch die Mussolinis, mit Terror begründet war.

Gut, der deutsche Faschismus hat mit Terror begonnen. Das war ausgereifter Faschismus. Der Faschismus von 1923/24 in Italien hatte noch unausgereifte Formen. Wenn man Italien am Anfang des Faschismus und unsere Situation heute vergleicht, dann gibt es faktisch keinen Unterschied. Es ist alles das Gleiche. Es ist ganz offensichtlich, daß, wenn man diesem Regime die Möglichkeit gibt, normal zu existieren und sich nach seiner natürlichen Logik zu entwickeln, die Resultate genau die gleichen sein könnten wie beim Faschismus, d. h., von einer populistischen Bewegung mit faschistischen Tendenzen geraten wir in ein normales ausgereiftes faschistisches Regime – wenn wir diesen Tendenzen erlauben sich zu entwickeln. Eine andere Frage ist, ob das Regime es schafft, sich zu halten. Denn die Opposition wächst auch. Es gibt Grundlagen für die Annahme, daß sich das Regime nicht halten wird.

Was ist für dich der Kern der faschistischen Herrschaft?

Was ist das: Faschismus? Das ist ein rechts-populistisches Regime, welches die Vermischung der regierenden Klasse mit dem Staat anregt. Aber im Unterschied zum kommunistischen, stalinistischen Modell des Totalitarismus auf der Basis des Privatbesitzes, d. h. ohne Unterschied zum totalitären kommunistischen Modell, in dem die staatliche Oligarchie nicht in der Form einer einzelnen Klasse existiert; Faschismus ist eine bourgeoise Form dieses Totalitarismus, eine kapitalistische Form. Das ist das erste.

Zweitens ist eine prinzipielle Besonderheit des Faschismus ein Regime, das auf dem Kult des Führers basiert, auf dem System des Führers von oben bis unten. Ein Regime, das mit irgendwelchen Institutionen des Rechtssystems nicht vereinbar ist.

In diesem Sinne war das System, das wir unter Breschnew hatten, besser. Das Rechtssystem hat dort, trotz allem, funktioniert. Die Gesetze waren schlimm, doch sie wurden eingehalten. Unter den Bedingungen einer persönlichen Macht, wenn dieses System von oben bis unten wirkt, können Gesetze nicht eingehalten werden und müssen auch nicht. Denn dann wäre es kein Regime der persönlichen Macht. Das ganze System ist aufgebaut auf nichtformalen Verbindungen zwischen Führern verschiedener Ebenen und nichtformalen Verbindungen zwischen den politischen Führern und den mit dem Staat zusammenhängenden Unternehmerkreisen, die in engem Kontakt mit der staatlichen Bürokratie arbeiten und von dieser faktisch nicht trennbar sind.

Das wäre dann in eurem Fall ein Faschismus ohne Gewaltausübung, zumindest einer, der seine Macht nicht einsetzt, denn in Wirklichkeit ist es ja so, daß eine Unterdrückung der Opposition in breitem Maßstab nicht stattfindet.

Ich bin völlig davon überzeugt, daß Repressionen in der heutigen Situation unausweichlich sind. Aber um die Charakteristik des Regimes als faschistisch zu verstehen, ist nicht der Maßstab der Repressionen wichtig. In Lateinamerika

z. B. werden mehrere Militärregime als faschistisch bezeichnet, nur weil sie sehr repressiv waren. Sie waren repressiv, aber nicht faschistisch. Sie haben viel Blut vergossen. Das heißt nicht, daß sie besser oder schlechter waren. Ich sage nur, daß die Charakteristik der Militärregime – sagen wir in Argentinien, in Chile, in Paraguay – als faschistisch soziologisch nicht richtig war. Grundlage ihrer Charakteristik war ihre Propaganda. Aber jetzt braucht man eine soziale Analyse. Es ist völlig klar, daß man als Maßstab, um faschistoide Tendenzen zu erkennen, nicht nur auf die Repressionen schauen kann.

In Italien gab es unter Mussolini nicht diese Massenpressionen wie in Deutschland.

Ich kenne mich in den Fragen des Faschismus gut aus, und ich weiß, welche Unterscheidung du treffen willst. Es gibt aber noch einen zweiten Punkt, der die Frage des Faschismus mitberührt: Das ist die Frage nach den Klassenverhältnissen. Der Faschismus ist in der Regel der Versuch, vorsorglich eine starke Arbeiterbewegung zu unterdrücken. Bei euch sehe ich im Augenblick noch nicht die Arbeiterbewegung, die unterdrückt werden müßte. Man könnte aber vermuten, daß hier bei uns vorsorglich ein faschistisches Regime in diesem Sinne aufgebaut werden kann. Das Paradoxe liegt darin, daß dies nicht nur Linke verstehen, sondern auch die Macht. Außerdem wartet und fürchtet die Macht nicht nur auf eine paradoxe Weise eine starke Arbeiterbewegung. Auf merkwürdige Weise wünscht sie ihre Entstehung als Vorwand für Repressionen. Das ist eine absurde Situation, eine sehr russische. Ich habe ja nicht zufällig Popow zitiert, der sagt, wir müssen die Preise erhöhen, danach wird es eine Welle geben, und um diese Welle zu verhindern, braucht man einen starken Repressionsapparat und den Notstand. Das ist sehr charakteristisch. Es gibt noch keine Bewegung, aber es werden schon Maßnahmen besprochen, die diese Bewegung provozieren, und Maßnahmen, die getroffen werden sollen, um diese Bewegung dann zu unterdrücken. Es sind also einige Vorausgriffe zu bemerken, daß der Typ kapitalistischer Entwicklung, der hier heute vom Staat versucht wird, ohne Repressionen und ohne schärfere soziale Konflikte nicht zu realisieren ist. Die Erfahrungen Osteuropas, die Jelzin und seine Leute hervorragend aufgenommen haben, waren, daß im Rahmen der Demokratie unausweichlich eine Wahl ansteht. Entweder die demokratischen Strukturen zu opfern, um das Programm zu realisieren, oder zu beginnen, beständig einen Punkt nach dem anderen dieses Programms aufzugeben, da sie niemals durch demokratische Institutionen genehmigt würden.

In Osteuropa mit den relativ starken demokratischen Strukturen hat man sich festgefahren, mit all den neoliberalen Reformen in allen Ländern. Das Programm der Neoliberalen bewegt sich langsam und nur Stück für Stück und wird in hohem Maße von den Regierungen sabotiert. Denn die Regierung ist nicht bereit und kann sich nicht entschließen zu Massenrepressionen, um endgültig die demokratischen Strukturen aufzugeben. Auf der anderen Seite werden trotzdem diese Maßnahmen durchgeführt. Die Erosion der Demokratie geht in allen Staaten Osteuropas vor sich. In Rußland, wo es keine demokratischen Traditionen gibt, keine starke demokratische Bewegung, wird alles etwas anders sein.

In Rußland wurde bereits der Weg zur Privatisierung, zur sozialen Demontage gewählt. Bewußt wird die Demontage der demokratischen Strukturen vorgenommen, die ein Hindernis bilden könnten. Um diesen Prozeß zu beschleunigen, braucht die Macht paradoxer Weise Widerstand, der als Rechtfertigung für ihre weiteren Schritte dient. Deswegen ist eine merkwürdige Situation aufgetaucht, nämlich, daß Macht an der Verstärkung des Konfliktes interessiert war. Die Macht ist interessiert an einem maximalen entscheidenden Auftritt der Opposition, der in der Folge als Rechtfertigung für Repressionen herhalten würde. Die Opposition befindet sich also in einer zwiespältigen Situation. Wir müssen uns auf der einen Seite so schnell wie möglich organisieren, und wir können es uns nicht erlauben, nicht zu kämpfen gegen dieses Regime, auf der anderen Seite sind wir uns völlig im Klaren darüber, daß jede unserer Handlungen als Vorwand für Repressionen genommen werden kann. Nicht nur gegen uns allein, sondern gegen alle Andersdenkenden. Andere sprechen von Totalitarismus, aber was ist denn kommunistischer Totalitarismus von der Definition her anderes als Faschismus.

Mir kommt es so vor, als sei es eine Vorsorge, eine Einleitung, eine Gefahr, die auf uns zukommt. In der Zuspitzung der gesellschaftlichen Auseinandersetzung werden Verhältnisse geschaffen, werden Gesetze eingeleitet, die unter sehr zugespitzten Umständen eine faschistische Herrschaftsausübung ermöglichen könnten. Aber ich sehe nicht, daß ihr schon einen Faschismus habt. Da reicht mir deine theoretische Begründung einfach nicht. Da fehlen doch noch eine ganze Menge konkrete Bedingungen …

… warte nur einige Monate.

Wir sprechen aber von jetzt. Das ist wichtig.

Ich sage noch einmal, daß es wie in Italien 1922/23 ist. Es ist auch eine Situation, in der man nicht sagen kann, daß die Opposition zerstört ist. In Italien gab es damals noch keine totalitäre Herrschaft, und auch hier noch nicht. Aber das ist nicht nur eine Tendenz, sondern auch ein Programm.

Wir unterscheiden zwischen Faschisierung und Faschismus an der Macht. Mir scheint, daß man bei euch nicht von Faschismus an der Macht sprechen kann.

Sie sind schon an der Macht. Aber sie haben ihr Projekt nicht realisiert. Das Problem ist, daß Mussolini schon 1921 ein Faschist war, das ist das, was ich meine.

Die historischen Parallelen sind sehr problematisch, weil eure Situation einzigartig ist, man kann sie nicht mit anderen vorherigen Situationen vergleichen. Außerdem sehen wir als Dialektiker, daß sich die Menschen mit den Situationen auch verändern, die Absicht ist noch nicht der Vollzug. Programm der Herrschaft, das man vielleicht totalitär oder faschistisch nennen könnte, ist noch keine faschistische Gesellschaft, noch kein faschistischer Staat.

Das ist exakt das, was ich gesagt hab. Es gibt noch kein realisiertes Projekt. Und es gibt noch Möglichkeiten, dies zu stoppen. Das Problem ist, wenn die Oppositionskräfte unklug auftreten, helfen sie diesem Faschisierungsprozeß.

Nun gut! Was bedeutet dieser Prozeß für die Opposition? Das Volk ist unzufrieden, was passiert deiner Meinung nach auf der Seite des Volkes und der oppositionellen Kräfte?

Die Oppositionsgruppen sind nicht nur sehr vielschichtig, was sie auch früher waren, heute sind sie außerdem extrem uneffektiv. Denn die Methoden, mit Hilfe derer die Oppositionsgruppen handeln, waren effektiv in Beziehung zum alten Regime. In Beziehung zum neuen Regime sind sie prinzipiell uneffektiv. Was schon gezeigt wurde, weil das Regime seine eigenen Gesetze nicht einhält, was untypisch war für die späte Phase des kommunistischen Regimes. Das kommunistische Regime hat nicht nur unter Gorbatschow, es hat sogar unter Breschnew seine eigenen Gesetze beachtet, und hat in ihrem Rahmen gehandelt. Das Regime ist jetzt viel aggressiver und viel freier. Außerdem …

… wir haben keine Gesetze?

Ja, das heutige Regime besteht aus einer Vereinigung früherer Oppositioneller und früherer Parteileute. Hierin besteht ihre riesige Kraft, denn sie haben die Erfahrung der alten kommunistischen Bürokratie mit einem Teil der Erfahrungen der nicht formalen oppositionellen Bewegung vereinigt. Es gibt die bekannte Phrase: Worin lag die Kraft der Tscheka?[134] In der Vereinigung der Erfahrung des bolschewistischen Untergrunds und der der Zarenwachen. Sie kennen den politischen Prozeß von beiden Seiten. In diesem Sinne verstehen sich die starken und die schwachen Seiten ausgezeichnet einer jeden möglichen Opposition, die aus Leuten der gleichen Sorte besteht, wie den Leuten der neuen Macht. Deswegen ist die neue Opposition zur Uneffektivität verdammt.

Ich spreche jetzt darüber, warum heute die Opposition nicht effektiv ist und nicht effektiv werden wird, was ein großer Teil der demokratischen Opposition und die linke Opposition, d. h. die rechtsliberale Opposition Jelzins, nicht versteht. Deswegen werden sie Enttäuschung um Enttäuschung ertragen müssen. Das Projekt der Partei der Arbeit basiert auf dem Verständnis dieser Lage, daß wenn sich die neue Opposition nicht qualitativ von der alten unterscheidet, nichts erreicht werden kann. Wir grenzen uns nicht nur von den rechten Gruppen ab, sondern auch von einigen Linken, die meinen, man müsse nur das demokratische Rußland gründen, nur eine neue demokratische Front gründen, also Erfahrungen von 1989 wiederholen.

Ihr wollt keine demokratische Front aufbauen mit linken und mit demokratischen Kräften, die dies begreifen?

Wir sind nicht gegen eine demokratische Front, das möchte ich klarstellen – aber die einfache Gründung der demokratischen Front nach dem Beispiel von 1989 führt zu überhaupt nichts, die gibt keinerlei politische Resultate. In der »Sozialistischen Partei« gibt es jetzt deswegen eine scharfe Diskussion. Nicht alle haben die Idee der »Partei der Arbeit« unterstützt. Auch nicht alle Anarchosydikalisten unterstützen die »Partei der Arbeit«. Selbst zwischen den linken Gruppen gibt es keine völlige Einigkeit. Es gibt zwei Linien: Die einen wollen die Erfahrungen von 1989 wiederholen, die anderen wollen eine breite Klassenorganisationen gründen. Denn die Organisation der breiten demokratischen Front war 1989 das Resultat der Erhebung der sowjetischen mittleren Ebenen. Die sowjeti-

134 Чрезвычайная комиссия по Борьбе с контр революционней й саботажей (kurz: ЧК). (Deutsch: Außerordentliche Kommission für den Kampf gegen Konterrevolution und Sabotage (kurz: Tscheka).

schen mittleren Ebenen unterscheiden sich von westlichen mittleren Ebenen aber durch eine extreme soziale Ungleichheit und Unfestigkeit und durch eine Vermischung der sozialen Interessen. Deswegen ist es natürlich, daß sich diese sozialen Schichten leicht manipulieren lassen. Sehr aktiv, sehr beweglich, aber dabei nicht sehr fest. Wie eine unstabile Verbindung in der Chemie. Jede Bewegung, die auf diese Schichten setzt, ist auf jeden Fall dem Untergang geweiht. Deswegen konnte das Regime Jelzin, als es gelang, einen Teil der alten bürokratischen Nomenklatur, einen Teil der Machtorgane in einer Bewegung der mittleren Schichten zu vereinigen, diese mittleren Schichten für sich nutzen. Was ist jetzt passiert? Jede beliebige politische Koalition wird entweder an das Gefühl der Unzufriedenheit appellieren, welches in der gesamten Gesellschaft verbreitet ist, wegen dessen aber die Leute nicht bereit sind zu kämpfen, weil dieses ein Regime ist, das viel gefährlicher ist als das vorherige. Auf der anderen Seite kann eine solche Koalition an diese mittleren Schichten appellieren im Wissen, daß es traditionell die Macht ist, die an sie appelliert hat. Diese Macht hat in den letzten Jahren einen Mechanismus der Kontrolle, der Verbindungen mit diesen Schichten aufgebaut. Die neue Opposition kann nur an einen kleinen Teil der sozialen Basis appellieren, der als alte, breite demokratische Bewegung aktiv war. Die soziale Basis wird immer enger. Unter all den neuen Bedingungen, die es im heutigen demokratischen Rußland gibt, kann man im Prinzip eine links-rechts-Koalition bilden. Aber die Fragen, die Unzufriedenheit hervorrufen unter den Massen der Bevölkerung, machen die Einheitlichkeit von Links und Rechts unmöglich. Jetzt sagen zum Beispiel einige mehr Privatisierung, andere sind für die Einstellung der Privatisierung. Das ist eine konkrete Frage, um die es einen realen Kampf geben wird. Die Autofabrik Licha z. B. befindet sich jetzt an der Grenze zum Streik, die Arbeiter fordern die Einstellung der Privatisierung der Fabrik. Es gibt in diesem Fall keine einige Front zwischen Rechten und Linken. Das ist jetzt auch nicht möglich. Die Rechten fordern im besten Fall eine Durchführung der Privatisierung auf andere Weise. Während die Linken eine Einstellung der Privatisierung und eine Reform der Führungsstrukturen im Rahmen des öffentlichen Sektors fordern. Also rein politisch ist die Möglichkeit für solche Manöver verlorengegangen. Endlich das letzte, daß Karl Marx völlig recht hatte, als er sagte, daß die Ideen, die sich nicht auf Interessen stützen, sich diskreditieren würden, die demokratische Idee hat sich in den Jahren von 1989 bis 1991 diskreditiert, weil sie sich eben auf keine Interessen gestützt hat. Deswegen wurde die demokratische Idee von Kräften benutzt, die mit der Demokratie nichts zu tun hatten, dafür aber mit ihren realen Interessen, d. h. von dem Teil der Nomenklatur, der für die Privatisierung war. Daher tauchte die Idee der Klassenpartei auf. Eine Partei, die sich auf die Schicht der Arbeiterschaft stützt, mit mehr oder weniger konkreten Interessen. Interessen, die man bestimmen kann, ausformulieren. Gleichzeitig sprechen wir davon, daß wir dann über Blöcke oder über Allianzen in der ganzen Union reden können, wenn der Klassenkern der Opposition geformt ist, wenn die Opposition eine hoffnungsvolle Basis hat und wenn sie sich auf eine breite Bewegung der Arbeiter, auf Strukturen in der Gesellschaft, auf die Gewerkschaft stützen kann. In konkreten Fragen sogar zusammen mit den rechten Parteien. Ich rede davon, wenn es ein Subjekt gibt, wenn es jemanden zur Zusammenarbeit gibt. Wenn keine starken linken Parteien auftauchen, die sich auf die Gewerkschaften stützen, wird es in einigen Monaten niemanden zur Zusammenarbeit geben.

Wenn die demokratische Idee bei den Arbeitern kein Gehör gefunden hat, woher nimmst du dann die Hoffnung, daß eine andere Idee, eine soziale Idee, gar eine sozialistische, das Ohr der Mehrheit der Arbeiter finden könnte?

Die Arbeiter protestieren doch nicht zufällig gegen die Privatisierung. Die Arbeiter wollen keinen Kapitalismus, man hat sie nicht gefragt. Sie stimmten für die Demokraten 1989, weil die Führer der Demokraten ihr Programm verheimlicht hatten. 1989 und 1990 trat keiner mit liberalen Programmen zur Wahl an. Die Leute, die das liberale Programm der Privatisierung, das Programm des Übergangs zum Kapitalismus propagierten, wußten, daß die Mehrheit der Bevölkerung dagegen sein würde. Sie erklären das mit kulturellen Problemen, mit psychologischen, daß wir nicht an Demokratie gewöhnt sind, daß sich die Nomenklatur eingeschlichen hat, die Macht an sich gerissen hat in der demokratischen Bewegung usw. Keiner erklärt das Wichtigste: Daß das Programm oder die wichtigste Aufgabe der Führer des demokratischen Rußland, das in der Presse diskutiert wurde, niemals als politisches Programm des demokratischen Rußland angesehen wurde. Genau dieses Programm schließt die Möglichkeit der Demokratie aus und fordert absolute Unabdingbarkeit totalitärer Maßnahmen. Die Leute, die bereit sind, das Programm mit totalitären Mitteln durchzusetzen, bleiben an der Macht. Die Leute, die aus den verschiedensten Gründen nicht bereit sind, ungesetzliche Methoden einzusetzen, werden ausgegrenzt oder gehen selbst. Es geschieht eine natürliche Auswahl, ein gesetzmäßiger Prozeß.

Das hieße, daß der Kapitalismus verloren hat, bevor er überhaupt Fuß fassen konnte.

Ich sage leider nicht, daß der Kapitalismus verloren hat. Als die sozialistische Partei gegründet wurde, hatten wir die Losung, einen nichtsozialistischen Weg zur Demokratie sehen wir in diesem Land nicht. D. h., es ist ein kapitalistischer Weg möglich, er führt nur nicht zur Demokratie, sondern zum Faschismus. Der Kapitalismus kann gewinnen, aber nur in einer Form des faschistischen Kapitalismus. Das gleiche passiert in Osteuropa. Dort ist die Situation letztendlich analog, genau deswegen, weil der Kapitalismus nur in der Form des faschistischen Kapitalismus gewinnen kann. Nicht nur die Gesellschaft, sondern auch ein Großteil der führenden Kreise will die Faschisierung der Gesellschaft aber nicht. Sie sind gezwungen, in großem Umfang die Realisierung der Privatisierungsprogramme zu stoppen. Man muß nur schauen, was mit der Privatisierung in der CSFR, Polen usw. passiert. Nach zwei Jahren der neuen Regierung hat die Privatisierung maximal 20 % der Wirtschaft erreicht. Es wird in der Tat noch weniger.

Dann hätte Kabakow vielleicht doch recht gehabt, wenn er mir vor dem Putsch auf die Frage, was kommen werde, sagte: Das Schlimmste hättet ihr schon hinter euch, auch seine Utopie werde nicht eintreffen, denn Jelzin, Popow, Soptschak[135], also die Pinochets, seien schon an der Macht. Sie brauchen kein Blutvergießen mehr...?

Daß unsere Pinochets an der Macht sind, das ist ein Fakt, das ist völlig richtig. Aber Pinochet hat ja nicht Blut vergossen, weil er dies mußte, um an die Macht zu kommen.

Das ist genau der Punkt – Pinochet, meinte er, hätte Blut gebraucht, um an die Macht zu kommen; eure bräuchten kein Blut.

Das ist sehr naiv. Das zeigt gerade, wie wenig die Menschen von den politischen Gedankengängen verstehen. Denn die Frage ist ja nicht die, ob sie Blut vergießen mußten. Das Problem Chiles besteht ja nicht darin, daß Pinochet durch Blutvergießen an die Macht kam, sondern darin, daß er dazu genötigt wurde zur Durchführung eines beliebigen Programms; mit anderen Worten, das Programm war mit demokratischen Methoden nicht durchzuführen. Deswegen kam

135 Soptschak, Anatoli, Jurist, 1991 bis 1996 Bürgermeister Sankt Petersburgs.

eine antidemokratische totalitäre Gruppe an die Macht. Blut vergossen wurde im Moment der Ergreifung der Macht. Oder auch danach. Wieviel Blut auch vergossen wurde, es war alles ideologisch bedingt. Es ist, wie man sagt, eine Frage der Technik. Ich kann viele Regime nennen, wie auch Mussolini, die ohne Blutvergießen an die Macht kamen. Hitler ist ohne Blut an die Macht gekommen, auf demokratischem Wege, die schlimmsten totalitären Regime sind gerade ohne Blut an die Macht gekommen. Das ist eine bekannte Regel. Man kann auch sagen, daß die bolschewistische Revolution als unblutige Revolution begonnen hat. Später hat man sehr viel Blut vergossen, weil die Kräfteverhältnisse vertauscht waren, und diese neuen Kräfteverhältnisse haben den Terror mitgebracht. Die sowjetischen Pinochets sind jetzt an der Macht. Aber sie haben nicht genug Macht bekommen, um ihr Programm zu realisieren. Dafür brauchen sie mehr Macht und bekommen also auch mehr Widerstand und möglicherweise auch mehr Repressionen.

Meine Position zu den Vorgängen hier, die ich in der Presse veröffentlicht habe, lautete ungefähr, daß es kein Putsch war. Es war eine Verschiebung der Macht, der Versuch die demokratisch genannten Kräfte fester in die Sessel zu bringen. Und der eigentliche Putsch, eine wirkliche Übernahme der Macht, steht erst bevor. Wenn Jelzin all das, was er jetzt verspricht, einlösen muß, und es nicht einlösen kann.

Wir können jetzt sehr leicht die Szenarien der Ereignisse voraussagen. Ich nenne dir jetzt die möglichen Szenarien der Ereignisse, aber ohne Datum. Das Datum kann ich mir noch nicht so genau vorstellen. In einigen Monaten, vielleicht in einem halben Jahr, können wir vergleichen, wie richtig ich die Situation eingeschätzt habe:

Warum brauchten alle den Putsch? Weil eine Sackgasse aufgetaucht war, die Situation hatte sich festgefahren. Für die Entwicklung der Bewegung in der Richtung, in der sich die Macht bewegte, mußte etwas passieren, was es erlauben würde, ohne Gesetze, ohne legale Opposition, ohne rechtmäßige Regierung, nicht zwei Mächte, sondern eine Macht an der Spitze zu haben. In diesem Sinne hatten die Putschisten und Jelzin ein Ziel. Und daß das Notstandskomitee keine Maßnahmen gegen Jelzin ergriff, wird genau dadurch erklärt: Sie hatten eben ein Ziel. Eine andere Sache ist, daß es Meinungsverschiedenheiten über die Methoden und den Charakter der Handlungen gab, über mehrere Monate befanden wir uns in einer merkwürdigen Situation, als etwas passieren mußte, es nur nicht klar war, was passieren mußte, damit die Macht sich weiterbewegen könnte, nicht die Gesellschaft, sondern die Macht. Das ist dann letztendlich passiert, nicht als staatlicher Umsturz, sondern als Parodie auf einen solchen Umsturz, dem ein tatsächlicher staatlicher Umsturz folgte.

Dieser zweite staatliche Umsturz erhielt Applaus auf der ganzen Welt, der tatsächliche Umsturz. Es ist jetzt völlig klar, daß nach den ersten Anzeichen des Erfolgs unsere Pinochets feststellten, daß sie nicht bekommen hatten, was sie forderten. Sie können zwar auf die Beachtung der Gesetze verzichten, aber sie treffen trotzdem auf eine Vielzahl von Problemen, die auftreten, weil die ihnen nötigen Strukturen der Macht noch nicht formiert sind. Es arbeiten einige elementare Normen des zivilisierten Lebens, die sie kaum weniger als die Gesetze stören. Zum Beispiel ist es der Polizei verboten, nachts in Wohnungen einzudringen. Das stört sie auch, es begrenzt ihre Möglichkeiten. Oder auch dies: Die Presse kann Fakten veröffentlichen, die ihnen unangenehm sind, jedenfalls noch – usw. Mit anderen Worten: Sie haben noch nicht die vollständige Macht erreicht, mit der sie gerechnet haben und die sie fordern. Deswegen muß in einigen Monaten nach einer bestimmten Frist etwas passieren, was ihnen die nötige, vollkommene Macht gibt. Mit anderen Worten: ein zweiter Umsturz zur Vervollkommnung des Prozesses.

Der wird stärker ausfallen, wenn die Opposition anwächst.

Genau, und deshalb brauchen sie jetzt einen Vorwand, um dies durchzuführen. Ein zweites Mal können sie kein Notstandskomitee einsetzen. Sie können nicht zweimal die Karte des kommunistischen Umsturzes ausspielen und des Konterumsturzes. Das zweite Mal wird schon komisch wirken, wenn sich die Komödie wie im August wiederholt. Dann wird es komisch sein, dann offenbaren sie sich endgültig. Außerdem kann es für sie einige unvorhersehbare Folgen geben. Ich kann mir bei der jetzigen Situation gut vorstellen, bei der jetzigen Beziehung zur neuen Macht, daß ein simulierter Umsturz eine solche Unterstützung bei den Massen erhält, daß er zu einem unerwarteten Erfolg kommen kann. Deswegen ist eine Wiederholung der Augustszenerie nicht möglich. Möglich ist eine Provozierung der Opposition zu irgendwelchen Handlungen, die von Konflikten begleitet sein könnten. Vielleicht auch von Gewalt. Danach kann die Einführung des Ausnahmezustandes, vielleicht nur in Moskau, vielleicht aber auch in ganz Rußland passieren. Das läßt sich schon gut voraussagen. Nicht nur von mir, das wird häufiger erörtert.

Während des Putsches trat Jelzin mit nationalen Kräften auf.

Ja, auch mit »Pamjat«.

Ich wüßte von dir gern genauer, mit welchen Kräften er aufgetreten ist, weil ich unterschiedliche Informationen bekommen habe. Zweitens wüßte ich gern, ob Jelzin noch mit diesen Kräften zusammenarbeitet, wohin sie ihn treiben, oder ob er sich von ihnen trennen kann.

Jelzin hat seine Kontakte zu »Pamjat« nie verleugnet, auch seine Sympathien nicht. Wenn man ganz genau sein will, dann war er auf einer bestimmten Etappe seiner Karriere gezwungen, sich von ihnen zu lösen, aber schon als Präsident ließ er von neuem verlautbaren, daß er diese Bewegung für nützlich hält, er meinte, man müßte die Bewegung als Ganze unterstützen. Es gebe nur einzelne extremistische Elemente. Jelzin hat offen gesagt, daß seine Arbeit mit Pamjat darauf ausgerichtet war, aus dieser Gruppe die extremistischen Tendenzen herauszudrängen, die die positive Entwicklung behinderten. Er sagte das nicht nur einmal. Er sagte dies in einem Interview, das von Andrei Karaulow[136] veröffentlicht wurde.

Man sagte mir, daß Wassiljew[137] auf dem Platz aufgetaucht sei, dann aber verschwand.

Sjutschow[138] steht Jelzin näher. Sie haben nicht zufällig Sendezeit im russischen Fernsehen bekommen und konnten dort auftreten.

Was sind das für extremistische Elemente, die aus »Pamjat« verdrängt werden müssen?

Das sind diese Leute oder Gruppen in »Pamjat«, die aus irgendwelchen Gründen nicht bereit waren, ihre Loyalität gegenüber dem Präsidenten Rußlands auszudrücken. Oder auch nur gegenüber Jelzin. Mit anderen Worten ist dies ein Versuch der Spaltung »Pamjats«. Das stellt sich jetzt endgültig heraus. Innerhalb »Pamjats« ist der gleiche Prozeß vor sich gegangen, der Prozeß des Aussiedelns, und paradoxerweise auch innerhalb des demokratischen Rußland.

136 Karaulow, Andrei, Journalist.
137 Wassiljew, Dimitri, Kunstmaler, Monarchist, Führer der rechten »Pamjat«-Bewegung.
138 Sjutschow, Igor, Kunstmaler, Mitglied der »Pamjat«-Führung, aktiver Monarchist, Organisator des paramilitärischen Flügels von »Pamjat«.

Sie haben doch den sogenannten Putsch als Verrat und Provokation bezeichnet.

Suchow hat z. B. mit Jelzins Leuten zusammengearbeitet. Wassiljew war sehr kritisch, aber nicht für den Putsch. D. h., es gibt verschiedene Gruppen, man kann auch sagen, daß Wassiljew mehr ideologisch motiviert ist. Und, ich hasse das zu sagen, aber persönlich ist er ein Mensch mit Prinzipien. Mit Suchow ist es anders, er ist opportunistischer. Jelzin hat Suchow gegen Wassiljew unterstützt. Dadurch hat Suchow eine privilegierte Position bekommen – mit dem Fernsehen usw. Wassiljew als historischer Leiter von »Pamjat« ist marginalisiert.

Wie ist das jetzt? Zum Teil sind sie zusammen aufgetreten, zum Teil haben sie sich zurückgehalten. Wie ist es mit den anderen nationalen Kräften? »Pamjat« ist ja nur der äußerste Rand.

Ja, sie sind sehr klein, aber die anderen nationalistischen Kräfte wie Rutskoj mit seiner Bewegung »Otetscheswo«, die jetzt zu einer Partei des freien Rußland geworden ist, sie haben viel von der kommunistischen Bürokratie bekommen. Wir haben eine sehr interessante Rivalität zwischen der DDR – Bewegung zu demokratischen Reformen – und der Partei des freien Rußland. Beide sind für Jelzin und für das Regime. Aber beide wollen Staatspartei oder Gesellschaftsorganisation werden. Es ist komisch, denn zwei Staatsparteien sind nicht möglich. Es gibt zwei Möglichkeiten. Eine muß einen höheren Status bekommen, und beide wollen zusammenarbeiten. Aber Rutskoj will, daß seine Partei als Kernpartei anerkannt wird. Die Bewegung für demokratische Reformen als neuer Komsomol für Erwachsene.

Das gilt jetzt, nach dem sogenannten Putsch.

Rutskoj will für seine Partei des freien Rußland eine Rolle wie die der KPdSU bekommen, und für die DDR eine Rolle wie die des Komsomol. Popow, Sobschak u. a. haben eine andere Perspektive. Sie wollen Rutskoj unterordnen unter ihre Bewegung. Damit haben sie viele Probleme. Ein Element, das alles optimistischer erscheinen läßt, daß es viele ungelöste Probleme gibt für dieses Regime. Es wird etwa zwei, drei Monate brauchen, diese Probleme zu lösen. Ohne diese Probleme zu lösen, kann die Faschisierung nicht weitergehen. Es ist aber auch möglich, daß ein neuer Putsch als Beiprodukt diese Probleme lösen kann.

Neue Machtkämpfe innerhalb der herrschenden Schicht?

Es kann eine Ausnahmesituation eintreten als Resultat der Auseinandersetzungen mit der Opposition oder durch Aufeinandertreffen der Fraktionen an der

Spitze, die auch Gewalt mit sich bringen können. Dann wird Jelzin oder ein anderer den Ausnahmezustand ausrufen, um Ruhe einkehren zu lassen, und er wird als Richter zwischen den Seiten auftreten. Das heißt so etwas wie die Nacht der langen Messer.

Kann Jelzin die nationalen und nationalistischen Kräfte, mit denen er den Putsch bekämpft hat oder von seinen Interessen her durchgeführt hat, überhaupt wieder loswerden?

Nein, ich glaube nicht.

Oder geben sie ihm vor, welche Richtung er einzuschlagen hat?

Ich muß dir eine Sache erklären. Es ist das, was westliche Leute bisher schwer verstehen, daß es in Rußland immer zwei Typen von Nationalismus gab. Der russische Nationalismus hatte vor der Revolution zwei Gesichter, zwei Strömungen, ich meine den rechten Nationalismus.

Eine Strömung war der staatliche Nationalismus, durch die Macht selbst vertreten, durch den Zaren. Dies war eine weiche Form des Nationalismus, bei dem nicht die nationale ethnische Seite, sondern die Zugehörigkeit zum Staat im Vordergrund stand. Das war ein relativ kosmopolitischer Nationalismus. Er stand auch im Zusammenhang mit der orthodoxen Kirche. D. h., die Selbstidentifizierung der Macht war nicht ethnisch, sondern religiös.

Das sind alles diese russifizierten Menschen …

Ja, genau. Die andere Strömung steht dem europäischen Faschismus näher, dargestellt durch die Schwarzhundertschaften[139], das ist die russische Konzeption: die Union des russischen Volkes. Es ist kein Zufall, daß diese Union Michael Archangelsk[140] genau wie die Schwarzhundertschaften von der Macht nicht gutgeheißen wurden. Sie waren keine Opposition zum Zaren vor der Revolution, sie waren aber auch kein Teil der Macht. Sie waren eine extreme Form des Nationalismus, und von Zeit zu Zeit mußte sich die Macht von ihnen distanzieren. Die Trennung zwischen dem Nationalismus Jelzins und Rutskojs, und auch Sjuganow und dem extremen Nationalismus reproduziert diese alte Situation der zwei Nati-

139 Nationalistische Gruppierungen in den letzten Jahren des Zarismus.

140 Gruppe Michael Archangelsk, wichtigste Gruppe unter den Schwarzhundertschaften.

onalismen in Rußland. Jelzin hat sich für den staatlichen Nationalismus entschieden. Es ist interessant, wie sehr dies alles bewahrt wurde. Eben genau weil Jelzin in hohem Maße versucht, sich mit der alten Monarchie gleichzusetzen. Er versucht, die alte monarchistische Ideologie zu verbreiten.

Er ist doch faktisch ein Monarch.

Die Aktivisten der Union des russischen Volkes hatten 1905 Probleme mit der Monarchie. Sie unterstützten sie als ganze, doch bei weitem nicht in allem. Es gab ernsthafte Meinungsverschiedenheiten. Das wird sich weiter fortsetzen.

Wie ist die Verbindung zwischen Jelzins staatlichem Russismus und dem biologischen Chauvinismus?

Zwischen der staatlichen Ideologie und der russischen Ideologie kann man leicht Gemeinsamkeiten finden. Sie überschneiden sich, gehen sogar zusammen. Eine andere Sache ist, daß Jelzin noch von der Regierung abhängt. Er ist der Monarch Rußlands, d. h., er muß einige internationale Balancen aufrechterhalten. Deshalb kann die Macht in Rußland nicht 100 % russisch sein. Sie kann nicht einer Nation vor den anderen eine Priorität verleihen. Vielmehr ist auch das System der Prioritäten möglich, nicht eine privilegierte Nation, sondern eine Reihe von Nationen, die bestimmte Rechte haben. Die Beziehungen zwischen diesen Nationen können sich ändern. Jetzt ist zum Beispiel eindeutig zu erkennen, daß das Regime versucht, die Juden zu integrieren, d. h., das Regime wird keine antisemitische Politik machen.

Unterdrückte Minderheiten werden jetzt andere sein. Das ist ein Umstand, der ebenfalls vom Westen schwer zu verstehen ist. Denn im Westen wird der russische Nationalismus automatisch gleichgesetzt mit Antisemitismus. Man hat traditionell die Juden unterdrückt, während die Georgier unter dem alten Regime keine Probleme hatten. Auf der anderen Seite muß man sagen, daß die Juden, die getauft sind, also russisch-orthodoxe Juden, unter dem alten Regime keine Probleme hatten. Die Diskriminierung der Juden war nicht ethnisch bedingt, das war ein großer Unterschied zwischen den Schwarzhundertschaften und dem offiziellen Regime. Die Diskriminierung der Juden war nur auf religiösen Motiven begründet. Dies sehen wir auch heute mit einem Unterschied, daß ein großer Teil der jüdischen Gemeinde entreligionisiert ist. Der größte Teil der Juden bekennt sich schon nicht mehr zum Judaismus. Deswegen hat dieser größte Teil der jüdischen Gemeinde gute Chancen, in den Kreis der gut angesehenen Völker aufgenommen zu werden. Aber die Leute, die auf die jüdische Kultur hinweisen, auf die Aufrechterhaltung der jüdischen Religiosität, treffen jetzt schon auf Probleme. Zum Beispiel: Du weißt, daß ich kein sehr religiöser Jude bin, im Kindergarten von Goscha müssen sie jeden Freitag das Gesetz Gottes hören, nach orthodoxen Regeln, die Kinder müssen das Kreuz küssen. Es wird ihnen befohlen. Goscha wurde auch gesagt, daß er das Kreuz küssen müsse. Ich habe dagegen protestiert. Ich sagte, daß wir keine gläubige Familie seien, und selbst wenn wir keine Juden gewesen wären, sind wir überhaupt nicht dazu verpflichtet, das Kreuz zu küssen. Die Erzieherin im Kindergarten, die auch Jüdin ist, sagte, daß sie nichts machen könne, da es ein Befehl der Leitung sei. Und warum muß ich ihn freitags eher als sonst abholen? Er kann bis sechs Uhr dableiben, aber um vier Uhr kommt ein orthodoxer Priester, und die jüdischen Kinder müssen entweder bei diesem Priester bleiben oder eher nach Hause gehen.

Das heißt, der Antisemitismus hat bei euch ein erhebliches Gewicht?

Wenn du als Jude aber russisch-orthodox bist, oder sagst, mir ist das egal, dann nicht.

Der russische Nationalismus geht also zusammen mit den Juden? Der russische Chauvinismus, der biologische dagegen, geht nicht zusammen mit den Juden, er ist rassistisch. Das habe ich verstanden, das ist eindeutig. Mich interessiert, wie weit sich das durchmischt. Und ist Jelzin in der Lage, die einmal von ihm eingeschlagene Linie des Staatsrussismus zu halten, der die Juden einschließt?

Das ist ein wenig kompliziert. Wenn man diese nationalistische Hysterie entwickelt, dann bewegt sie sich selbst weiter, und auch Jelzin kann sie nicht so einfach stoppen. Alle sagen, daß die russische Kirche heute sehr stark geworden ist. Und daß es eine sehr starke Expansion der russischen Kirche gibt. Wie die katholischen Kirche in Polen zum Beispiel. Jelzin sieht das als positiv an.

Ja, das habe ich gesehen.

Wenn die russische Kirche stärker und aggressiver werden kann, dann können nationale Minderheiten mehr Probleme bekommen. In Rußland muß jede Macht mehr oder weniger moderat in nationalen Fragen sein. Die Juden sind kein großes Problem. Aber es gibt islamische Minderheiten, die zu Waffen greifen können und schießen.

Es gibt auch tatarische Minderheiten.

Ja, sie sind ernst zu nehmende Leute. Weil die russische Kirche aggressiver wurde, ist auch die muslimische Kirche aggressiver geworden. Jelzin kann das nicht ohne Kontrolle lassen.

Es gibt eine Vision russischer Rechter zu einem totalitären faschistischen Regime, die sich aufbaut auf dem Zusammengehen von islamistischem und russischem Fundamentalismus.

Ja, interessant ist, daß Jelzinisten in Asien mit islamischen Fundamentalisten zusammenarbeiten. Aber die Frage ist, wie sie die Macht teilen wollen, wenn sie die Kommunisten beseitigt haben. Das ist nicht klar, denn die Jelzin-Leute sind die russische Minderheit, sie sind bürokratieorientiert, sie sind ethnische russische Funktionäre. Islamische Fundamentalisten sind Mullahs und unqualifizierte Arbeiter. Wie kann man diese Kräfte zusammenbringen? Als institutionalisiertes System? Ich denke, das ist nicht klar. Auch Kasachstan ist eine große Frage. Auch die Ukraine. In der Ukraine gibt es ukrainischen Nationalismus, aber auch russischen.

Jelzin bleibt also nichts anderes übrig, als den über allen Parteien schwebenden Zaren zu spielen, wenn er seine Rolle gut spielt. Die Gefahr, die du siehst, besteht also darin, daß er es nicht schafft, daß er nicht genug Macht hat, um das zu schaffen.

Natürlich, aber die nationalen Probleme sind für die russischen Machthaber nicht die zentralen Probleme. Für Gorbatschow war das sehr wichtig. Mit dem Übergang der Macht von der Union nach Rußland verloren die nationalen Probleme nicht ihre Schärfe, aber in den Grenzen der russischen Föderation sind sie in die zweite Reihe gerutscht, im Vergleich zu den sozialökonomischen Problemen. Jede der neuen Republiken bewegt sich in der vordersten Linie auf eine Konfrontation der Probleme im Zusammenhang mit der sozialökonomischen Frage zu. Die nationalen Probleme sind zweitrangig und erschweren die Lösung dieser Fragen. Unter Gorbatschow war es früher genau umgekehrt. Das bedeutet, daß Jelzin an einer gleichzeitigen Verschärfung des sozialen Konflikts und des nationalen Konflikts interessiert sein kann. Eine Instabilität in den nationalen Randgebieten wäre ein zusätzliches Argument für die Verstärkung der Macht der russischen Regierung und für die Einführung eines Ausnahmezustands. Unter den Bedingungen der sozialen Instabilität im Zentrum und der

Verschärfung der nationalen Konflikte in den Gebieten werden die Argumente für eine starke Macht mehr. Jelzin ist daran interessiert, daß die nationalen Konflikte unter Kontrolle bleiben, daß sie einen bestimmten Rahmen nicht überschreiten. Er ist aber absolut nicht daran interessiert, jetzt diese Konflikte aus der Welt zu schaffen, genau wie der Zar in Rußland vor der Revolution.

Du meinst, er könnte dazu neigen, die sozialen Konflikte zu verschärfen?

Ja, natürlich. In Moskau, in Leningrad, an der Wolga gibt es das nationale Problem nicht als scharfes Problem, es ist zweitrangig. Stell dir bitte vor, daß sich die soziale Situation in Rußland extrem verschärft. Gleichzeitig setzen sich die Unannehmlichkeiten in den nationalen Fragen fort. Nicht in Rußland, in der Ukraine, in Kasachstan, wo Russen unterdrückt werden. Was kann er dann sagen? Erstens kann er sagen, daß wir eine starke Macht in Rußland brauchen, um unsere Brüder zu beschützen. Er kann sogar einen Krieg oder zumindest einen Konflikt mit der Ukraine beginnen. Wenn in der Ukraine der Bürgerkrieg beginnt, warum soll sich Rußland nicht einmischen? Jedesmal, wenn die Regierung Unannehmlichkeiten im Inneren hat, dann strebt sie immer nach Expansionen. Das ist aber noch nicht alles. Genau diese nationalen Konflikte können als zusätzliches Argument dafür dienen, daß man eine starke Macht im Zentrum braucht, die in Wirklichkeit keine Politik der nationalen Fragen machen wird, vor allem Maßnahmen entsprechend ihres Programms.

Das habe ich verstanden. Aber ich bin nicht russisch genug, um zu verstehen, wo der Unterschied zwischen Gorbatschows Situation und Jelzins Situation liegt.

Gorbatschow hatte einen großen Staat. Deswegen waren die nationalen Probleme wichtiger.

Also kein prinzipieller Unterschied, ein gradueller ...

Ja, aber ein gradueller Unterschied, der prinzipiell geworden ist. In der Sowjetunion waren etwa die Hälfte Russen. In Rußland sind sie die überwältigende Mehrheit.

Aha, du sprichst also von einem Rußland ohne die südlichen Staaten.

Ja, die nächste Etappe ist, Rußland zu erweitern auf Kosten der Mischgebiete in Kasachstan und in der Ukraine. Wenn es gelingt, den nordöstlichen Teil Kasachstans und den östlichen Teil der Ukraine und Weißrußlands zu vereinigen, dann wird sich das Verhältnis zwischen Nicht-Russen und Russen in Weißrußland noch mehr zugunsten der Russen verändern. Alle Nicht-Russen werden also zu nationalen Minderheiten werden. Dies gab es in der Union in den letzten Jahren nicht. Es war nicht klar, wer in der Minderheit und wer in der Mehrheit war. Das ist die gleiche Situation wie in allen westeuropäischen Staaten. Sie haben alle nationale Minderheiten. Rußland hat sich in diesem Sinne immer an westlichen Modellen orientiert. Eine Besonderheit Rußlands als historisches Gebilde ist, daß Rußland seit dem 18. Jahrhundert das westliche Modell anstrebt, obwohl es ganz andere Voraussetzungen hat.

... nicht Westen, nicht Osten, sondern Rußland.

Das Staatsmodell, das sich bei uns vom 18. bis zum 20. Jahrhundert hielt, ist ein westliches Staatsmodell. Aber die Realität stimmte nicht damit überein. Warum wurde Rußland zum Völkergefängnis und Indien nicht? Das liegt an nationalen Problemen.

Gut, Boris, laß uns zum Ende kommen. Zum Schluß hätte ich gern noch ein paar konkretere Informationen zum Stand eurer neuen Partei.

Das Wichtigste habe ich dir erzählt. Warum »Partei der Arbeit«? Worin unterscheidet sich die Partei der Arbeit von der »Sozialistischen Partei«? Erstens ist das ein klares Verständnis dafür, daß ohne Organisierung der Interessen die Ideen im Sande verlaufen. Ich meine, daß wir einen sehr logischen Weg beschritten haben. Das heißt, wir brauchen eine kleine sozialistische Partei, um unsere Konzepte und unsere eigenen Ansichten zu formieren, Kader zu formieren, die jetzt eine Schlüsselrolle in der Partei der Arbeit übernehmen werden. Wir kamen also aus einer kleinen Elite der Intelligenzija und versuchen jetzt, zu einer großen Partei überzugehen, in der die Sozialisten natürlich eine sehr wichtige Rolle übernehmen werden. Nicht weil wir sie kontrollieren werden, sondern weil sie ohne uns niemand gründen kann. Der größte Teil politisch qualifizierter linker Kader war in der sozialistischen Partei oder bei den Anarchosyndikalisten.

Welche Kräfte verbinden sich da?

Erstens ist das ein Teil der »Moskauer Föderation der Gewerkschaften«, die

Gruppe um Kolganow[141] und Busgalin, die zur Opposition innerhalb der KPdSU gehörten. »Marxismus 21«, einzelne Vertreter aus der Reformgruppe der KPdSU, Slawin[142] z. B. und andere. Ein Teil der »Konföderation der Anarchosyndikalisten« (KAS). Das Wichtigste ist aber, daß wir durch unsere Vereinigung einen qualitativen Schritt gemacht haben. Das heißt, es kamen Leute zu uns, die keiner von diesen Gruppen angehörten und wahrscheinlich auch in keine von ihnen eingetreten wären. Also nur durch die Vereinigung dieser Gruppen haben wir die Qualität einer anderen Ebene erreicht. In diesem Sinne wird die Partei der Arbeit nicht zufällig gerade von linken Gruppen gebildet. Man redet jetzt viel von einer Bewegung des Labour-Typs. Aber ich glaube, Parallelen zur britischen Labour-Partei zu ziehen, ist absolut unsinnig, einfach wegen der völlig anderen Situation. Die Situation ist so, daß sie sogar Gewerkschaftsarbeiter in die Partei der Arbeit drängt. Sie zwingt zu Radikalisierungen, zwingt dazu, Positionen zu beziehen. Das ist die eine Seite. Auf der anderen Seite gibt es viele Auseinandersetzungen zwischen den Linken, ob man eine ähnliche Partei der Arbeit wie in Brasilien gründen soll. Das ist auch keine völlig richtige Parallele, wenn es auch schon näher dran ist. Wieder ist unsere Situation etwas anders. Zum Beispiel gibt es bei uns keine Gewerkschaften, die schon stark und kampfbereit sind. Eine der Aufgaben der »Partei der Arbeit« und der Gewerkschaften besteht darin, die Gewerkschaften zur Aktivität zu befähigen. In diesem Sinne vereint die Partei den radikaleren, den linkeren Teil der Gewerkschaft und der Aktivisten. Deswegen muß sie viel innerhalb der Gewerkschaften arbeiten. Das trifft auf ernsthaften Widerstand.

Welche Schritte habt ihr schon hinter euch?

Vor einigen Tagen wurde das Organisationskomitee der Moskauer regionalen Abteilung der »Partei der Arbeit« gegründet. In nächster Zukunft werden Organisationskomitees und Initiativgruppen in den Regionen gegründet. Ende Oktober wird das gesamtrussische Organisationskomitee der »Partei der Arbeit« formiert werden. Wir werden den Prozeß nicht übereilen, denn wir wollen nicht, daß man uns beschuldigt, daß alles in Moskau gemacht wird. Das ist ein traditionelles Problem, daß die Provinzen immer die Hände Moskaus fürchten. Das Organisationskomitee wird trotzdem gegründet werden, in einigen Wochen,

141 Kolganow, Andre, Wirtschaftswissenschaftler, Gruppe »Marxismus 21«.
142 Slawin, Boris, Vertreter aus der Reformgruppe der KPdSU.

vielleicht Monaten. Dann wird es einen Gründungsparteitag geben. Eine Fraktion der »Partei der Arbeit« im Mossowjet ist schon gegründet und wird wahrscheinlich auch in anderen Sowjets gegründet werden. Das sind Sozialisten und Vertreter anderer Gruppen. Es waren elf Sozialisten in der Fraktion der »Partei der Arbeit«. Es sind jetzt neunzehn Leute, wobei zwei Sozialisten ausgetreten sind. Für den 23. Oktober haben die Moskauer Gewerkschaften zu einer großen Demonstration aufgerufen: gegen die wilde Privatisierung. Für die Verteidigung der sozialen Rechte. Für das Recht auf Arbeit. Wir rechnen mit 10.000 bis 12.000 Teilnehmern. Auch die Partei der Arbeit nimmt daran teil. Wir arbeiten aktiv daran.

Wie ist die Reaktion?

Bisher sehr positiv. Von den Arbeitskollektiven hörten wir nur eins: Warum erst am 23.? Warum nicht morgen? Warum so spät?

Was ist mit der OFT, der Vereinigten Front der Werktätigen?

Die OFT handelt faktisch nicht. Es gibt einige Gruppen, die versuchen, eine kommunistische Partei zu gründen. Wenn sie dich interessieren, kannst du ins Leninmuseum gehen. Dort treffen sie sich. Du kannst dich mit ihnen unterhalten. Sie haben den Mossowjet boykottiert. Ich habe mit ihnen gesprochen und sie gefragt, warum sie das täten. Wir hätten doch keine Entscheidung über das Leninmuseum getroffen. Sie sollten lieber das Bürgermeisteramt boykottieren. Wir haben uns vernünftig mit ihnen unterhalten. Dann kam der Abgeordnete Kusi[143] von der »Demokratischen Union« und begann, sie zu beschimpfen. Sie haben sich auf ihn geworfen, um ihn zu schlagen. Die Miliz hat sie abgeführt. Das ist ein Beispiel, wie man in wenigen Minuten eine Konfrontation aufbauen kann. Das kann in jedem Moment in größerem Maßstab passieren. Es ist relativ einfach, Vertreter der OFT und der »Demokratischen Union« aufeinanderzuhetzen. Es schlagen sich anfangs immer zwei, dann vier, dann zehn usw.

Kannst du dir vorstellen, mit diesen Leuten zusammenzuarbeiten?

Mit den Arbeitern ja, über die Gewerkschaften, über die Arbeitskollektive, mit den Führern nicht.

143 Kusi, Abgeordneter des Moskauer Sowjet.

Fürchtest du nicht die alte Opposition?

In Rußland ist es Sitte, Mitleid mit dem Unterdrückten zu haben. Die Rollen haben sich geändert. Jetzt sind sie Opfer. Deswegen gibt es jetzt keine moralischen Probleme mehr, mit Mitgliedern der OFT zusammenzuarbeiten. Die Führer – das ist eine andere Sache. Das sind die Leute, die die Verantwortung tragen für alles, was geschehen ist, nicht weniger als Jelzin und alle anderen, Gidaspow, Kassalapow[144] und alle anderen. Mit den Führern werden wir nicht arbeiten. Mit dieser Generation der Führer nicht. Wenn eine neue Generation der Führer heranwächst, sind wir bereit, mit ihnen zusammenzuarbeiten. Sie müssen aber die alten ablösen.

Glaubst du, daß ihr einen großen Teil der kommunistischen Partei bekommen werdet?

Nein, das ist nicht unser Ziel. Wenn du die Versammlung der »Partei der Arbeit« gesehen hättest. Das wäre interessant. Das sind Leute, die vor einem halben Jahr nicht an einem Tisch gesessen hätten. Es sind frühere Teile der informellen Gruppen und ehemalige Funktionäre. Es gibt auch eine mittlere Schicht, Leute wie Nagaitzew, die sich innerhalb des Gewerkschaftssystems befinden, die ihre Karriere aber ausschließlich im letzten halben Jahr gemacht haben. Das heißt, sie sind von unten gekommen. Diese Leute werden in der »Partei der Arbeit« eine entscheidende Rolle spielen. Ich glaube, daß es auf der einen Seite eine Verengung der alten Kader des Apparats geben wird, denn sie sind sehr wenige. Sie wollen nicht in die »Partei der Arbeit«. Sie bilden eine sehr unbedeutende Zahl. Die Situation unterscheidet sich quantitativ von der PDS. Es ist nicht nur eine Vereinigung radikaler Linker mit den alten Apparatschiks, wie es in Deutschland passiert ist. Es ist eine sehr kleine Zahl alter Apparatschiks. Aber das ist wichtig, denn sie verfügen über bürokratische Kompetenzen, die den Linken sehr fehlt. Wir wollen keine kritische Masse alter Kader, die dazu führen würde, daß alte Methoden der Arbeit wiederaufgenommen werden. Zum Glück ist die Partei Rutskojs für alte Kader interessanter, denn das ist eine staatliche Partei. Oder sie versuchen eine kommunistische Partei zu gründen. Deswegen glaube ich, daß uns keine Gefahr droht.

144 Kassalapow, orthodoxe Parteiarbeiter.

Oktober 1991

Nach dem Sturm ist vor dem Sturm

Die Situation: Jelzin hat erneut weitere Vollmachten zur Durchführung des von ihm angekündigten Modernisierungsprogramms erhalten. Nur einen Monat nach dem gescheiterten Putsch sind Experten des IWF in Moskau gelandet. Auf ihrer Tagesordnung steht die Erarbeitung eines Programms zusammen mit der neu zu bildenden Regierung, das die Privatisierung entlang des 500-Tages-Programms und der Vorgaben des Fonds in Gang setzen soll. In zwei Jahren soll die erste Phase der Privatisierung geschafft sein.[145] Jegor Gaidar[146] wird mit der Umsetzung des Programms beauftragt. Die politischen Auflösungserscheinungen der Union setzen sich derweil fort: Jelzin verbietet die Partei auch unionsweit. Anfang Dezember erklären die Repräsentanten der RSFSR, Weißrußlands und der Ukraine, Jelzin, Schuschkjewitsch und Krawtschuk die Union in einem putschartigen Akt für aufgelöst. Die RSFSR wird in Russländische Föderation umbenannt. Zwei Wochen später schließen sich elf ehemalige Republiken der Union zur Gemeinschaft unabhängiger Staaten (GUS) zusammen. Ende Dezember tritt Gorbatschow als Staatschef zurück. Zum Jahresende wird die UdSSR formal aufgelöst.

Inmitten dieser Auflösungsturbulenzen hat sich ein neues Problemfeld eröffnet: Die Tschetschenen haben ihre Unabhängigkeit erklärt; Jelzin antwortet darauf mit der Verhängung des Notstandes über die tschetschenische Republik.

145 Siehe zu den Einzelheiten dieser IWF-Beratung: Kai Ehlers, Herausforderung Russland: Vom Zwangskollektiv zur selbstbestimmten Gemeinschaft? Eine Bilanz der Privatisierung, S. 33 ff (Anhang).

146 Gaidar, Jegor, erster Ministerpräsident unter Jelzin, verantwortlich für die Einleitung des radikalen Privatisierungsprogramms entlang des »500-Tage-Programms«.

Ausgewählte Daten dieser Zeit auf einen Blick:

06.09.1991 Baltische Staaten von der RSFSR anerkannt.

23. 09.1991 IWF-Experten landen in Moskau.

01.11.1991 Jelzin erhält vom Kongress der Volksdeputierten Sondervollmachten.

06.11.1991 Unionsweites Verbot der KPdSU.

08.–12.11.1991 Unabhängigkeitserklärung Tschetscheniens; Jelzin verhängt den Ausnahmezustand.

06.11.–08.11.1991 Jegor Gaidar von Jelzin mit Regierungsbildung beauftragt.

08.12.1991 RSFSR, Weißrußland und Ukraine erklären die UdSSR für aufgelöst.

21.12.1991 Elf ehemalige Republiken gründen die Gemeinschaft unabhängiger Staaten (GUS).

25.12.1991 Umbenennung der RSFSR in Russländische Föderation.

25.12.1991 Gorbatschow tritt als Präsident der UdSSR zurück.

27.12.1991 Erlaß Jelzins zur Bodenreform.

29.12.1991 Beginn der kleinen Privatisierung und der Privatisierung auf dem Lande.

25.12.1991 Gorbatschow tritt offiziell als Staatsoberhaupt zurück.

31.12.1991 Formelle Auflösung der UdSSR.

(Weitere Daten in der Chronologie im Anhang)

»Die Reformen haben noch nicht begonnen«

Grüß dich, Boris! Letztes Mal haben wir über den Putsch gesprochen, über die allgemeine Situation. Eine Frage vorweg: Hat sich seit unserem letzten Gespräch, also praktisch seit einem Monat, als eigentlich noch nichts geschehen war, irgend etwas in der Lage des Lande verändert, auf gesetzlicher Ebene, in der Politik, hat Jelzin seine Reform real begonnen?

Die Reformen haben noch nicht begonnen. Das ist sehr interessant, weil das Reformprogramm als systematischer Komplex nicht realisiert wurde. Hier ist eine Reform verwirklicht. Da ist eine andere verwirklicht. Aber das ist keine systematische Reformaktivität. Das ist sehr typisch. Die gesamte Regierungsaktivität ist anarchischer, chaotischer, als man es vorhersehen konnte. Wir haben ja sehr negative Prognosen zu diesem Reformprogramm gehabt, aber der Prozeß seiner Realisierung ist noch schlechter als das Programm selber.

Wenn ich dich richtig verstehe, willst du sagen, was ich auch von anderer Seite schon gehört habe, daß die Art, wie die Reform durchgeführt wird, noch schlimmer ist, als sie es wäre, wenn sie richtig durchgeführt würde.

Ja, genau. Jetzt gibt es zwei Kritiken an der Regierung. Die Liberalen sagen, daß die Reformen gut sind, aber sie werden schlecht realisiert. So wie es die orthodoxen Kommunisten immer von der kommunistischen Regierung sagten, daß die Regierung strategisch gut war, aber taktisch schlecht. Wir sagen dagegen, die Reformen sind schlecht orientiert und die Realisierung ist auch schlecht. Die Reformen sind eben deswegen so schlecht organisiert, weil sie schlecht orientiert sind. Das Problem ist, die Reformen werden von inkompetenten Leuten realisiert. Das ist genau der Grund, warum sie akzeptiert wurden. Eben weil sie inkompetent waren, haben sie dieses Reformprogramm unterstützt.

Wer sind »sie«?

Ich meine die Jelzin-Mannschaft, die russische Regierung. Sie können diese Reformen in keiner anderen Art umsetzen als genau auf dem Weg, den sie jetzt gehen: Ad-hoc-Aktionen, unsystematische Entscheidungen.

Du willst sagen, daß das Jawlinski-Programm[147] von seiner ganzen Anlage her so halbherzig und inkompetent angelegt ist, daß es auch nur halbherzig und inkompetent umgesetzt werden kann, und nur deswegen auch von der Jelzin-Mannschaft angenommen wurde. Kannst du mal Beispiele geben, an denen das deutlich wird?

Natürlich, zum Beispiel das Privatisierungsproblem. Der Hauptgedanke bei der Privatisierung der Läden ist, daß sich dann automatisch die Preise senken und damit die Waren hereinströmen. Aber das ist ganz absurd. Erstens sind alle Geschäfte technisch[148] Monopolisten. Zweitens sind sie technisch mehr oder weniger von anderen Monopolisten abhängig. Drittens sind sie mehr oder weniger untereinander koordiniert, auf formelle und auf informelle Weise. Wenn man diese Privatisierung der Geschäfte beginnt, werden sie erstens weiterhin Monopolisten bleiben, denn neue Geschäfte gibt es nicht. Auch die Großhändler sind weiterhin monopolisiert. So gibt es keine Konkurrenz. Aber die informelle und die formelle Koordinierung sind dann zerstört. So haben wir einerseits die alte Situation, aber keine positiven Seiten, weil man immer nur dasselbe System hat. Also, worin bestand das Problem? Wir hatten ein großes kooperatives System, das nicht richtig funktionierte. Was wir jetzt bekommen, ist haargenau dasselbe: Ein komplexes System, das in kleinere Teile zersplittert ist. Es kann nicht vernünftig arbeiten. Es verlor sogar die Kapazität, die es noch in dem alten System hatte. Das ist klar. Und von daher haben die Leute enorme technische Probleme gekriegt. Dazu kommt ein weiteres Problem. Es war auch technisch nicht klar, wie die Privatisierung durchgeführt werden sollte und wie man etwas schnell privatisieren kann, ohne die Regeln und Gesetze eines Marktes zu haben. Ohne Markt und Gesetze ist keine normale

147 Gemeint ist das »500-Tage-Programm«, das von Grigori Jawlinski, später Mitbegründer der Partei »Jabloko«, maßgeblich entwickelt wurde.

148 Das Wort »technisch« hat im sowjetisch geprägten Russischen, speziell hier bei Boris Kagarlitzki, die weite Bedeutung von organisatorisch-logistisch-methodisch und technisch im Sinne konkreter Machbarkeit. Ich lasse es, um Einengungen zu vermeiden, auch in der Übersetzung bei dem Begriff »technisch«.

Privatisierung möglich. Ohne Markt kann man selbst mit guten Gesetzen keine erfolgreiche Privatisierung durchführen. Ohne Gesetze kriegt man auch keinen Markt. Man braucht immer beides, damit das funktioniert. Die Liberalen sagen, um den Markt funktionstüchtig zu machen, müssen wir zuerst privatisieren, dann kommt der Markt automatisch. Das ist idiotisch. Der Markt kommt nicht mit der Privatisierung. Was wir bekommen, ist nur diese idiotische Privatisierung. Es funktioniert nicht.

Das Gleiche gilt auch für andere Bereiche, nicht wahr? Zum Beispiel für die Privatisierung in den großen Betrieben.

Ja, das sind nur finanzielle Tricks ...

Umwidmung, sagen wir.

Ja, jetzt wollen die Menschen, die arbeiten, streiken, weil die Privatisierungsregeln äußerst kriminell sind. Die Direktoren oder eine Gruppe von zwei, drei Leuten um sie herum bekommen die ganze Kontrolle über diese Betriebe. Es gibt keine legale Kontrolle mehr, und in Wahrheit zahlen die Leute kein Geld, um die Betriebe zu bekommen. Das ist nur bürokratisch manipuliert. Wie AZLK, wo der Moskwitsch hergestellt wird, ein riesiger Betrieb. Das ist ein großer Skandal. Also insgesamt bedeutet das: Bei einer Privatisierung ohne Markt kann man nur kriminelle Manipulationen bekommen und sonst nichts. So probiert man eine Methode nach der anderen aus. Aber die Resultate sind immer genau dieselben.

Was wird denn gegenwärtig insgesamt an Maßnahmen durchgeführt?

Man versucht die Privatisierung einiger Betriebe, aber nicht erfolgreich. Es gibt auch viel Widerstand. Es wurde auch die Privatisierung der Wohnungen versucht. Drei oder vier verschiedene Projekte sind schon angefangen und gleich wieder abgebrochen worden. Einige weitere Projekte befinden sich in Vorbereitung. Die Privatisierung der Geschäfte wurde begonnen und gleich wieder gestoppt. Das ist immer so.

Preise?

Die Preise auch. Die Liberalisierung der Preise hat begonnen. Dann hat man sie begrenzt und teilweise gestoppt. Aber die große Welle der Preisliberalisierung wird noch kommen.

Ist auch schon angekündigt, nicht wahr?

Ja, für Mitte Dezember. Aber die erste Welle ist schon da. Das kann man sehen. Und zwar ganz und gar ohne Erfolg. Denn das Defizitproblem ist nach wie vor da. Da gibt es keine großen Unterschiede. Und als man den Brotpreis geändert hat, haben die Leute das teure Brot nicht gekauft. Die Tendenz ist, daß die Leute psychologisch nicht bereit sind, die superhohen Inflationspreise zu bezahlen.

Sie können das doch auch gar nicht.

Na ja, technisch können sie das. Ich meine, ich kann natürlich ein Brot für fünf Rubel im Monat kaufen und mir den Verbrauch einteilen ...

Ja, kann man das?

Ja, das kann man! Das ist genau das, was die Regierung will. Sie sagt, wir hätten heute ein Lebensniveau, das zwei oder dreimal höher liegt, als wir es brauchen. Wenn wir als Marktökonomie erfolgreich sein wollen, dann müssen wir ein Lebensniveau wie in Indien bekommen. Man muß den ganzen Lebensstandard ändern und wie in Indien leben. Das ist natürlich möglich.

Analysierst du das so, oder wird so argumentiert?

Das ist das, was Jelzin sagte: Wir wollen höhere Gehälter? Gut! Aber um höhere Gehälter zu ermöglichen, müssen wir erst die Marktproduktivität bekommen. Dazu muß man sagen, daß erstens niemand weiß, was Marktproduktivität ist. In Afrika hat man eine Marktproduktivität, in Amerika eine andere, in China, in Pakistan. Das ist Unsinn. Aber Jelzin meint, und das verstehen die Menschen sehr gut: Sie arbeiten schlecht. Wenn sie also ihren Lebensstandard halten wollen, dann müssen sie eben mehr arbeiten. Du kannst die IWF-Empfehlungen für die Sowjetunion lesen. Da ist alles geschrieben. Das sind drei dicke Bände Bericht über die Sowjetunion, das erschien vor etwa drei oder vier Monaten. Dort wird völlig offen gesagt, daß die Arbeitslosigkeit mindestens 20 % betragen, der Lebensstandard mindestens um 40 % gesenkt werden müsse, um diese Wirtschaft für den minimalen Weltstandard vergleichsfähig zu machen. Technisch, denke ich, ist das eine Lüge. Es gibt auch noch andere Strategien, eine hochqualifizierte Produktivität zu erreichen. Aber so wird es geschrieben. Und technisch können die Menschen bei einem Lebensstandard wie in Indien leben. Aber sie sind psychologisch nicht bereit, diesen neuen Standard zu akzeptieren.

Ja, weil ja auch das Gegenteil erzählt wird. Es ist jetzt fünf Jahre lang unter den Bedingungen der Perestroika gesagt worden, wenn wir uns jetzt ordentlich anstrengen, dann haben wir bis zum Jahr 2000, oder schon bis 1990, oder jetzt sogar in einem Jahr den Level erreicht, den man auch im Westen erreicht hat. Das war doch auch der bisherige Inhalt der Propaganda von Jelzin. Wie erklärt er denn diesen Widerspruch?

Jelzin spricht nicht mehr über diese Probleme. Das ist auch ein neues Phänomen: Diese Kritik an Jelzin von Seiten Rutskojs. Rutskoj hat die soziale Demagogie von Jelzin übernommen. Jelzin hat seine Popularität sehr schnell verspielt. Erstens will Rutskoj seine Popularität nicht zusammen mit Jelzin verlieren. Zweitens möchte Rutskoj vielleicht Jelzins Nachfolger werden. Es ist auch keine Frage, daß Rutskoj von Teilen der Armee mehr unterstützt wird und auch von Teilen der Bevölkerung, die endlich mehr Ordnung und weniger Korruption wollen, wenigstens ein bißchen weniger. Die neue Regierung ist so korrumpiert, das ist schlimmer als es die Kritiker der Regierung erwartet haben.

Noch mal zu den ökonomischen Dingen: Welchen Ausweg aus der Krise siehst du? Was wird zur Zeit diskutiert? Soll man die Reform, die Jelzin versprochen hat, beschleunigen, sie sozusagen konsequenter machen, oder soll man ganz raus. Welchen Ausweg siehst du?

Nein, nein. Eine Sache wird zunehmend offensichtlich: Dieses Programm, das die Regierung einschlägt, führt nicht aus der Krise. Wenn sie so weitermachen, werden wir in drei, vier Monaten wieder so etwas wie einen Kriegskommunismus haben. Das heißt nicht, daß ich diese Art von Option aus ökonomischen oder ideologischen Gründen unterstütze. Aber wenn man z. B. über die Linke spricht, also über Leute wie Kolganow und mich, wir unterstützen Marktsozialismus. Aber der Punkt ist, daß die tatsächliche Strategie der Regierung die eine oder andere Art irgendeines Kriegskommunismus unvermeidlich macht, einfach nur, um das Überleben der Bevölkerung zu garantieren. Eins der Hauptprobleme des Kriegskommunismus von 1917 hatte nicht mit dem Bolschewismus zu tun. Es war ein Produkt der Desintegration zwischen den Städten und dem Land, der Industrie und der Landwirtschaft, weil die Industrie einfach nicht in der Lage war, sich selbst zu ernähren, genügend Nahrungsmittel zu beschaffen, um die Menschen in den Städten zu ernähren, ohne direkte Lenkung dieses Prozesses durch den Staat. So wie der Staat Möglichkeiten hatte, mit nichtökonomischen Mitteln Nahrung in die Städte zu schaffen, so hatte er verschiedene nichtökonomische Wege, sie in den Städten zu verteilen. Das ist der Grund, warum der Kriegskommunismus nicht 1917 begonnen wurde, nicht 1918. Er wurde von der zaristischen Regierung 1916 begonnen und wurde später nur weiterentwickelt. Das war absolut logisch. Das Problem ist also, daß heute die erste Regierung, die nicht ideologisch daran gebunden ist, einen traditionellen Kriegskommunismus unter allen Umständen zu vermeiden, diejenige sein wird, die das Land aus der Krise führt. Mit den ideologischen Vorkonzepten von heute und bei den heutigen Problemen werden wir eine ziemliche Zeit durch die Krise gehen müssen, bevor eine Regierung auftritt, die fähig ist, wirklich radikal zu handeln. Das ist das erste Problem. Das zweite Problem ist: Wie kommt man aus dem Kriegskommunismus wieder heraus? Auch die Periode des Kriegskommunismus könnte ja eine stabilisierende Periode sein. Wenn sie vorsichtig und beständig unterstützt wird, könnte sie einige Monate dauern, aber nicht mehr. Das ist das Problem mit den Bolschewisten. Sie hielten diese Periode länger als nötig. Das war einer der Gründe für den Bolschewismus 1920/21, als der Krieg vorbei war und die Städte sich erholten, die Wirtschaft sich erholte. In diesem Land ohne Kapital bzw. mit der Art Kapital, das wir hier heute haben, kann man aber sehr gut auch ohne Zivilisation überleben, insbesondere wenn man eine Kapitalflucht in den Westen organisieren kann. Dann kommen wir zu einer Art Wiederherstellungsprogramm, das aus dem Stabilisierungsprogramm entwickelt werden muß. Dann sieht man sich der Notwendigkeit einer Art von neuem New-Dealismus gegenüber, über den wir schon früher miteinander gesprochen haben. Der Unterschied zwischen der Situation vor zwei Monaten und jetzt ist, daß es vor zwei Monaten noch möglich war, von der Rezession direkt in einen neuen New-Dealismus überzugehen. Jetzt hat sich die Krise vertieft. Technisch wäre vielleicht sogar jetzt noch eine Art New-Dealismus möglich. Aber wenn wir diesem Weg einen Monat folgen oder vielleicht ein halbes Jahr oder ein Jahr, dann ist es so gut wie unvermeidlich, daß irgendeine Art von Kriegskommunismus für die Stabilisierung der Ökonomie notwendig wird, ganz gleich ob andere Lösungen dann noch diskutiert werden.

Was ist deine eigene Sicht? Bist du selbst der Meinung, daß ein Kriegskommunismus, wie du ihn nennst, unvermeidlich ist?

Heute ist er unvermeidlich. Aber es könnte unterschiedliche Träger geben. Möglich ist ein rechter Militärflügel. Es könnte aber auch eine gemischte Alternative geben. Ich glaube ein rechter Militärflügel ist heute wahrscheinlicher. Aber er könnte auch aus einem Mangel an Modernisierung zusammenbrechen, so daß er für radikale Handlung nicht mehr taugt.

Ich verstehe gut, aber wenn du über Kriegskommunismus sprichst, wo ist der Krieg?

Oh, den Krieg werden wir sehr bald haben. Die Tschetschenen erheben sich in Rußland. Ich hoffe sehr, daß man die Probleme in Kasachstan in den Griff kriegt. Ich habe ein paar gute Kontakte dorthin. So weiß ich, daß man das Beste versucht, um einen Zusammenbruch Kasachstans zu vermeiden. Auch die russische Regierung ist sehr interessiert daran, Kasachstan zu stabilisieren. Dann die Ukraine. Du weißt, daß die Ukraine der Ausgangspunkt des russischen Bürgerkriegs war. So weit ich mich erinnere, hatten sie 1918 neun verschiedene Regierungen, allein 1918. Die Ukraine ist ethnisch, sozial, geographisch, kulturell zerstückelt. Die ukrainische Unabhängigkeit wird daher unvermeidlich zu einer Art Bürgerkrieg in der Ukraine führen.

In der Republik.

Ja, aber Rußland kann nicht unberührt von dem allen bleiben. Der Kriegskommunismus kann außerdem ganz anders auftreten, Wenn ich an Rutskoj denke, sagen wir, Kriegskapitalismus. Es kann auch eine mildere Art des Kriegskommunismus geben, ein Politikstil, Aktionen mit mehr nationalistischer Phraseologie und mehr Konflikten mit anderen Republiken, aber das Militär an der Macht.

Gut, ich verstehe. Aber wie kommt die Regierung zu ihrer neuen Ideologie, der notwendigen neuen Legitimation für diese Entwicklung? Bisher haben sie über die Notwendigkeit der Kapitalisierung gesprochen. Jetzt ...

Aber das ist ja eines der Probleme. Das ist der Grund, warum diese neue Strategie des Kriegskommunismus nicht erfolgreich installiert werden kann, ohne erfolgreichen Wechsel der Ideologie und der sozialen Basis der Regierung selbst. Man kann auch sehen, daß Kriegskommunismus ebenso wie Liberalisierung ohne Erfolg bleiben mit bloß geringen Wechseln in der Regierung. In gewisser

Weise bereitete die zaristische Regierung, bereitete auch Kerenski[149] den Grund für den Kriegskommunismus. Aber sie hatten einfach nicht die ideologische Basis. Es war zu spät und nicht genug. Es war aber auch zu spät und nicht genug, weil die Regierung selbst einen Mangel an politischer und ideologischer Motivation hatte. Und je mehr sie versuchte, diesen Mangel zu überspielen, um so tiefer wurde die Krise und um so stärker die Notwendigkeit, eben diesen Mangel zu überwinden. Das ist genau dasselbe Problem, das die Kommunisten mit ihrer Liberalisierung hatten. Was ich voraussehe, ist eine Ära Jelzins, Rutskojs, und während Rutskojs Herrschaft wird es einige reale Möglichkeiten für die Linke geben, eine wirkliche Alternative zu repräsentieren, eine Alternative, die nicht irgendeine Art von Untertanenhaltung gegenüber der Zivilisation ist. Die Ideologie der Liberalisierung, der Privatisierung wird schon ausgehöhlt. Wir beobachten eine sehr schnelle Erosion der liberalen Ideologie in unserem Land. Dann kannst du sagen, wenn die demokratische Linke nicht irgendein Angebot vorzubringen hat, dann werden die Kräfte der alten Linken hervorkommen wie die kommunistischen Gruppen und sagen, nun, wir wissen wenigstens, wie man die Wirtschaft stabilisiert. Also, sie können dann reinkommen. Da sind dann wieder noch andere Entwicklungen möglich, nämlich daß die jetzigen demokratischen Regierungskräfte schrittweise von den alten kommunistischen verdrängt werden. Das ist wieder ein anderes mögliches Szenario. Es sind also verschiedene Szenarien offen. Aber es ist ganz klar, daß die jetzige Regierung die Situation nicht stabilisieren kann.

Mit welcher Ideologie, glaubst du, wird zum Beispiel ein Rutskoj antreten? Ein Freund von dir sprach von nationalistisch-sozialistischer Demagogie.

Rutskoj wird beides benutzen, rechte wie linke Demagogie, in einer sehr befremdlichen Mischung. Er wird über Patriotismus reden. Er wird über die Unternehmen reden, über Fähigkeit und Unternehmertum. Er wird über soziale Rechte reden. Eine einzige Mixtur wird das sein.

Und der Inhalt dieser Regierung wird sein, was du Kriegskommunismus nennst?

Nein, das wird nur der Versuch eines Kriegskommunismus werden. Das

149 Kerenski, Alexander, Chef der russischen Übergangsregierung zwischen Februar- und Oktoberrevolution im Jahr 1917.

wird fehlschlagen. Es wird der erste Versuch sein, wahrscheinlich nicht offen, ein halbherziger Versuch, so etwas wie eine militärische Stabilisierung zustande zu bringen.

Du denkst also nicht nur über Jelzin hinaus. Du denkst schon über Rutskoj hinaus.

Ja, ich sage, dann werden entweder die neuen kommunistischen Kräfte einspringen, zu dieser Zeit schon mit einer öffentlichen Unterstützung, oder wir haben eine demokratische Linke mit der Partei der Arbeit, Gewerkschaften. Die neuen kommunistischen Gruppen haben die größten Chancen, denn sie sind am wenigsten kompromittiert.

Das sind doch eher alte Kommunisten als neue. Ich verstehe nicht mehr ganz, wovon du sprichst. Wer sind die neuen, wer sind die alten Kommunisten?

Nun, es gibt zur Zeit sechs oder sieben kommunistische Parteien im Land. Die »Sozialistische Partei der Werktätigen« (Sozialistini parti trudaschixsja), nicht zu verwechseln mit »Sozialistischen Partei der Arbeit«. Das ist die Roy-Medwjedew-Partei. Das ist eine sehr langweilige Partei. Es ist eine Partei alter Funktionäre. Aber es ist eine Art von Gorbatschow-Hauptstrom, nichts besonderes, irgendwie irgendeine Art von Kommunismus. Es gibt kein Programm. Keine Strategie. Keine klare Ideologie. Die ganze Position ist auf zwei Seiten fixiert. Sehr generell. Sehr vage. Sehr formal. Irgendwie so wie: Wir wollen den Sozialismus. Was könnte besser sein etc. pp.? Es gibt kaum jemand, der sich darüber besonders aufregt. Die Leute, die weiter rechts standen, bewegen sich im Moment gerade in die Regierung und werfen dabei Kommunismus und Sozialismus über Bord. Aber es gab Leute, die weiter links standen, im extremsten Sinne, Stalinisten, Neo-Bolschewiken, linke Kommunisten wie die »Initiative kommunistischer Arbeiter«, die »Vereinigung der kommunistischen Partei« usw. Sie sind alle stalinistischer als die traditionelle KP. Sie kritisieren die KP für das Über-Bord-Werfen bestimmter Traditionen der »wirklichen 30er«, der »großartigen 30er«. Dann gibt es noch die »Kommunistische Partei der Bolschewisten« der Nina Andrejewa. Dann auch noch die »Kommunistische Arbeiterpartei«, die nicht offene Stalinisten sind. In Wirklichkeit sind sie aber Stalinisten. Sie repräsentieren die extreme Linke. In diesem Sinne sind sie wirklich gefährlich, denn mit dem vollkommenen Kollaps der Ideologie der Demokraten können sie auftreten und wieder attraktiv werden. Die neue demokratische Linke wächst nicht schnell genug, um das Vakuum zu füllen. Wir müssen erklären, was wir wollen. Wir müssen unsere Position erklären, unsere Ansichten erklären. Aber die Stalinisten müssen nichts erklären. Sie brauchen nur an das zu erinnern, was die Menschen schon von früher kennen. Das ist der Grund, warum sie viel schneller sich entwickeln können als wir. Tatsächlich haben wir wirklich substantielles Wachstum. Sie kennen kein Wachstum. Sie sammeln nur.

Was setzt ihr dagegen?

Unsere ökonomische Alternative habe ich dir schon genannt. Wir sind mehr oder weniger gezwungen, den Kriegskommunismus als unglückliche, aber notwendige Alternative zu sehen. Das ist aber nur als Stabilisierungsprogramm. Für ein Programm des New Deal braucht man feste gesellschaftliche Sektoren, eine Revitalisierung, eine Reorganisierung und …

… aber das kann doch nicht eure eigene Alternative sein. Ihr werdet doch nicht selber diesen Kriegskommunismus propagieren?

Nein, natürlich nicht.

Meine Frage ist nicht, was du dir als objektive unausweichliche Entwicklung vorstellst, sondern was eure eigene Alternative ist.

Das ist aber kein Unterschied. Das Problem ist ja gerade, aus sozialen Gründen, aus politischen und aus ideologischen können wir heute einige sehr elementare Dinge nicht tun, die das Land dringend braucht. Fast alle stimmen darin überein, daß irgend etwas getan werden muß. Aber trotzdem ist da niemand außer der Linken, der auch nur darüber zu sprechen wagt. Das ist das Problem des Friedens von 1917. Alle, 100 Prozent der Politiker wußten, daß Rußland den Krieg verloren hatte und daß es notwendig war, einen Weg aus dem Krieg zu finden, indem wir akzeptierten, daß wir ihn verloren hatten. Trotzdem gab es länger als ein Jahr lang nicht einen einzigen Politiker in Rußland, der es gewagt hätte zu sagen, gut, laß uns jetzt Frieden schließen, und der es gewagt hätte, in diesem Sinne sofort zur Tat zu schreiten. Das ist genau die Situation, die jetzt heraufkommt.

Was vergleichst du? Damals konnte man einen Frieden schließen. Heute kann man keinen Frieden machen.

Kann man! Frieden mit der Bevölkerung dieses Landes.

Wie soll das sein?

Im Augenblick handelt die Regierung wie eine Kolonialmacht in ihrem eigenen Land. Sie repräsentiert die westlichen Geschäftsleute und die lokale Kompradorenelite gegen die Bevölkerung ihres eigenen Landes. Geh in Moskau herum, und du wirst das überall sehen. Das ist das, worüber die Leute überall reden. Die Regierung ist dabei einen Krieg gegen ihr eigenes Volk zu führen. Tatsächlich zwingt sie die Leute nicht nur dazu, aus der Krise zu kommen, sondern eben nicht aus der Krise zu kommen, eben den Preis dafür zu bezahlen, die Krise fortzusetzen, die Krise zu vertiefen, damit bestimmte Teile der Bevölkerung von der Vertiefung der Krise profitieren können. Die Strategie der Regierung besteht darin, die Krise so tief wie möglich zu machen und so lange wie möglich fortzusetzen. In diesem Sinne ist der einzige Weg aus der Krise, wenn wir sagen, die Regierung hat den Krieg gegen ihre eigene Bevölkerung verloren. Sie muß aufgeben. Sie muß die Privatisierung stoppen. Sie muß die Liberalisierung stoppen. Sie muß aufhören, die westliche Herrschaft über das Land einzuführen. Sie muß sich der Garantie der Grundbedürfnisse des Volkes zuwenden, statt den Grundbedürfnissen ausländischer Unternehmer. Aber in diesem Moment wird diese Regierung genau die Unterstützung der sozialen Gruppen verlieren, die jetzt hinter ihr stehen. Also, der einzige Weg besteht darin, diese Regierung auszuwechseln. Das wird Rutskoj teilweise versuchen. Aber Rutskoj wird es nicht schaffen, einen wirklichen Bruch zu vollziehen. In diesem Sinne wird sein Erfolg nur ein sehr begrenzter und sehr widersprüchlicher sein. Auf diese Weise bereitet er nur den Grund für das Einsteigen der nächsten Kraft, statt sich selbst zu stabilisieren. Sein Weg wird also ebenfalls nur ein vorübergehender sein. Deshalb ist die Ideologie der Linken der Schutz der Grundbedürfnisse. Schützt die Grundbedürfnisse jetzt. Keine Sorge für die kleinen sozialen Gruppen der Privilegierten, um ihre Privilegien gegen die Mehrheit zu verteidigen. Das ist die Strategie der Linken, z. B. ist es die Strategie der MFP[150] und die der Union der Arbeiter. Das geht eng zusammen. Im Namen des Widerstands. Widerstehen ist notwendig, weil die Politik negativ ist. Man kann uns anklagen, kein positives Programm zu haben. Aber niemand, der jetzt an die Macht kam, hatte irgendein positives Programm. Als sie um die Macht kämpften und selbst wenn sie ein positives Programm hatten, dann war es nicht das, was sie jetzt umzusetzen versuchen. Sie hatten kein

150 Moskauer Volksfront.

positives Regierungsprogramm. Niemand wurde mit einem positiven Programm zurückgeschlagen.

Ich verstehe, aber ich habe eine weitere Frage. Vorhin hast du den Begriff Marktsozialismus gebraucht. Was soll das sein, wenn du das forderst?

Es ist das Verständnis, daß Marktbeziehungen die Basis für die Entwicklung eines öffentlichen Sektors sind, eines sozial organisierten, eines selbstverwalteten öffentlichen Sektors. Wir brauchen gewisse Marktbeziehungen, um sowohl die Ökonomie als Ganzes zu entwickeln wie auch darin den öffentlichen Sektor. Das bedeutet, wir sprechen von einer gemischten Ökonomie, die beherrscht wird von einem öffentlichen, selbstorganisierten Sektor.

In Leningrad hatte ich ein Gespräch mit jemand, der mir sagte: Ich bin gegen private Privatisierung, aber für kollektive Privatisierung ...

Das ist totaler Unsinn. Denn siehst du, erstens ist kollektives Eigentum in den Fabriken viel schlechter für die Kollektive als privates Eigentum. Es löst ja das Problem der Eigentumsstrukturen nicht. Wir brauchen den öffentlichen Sektor für die Herstellung der sozialen Gerechtigkeit, um soziale Kontrolle zu organisieren, unsere Ressourcen und den Wiederaufbau unserer Wirtschaft, Investitionen in bestimmte Betriebe, die Wiederbelebung des Kapitalkreislaufes in Betrieben usw. Wir haben so ein gewisses Management auf der einen Seite und verschiedene Ebenen der demokratischen Kontrolle auf der anderen. Das macht Sinn. Die Vorstellung, die öffentlichen Betriebe an Kollektive zu verkaufen, löst nicht ein einziges der elementaren Probleme. Es hilft der Wirtschaft in keiner Weise. Das ist das erste. Zweitens sind die Unternehmen in einer grauenhaften Verfassung. Wenn sie in die Hände der Kollektive gegeben werden, die keinerlei Erfahrung haben, dann gehen sie dem sicheren und sofortigen Bankrott entgegen. Dann gäbe es für die Regierung überhaupt keinen Weg, ihnen in irgendeiner Weise zu helfen. Es zeigt sich wieder, daß die Vorstellung der privaten und der kollektiven Privatisierung sehr eng miteinander verbunden sind. Die Arbeiter sind sehr frustriert über diese ganze kollektive Privatisierungsgeschichte. Wenn du Arbeiter fragst, was sie interessiert, sagen sie: Nun, wenn wir zwischen der kollektiven und der privaten Privatisierung zu wählen haben, dann wählen wir die kollektive. Dann haben sie wenigstens noch ein paar soziale Schutzmechanismen. Aber im Prinzip wollen sie überhaupt keine Privatisierung. Das ist die Meinung der Arbeiter. Das ist ziemlich vernünftig. Unter allen schrecklichen Szenarien ist das schrecklichste, wenn die kollektive Privatisierung in Arbeiterhand zu einem totalen Zusammenbruch der ganzen Ökonomie führt. In einigen Branchen der Industrie könnte es funktionieren, aber nur in einigen. Aber wenn es als die Hauptoption verfolgt wird, dann ist das das schlechteste Szenario, das für die Wirtschaft denkbar ist.

Ihr fordert zur Zeit also soziale Verteidigung, sozialen Widerstand, und auf der anderen Seite fordert ihr öffentliche Unternehmen und einen starken privaten unabhängigen tertiären Sektor.

Ja, da gibt es ein interessantes Beispiel. Der Appell, den die Moskauer Gewerkschaften jetzt zusammen mit Leuten von der Partei der Arbeit gestartet haben, wie Nagaitzew z. B., wurde mitgetragen von Vertretern der mittleren unabhängigen Unternehmen.

Aber ihr seid, soweit ich es verstehe, gegen das Monopol.

Ja, natürlich.

Ihr wollt große Fabriken, aber ihr seid gegen die Monopole.

Genau. Aber es gibt natürlich verschiedene Fälle, in denen wir keine Monopole haben wollen. Dann müssen wir sie zuallererst unter Kontrolle bringen und dann gezielt an einer Struktur der Demonopolisierung arbeiten.

Meinst du nicht, daß das ein Kreis ist?

Nein, wenn es ein Unternehmen des öffentlichen Sektors ist und wenn es als öffentlicher Sektor unter die Kontrolle des Verbrauches gebracht wurde, also nicht der Arbeiter, sondern der allgemeinen territorialen Räte der jeweiligen Gebiete, dann ist es für das Land gut, in Entmonopolisierung zu investieren. Wir können die Betriebe in verschiedene Branchen unterteilen usw. usw. Aber das ist auch ein langer Prozeß. Wenn man den Markt für westliche Konkurrenten öffnet, dann werden die meisten Unternehmen, die Monopolisten sind, ausradiert werden. Aber zusammen mit ihnen wird auch das technische Potential des Landes wachsen. Man kann sich nicht erlauben, sie auszuradieren.

Du stellst dich ganz und gar gegen die gewöhnliche Kapitalisierung. Aber glaubst du denn, ihr könnt ...

Nein, wir können nicht. Ich denke, es wird härtete Krisen im Westen geben. Es wird eine neue Welle der Reformen im Westen geben. Die Veränderungen imnRußland können den Westen auch in größere Veränderungen treiben. Man kann natürlich nicht ewig gegen die Flut zu schwimmen. Aber du kannst es einige Zeit.

Das bedeutet, eure Krise wird sich vertiefen, und vertiefen und eure Bevölkerung wird erneut das Experimentierfeld ...

O nein, das ist nicht richtig. Was bedeutet es, daß die soziale Strategie nicht gegen die Flut ankommt? Das heißt, wenn sie nicht zusammenkommt mit den Veränderungen im Westen, dann hat das nichts mit Experimentierfeld zu tun, sondern damit, daß man die Menschen vor dem Verhungern retten muß. Der Punkt ist andererseits: Wenn das Experiment nicht weit genug geht, so wie wir es für einen radikalen Wandel vorschlagen, daß das Land dadurch verschiedene neue sozialökonomische Entwicklungen erreicht, dann wird sich die Linke notwendigerweise national zurückziehen müssen, d. h., zurückziehen auf die Reformer. Das bedeutet, daß wir in diesem Fall eine substantielle Stabilisierung der Ökonomie erreichen können sogar nur für sich und gegen die Flut, eine wirkliche Verbesserung des Lebensstandards, nicht verglichen mit den westlichen Standards, sondern mit dem Niveau, das wir bei dem liberalen Kurs jetzt haben. Wir werden also nicht bekommen, was möglich ist, aber ich bin sicher, wir werden eine wirkliche Verbesserung bekommen im Sinne von realen Gehältern und einem realen Lebensstandard, einer wirklichen Lebensqualität, sogar im Rahmen eines kapitalistischen Systems ...

So weit ich dich verstehe, sprichst du von einem besonderen russischen Weg ...

Ja, es gibt keinen besonderen russischen Weg zum Sozialismus, aber es gibt einen besonderen russischen Weg aus der Krise. Danach kann sich das weiter zum Sozialismus entwickeln, wenn es sich verbindet mit den entwickelteren Gesellschaften der Weltwirtschaft und der Weltgesellschaft. Das betrifft auch gewisse Veränderungen in den USA, aber auch in Europa, wo die Verhältnisse sich vom Liberalismus zu einem neuen Reformismus hin bewegen können. Der Liberalismus ist erschöpft.

Ich verstehe sehr gut, wovon du sprichst. Im Allgemeinen teile ich wohl deine Gedanken zu diesem Thema, denn ich sehe eure Krise auch nicht als eine Sache für sich. Aber ich möchte doch noch genauer von dir hören, wie du die Krise hier und jetzt bekämpfen willst.

Heute kann man gar nichts machen, denn man kann nichts erreichen, ohne die Macht zu ergreifen. Das ist der Punkt. Das ist der Grund, warum wir einfach aushalten, widerstehen müssen.

Das meinst du also, wenn du sagst, daß du kein positives Programm hast.

Nun, man kann über ein positives Programm sprechen, solange man will. Da besteht nicht nur das Problem, daß niemand zuhört, weil wir die Medien nicht haben. Es ist schlimmer. Selbst die Leute, die es lesen oder hören könnten, sind nicht daran interessiert, es zu hören. Es kümmert sie nicht.

Das ist für dich klar?

Ja, vollkommen klar.

Sehr gut für dich, daß dir das klar ist, wenn auch hart. Aber was ist mit den anderen in der Partei der Arbeit?

Ich glaube, sie wissen es noch besser als ich. Die Gewerkschaften sind natürlich auf ein negatives Programm orientiert. Das ist ihre nationale Orientierung als Gewerkschaft. Die politischen Leute sind natürlich interessiert an einer Art positivem Programm. Auf der anderen Seite weiß man, daß man in der Opposition ist. Das ist zum Beispiel der Standpunkt von Isajew. Er besteht darauf, in der Opposition zu sein, genau gesagt deshalb, weil wir in Opposition zur Regierung stehen müssen. Wenn niemand in der Opposition wäre, würde die Bevölkerung sonst erwürgt. Wir hatten Auseinandersetzungen darüber auf unserem letzten Treffen zur Frage, wo bleibt das positive Programm, die positive Opposition usw.

Was werden eure nächsten Schritte sein?

Nun, Demonstrationen, Aufzüge, Flugblattaktionen in Moskau, das sind die Themen zwischen Gewerkschaft und »Partei der Arbeit« zur Zeit. Da gibt es Auseinandersetzungen. Die Gewerkschaften sind ja Teil der Regierung. Die »Partei der Arbeit« hat da weiterzugehen. Die Gewerkschaften können bestimmte ideologische Dinge nicht leisten. Diese Dinge müssen hier zwischen der Stadtregierung und der Gewerkschaft ausgetragen werden.

Dann müssen wir natürlich die Glieder der Partei über das ganze Land aufbauen, nationale Leitung usw. Auf der einen Seite haben wir also dieses Parteiaufbauprogramm. Auf der anderen Seite geht es einfach darum, die Menschen zum Widerstand zu ermutigen.

Dein Freund Kondratow hat mir erzählt, daß sich die »Sozialistische Partei« an dieser Frage gespalten hat. Was sind die Gründe?

Das sind mehr oder weniger die traditionellen linken Linien. Die die für die »Partei der Arbeit« sind, also für eine große, ernst zu nehmende Organisation, also eine Art von Teilnahme an der Arbeiterklasse, das war die Mehrheit. Die Minderheit lag weiter rechts. Sie beschäftigten sich vornehmlich mit der existierenden Macht. Kritisierten schon, aber waren auch für kritische Kooperation mit der Macht, machten Eingaben und Vorschläge an die Macht usw. Nach ihrer Ansicht hat die Jelzin-Regierung zu einer Stabilisierung geführt, nicht für die Ewigkeit, aber für den Rest unseres Lebens, und so haben wir uns auf eine lange Periode unter dieser Regierung einzurichten.

So denken sie?

Ja, sie sind ganz sicher darin. Für Generationen, sagen sie.

Soweit ich hörte, kritisieren sie vor allem, daß die Gründung der »Partei der Arbeit« eine Gründung von oben sei.

Ich erinnere mich an keine einzige Aktion, von der es nicht hieß, sie sei von oben gekommen. Das hat man der sozialistischen Partei, das hat man der KAS, der »Anarchosyndikalistischen Konföderation«, vorgeworfen. Das hat nichts zu bedeuten. Du kannst keine politische Gruppe gründen, ohne ein Organisationskomitee und eine Gruppe von Leuten, um die Dokumente zu unterzeichnen. Das reicht schon, um sie zentralistisch zu nennen.

Der Hauptpunkt, meinst du, ist die politische Differenz, daß sie die jetzige Regierung für potentiell stabil halten.

Ja, sie sagen, es sei eine neue historische Epoche.

März 1992

Rede Boris Kagarlitzkis auf der Veranstaltung »Schöne neue Welt« in Zürich

»Barbarei statt Zivilisation«[151]

Vor einigen Jahren, als die Gorbatschowschen Reformen gerade erst begannen, tauchte in der russischen, damals sowjetischen Sprache, die Formel auf: »Rückkehr Rußlands in die Weltzivilisation.« Sie schien zu sagen, daß wir entweder immer schon Wilde waren oder uns selbst während der siebzig Jahre Sowjetmacht zu Wilden gemacht haben. Um in die Zivilisation zurückzukehren, müsse man nur eine Reihe von konkreten Maßnahmen einleiten, durch die alles so werde wie im Westen. Denn dort blühte ja nach Auffassung der Ideologen der Perestroika die Weltzivilisation. So vollführen wir nun schon seit einigen Jahren einen magischen Schritt nach dem anderen und versuchen, uns zum Westen zu machen. Wir zerstören unsere Strukturen, die das zum Teil auch völlig verdienen, und versuchen, an ihrer Stelle Strukturen zu installieren, die mit westlichen identisch sind. Aber aus irgendeinem Grund wird alles nur immer schlimmer, und wir müssen sehen, wie unser Land unter der Losung der Rückkehr in die Zivilisation abgleitet in eine neue Barbarei. In eine Barbarei im elementarsten Sinne – wenn die normalsten Lebensbedingungen verschwinden, wenn Menschen ohne Strom, ohne heißes Wasser dastehen, wenn in manchen Gegenden Blut fließt, wenn Ideologen der nationalen Überlegenheit triumphieren, wenn Menschen anfangen, einander zu vernichten, weil jemand zu einer anderen Rasse oder Nation gehört, wenn die Korruption Ausmaße annimmt, die sogar in Rußland ungeahnt waren, in einem Land, das in Sachen Korruption eine ganz reiche und interessante Geschichte kennt.

Was also geschieht? Warum verschlechtert sich die Situation mit jeder Reform? Warum zerstören wir seit fünf bis sechs Jahren systematisch nicht nur

151 Entnommen aus *WOZ*, Nr. 15, 10. April 1992.

das kommunistische System, sondern auch die Grundlagen unserer Wirtschaft selbst? Unser Produktionspotential, unsere Technologie, unsere Arbeitskollektive? Meines Erachtens haben die regierenden Kreise tatsächlich die Bevölkerung des Landes bewußt betrogen, indem sie goldene Berge versprachen und die Hochkonjunktur buchstäblich sofort nach dem Umbruch. Andererseits ist es durchaus möglich, daß sie auch sich selbst betrogen haben. Und es ist schwer zu sagen, wen sie mit mehr Erfolg betrogen haben, die Bevölkerung oder sich selbst. Im Moment wohl sich selbst. Was die Bevölkerung angeht, so hat diese, als sie durch den »Eisernen Vorhang« von der Welt getrennt war, eine große platonische Liebe zum Westen entwickelt. Je weniger wir vom Westen wußten, desto mehr liebten wir ihn. Wir liebten ihn so, weil wir ihn nicht kannten.

Nun aber tritt die Reform in ihre entscheidende Phase. Seit zwei Monaten sind die Preise freigegeben. Zugleich wird eine harte Wirtschaftspolitik durchgesetzt. Die monetaristische Strategie der Regierung hat schon ihre erste Sicherung eines nichtdefizitären Budgets Resultate gezeitigt: Die antiinflationären Maßnahmen brachten die Hyperinflation, und die Maßnahmen zur Sicherung eines nicht defizitären Budgets führten zu einem Rekorddefizit, das in den ersten zwei Monaten dieses Jahres das Defizit des ganzen vergangenen Jahres übertrifft. Es ist genau das eingetreten, wovor linke Soziologen und Ökonomen gewarnt haben. Alles ergibt sich wie in einem krummen oder verzauberten Spiegel: Was du auch tust, es kommt das Gegenteil heraus. Oder aber die Regierung verspricht das eine, tut aber das andere.

Vom Standpunkt der liberalen Wirtschaftstheorie aus gesehen müßte die Erhöhung der Preise zum Wachstum der Produktion führen, proportional zum Ansteigen der Preise. Bei uns aber verringert sich die Produktion proportional zum Ansteigen der Preise. Die Preise stimulieren also nichts als das Sinken der Produktion. Die Erklärung dazu ist sehr einfach: Die Wirtschaft ist total monopolisiert, die Käufer haben keine Alternativen. Die Frage ist ja, welche Preise für die Produktion bestimmend sind. Der Käufer ist gezwungen zu kaufen, denn er will essen, er wird jeden Preis zahlen. Den Bedarf kann er selbst senken bis zu gewissen Grenzen, also stimuliert seine Not keine Produktion. Und die Betriebe versuchen sich am Leben zu halten mit den Mitteln der Preiserhöhung. Je weniger sie produzieren, desto weniger Rohstoffe verbrauchen sie. Für sie ist es also nützlich, die Produktion zu senken. Dass noch keine Massenarbeitslosigkeit aufgetreten ist, hat meiner Ansicht nach nur einen Grund: Direktoren der Betriebe möchten nicht die Arbeitskollektive zerstören. Und das nicht, weil die Direktoren so humane Menschen wären, sondern weil die Arbeitskraft, die sie kontrollieren, die einzige zuverlässige Quelle ist, über die sie in einer Situation wachsender Instabilität verfügen. Die Technokratie begreift, daß sie sich auf nichts mehr stützen kann, wenn die Arbeitskollektive zerstört werden. Alles Übrige ist unkontrollierbar geworden. Aber das können sie wahrscheinlich nur noch ein oder zwei Monate durchhalten, danach droht eine gewaltige Welle von Schließungen und Entlassungen hereinzubrechen, unter der die Arbeitslosigkeit phantastische Ausmaße annehmen dürfte. Das Gerede von der rettenden Privatisierung überzeugt inzwischen immer weniger Leute. Zur Zeit will niemand sein Privatkapital in die Produktion stecken. Sehr viel lukrativer ist es, damit einfach zu spekulieren. Reich werden kann man bei uns derzeit auch durch den Verkauf gestohlener Hilfsgüter. In diesem Sinn hat der Westen schon eine unschätzbare Hilfe für die neu entstehende russische Bourgeoise geleistet, denn das Gestohlene zu verkaufen ist sehr gewinnbringend, noch dazu, wenn man dafür keine Steuern zahlt. Zum Schluß stellt sich die Frage, wem nutzt das alles? Die Antwort auf diese Frage findet sich im Memorandum[152] der Regierung (vom Anfang des Jahres 1992 – ke), das bezeichnenderweise nicht an die Bevölkerung Rußlands adressiert war, sondern an den Internationalen Währungsfonds. Erst nach ständigen Fragen und viel Druck hat die Regierung dieses Memorandum veröffentlicht. Aus dem Dokument läßt sich nur eines schließen: Was jetzt geschieht, ist der Versuch, Rußland und die anderen Länder der ehemaligen Sowjetunion in die neue Weltordnung einzubinden und uns in die Weltzivilisation zurückzuführen, aber in einer ganz besonderen Rolle – in der Rolle der Barbaren und Wilden, denen es zukommt, die zivilisierten Herren zu bedienen. Aber mit dieser Rolle sind längst nicht alle Leute in Rußland einverstanden, und darum, glaube ich, stehen uns noch sehr ernste Auseinandersetzungen bevor.

152 Zu der Zeit erschien ein Memorandum der Regierung Gaidar anstelle eines Regierungsprogramms. Es folgte in seinen Hauptzügen wortwörtlich den Empfehlungen der Studie, die IWF und Weltbank soeben, Anfang 1991, unter dem Titel: Eine Studie über die Sowjetwirtschaft, drei Bände, Head of publication service, Paris,/Washington, 1991, vorgelegt hatten.

März 1992

Auf den Spuren der Privatisierung

Die Situation: Die Union ist aufgelöst. In der Russischen Föderation geht es jetzt Schlag auf Schlag: In Erlassen von Jelzin werden die Sowchosen[153] und Kolchosen[154] noch zum Jahresende 1991 aufgefordert, sich bis zum 1. März 1992 als Aktiengesellschaften oder in anderer Form neu registrieren zu lassen. Die Aktionäre sollen berechtigt sein, ihren Anteil zu verkaufen, als private Bauern selbst zu bewirtschaften oder sich auszahlen zu lassen. Ein weiterer Erlaß Jelzins eröffnet die kleine Privatisierung. Sie betrifft vor allem den Handel, die Gaststätten und das Dienstleistungsgewerbe. Eine staatliche Privatisierungskommission unter Anatoli Tschubajs [155] wurde dafür eingerichtet. Ein Memorandum der Regierung übernimmt praktisch alle Vorgaben des IWF. Von der Privatisierung ausgenommen sein sollten danach lediglich Betriebe von strategischer Bedeutung. Für Anfang 1993 wird eine Massenprivatisierung in Aussicht gestellt, zu der kostenlose Kupons an die Bevölkerung ausgegeben werden sollen. Innerhalb von zwei Jahren soll das Programm umgesetzt werden.

153 Sowchose – Staatswirtschaft (russ. Sowjetskoe Choseitswo).
154 Kolchose – kollektive Wirtschaft (russ. Kollektivnoe Choseistwo).
155 Tschubajs, Anatoli, als rechte Hand von Jegor Gaidar verantwortlich für die organisatorische Durchführung der Privatisierung, faktisch in den Befugnissen eines Privatisierungsministers.

Ausgewählte Daten dieser Zeit auf einen Blick:

25.12.1991 Gorbatschow tritt als Präsident der UdSSR zurück.

27.12.1991 Erlaß Jelzins zur Bodenreform.

29.12.1991 Beginn der kleinen Privatisierung und der Privatisierung auf dem Lande

25.12.1991 Gorbatschow tritt offiziell als Staatsoberhaupt zurück.

31.12.1991 Formelle Auflösung der UdSSR.

01.01.1992 Freigabe der Preise, Anstieg innerhalb eines Monats um 245 %.

Jan. 1992 Einführung einer Bodensteuer.

Febr. 1992 Unterzeichnung eines Schattenprogramms mit dem IWF.

05.03.1992 Neues Gesetz zur inneren Sicherheit.

31.03.1992 Föderationsvertrag zwischen der Russischen Föderation und den Republiken innerhalb der Föderation.

06.04.–21.04.1992 Der Kongress der Volksdeputierten billigt Jelzins Reformprogramm nur bedingt. Keine Einigung auf neue Verfassung.

(Weitere Daten in der Chronologie im Anhang)

Anatomie der Privatisierung – kaufen, rauben oder nutzen?

Das Gespräch steht am Ausgangspunkt einer halbjährigen Forschungsreise durch Russland. Es findet in den Gängen des Mossowjet statt, nachdem wir zuvor zusammen mit dem Abgeordneten Wladimir Kondratow in der Kantine des Mossowjet für 100 Rubel zu Mittag gegessen haben – ein normales, gutes Kantinenessen.

***

Also, laß uns beginnen: Meine Frage richtet sich dieses Mal auf die Privatisierung. Ich habe schon eine ganze Menge gehört, seit ich hier bin, und ich würde von dir gern wieder einmal ein paar klärende Worte haben. Es wird viel gesprochen von »nomenklaturischer Privatisierung« oder auch von »bürokratischer Privatisierung«. Es wird auch behauptet, es hätte bisher überhaupt keine Privatisierung stattgefunden. Kannst du klären, was bisher stattgefunden hat und was zur Zeit stattfindet?

Natürlich, die Privatisierung heute ist bürokratisch. Sie ist bürokratisch, weil es keine andere Möglichkeit gibt, etwas zu privatisieren. Verstehst du? Das ist sehr wichtig, denn es gibt keine Bourgeoisie, keinen Privatsektor, der z. B. etwas kaufen könnte. Daraus resultiert, daß es keine Privatisierung geben kann, die nicht bürokratisch ist. Etwas anderes ist eine totale Utopie, Unsinn. Das ist das eine. Das wissen alle unsere Wirtschaftsfachleute. Auch alle Funktionäre wissen das sehr gut. Das andere Problem ist, daß wir die Privatisierung vielleicht nicht brauchen. Das ist auch klar. Aber erstens braucht die Nomenklatura selbst diese Privatisierung. Andererseits sind auch die liberalen Ideologen immer pro Privatisierung, schon aus ideologischen Gründen. Es gibt auch einen großen Druck aus dem Westen, alles zu privatisieren, und zwar aus zwei verschiedenen Gründen. Der eine Grund ist ebenfalls ein ideologischer. Der zweite Grund besteht darin, daß die westlichen Gesellschaften dabei vielleicht die besten Teile (Boris zögert mit dem Begriff) …

… kaufen?

Nein …

… rauben?

Nein, auch nicht rauben – zusammen mit unserer Bürokratie nutzen. Zum Beispiel in der Rüstungs- oder Raumfahrtindustrie, neue Technologie. Das Problem ist: Viele Leute, die liberal oder rechts orientiert sind, wissen, daß die Privatisierung einerseits keine guten Resultate gebracht hat. Andererseits sind sie ideologisch trotzdem für die Privatisierung. So sagen sie, diese Privatisierung produziere deshalb keine guten Resultate, weil sie nicht richtig gemacht werde, eine deformierte Privatisierung, bürokratisch, eben keine richtige Privatisierung sei usw. Das ist der ganze ideologische Unsinn. Das ist so, wie die alten Kommunisten ihre Kritik führten. Also das war dann eben nicht der echte, richtige Kommunismus. Die Linie von Lenin sei deformiert usw. Daher sei es schlecht gewesen. Das alles, ohne die realen Prozesse untersucht zu haben. So gibt es viele verschiedene Theorien über die sogenannte demokratische Privatisierung. Meiner Meinung nach, auch von der ökonomischen Technik her, sind alle diese Projekte ganz dumm. Wenn man sie realisiert, könnte man noch schlimmere Resultate bekommen als die, die wir heute haben.

Ich verstehe, was du sagst, aber ich erinnere mich auch, daß wir schon früher Gespräche geführt haben über das Thema, als es noch nicht so aktuell war und die Resultate noch nicht zu sehen waren, wo du auch Standpunkte vertreten hast, daß man eine Privatisierung im Prinzip nicht ablehnen kann, sondern daß man darüber nachdenken muß, wie sie stattfindet.

O. k., Moment! Es geht um Privatisierung als Strategie und Privatisierung als Taktik. Die Linken wie Kolganow, wie Isajew usw. können einige Privatisierungen, konkrete Privatisierungen akzeptieren. Aber für die Liberalen ist Privatisierung eine Strategie. Das ist nicht nur quantitativ, sondern auch qualitativ. Die Liberalen sagen, man muß die Ökonomie privatisieren. Die Ökonomie kann man nicht demokratisch privatisieren. Das ist klar. Privatisierung ist kein Ausweg. Es gibt keine Privatisierungsstrategie, die unsere Gesellschaft erfolgreich machen kann. Aber natürlich gibt es einige konkrete Industrien oder Betriebe, die man erfolgreich privatisieren kann. Aber das ist nur dann möglich, wenn man Privatisierung als Strategie ablehnt. Die Liberalen sagen »obvolnija privatisatia«, totale Privatisierung. Aber es gibt eben kein Kapital, kein Bürgertum, keine Unternehmen, um das zu tragen. Wir haben in dieser Gesellschaft außerdem ein Investitionsdefizit, Investitionshunger. Das ist auch ein Grund, warum eine normale Privatisierung im westlichen Stil nicht möglich ist. Unsere Meinung ist, wir brauchen keine totale Privatisierung, aber einige Betriebe können wir privatisieren. Da gibt es dann einige konkrete Unternehmungen, die die Stadt abgeben kann, um Kapital zu sammeln, um selber als Stadt in den großen Betrieben zu investieren. Das heißt, daß man die Privatisierung als Taktik nutzt, um den staatlichen Sektor zu stärken. Die liberale Vorstellung ist dagegen, den Staatssektor zu zerstören und die Privatisierung für die Zerstörung des Staatssektors zu nutzen. Das ist ein großer Unterschied.

Das heißt, wenn jetzt von »nomenklaturischer Privatisierung« gesprochen und das kritisiert wird, dann wäre das nicht deine Kritik?

Der Begriff der nomenklaturischen Privatisierung wurde von Kalganow und mir schon vor drei Jahren erfunden. Wir sagten, daß diese Gefahr einer nomenklaturischen Privatisierung bestehe und daß absolut keine andere Privatisierung möglich sein werde und über all die anderen Versionen zu diskutieren einfach unrealistisch sei. Aber das wurde von den liberalen Wirtschaftsfachleuten vollkommen zurückgewiesen. Über drei Jahre sprachen sie nur über die anderen Wege der Privatisierung. Schließlich sind sie genau zu dem Punkt gekommen, den wir ihnen vorausgesagt haben. Jetzt beginnen sie, die nomenklaturische Privatisierung zu kritisieren, und versuchen vergessen zu machen, daß es die linke Analyse war, die genau das vorausgesagt hat. Zweitens vernachlässigen sie ganz und gar die Tatsache, daß es innerhalb der liberalen Strategie keine Alternativen gibt. Alle ihre Alternativen sind viel schlimmer als die, die jetzt realisiert wird. Die nomenklaturische Privatisierung wurde so beherrschend nicht wegen der schlechte Leute, nicht weil die Nomenklatura darauf drängte. Sie ist auch technisch der leichteste und der erfolgreichste Weg, weil sie weniger von der Wirtschaft zerstört als irgendeine andere Strategie. Mit jeder anderen Strategie wäre der Zusammenbruch der Wirtschaft noch schlimmer. Wenn man jetzt zur orthodoxen Privatisierung überwechseln wollte, was wollte man da verkaufen? Es gibt niemanden, der kaufen kann. Es würde doch alles in Staatshand bleiben. Das würde auch nur zu einem totalen Kollaps der Strategie führen. Das geht also auch nicht. Das hat man ja in Osteuropa versucht. Das war es genauso. Wenn man andererseits jetzt einfach zur Aufteilung der Unternehmen schreiten wollte, ohne Bürokratie, wenn man die Unternehmen an die Arbeitskollektive gäbe, wie manche Leute fordern, wäre das noch schlimmer. Die meisten Unternehmen würden zwei oder drei Tage später Bankrott gehen. Schon jetzt wissen wir, daß die Betriebe, die an Arbeitskollektive gegeben wurden, inzwischen entweder bankrott sind oder später billiger an die Unternehmer verkauft wurden, die auf diese Weise noch subventioniert wurden. Selbstverwaltung kann keine Lösung in der Ökonomie sein, die sich im Chaos befindet, auf der anderen Seite von der Regierung und von einem liberalen Marktdenken beherrscht wird. Du weißt, daß ich im Prinzip für Selbstverwaltung bin. Aber in dem Fall, wenn du eine Selbstverwaltung einrichten willst, dann mußt du die ganzen sozialen, wirtschaftlichen und politischen Rahmenbedingungen ändern, unter denen die Unternehmen aktiv sind. Die Investitionsstrategien müssen andere sein. Das Bankensystem muß ein anderes sein. Das System der gegenseitigen Verbindungen zwischen den Unternehmungen muß dramatisch reformiert werden, sowohl mit dem jetzigen Zustand als auch mit dem verglichen, das wir in einem System des freien Marktes haben könnten. Wenn man die Arbeitskollektive einfach zu Eigentümern der Unternehmen macht, ohne die Rahmenbedingungen zu ändern, ist das der beste Weg, sie in den Bankrott zu treiben.

Ich habe gehört, daß eine neue Konfliktlinie entsteht zwischen bürokratischer oder nomenklaturischer Privatisierung und den Direktoren zusammen mit den Arbeitskollektiven auf der anderen Seite.

Ja, das ist typisch. Aber die Direktoren, die Technokraten sind ganz generell gegen Privatisierung. Es gibt einige Technokraten, die gern Eigentümer werden wollen. Sie wollen größere Anteile einstreichen. Aber wenn es nur das wäre, müßte das kein großes Problem sein. Sie brauchten sich nur in einem Raum zu versammeln, einen Cognac zusammen zu trinken und sagen, gut, teilen wir es so und so auf. Das wirkliche Problem ist, daß die Direktoren nicht so sehr daran interessiert sind, höhere Beteiligungen und Einkommen zu haben, als daran, die Unternehmen in Gang zu halten. Sie sind Technokraten. Sie wissen, daß nahezu jede Privatisierungsstrategie die Unternehmen ruiniert. In diesem Sinne erhöht jede Privatisierung das Risiko für die Direktoren, weil sie dann nichts mehr zu leiten hätten. Sie sorgen sich um ihre eigenen Arbeitsplätze. Aber wie ist die Strategie der Nomenklatura in diesem Fall? Sie sagen, gut, macht euch keine Sorgen, wir geben euch »otstupnoi«, Ruhegeld. Sagen wir fünf % der Unternehmensaktien bekommen Sie für das Risiko, falls irgend etwas mit Ihrem Unternehmen danebengeht. In diesem Fall sagen die Technokraten natürlich: Wenn wir das Risiko tragen sollen, dann ist dieser Bonus nicht hoch genug. Wenn wir überhaupt das Risiko auf uns nehmen sollen, dann muß das, sagen wir, hundertmal mehr sein, dann wollen wir, daß 90 % des Unternehmens uns gehört. Das ist natürlich zu hoch für die Nomenklatura, um es zu akzeptieren. Wenn die Nomenklatura nicht mit Druck gegenüber den Technokraten arbeitet, sind die nicht sehr an der Privatisierung interessiert. Daran bricht die ganze Idee sofort zusammen.

Also es stimmt, daß dort ein Konflikt entsteht? Ein Konflikt zwischen der herrschenden Klasse und der Managerschicht zusammen mit der Arbeiterschaft?

Ja, aber die Verbindungen mit der arbeitenden Klasse sind begrenzt. Die Technokraten identifizieren sich nicht unbedingt mit den Interessen der Arbeiter. In bestimmten Fällen ist es so, aber nur in bestimmten Fällen.

Sie benutzen sie einfach, denke ich.

Nun, sie haben einige wirklich gemeinsame Interessen. Aber man sollte das nicht überschätzen.

Ich denke, ihr gemeinsames Interesse besteht darin, die Arbeitsplätze zu sichern?

Ja, die Industrie in Gang zu halten. Aber die Direktoren wissen natürlich, wenn sie anfangen, die Arbeitsplätze für die einfachen Arbeiter zu kürzen, unterminieren sie ihre eigenen Positionen. Sie können nicht einfach weitermachen mit einer kleineren Belegschaft. In einer Situation wie der unsrigen, in der die Wirtschaft im Chaos liegt, die so unausgewogen ist, hängt das Überleben eines Betriebes nicht von ökonomischen Ressourcen, sondern auch von solchen des Vertrauens ab. Die Arbeitskollektive sind die größten Ressourcen, die sich unter der Kontrolle der Direktoren befinden. Wenn sie also die Arbeitskollektive zerstören, sogar um den Profit des Unternehmens zu erhöhen, dann zerstören sie in einer Wirtschaft wie der, die wir heute haben, ihre eigenen Überlebensmöglichkeiten. Die Profitraten können an einem einzigen Tag zusammenbrechen. Aber mit den anderen Ressourcen kann man sich wieder erholen.

Aber die Technokraten müssen doch so oder so rationalisieren.

Ich kenne einige von diesen Leuten. Sie denken ganz genau in diesen Kategorien. Ich habe das oft mit Direktoren von Unternehmen diskutiert. Sie sagen, nun im Prinzip könnten wir das Personal kürzen, um die Profitrate zu erhöhen. Aber der Profit, den wir aus den Produkten gewinnen, die wir heute herstellen, könnte morgen zusammenbrechen, weil die Produkte nicht mehr gehen usw. Es ist unvorhersehbar. Wenn wir die Belegschaft des Unternehmens jetzt kürzen, könnten wir nicht so flexibel sein, wie wir es jetzt sind, um auf andere Produkte oder andere Produktionsstrategien umzusteigen. Wir können uns also von einem Kollaps nicht erholen, wenn wir jetzt die Leute rauswerfen. Die würden dann nicht zurückkommen.

Das bedeutet, sie bewegen sich nicht.

Sie versuchen, die Leute nicht zu opfern. Das ist einer der Gründe, warum wir keine Arbeitslosigkeit haben. Sie reagieren nicht auf den Marktdruck. Der westliche liberale Experte würde in diesem Fall sagen, das ist genau diese stalinistische, kommunistische Mentalität. Das ist der Grund, warum sie einfach die Regeln der Marktwirtschaft nicht richtig begreifen können. In Wirklichkeit opfern diese Burschen die Leute deswegen nicht, weil sie das wirkliche Spiel verstanden haben. Sie wissen, daß der Markt unstabil ist und sie irgendeine Stabilität brauchen. Sie wissen, daß die Versorgung mit Rohstoffen unstabil ist und sie in den nächsten sechs bis zehn Jahren keine größere Stabilität zu erwarten haben, denn bevor nicht die ganze Geschichte vollkommen durch ist, wird es keine verläßlichen Ressourcen geben. Die Energieversorgung ist auch unverläßlich. Man braucht irgend etwas, worauf man sich vollkommen verlassen kann, und das ist ihre Belegschaft. Sie müssen ihre Belegschaft so loyal sich gegenüber halten wie irgend möglich. Wenn sie anfangen zu kürzen, haben sie sofort das Risiko von Streiks.

Worin besteht der Unterschied zwischen diesen Technokraten und jenen, die persönlich privatisiert haben?

Zum ersten ist das eine sehr kleine Minderheit. Zweitens sind das die Leute, die alle in die verschiedensten außerökonomischen Strukturen verfilzt sind, Bürokratie, Mafia, politische Strukturen. Drittens sind sie diejenigen, die entweder direkt mit dem westlichen Kapital zusammenhängen. In diesem Fall ist das westliche Kapital die ergänzende Stabilitätsquelle. Die Verbindung zum westlichen Kapital ist eine Art Kompensierung für das Risiko, das sie eingehen. Auf der anderen Seite kontrollieren sie einige sehr seltene Ressourcen, wirkliche materielle Ressourcen, nicht nur Arbeitskraft und gewisse stabile Märkte, die entweder durch das internationale Kapital garantiert sind oder durch ihre nichtökonomischen, aber persönlichen Verbindungen mit der politischen Macht.

Also, soweit ich verstanden habe, findet Privatisierung eigentlich gar nicht statt ...

Aber doch, sie findet statt.

Wenn sie in den großen Unternehmen nicht stattfinden, wo denn dann?

Nun, Tausende großer Fabriken sind bereits privatisiert. Das ändert nur überhaupt nichts. Das ist der Grund, warum die Liberalen sagen, es sei eine falsche Privatisierung. Sie unterscheidet sich in den Eigentumsformen in nichts von den westlichen Privatisierungen. Zum Beispiel Kamas, die größte Traktorenfabrik der Welt, ist inzwischen eine private Fabrik mit Aktienanteilen, die sich in nichts von westlichen Gesellschaften unterscheidet. Der Unterschied ist nur, daß die Produktivität und die Effektivität zurückgehen. Die Situation hat sich nach der Privatisierung dramatisch verschlechtert, was allen liberalen Dogmen widerspricht. Aber das ist eine andere Geschichte. [156]

Dann sag mir bitte, was Privatisierung in diesem Fall bedeutet.

Nun, sie verwandelten das Unternehmen in eine Aktiengesellschaft. Sie versuchten, die Aktienanteile auf dem freien Markt zu verkaufen. Natürlich hat sie niemand gekauft. Ich denke, niemand will in eine sinkende Produktivität Geld stecken. Dann gaben sie einige der Aktien an die Arbeitskollektive, aber nicht direkt an die Leute, sondern an das Management des Unternehmens, das die Arbeitskollektive als Art Treuhand repräsentiert. Einige der Aktien gehören

156 Kamas – Traktorenwerke an der Kama in der Stadt Nabereschnye Tschelni, Republik Tatarstan. Nabereschnye Tschelni ist eine Industrieagglomeration, deren ca. 500.000 EinwohnerInnen nahezu vollständig von der Kamas-Produktion leben. Als die Produktion 1992 und danach dramatisch einbrach, brach auch die Infrastruktur der Stadt soweit ein, daß von Einheimischen vor Reisen an diesen »kriminellen Ort« gewarnt wurde, weil sich das soziale Klima dort in gefährlicher Weise radikalisiert habe. Nabereschnye Tschelni entwickelte sich zu der Zeit auch zum Zentrum von Konfrontationen zwischen tatarischen und »russischen« Nationalisten.

zu unterschiedlichen Banken, Ministerien, Strukturen, einschließlich privater. Einige gehören staatlichen Strukturen …

… das Ganze ist also nur eine Frage des finanziellen Managements? Es hat nichts zu tun mit Veränderungen der realen Infrastrukturen im Betrieb?

Nein, warte. Dasselbe gibt es in Britannien. Als sie dort privatisierten, wechselten sie die Eigner bzw. die Form des Eigentums. Das veränderte nicht die Struktur der Betriebe. Das veränderte nicht den Fluß der Produktion usw. Die Untersuchung der Privatisierung in England zeigt, daß es dort nicht einen einzigen Fall gab, wo die Privatisierung zu einem besseren Gang der Produktion, zu einer größeren Effizienz der Betriebe geführt hätte. Es gab einige Fälle, in denen die Effektivität sank. Es gab einige Fälle, wo die Effektivität mehr oder weniger gleich blieb. Und es gab einige mit geringen Zuwächsen, die trotz allem aber viel langsamer waren als vor der Privatisierung.

Aber soweit ich verstanden habe, sind doch die großen Unternehmen nur zu einem kleinen Teil privatisiert.

Nein, über das ganze Land. Sie haben mit ihnen begonnen. Es sind die kleinen Geschäfte, die noch nicht privatisiert sind. Die großen Industrien werden mehr und mehr privatisiert.

Aber wenn du über die Direktoren sprichst, die gegen die Privatisierung sind. Welche Direktoren sind denn dagegen?

Die aus den Betrieben, die etwas für den Gebrauchsgütermarkt produzieren. Sie stehen der Privatisierung sehr feindlich gegenüber. Am meisten für Privatisierung sind die WPK, die Unternehmen des militärisch-industriellen Komplexes. Sie erwarten, daß ihre Unternehmen von Ausländern übernommen werden und daß sie unter westlicher Kontrolle arbeiten können. Das Interesse des militärisch-industriellen Komplexes an der Privatisierung ist elementar. Was nicht Teil des militärisch-industriellen Komplexes ist und keine speziellen Ressourcen vertritt, steht ihr sehr feindlich gegenüber. Der Fall von Kamas ist das Beispiel eines kompletten Desasters. Ein anderer Typ von Privatisierung im zivilen Bereich war bei AZLK versucht worden, der Moskauer Autofabrik. Sie wurde schließlich durch das Arbeitskollektiv gestoppt. Jetzt ist sie paralysiert. Dort wurde die Privatisierung durch die Unternehmensleitung versucht. Sie wurde durch die Streikrate gestoppt. Das ist der zweite Fall. Es gab verschiedene Fälle wie diesen. Nehmen wir die Läden in Moskau. Du glaubst, sie seien noch Staatsläden. Tatsächlich sind sie schon alle privatisiert. Es gibt keine besonderen privaten Besitzer. Sie sind weder Privatbesitz, noch sind sie weiterhin Teil des Staates. Sie gehören riesigen Zwischenhandelsgesellschaften, die von den Staatsbürokraten gegründet wurden usw., aber sie arbeiten auf der Basis der alten staatlichen Strukturen. Wenn du in Moskau zum Zoll gehst, zum Beispiel zum Frachtzoll, er ist privatisiert!

Wir haben jetzt über die Regierung gesprochen, über die Nomenklatura, über die Direktoren, was ist mit der Mittelklasse, die sich irgendwo dazwischen aufhält? Was machen diese Menschen in dieser Situation? Ich hörte, sie fühlen sich einfach frustriert.

Nun, sie haben ganz genau das bekommen, was sie verdienen. Sie waren die Hauptkraft, die diese Regierung an die Macht gebracht hat; jetzt sind sie die Hauptopfer und die Hauptzielscheibe der Regierung. Man wird sie opfern. Aber ich denke wirklich, sie bekommen genau, was sie verdienen. Sie haben alles nur Mögliche getan, um ihre eigene soziale Existenz zu unterminieren. Jetzt sehen sie sich den Konsequenzen ihrer eigenen Dummheit gegenüber. Wenn sie politisch und sozial derart blöd sind, dann muß diese Schicht zerschlagen werden. Das ist gut für das Land.

Aber das Land braucht diese Mittelklasse.

Später wird es eine andere Mittelklasse geben aus einer anderen Gesellschaft und aus einem anderen Land. Für diese heutige Mittelklasse gibt es keine Möglichkeit des Überlebens.

Wenn ich dich an deine eigenen Worte erinnern darf: Wenn wir keine Mittelklasse haben, werden wir auch keine Infrastruktur haben usw. Das ist also eine tödliche Entwicklung.

Absolut! Es gibt keinen Ausweg. Die Katastrophe ist unvermeidlich und notwendig. Die Strukturen, die jetzt existieren, haben sich als unfähig erwiesen, auch nur das Problem ihres eigenen Überlebens zu lösen, auch nur minimale technische Voraussetzung für das eigene Selbstinteresse zu liefern. Wenn so etwas geschieht, dann heißt das, daß solche sozialen Strukturen nicht verdienen, fortgesetzt zu werden. Man muß die Gesellschaft von Anfang an wieder aufbauen.

Also, wo geht es lang?

Ich denke, nach einigen Jahren der katastrophalen Entwicklung wird es eine notwendige Stabilisierung geben, die eine neue soziale Struktur hervorbringen wird mit einer neuen Arbeiterklasse, mit einer neuer Bourgeoisie usw. Übrigens, nach der Russischen Revolution gab es die Periode der NEP, der »Neuen ökonomischen Politik«. Die NEP hatte ihre Bourgeoise, und sie hatte ihre Arbeiterklasse, die war damals natürlich die dominierende Macht. Es gab die Bürokratie. Und es gab die Bauernschaft. Und sie hatte ihre Intellektuellen. Natürlich gab es einige, die aus den früheren Klassen kamen. Aber aufs Ganze gesehen waren all die Klassen, die nach der Revolution entstanden, neue Klassen, die fast bei null anfingen. Es gab eine neue Bourgeoisie. Es gab neue Intellektuelle, die aus dem Bürgerkrieg hervorgingen. Natürlich ist es eine Art Mischung. Aber die Bourgeoisie der NEP war nicht die alte Bourgeoisie. Die Intellektuellen der 20er waren nicht die alten. Sie waren eine Mischung aus den alten und neuen. Die Arbeiter waren ebenfalls nicht die alten Arbeiter. Alle sozialen Komponenten waren schon früher da, aber es waren neue Leute in neuen Strukturen. Das ist das, was jetzt auch wieder geschehen wird.

Wie siehst du die Lage der Bauern?

Sie sind das stabilste Element unserer Gesellschaft. Alle Versuche, die Sowchosen und Kolchosen zu zerstören, werden sich als vollkommener Fehlschlag herausstellen. Ich gebe dir ein Beispiel, um dir die Situation zu erklären: Es gibt eine Menge Gerede über die Bauern, die Bauern, die Rußland ernähren sollen usw. Wieviel produzieren die Bauern zum Beispiel in der Moskauer Gegend? In dem Moskauer Verwaltungsbezirk produzieren die privaten Bauern 0,2 % der Nachfrage. Die Ideologen der Bauernbewegung erklären das damit, daß die Höfe klein sind, sie seien unterfinanziert, unterversorgt mit technischem Gerät usw., obwohl mit Ausnahme der Kleinheit dieselben Klagen auch über Kolchosen und Sowchosen vorgebracht werden könnten. Aber gut, stellen wir uns vor, daß alles perfekt sei: Sie haben ihr Land von der Kolchose bekommen, sie haben ausreichende Finanzierung, sie haben alle Geräte, die sie brauchen usw. Stell dir vor, daß sie dramatische Erfolge haben, so daß sie ihre Produktion um das 20fache steigern können pro Jahr und Haushalt. Das wäre schon ein Wunder, ohne Parallele in der Weltgeschichte. Dann sind das immer noch gerade vier %. *(lacht)* Das ist nichts. Aber das wäre so, wenn nicht nur alles erfolgreich, sondern geradezu ein Wunder wäre.

Warum glaubst du, daß die Reform der Sowchosen und Kolchosen nicht erfolgreich sein wird?

Weil die Leute einfach keine Bauern sein wollen. Sie wollen nicht auf dem Lande leben. Zweitens sind die Bauern die allerletzten, die der Zerstörung der Kolchosen applaudieren. Sie wissen, wenn die Kolchosen fallen, fallen sie auch. Die einzige Infrastruktur, die sie überhaupt haben, haben sie durch die Kolchosen. Der Fall von Lisuana zeigt die Ergebnisse. Sie lösten die Kolchose auf. Dabei war das in Lisuana besonders einfach. Sie hatten dort nie ein integriertes Anbausystem. Jahrelang war das Land zwischen den Bauern dort geteilt. Die Kolchose Lisuana war mehr ein Regulationssystem nach dem Muster der russischen Óbschtschina als eine von den technisch integrierten russischen Kolchosen. Die technische Integration war vergleichsweise niedrig. Auf der anderen Seite war es ein kleines Land mit einer guten bäuerlichen Tradition. Man brauchte auch nicht so lange Versorgungswege wie in Rußland. Das Ergebnis war, daß im ersten Jahr der Privatisierung nach der Zerstörung der Kolchose die Produktion um 30 % zurückging. Das war 1991, und es gibt Grund zur Annahme, daß sich das 1992 nicht fortsetzt. Zumindest wird es sich nicht erholen. Die Bauern gingen daraufhin zur Regierung und verlangten, daß die Kolchose wiederhergestellt wird. Sie seien von der Regierung getäuscht worden, die das staatliche System der Versorgung, Infrastruktur und der Regulierung zerstört habe und nichts an dessen Stelle gesetzt habe. Aber die Regierung erklärte, die Zeit für die Kolchosen sei vorüber. Sie würden sie nicht wiedererrichten.

Die Zeit fliegt, darum will ich nur noch eine einzige Frage stellen. Wie wird sich der politische Kampf in der gegebenen Situation entwickeln?

Die westliche Annäherung an die Situation in Rußland ist ziemlich schrecklich in einem Aspekt. Jetzt schreibt die westliche Presse, wenn sie über Rußland schreibt, mehr pro Regierung, sie sind apologetischer gegenüber der Regierung als die Propaganda unserer Regierung selbst. Eine der Erklärungen, die sie dafür immer geben, ist, daß es keine wirklichen Proteste in Rußland gebe. Natürlich gibt es kommunistische Demonstrationen. Aber die erreichten nicht den Level wirklicher Massenbewegungen, obwohl sie wirklich groß waren. Das Problem ist aber, daß man die Situation nicht versteht, wenn man gar nicht erst versucht zu verstehen. Die Dinge waren in der Vergangenheit, in der Zeit Gorbatschows nicht wirklich schlecht. Die Leute hatten freie Zeit und gute Stimmung, um zum Protest zu gehen gegen Dinge, die schlecht waren, aber nicht wirklich gefährlich für sie, von denen sie sich noch nicht wirklich in ihrer täglichen Existenz bedroht fühlten. Zu protestieren war angenehm. Das war so wie am Sonntag im Park spazierengehen. Das war einfach eine Art der Zerstreuung. Unter dem neuen Regime sind die Leute sehr viel verängstigter. Es ist klar, wie Demonstrationen heute auseinandergetrieben werden. Wenn man heute demonstrieren geht, ist klar, daß man wenigstens geschlagen wird, was unter dem vorherigen Regime absolut nicht der Fall war. Aber die Hauptsache ist das noch nicht, natürlich. Jetzt, wo das tägliche Überleben der Menschen Haushalt für Haushalt bedroht ist, haben die Leute einfach überhaupt keine Zeit für Politik. Sie müssen versuchen, ihre Haushalte in Gang zu halten. Ich gebe dir ein Beispiel. Ich kenne einen Journalisten bei »Kommersant«, ein Linker, der außerdem noch bei einer liberalen und bei einer linken Zeitung arbeitet. Das ist die Art zu überleben. Früher hatte er 2.000 Rubel bei »Kommersant« und war damit ein reicher Mann. Jetzt hat derselbe Bursche 7000 Rubel, aber er muß für drei Jobs arbeiten. Seine 7000 Rubel entsprechen ungefähr dem Wert von 700 Rubel vor der Preissteigerung. Er muß jetzt dreimal so viel arbeiten. Aber sein Einkommen ist auf vielleicht 45 % des ursprünglichen gefallen. Wird dieser Mann sich einer Demonstration als Protestler anschließen? Nein, zuallererst wird er die Jobs suchen, die sein Einkommen wenigstens auf dem Level von 45 % halten, einfach um seine Familie zu erhalten. Das ist die typische Reaktion des gesamten Landes. Aber im weiteren gibt es zwei mögliche Entwicklungen: Entweder wird sich die Lage mehr oder weniger stabilisieren und es wird einen leichten Anschein von Verbesserung, allerdings keine wirkliche Verbesserung geben. Es wird keine grundlegende Verbesserung kommen; es wird einfach nur aufhören, sich immer weiter zu verschlechtern. An diesem Punkt kann man ironischerweise einen wahren Ausbruch von Protesten erwarten. Das wird der Augenblick sein, an dem die Energie der Menschen wenigstens zum Teil befreit wird von der Last der täglichen Überlebenstechnik.

Oder die Situation wird noch schlechter werden, noch weitere Preissteigerungen, Arbeitslosigkeit usw., so daß die Menschen nicht einmal mehr die Chance des physischen Überlebens sehen. In beiden Fällen werden wir spontane Proteste haben.

Unsere Analyse war bis vor kurzem, daß vor Ende März hier nicht wirklich etwas geschehen würde und daß diese Ausbrüche nicht vor dem späten Herbst zu erwarten seien. Aber die kommunistischen Proteste waren doch viel ernsthafter als vorauszusehen. Auf der anderen Seite verliert die kommunistische Welle an Kraft. Sie wird auf Dauer nicht sehr erfolgreich sein. Sie unterwühlen ihre eigene Basis.

Inwiefern das?

Die Protestwelle schwillt natürlich an. Aber sie haben eine sehr lineare Sicht der Dinge. Sie haben ihren Anhängern doch tatsächlich versprochen, daß sie diese Regierung, wenn nicht im März, so doch im April stürzen können, mindestens aber die Regierung zu irgendeinem ernsthaften Kompromiß oder zum Rückzug zwingen werden. In Wirklichkeit werden sie nichts davon erreichen. In Wirklichkeit werden sie nur zur politischen Stärkung der Regierung beitragen, und dann werden sie ihren Aktivisten erklären müssen, warum sie das genaue Gegenteil von dem erreichen, was sie versprochen haben.

Was ist ihre Hauptparole?

Wiederherstellung der 30er! Nieder mit der Regierung!

Und ökonomisch?

Sie haben keine ökonomischen Parolen. Wegen ihrer Verbindung mit den rechten liberalen Nationalisten gibt es da eine Mixtur aus rechts und ultralinks. Das ist der Grund, warum sie praktisch alle Parolen wie soziale Gerechtigkeit usw. fallenlassen mußten. Man kann Leute mit den Parolen sehen, aber wenn du mit den Führern spricht, so bestehen sie auf nationalen Dingen wie Wiederherstellung der Würde des russischen Volkes usw. Die rechtsliberalen Nationalisten sind für Privateigentum. Auf der anderen Seite sind sie Anhänger der Planwirtschaft. Das ist die Basis des Kompromisses mit den Kommunisten. Zugleich sind das planwirtschaftliche Denken der Kommunisten und das der Nationalisten unterschiedlich. Es gibt auch keine Strategie, wie man einen öffentlichen Sektor aufbauen könnte. Das ist einfach eine Art konservativen traditionellen Planwirtschaftsdenkens, das nichts mit irgendeiner alternativen Strategie zu tun hat. In gewissem Sinne bringt es sie zurück in liberale Grundpositionen: mehr Staat innerhalb der liberalen Strategie. So sehen es die Nationalisten. Man teilt die Perspektiven Gaidars, nur weniger Privatisierung, andere Besteuerung und mehr Bürokratie.

Einer der Wege, den die Regierung für die kommende Zeit vorschlagen könnte, wären vorgezogene Wahlen zum russischen Parlament. Die Verfassungskrise geht in diese Richtung. Wenn die neue Verfassung angenommen wird, wird das alte Parlament einem neuen Platz machen müssen. Wenn sie nicht angenommen wird, wird die Regierung das jetzige Parlament auflösen. So oder so ist das klar. Das heißt, für die Regierung ist das gut. Sie könnte die ganze Auseinandersetzung auf die parlamentarische Bühne schieben. Damit würde sie die Exekutive vor jeder Herausforderung bewahren, weil die ja nicht neu gewählt werden müßten. Das heißt, sie bewahren die tatsächliche Macht in ihren Händen nach dem Motto, laß uns eine neue Talkshow inszenieren, eine bessere.

Auf der anderen Seite zeigt sich, wie schwach und marginal die Unterstützung für die Kommunisten ist. Das gibt den Nationalisten eine gute Chance, die Unterstützung der Kommunisten aufzugeben. Das war nötig auf der Straße. Bei den Wahlen wird sie nicht so wichtig sein. Da kann man andere Bündnisse haben.

Der dritte Punkt ist: Das ist ironischerweise eine gute Chance für die Linken. Ihre Wahlauftritte sind in der Regel besser als ihre Auftritte auf der Straße und besser als ihre Auftritte in Organisationsfragen. Das wird also die Chance für die Partei der Arbeit sein, die Partei wirklich aufzubauen. Die Wahlen könnten die Linken als tatsächliche Alternative legitimieren. Jetzt ist ungewiß, ob sie eine reale oder nur eine intellektuelle Alternative ist. Aber ich denke, das wird uns nicht auf den Weg einer Partei nach traditionellem sozialdemokratischem Stil bringen. Das sähen zwar eine ganze Reihe von Leuten aus unserer Mitte gern. Aber das Problem ist, es gibt da keinen Raum für eine erfolgreiche sozialdemokratische Partei. Das liegt an den Gründen, die ich vorher genannt habe, weil einfach der soziale Hintergrund ein anderer ist. Ich habe wenig Anlaß, mich vor einer Verparlamentarisierung zu fürchten. Aber die Wahl ist die Gelegenheit, wenn die Nationalisten die Kommunisten im Parlament ersetzen. Sie werden mit einigen Liberalen zusammen die Regierung stellen, eine nationalliberale Regierung, unterstützt durch die exekutive Macht Jelzins …

… dies könnte der legale Weg zur rechten Machtergreifung sein.

Jelzin wird auf nationalistischere Positionen weiterrücken, bleibt aber an der Macht. Rutskoj wird Vizepremier und übernimmt Gaidars Geschäfte.

Gut, eine letzte Frage: Für den 17. ist eine Versammlung der Vereinigten neokommunistischen Bewegung angekündigt. Was wird da geschehen?

Sie wollen den Kongress der Volksdeputierten einberufen. Sie wollen die konstitutionellen Grenzen der früheren Sowjetunion wiederherstellen, einen neuen Präsidenten wählen.

Das ist eine Provokation.

Absolut. Es ist einfach sehr dumm, weil es nicht geschehen wird. Es wäre doch eine sehr verrückte Idee, einen Staatsstreich zu organisieren und das Datum dafür zwei, drei Monate zuvor öffentlich anzukündigen. Das ist sehr russisch. *(lacht)*

Ich danke dir für das Gespräch.

Oktober 1992

Ergebnisse der Privatisierung

Die Situation: Fast zwei Jahre sind seit dem Antritt Jelzins vergangen. Der Blankoscheck, den Jelzin und die Regierung Gaidar nach dem Putsch erhalten hatten, ist nahezu verbraucht. Das Land stöhnt unter den Folgen des Privatisierungsprogrammes. Was in zwei Jahren vollendet sein sollte, droht in strukturlosem Chaos zu versinken. Inzwischen sind auch die Vouchers, die angekündigten Anteilsscheine am Volksvermögen, an die Bevölkerung verteilt worden, das Stück im Wert von 10.000 Rubel. Jeder Einwohner, jede Einwohnerin Rußlands soll damit ein kleiner Kapitalist werden können. Tatsächlich weiß die Bevölkerung mit den Vouchers nur wenig anzufangen. Nicht wenige dieser Papiere enden im Tausch gegen eine Flasche Wodka, als Einwickelpapier für Butterbrote oder sogar auf dem Abort. Skrupellose Aufkäufer ziehen die übrigen Papiere wie Staubsauger an sich, aus Pri-vatisierung ist im Volksmund schon lange Prich-watisierung, Raub geworden.[157] Jelzins stößt auf zunehmenden Widerstand im Kongress der Volksdeputierten. Eine Verfassungsreform kommt nicht zustande. Die Privatisierungspolitik der Regierung Gaidar gerät unter Rechtfertigungsdruck. Im April scheitert ein Mißtrauensantrag gegen Jelzin im Kongreß der Volksdeputierten, aber die Opposition wächst. Auch außerhalb des offiziellen Politikbetriebes sammeln sich neue Kräfte. Im Oktober wird die Partei der Arbeit gegründet, in der ernsthaft über Perspektiven nachgedacht wird, wie die Macht zu ergreifen sein könnte. Debatten über eine mögliche faschistische Entwicklung greifen unter Intellektuellen um sich.

157 Das russische Verb für rauben = prichwatisirowatj.

Ausgewählte Daten dieser Zeit auf einen Blick:

01.01.1992 Freigabe der Preise, Anstieg innerhalb eines Monats um 245 %.

Febr. 1992 Unterzeichnung eines Schattenprogramms mit dem IWF.

05.03.1992 Neues Gesetz zur inneren Sicherheit.

31.03.1992 Föderationsvertrag innerhalb der Russischen Föderation.

06.04.–21. 04.1992 Kongress der Volksdeputierten billigt Jelzins Reformprogramm nur bedingt. Keine Einigung auf neue Verfassung möglich.

15.05.1992 Vertrag über kollektive Sicherheit (OVKS) zwischen Russischer Föderation und UdSSR-Nachfolgestaaten geschlossen.

06.04.1992 Mißtrauensantrag gegen Jelzin gescheitert: Verlängerung seiner Sondervollmachten.

05.06.1992 Gawriil Popow tritt als Moskauer Bürgermeister zurück, Nachfolger Juri Lyschkow.

Juli 1992 Beistands-Abkommen zwischen Russischer Föderation und IWF. Auch alle anderen Mitglieder der GUS sind inzwischen dem IWF angeschlossen.

11. 06.1992 Oberster Sowjet verabschiedet Privatisierungsprogramm für 1992.

05.08.1992 Bauern- und Landarbeiterproteste gegen Privatisierung im ganzen Land.

04.09.1992 Sondererlaß zur Privatisierung auf dem Lande.

22.09.1992 Volksdeputierte kritisieren Gaidars Wirtschaftspolitik.

24.09.1992 Gesetz über Verteidigung soll Politik Priorität über Militär geben.

Okt. 1992 Partei der Arbeit gegründet (landesweit).

23.10.1992 Die Voucher-Privatisierung beginnt: Anteile im Wert von 10.000 Rubel das Stück werden an die Bevölkerung ausgegeben.

(Weitere Daten in der Chronologie im Anhang)

»Wir wollen keine Kolonie der WTO werden«

Zunächst: »Partei der Arbeit«
Das Gespräch steht am Ende einer halbjährigen Forschungsreise des Autors. Es hat den Charakter eine Bestandsaufnahme.

***

Grüß dich, Boris, schön, dich wiederzusehen. Du weißt, ich war jetzt ein halbes Jahr in Russland unterwegs. Meine Hauptfrage galt der Privatisierung auf dem Lande. Das möchte ich selbstverständlich mit dir besprechen. Aber vorher habe ich noch ein paar Fragen zur Gründung eurer neuen Partei. Ich war ja auf eurer Gründungskonferenz.[158] Hat sich durch die Gründung etwas positiv für eure Arbeit verändert? Und wenn, dann was?

Es ist noch nicht klar. Klar nur: positiv, aber noch nicht klar in welchem Maßstabe. Wir müssen uns noch registrieren lassen, um wirklich tätig werden zu können, um Geld zu bekommen, Räume usw. Das ist das eine.

Das sind die formalen Dinge …

Das Zweite ist, daß die Gründungskonferenz in einem Moment stattfindet, in dem sich die Gewerkschaft zu bewegen begann. Aber es gibt noch keine Resultate. Es ist ganz offensichtlich, daß eine Politisierung der alten Gewerkschaften begonnen hat. Es begann damit, daß sich ein Block der Direktoren und Gewerkschafter gebildet hat, die »Graschdanksi Sojus« (Bürgerliche Union). Neue Akteure sind aufgetreten. Aber der Block ist nicht sehr fest. Vor Ort zerfällt er bereits. Er zerfällt in dem Augenblick, wo er die Macht ergreifen müßte. Landesweit setzt die

158 Nach der Moskauer Gründung geht es jetzt um die landesweite Gründung der Partei.

»Graschdanski Sojus« ihre Zusammenarbeit mit den alten Gewerkschaften fort, aber vor Ort machen die Direktoren der Betriebe bereits eine antigewerkschaftliche Politik. Das führt dazu, daß die Gewerkschaften sich zurückziehen, bevor die »Graschdanski Sojus« an die Macht kommen konnte. Im Ergebnis befindet sich die Gewerkschaft in ziemlicher Verunsicherung und sucht eine neue Politik. Diese Politik kann gegenwärtig nur die Partei der Arbeit bieten.

Wieso das?

Weil sie keine eigenen Kader haben, sie haben keine eigenen Intellektuellen, sie haben keine eigenen politischen Aktivisten. Einfach deshalb, weil keine andere Gruppe an diesen Gewerkschaften interessiert ist. Es gibt zur Zeit drei Kräfte: die »Front der nationalen Rettung«, die »Bürgerliche Union« und uns, die »Partei der Arbeit«. Wir sind der einzige strategische Partner, weil wir eine politische Plattform haben, zweitens sind wir an den Gewerkschaften nicht nur politisch interessiert, sondern auch als soziale Kraft. Drittens gibt es keinen Mechanismus, über die Gewerkschaften irgendeine Politik durchzusetzen. Eine solche Möglichkeit gibt es nur bei einer Vereinigung der verschiedenen Kräfte, weil nur mit gewerkschaftlichen Kräften Politik zu machen ist. Die »Partei der Arbeit« bietet die einzige Möglichkeit, so etwas wie politische Loyalität zu finden. Das heißt, zu uns kommen Parteigänger aus den verschiedenen Gruppen. Das bedeutet: Erstens müssen wir, wie gesagt, in den nächsten Monaten genügend Mitglieder finden, um uns real registrieren zu können. Zweitens müssen wir formelle – nicht nur informelle Verbindungen zu den Gewerkschaften herstellen, also die Partei als offiziellen Partner etablieren. Drittens müssen wir ein Netzwerk aufbauen, das das ganze Land einbezieht oder wenigstens die wichtigsten Teile des Landes. Und viertens, last not least, müssen wir einen Gewerkschaftskorpus bilden, das heißt müssen die interessantesten und aktivsten Menschen in einer gemeinsamen Leitung zusammenbringen, die mit uns arbeiten, aber auch zugleich die Veränderungen innerhalb der Gewerkschaften bewirken.

Und? Habt ihr schon Wirkung nach außen?

Ja, die Gründung der »Partei der Arbeit« hat sehr deutliche Auswirkungen. In der Presse, im Rundfunk, überall ist von der Bewegung in den Gewerkschaften die Rede. Alle Zeitungen, alle Sender schimpfen ja auf die Gewerkschaften …

… weil sie heute zwischen Kommunisten und Demokraten schwanken …

Ja, sie stehen in so einem Zwischenstadium, in dem sie nicht wirklich handlungsfähig sind. Wir in unserer Position sind dagegen tatsächlich handlungsfähig.

Und du glaubst, daß sie mit euch zusammen echte Interessenvertreter der einfachen Leute werden können?

Ja, früher haben Gewerkschafter immer ihr eigenes Interesse vertreten. Jetzt haben sie gar keine andere Wahl mehr, als wirklich die Interessen der Werktätigen wahrzunehmen. Wenn sie sich jetzt nicht für die realen Interessen einsetzen, dann verlieren sie alles. Und deshalb kümmern sie sich heute um die wirklichen Interessen der Werktätigen. Das ist das eine. Das zweite ist, sie müssen konkrete Kampfstrukturen aufbauen, sonst gehen sie unter. Und sie müssen sich radikalisieren. So kriegen sie nicht nur neue Mitglieder, sondern ziehen auch neue Kader heran. Das heißt, sie müssen einen Weg gehen, den sie bisher nicht gegangen sind. Aber wir müssen an sie herantreten, mit ihnen arbeiten, sie unterrichten, sie schulen und so eine breitere politische Basis schaffen. Wir werden nicht die ganze Gewerkschaft bearbeiten, sondern uns um die Ausbildung von Aktiven kümmern. Die gibt es bisher einfach nicht. So eine Gruppe von Aktivisten kann nur von unten her aufgebaut werden, oben findest du sie nicht. Und außer im gewerkschaftlichen Bereich findet man überhaupt keine politischen Aktivisten. Es wird auch so bald keine allgemeine Massenbewegung geben. Also für die nächsten drei bis vier Monate wird es jedenfalls keine solchen Bewegungen geben.

Im Winter…

… ja, vor Februar oder März wird sich nichts bewegen. Solange haben wir Zeit, Strukturen und leitende Persönlichkeiten aufzubauen und uns so auf reale Bewegung vorzubereiten. Dabei gibt es mehrere Probleme: Das erste besteht darin, daß es vor Ort keine führenden Köpfe gibt, sondern alles zentralisiert läuft. Das ist die traditionelle Krankheit Rußlands, die keine Basiskräfte, sondern immer zentralisierte Strukturen hervorbringt. Das zweite ist die Sozialdemokratisierung. Das ist ein ideologisches Problem. Es bestehen große Differenzen über die einzuschlagende Taktik. Da sind Leute wie Isajew, Nagaitzew, denen es eher um persönliche Ambitionen geht, um ihre Karriere. Statt linke Politik zu unterstützten, wiegeln sie eher ab, bringen die Leute dazu abzuwarten. Sie sind sehr viel stärker sozialdemokratisiert als die spontanen Proteste. Das sind unsere Erfahrungen.

Wann glaubst du, daß neue Bewegungen entstehen werden?

Nun, wie gesagt, der Winter, da verbieten sich große Aktionen. Aber im Frühjahr wird es eine breite Arbeitslosigkeit geben. Ein Grund, warum es bisher keine großen Proteste gegeben hat, besteht darin, daß es bisher keine große Arbeitslosigkeit gab. Löhne werden gekürzt, sogar ganz zurückgehalten, Kurzarbeit wird verordnet, aber offene Arbeitslosigkeit gibt es noch nicht. Offener Widerstand der Arbeiter beginnt da, wo die versteckte Arbeitslosigkeit in eine offene übergeht. Wenn die Arbeitslosigkeit über 8 %, 10 % bis 20 % geht, da wird es massenhafte Proteste geben. Bei noch höherer Arbeitslosigkeit werden die Gewerkschaften die Situation schon nicht mehr kontrollieren können.

Wofür tritt die »Partei der Arbeit« jetzt ein? Was werden die Menschen fordern? Wer wird Forderungen stellen?

Heute treten die Leute einfach mit Forderungen auf wie Nieder mit Jelzin!, Nieder mit Gaidar!, Nieder mit der Regierung! usw. Das heißt, die Menschen treten nicht für etwas, sondern gegen etwas auf. Sie werden natürlich auch gegen die Privatisierung auftreten. Gegen die Politik der Preisfreigabe. Sie werden gegen den außenpolitischen Kurs auftreten. Einen Kurs FÜR etwas vorzugeben, das ist dann schon unsere Aufgabe: für eine gemischte Ökonomie, also für eine Wirtschaft mit hohem sozialistischen Anteil. Für die Erhaltung des Staatssektors, gegen die Verschleuderung der Gemeinschaftsgüter durch zügellose Privatisierung …

… konkret …?

Verstehe, die Gewerkschaften fordern Mindestlohn, die Erhaltung von Tarifverträgen, die Veröffentlichung der Dokumente bei Privatisierung von Betrieben, Arbeitsplatzgarantien, Kollektivverträge mit der Regierung, z. B. auch, daß Entlassene Entschädigungen erhalten. Es gibt die Forderung, daß privatisierte Betriebe über drei Jahre die Arbeitsplätze garantieren. Das würde bedeuten, daß es keine Privatisierung geben wird.

Aber die Privatisierung läuft doch schon mächtig …

Ja, aber ein Teil der privatisierten Betriebe müssen wieder in Staatsbetriebe zurückgeführt werden. Dafür treten immer mehr Menschen ein, privatisierte Betriebe und sogar Direktoren der Fabriken. Warum? Weil ohne staatliche Investitionen die neuen Eigentümer nicht überleben können. So treten sie schon jetzt für staatliche Investitionen ein. Aber das geht schon nicht mehr, weil der staatliche Sektor zerstört wurde. Das sind zweifellos Fragen der neuen Gewerkschaften. Das sind prinzipielle Fragen. Das werden die Fragen sein, die zwischen der Regierung und der neuen Gewerkschaft in den nächsten zwei Jahren ausgetragen werden müssen. Das wird bis zum Jahr 93/94 geregelt sein müssen.

***

Hier wurde das Gespräch durch äußere Einwirkung unterbrochen. Ein paar Tage später setzten wir neu an.

***

Landreform für ein neues Rußland?

Boris, gestern war ich Gast in der Versammlung, in der über die Agrarfrage gesprochen wurde. Das war natürlich sehr interessant. Aber im Ergebnis, das muß ich sagen, bin ich ziemlich irritiert. Das war doch ein ziemliches Chaos, was ich da gehört habe. Einer so, einer so, keiner weiß wirklich Bescheid. Ich habe im Laufe des halben Jahres jetzt sehr viel gesehen, und ich habe das dumme Gefühl, daß ich, obwohl Ausländer, zur Zeit mehr über den Zustand des Landes draußen weiß als manche, die da gestern gesprochen haben. Ich sage das sehr ungern und nur, um dir deutlich zu machen, woher meine Fragen kommen. Also, laß mich so beginnen: Da war gestern auch ein Vertreter von euch. Er erklärte, daß ihr auch privates Eigentum haben wollt, daß es aber zugleich als arbeitsgebundenes beschränkt sein soll. Also an dich die Frage: Wie stehen die Zeichen zur Zeit auf diesem Gebiet? Generell? Bei euch? Wie sind die Alternativen?

Nun, da muß ich mit meiner eigenen Sicht beginnen. Einfach methodisch. Also rein methodisch denke ich, daß Privateigentum an Grund und Boden ein soziales Übel ist. Eigentum kann es nur an Dingen geben, die durch Arbeit hergestellt worden sind. Eigentum an Grund und Boden ist unter diesem rein methodischen Gesichtspunkt ebenso absurd wie Eigentum an Wasser oder Luft. Rein technisch kann man Eigentum an Luft haben. Kann man. Erst der Kapitalismus macht alles zur Ware, gleich ob ein Ding aus persönlicher Arbeit hervorgeht oder nicht. Aber im Prinzip ist das eine unnatürliche Erscheinung. Daraus geht eine ganze Reihe von verschiedenen Übeln hervor. Sogar für den Kapitalismus, genauer, für einen demokratischen Kapitalismus ist privates Eigentum an Grund und Boden ein Hindernis. Es verhindert normale Konkurrenz im landwirtschaftlichen Bereich. Für ideale Konkurrenz ist es ein Hindernis. Wo es privates Eigentum an Land gibt, kann es keine freie Konkurrenz der Landwirtschaft geben. Aber da, wo der Kapitalismus sich entwickelt, entsteht zwangsläufig privates Eigentum an Land, das ist nicht umkehrbar. Es gibt kein Beispiel aus der Geschichte, daß privates Eigentum an Boden mit Hilfe der Konkurrenz wieder verteilt wurde.

Verstanden, aber was willst du damit sagen?

Es gibt nicht einen einzigen Fall in der Weltgeschichte, in dem das Monopol auf Land oder monopolistische Latifundien durch die Konkurrenz von kleinen Unternehmen gebrochen worden wäre. Das ist unmöglich. Wenn man eine Konzentration von Land in privaten Händen hat, dann ist das zu 100 % irreversibel, wenn nicht die Land-Monopolisten enteignet werden. Der einzige Weg, das Monopol auf Land zu brechen, ist, es zu enteignen. Das ist keine Frage von Sozialismus oder Kapitalismus. Der einzige Weg überhaupt die Konzentration von Land in der Hand von Oligarchen zu verhindern, ist eine Agrarreform durch den Staat. Auch die kapitalistischen Staaten halten ja eine sehr starke Kontrolle über die Nutzung von Land. In diesem Fall schafft das private Eigentum an Land zwei Möglichkeiten – Spekulation mit Land oder die Konzentration von Land in den Händen der wenigen. Das ist beides nicht positiv für die Entwicklung eines demokratischen Kapitalismus. Zugleich verhindert der kapitalistische Staat nicht die Entstehung von privaten Höfen. Die öffentliche Bewirtschaftung ist eindeutig rationaler. Das ist die eine Seite des Problems. In einer Situation der totalen Konfusion der Gesellschaft, in der die Menschen jede Form der Demokratie verloren haben, ist es sehr schwer, die Privateigentümer an Land anzugreifen, um das direkt zu sagen. Das beste wäre, die Situation mehr oder weniger so zu lassen, wie sie ist. Das private Eigentum an Land existiert. Die heutige gesetzliche Lage erlaubt die Existenz eigenen Landes. Schau in die Verfassung – privates Eigentum an Land ist nach der Verfassung und unseren Gesetzen heute möglich. Es gibt nur einige Begrenzungen, Begrenzungen, die es auch in vielen westlichen Ländern gibt. Die sind nicht in besonderer Weise einschränkend hier und heute, zehnjährige Moratorien für den Landverkauf etwa. Auch in der Sowjetzeit gab es Begrenzungen für den Verkauf an private Personen usw. Also, die beste Lösung wäre deshalb im Moment, das Ganze intakt zu halten, es einfach nicht anzurühren, denn jeder Versuch, diese Dinge wieder zu ändern, irgend etwas auf diesem Gebiet vorwärts zu bringen, so wie es die Liberalen gegenwärtig verstehen, bringt nur weitere Probleme. Wenn es eine Mehrheit privater Bauern geben sollte, auch wenn sie selbst eine Minorität im Lande sind, dann müssen sie eine Chance haben, es zu versuchen. Einfach weil es leichter sein wird, ihnen eine Chance zu geben, statt das Ganze neu aufzurühren. Aber zur selben Zeit müssen wir die öffentliche Kontrolle über das Land aufrechterhalten und die große Masse des Landes in der öffentlichen Hand behalten. Das läßt eine Situation entstehen, die sich nicht sehr von einer Nationalisierung des Landes unterscheidet. Das bedeutet de facto, daß 90 oder 95 % des Landes in öffentlicher Hand bleiben, die fünf % können dann ohne große Kontrollen, Genehmigungen etc. verteilt werden. Das macht dann keinen großen Unterschied mehr, als wenn 100 % in der öffentlichen Hand wären. Die drei bis vier % privater Bauern können dann einfach versuchen zu arbeiten. – In Wirklichkeit wird der private Kauf und Verkauf von Land als allererstes die privaten Höfe zerstören, weil die meisten dieser privaten Höfe von den Landspekulanten weggewischt werden. Die haben mehr Geld, kaufen das Land und machen sich die Farmer entweder untertan oder vertreiben sie von dem Land.

Ja, Boris, die Situation, die ich im Lande gesehen habe, ist in der Tat genau so.

Ja, da gibt es nichts zu diskutieren, weil klar ist, daß die privaten Bauern niemals eine Chance haben werden, ihr Land wirklich zu besitzen. Manche von ihnen haben Illusionen. Die einzige Möglichkeit, die Kontrolle über ihr Land zu halten, besteht dann, wenn ihr Land öffentlich bleibt und der Staat ihnen garantiert, daß dieses Land in ihrer Hand bleibt, und sie so die Aufgaben leisten können, die nötig sind, einschließlich der ökologischen, die allein nicht zu bewältigen sind. Dafür brauchen sie staatliche Hilfe. Das ökologische Problem ist ja auch eines unserer schweren Probleme. Und das ist ja auch so eine der Demagogien der Liberalen, daß sie sagen, wenn das Land deins ist, dann brauchst du dich nur um dein eigenes Land zu kümmern.

Aber da ist das persönliche Interesse natürlich größer ...

Ja, aber das persönliche Interesse könnte auch genau in dem ökologischen Desaster liegen. Zum Beispiel: Ich kaufe ein Stück Land in Sibirien und verwandle es in eine nukleare Müllhalde. Ich lebe in Moskau und kaufe es in Sibirien. Das ist sehr interessant, ich werde einen enormen Gewinn daraus erzielen. Und niemand kann mich davon abhalten, das zu tun.

Das ist ein sehr extremes Beispiel ...

Aber zu 99 %, genauer 99,99 % wird es keine Bemühungen zur ökologischen Landwirtschaft geben. Dafür gibt es mehrere Gründe: Zu allererst gibt es mal keine Ressourcen, keine Technik, keine Kontrollen. Da ist ja auch das Beispiel der USA schlagend. Die meisten privaten Farmen gibt es im Zusammenhang mit den ökologischen Desastern. Interessant auch, wenn Land teuer ist, dann kannst du mit ihm machen, was du willst, du kannst es immer verkaufen. Du kannst also genau das Gegenteil dessen tun, was ökologisch wichtig wäre: Du benutzt das Land, verwüstest es und kannst es doch teuer verkaufen. Nur wenn die Preise mäßig sind, ist das ein Anreiz mit dem Land sorgfältig umzugehen. Das heißt, da kommt man zu dem Punkt der Preiskontrolle für Land. Und so kommt man zu dem Punkt zurück, daß das öffentliche Eingreifen extrem wichtig ist usw., usw. ,usw. Das sieht alles so aus, daß eine sehr einfache Angelegenheit zu einer sehr komplizierten Frage gemacht wird. Man muß ja auch wissen, daß es nicht die Landbevölkerung war, die nach einer Privatisierung der Landwirtschaft gerufen hat. Es waren die städtischen Intellektuellen, die sich mit diesen Vorstellungen aufs Land begeben haben. Die haben eine große Verwirrung gestiftet. Heute produzieren die privaten Höfe rund um Moskau 0,2 % der Nahrung für die Stadt. Stell dir vor, sie würden unglaublich erfolgreich, also sie steigerten ihre Produktivität innerhalb von zwei, drei Jahren um das Zwanzigfache, dann wären das immer noch zwei %. Nicht mehr. Das ist ein Ergebnis der Privatisierung des Landes und der Zerstörung der Kolchosen, die vorher 30 % abgedeckt haben! Kein Wunder, daß die Landbevölkerung dort die Kommunistische Partei wählt. Sie reagierte so auf den Kollaps der landwirtschaftlichen Produktion als ein Ergebnis der Entkollektivierung. Sie wählte so, um die Balance wiederherzustellen. Das ist ein eindrucksvolles Beispiel. Eine andere Sache ist, wenn du mit Menschen sprichst, die sich mit dem Land beschäftigen. Wenn da jemand käme und wollte das Land privatisieren, würden sie ihn mit Sicherheit daran hindern. Wenn jemand käme und wollte das Land aufteilen, den würden sie töten. Klar, daß das eine Menge Chaos verursacht.

Klar, auf dem Lande, in der ganzen Gesellschaft habt ihr diese Krise des Staates. Da kann man nicht so einfach einen Weg angeben, auf dem alles o. k. sein wird ...

Natürlich ist das so eine Sache mit der Staatskontrolle. Es ist ja die Frage, was für ein Staat. Wir müssen selbstverständlich erst den Staat verändern. Aber so oder so ist es eine prinzipielle Sache, daß der Staat gewisse Mittel haben muß, und dann kommt die Frage, ob du einen autoritären oder korrupten und bürokratischen Staat hast oder einen demokratischen mit funktionierender öffentlicher Kontrolle, einen partizipativen Staat, verstehst du? Das sind natürlich unterschiedliche Realitäten. Aber das Ding ist, es ist sehr viel schwerer von einer vorherigen autoritären Kontrolle zu einer demokratischen zu kommen, als von einer Situation, die völlig außer Kontrolle geraten ist, zu irgendeiner Kontrolle. In dem Fall müßte man als allererstes ein Minimum an bürokratischer Kontrolle aufbauen. Das ist die Situation, die wir haben. So wird sich im Lauf des nächsten halben Jahres nichts dramatisch verändern. Dann am Ende von 1993 wird die einzige Möglichkeit für die russische Bevölkerung zu überleben eine Art neuer Kriegskommunismus sein.

... wir sprachen ja schon darüber ...

Das heißt, wir haben jetzt einen Zeitraum von acht Monaten, in dem wir andere Lösungen ausprobieren können als einen Kriegskommunismus. Ich weiß nicht genau, vielleicht neun Monate, vielleicht fünf Monate, vielleicht ein Jahr oder so. Eine andere Frage ist die, wer in der Lage sein könnte, einen solchen Kriegskommunismus zu installieren. Die Kommunisten, wenn es denn eine kommunistische Partei gäbe, wären dazu nicht fähig. Die Nationalisten, die Patrioten werden unfähig sein, das große Rußland zu restaurieren, die große Union. Die Liberalen werden unfähig sein, irgendeine andere respektierte Ordnung aufzubauen außer einem Privateigentum. Die Ironie ist also, daß wir entweder nichts dergleichen haben werden, das irgendwie funktioniert, oder es ist die demokratische Linke, die es machen muß. Es gibt keinen demokratischen Ausweg aus der Krise, außer den einer demokratischen Linken. Wenigstens wird sie ein herrschender Faktor in der politischen Ideologie der Gesellschaft werden. Es wird keinerlei positive Lösungen ohne die Linke geben. Wenn man mir dann sagt, aber die Linke ist nicht an der Macht. Dann sage ich, das ist eindeutig wahr. Aber das ist ja genau das Chaos. Und ohne die Linke bekommen wir jedes Jahr mehr Probleme, mehr Chaos, mehr Zerstörung. Das ist auch wahr. Und das Ergebnis wird entweder eine vollkommene

Zerstörung der Gesellschaft sein, vergleichbar dem Zerfall des römischen Reiches unter dem Ansturm der Barbaren, oder es kommen irgendwelche prosozialistischen Kräfte an die Macht.

Boris, du sagtest, laut Verfassung besitze bei euch schon jeder Mensch das Recht, Eigentümer von Land zu werden. Das verstehe ich nicht. Die Mentalität des Landes, die konkrete Situation ist doch eine vollkommen andere.

Die Möglichkeit, Eigentümer von Land zu werden, besteht in der russischen Gesetzgebung. Auch das Parlament hat nicht gegen Eigentum an Land entschieden, sondern dagegen, die Einschränkungen des Eigentums an Land aufzuheben. Das Eigentum selbst ist möglich. Aber es gibt eben eine Reihe von Beschränkungen zum Kauf und Verkauf. Faktisch kann man gegenwärtig kein Land kaufen oder verkaufen, es sei denn mit dem Staat. Des Weiteren ist es nicht erlaubt, Land zu kaufen und es für etwas anderes zu benutzen als dafür, wofür es gekauft wurde. Und drittens darf man es nicht weiterverkaufen innerhalb der nächsten zehn Jahre. Aber im Allgemeinen kann man kaufen. Und mehr noch, wir wissen, daß an verschiedenen Orten Rußlands der Verkauf von Land stattfindet an private Eigentümer. Und die einzige Garantie besteht in der staatlichen Kontrolle. Wenn diese Kontrolle zusammenbricht, dann kann man machen, was man will. Dann wird sich Land einfach angeeignet. Das heißt die Existenz des Staates ist die letzte Garantie, einschließlich des persönlichen Eigentums. Wenn das so weitergeht wie bisher, dann haben wir in ein paar Monaten vielleicht nicht einmal mehr diese Garantie. Es gibt keine Achtung des Eigentums ohne Staat. Ich will nicht sagen, daß das gut ist, aber es ist eine Tatsache.

Da ist noch eine andere Frage. Es ist ja eine Sache, wenn auf dem Land gearbeitet wird. Und wie die Arbeit dann organisiert wird. Es ist eine andere Frage, was mit dem Land geschieht, das nicht landwirtschaftlich, sondern anders genutzt wird – für Hausbau, Fabrikanlagen usw.

Na ja, man kann sagen, wenn Boden in Städten wie Leningrad oder Moskau privatisiert wird, dann bleiben gut zehn % der Bevölkerung einfach ohne Dach. Das führt zu einer Verteuerung der Mieten für die Mehrheit der Bevölkerung, fünf- oder zehnmal mehr als Minimum. Das führt dazu, daß Menschen ihre Wohnungen verkaufen, weil sie eine Bodenrente bezahlen sollen, die sie nicht aufbringen können. Es ist ja bekannt, wie diese Bodenrente sich entwickelt. Das heißt, die Bevölkerung der Städte wird nicht in der Lage sein, diese Bodenrente zu bezahlen.

Das wird zu Obdachlosigkeit führen wie in einem Entwicklungsland. Mehr noch, das werden wir vermutlich innerhalb eines halben Jahres haben. Es gibt dazu verschiedene Ansichten. Die eine geht davon aus, daß man die Menschen mit der Kapitalisierung betrügen kann. Die Bodenrente ist nach der Privatisierung der Betriebe und öffentlichen Einrichtungen das Letzte, womit man den Leuten noch etwas vormachen kann. Die andere Sicht geht davon aus, daß das nicht funktioniert und dann alles zu Bruch geht. Ich glaube eher, daß die Menschen dann keinem Versprechen der Liberalen mehr glauben, keiner Idee, keinem Vorschlag. Das Land wird zur Ruine. Und was dann passiert, ist einfach offen.

Wenn ich dir zuhöre, dann scheint es mir, als ob die Katastrophe schon da sei. Ich habe jetzt mit so vielen Menschen gesprochen, die alle ganz unterschiedlich sprechen, auch Linken, und wenn ich sehe, wie vor Ort gearbeitet bzw. eben nicht gearbeitet wird, daß kein Ausweg sichtbar ist, und wenn ich dir zuhöre, dann festigt sich bei mir der Eindruck, daß zur Zeit nichts zu machen ist und wenn man etwas macht, es dadurch nur noch schlimmer wird. Das führt bei mir zu der Frage: Wenn ihr jetzt sagt, daß ihr allgemein eine gemischte Wirtschaft fordert, halb Staatswirtschaft, halb privat, warum vertretet ihr das nicht auch als Forderung für die Landwirtschaft? Warum differenziert ihr da nicht auch?

Es ist eine Frage des Herankommens. Es gibt die prinzipielle Seite, die methodologische, das ist das eine. Von der Seite der Taktik, sagen wir, ist es für die Partei der Arbeit durchaus möglich, Privateigentum an Land zu akzeptieren und zugleich die Staatskontrolle. Aber dann muß auch zugleich klar sein, daß es keinerlei Privatisierung in den Städten, nicht der Straßen und Wege, nicht der Plätze usw. geben kann. Das muß ein Gesetz sein. Das ist das eine. Die Behandlung der Landfrage müßte man den regionalen Regierungen überlassen. Aber in der Praxis bedeutet das, daß wenn heute eine Regionalverwaltung das Recht kriegt, ihre Mitglieder morgen sich das Land unter den Nagel gerissen haben. Theoretisch ist es so, daß Privateigentum an Land in solchen Ländern möglich ist, wo die Aufteilung des Landes rational und objektiv ist und jeder Landanteil seinen Bewirtschafter hat. Aber da, wo riesige Räume sind, wo es große Agrarwirtschaftseinheiten gibt, da muß entweder der Staat oder die örtliche Óbschtschina sein.

Das habe ich verstanden. Aber sprechen wir über die Praxis der gegenwärtigen Situation. Dort, bei der gestrigen Versammlung war die Rede davon, was man

vor Ort machen kann. Da war von Semstwo[159] die Rede. Da war die Rede davon, daß man eine Organisation, irgendeine Art Instrument vor Ort brauche. Also, was hat man sich darunter vorzustellen?

Das kommt aus der russischen Geschichte. Semstwos gab es in der zweiten Hälfte des 18. Jahrhunderts. Das waren einfach gewählte Organe der örtlichen Selbstverwaltung. Obwohl Rußland ein sehr zentralisiertes System war, hatte es doch eine sehr weit entwickelte lokale Selbstverwaltung. Das waren Rechte zum Wegebau, örtliche Steuern, Versicherung, Bildung, Kreditwesen, Post, man hatte sogar eigene Briefmarken. Die kosten heute Tausende von Rubeln; die sind heute eine große Seltenheit. Zu Zeiten des Bürgerkrieges nach 1917 haben die Semstwos sogar eigenes Geld gehabt. Aber das war ziemlich schnell wieder vorüber. Also im Prinzip einfach örtliche Selbstverwaltung, ziemlich hoch entwickelt …

… korporative Strukturen.

Ja, klar. Das konnte gar nicht anders sein. Das heißt, was dann kam, war ein riesiger Schritt zurück. Also, daß es eine Selbstverwaltung in Rußland gab und daß sie funktionierte, das ist eine Tatsache. Deshalb ist es auch falsch zu behaupten, die Russen seien nicht fähig zur Selbstverwaltung, im Gegenteil, es gab sie und sie hat gut funktioniert. Man müßte jetzt also nur die Selbstverwaltung wieder entwickeln, wie es in Deutschland war, obwohl auch Deutschland ein stark zentralisiertes Land ist, dann wäre das ein großer Schritt nach vorn. Wir haben heute keine Selbstverwaltung und auch keinen Zentralismus, wir haben nur Chaos.

Ja, das ist das, was ich vor Ort beobachtet habe. Da zerfallen gegenwärtig die Sowchosen und Kolchosen, allgemein die Infrastruktur. Vielleicht waren sie schlecht, aber die schlechten zerfallen jetzt auch noch. Da ist von Selbstverwaltung nichts mehr zu sehen.

Genau! Die Vertreter der Selbstverwaltung waren schon nicht mehr gewählt, sondern ernannt. Bei den gegenwärtigen politischen Verhältnissen ist es nicht möglich, kompetente Leitungen für die örtliche Verwaltung zu wählen. Die gegenwärtige Macht ermöglicht keine Kontrolle dieser Organe. Gegenwärtig gibt

159 Semstwo – aus der Tradition der Óbschtschina hervorgehende lokale Selbstverwaltungsorgane.

es keine Vertretungen örtlicher Organe. Das ist wichtig, sofern es örtliche Organe gab, auch in der Sowjetzeit, waren sie Vertreter. Die heutigen Machtverhältnisse lassen das nicht mehr zu. Heute werden die Verwaltungen von oben bestimmt. Vertreter örtlicher Interessen gehen dabei vor die Hunde. So können die örtlichen Verwaltungen keine Probleme mehr entscheiden. Das heutige System der örtlichen Verwaltung ist ein System der organisierten Korruption. Anders kann das unter den jetzt bestehenden Bedingungen auch nicht sein. Deshalb muß man diese Strukturen heute zerschlagen und entweder die Rechte der Sowjets wiederherstellen, die es gab, und zugleich einen Abgeordnetenkorpus stärken, oder von oben bis unten eine Reform der örtlichen Selbstverwaltung durchführen, die neue Sowjets vor Ort bildet. Weder das eine noch das andere ist zur Zeit möglich.

Da gibt es noch ein anderes Problem, das ich sehe. Die meisten der Dörfer, die ich gesehen habe, haben keine eigenen Möglichkeiten der Weiterverarbeitung. Sie bekommen ihre Waren oder andere Dinge aus den nahegelegenen Bezirkszentren. Das sind so monopolisierte Strukturen, die ebenfalls verhindern, diese selbstverwaltenden Strukturen zu entwickeln.

Ja, alle diese Probleme muß man auf der persönlichen Ebene elementar entscheiden. Die Dörfer oder Gemeinden bräuchten Kredite, die es ihnen ermöglichten, sich eine kleine Produktionsanlage zu bauen, um zum Beispiel ihr eigenes Brot zu backen …

… kleinere Anlagen zur Weiterverarbeitung örtlicher Ressourcen.

Richtig, aber das scheitert alles an der gegenwärtigen Macht. Daß örtliche Selbstverwaltung gestärkt werden muß, daß kommunikative Verwaltungsstrukturen von unten aufgebaut werden müssen, daß der gemeindliche agrarische Sektor gestärkt werden muß und örtliche Produktionsanlegen aufgebaut werden müssen, das ist alles völlig klar – aber das kommt alles nicht in Gang ohne eine entsprechende Kreditbewirtschaftung, ohne entsprechende Gesetzgebung, ohne entsprechende Steuerpolitik, ohne eine entsprechende Regionalpolitik.

Das klingt wieder so, als ob du keine Möglichkeiten sähest.

Nein, wieso? Ich sehe durchaus welche. Ich kann mir durchaus denken, daß die Macht dazu aus der Bürgerunion kommt. Das ist keine Phantasie, das wird real erörtert. Wenn der Prozeß in Gang kommt, wird er die Linke erreichen. Das Pendel schwingt weiter aus.

Isajew sprach mir gegenüber den interessanten Satz aus: Möge Gott uns davor behüten, daß wir an die Macht kommen. Wir wissen nicht, was zu tun wäre. Was sagst du dazu?

Nun, das sind gewerkschaftliche Ansichten. Von der Mentalität her. Das sind prinzipielle Unterschiede. Ich sage es so: Der politische Kampf muß heute darauf ausgerichtet werden, an die Macht zu kommen. Die Frage ist, auf welchem Wege das geschehen kann. Das muß anfangs über eine Polarisierung geschehen. Wir haben heute eine Polarisierung in rechte, liberale und linke Positionen. Aber im Unterschied zu 1917 haben die Liberalen keine Zukunft, sondern führen erkennbar in die Katastrophe, und die Linken sind nicht in der Lage, die Macht zu ergreifen, weil ihnen keine neuen Kräfte zuwachsen und die Strukturen ihrer Organisation zerfallen. Die Macht liegt deshalb im rechten Zentrum. Und es muß darum gehen, sie vom rechten Zentrum ins linke rüberzuholen.

Das linke Zentrum – das seid ihr?

Das sind wir. Zusammen mit den Gewerkschaften. Ohne die Gewerkschaften können wir praktisch nichts machen. Wir haben kein Geld. Wir haben keine Aktivisten. Wir haben als Organisation keine politische Kultur. Wir haben einzelne Leute, Issajew, Kagarlitzki, Kondratow. Wir haben keine politische Kultur. Aber zusammen mit den Gewerkschaften können wir dieses Problem lösen. Und das können wir sehr schnell. Dafür gibt es zwei Varianten. Die eine besteht darin, daß die Linke zu einem echten Teil der Macht wird. Die andere, daß uns überhaupt nichts gelingt. Aber dann wird weder die Linke noch die Rechte etwas ausrichten können, und auch das rechte Zentrum wird sich nicht halten. Einfach weil sie kein Programm haben, das die Mehrheit der Bevölkerung anspricht. In dem Fall wird sich einfach der Zerfall fortsetzen. Das Paradoxe ist: Wir sind die einzige politische Kraft, die in der Lage ist, politische Kräfte aufzustellen. Aber das heißt eben nicht, daß wir Erfolg haben werden. Und das bedeutet, daß im Lande überhaupt nichts besser wird.

Also ich verstehe einigermaßen, was du über euch sagst, daß die Linke keine wirkliche Kraft ist. Aber ich verstehe nicht, wieso du der Ansicht bist, daß die Nationalisten nicht in der Lage sein sollten, das Land zu retten.

Einfach weil die Nationalisten die Macht nicht ergreifen können. Wo hätten die Nationalisten denn Unterstützung? In der Armee? Nein, die Armee ist internationalistisch. Die Armee lehnt die Nationalisten ab. Die Armee ist für ein starkes Imperium, aber gegen einen starken russischen Nationalstaat. Die imperiale Idee und Nationalismus gehen nicht zusammen, denn das imperiale Denken baut auf der Vielvölkerrealität auf. In einer russischen nationalen Armee beginnen sie sich gegenseitig umzubringen. Die Armee geht niemals mit den Nationalisten. Wenn die Nationalisten versuchen, die Macht zu ergreifen, wird die Armee sie stoppen. Und auch in den Massen gibt es keinen Nationalismus. Es gibt nicht den Anflug einer nationalen Idee. Es gibt nichts dergleichen wie eine russische nationale Idee.

Nur Lärm um nichts?

Ja, Lärm um nichts. Worin unterscheidet sich russische nationale Politik, sagen wir von der in Mordowien[160], oder in Tschuwaschien.[161] Da ist dann Rußland nicht russisches Rußland, sondern ein Rußland der vielen Völker …

… das berüchtigte russländische …

… das Wort gibt es nicht, das ist ein künstlich ausgedachtes Wort. Man sagt: Bewohner Rußlands, Bürger Rußlands. Die Macht war in Rußland immer kosmopolitisch so wie in Byzanz. Einen Nationalstaat hat es hier nie gegeben und wird es nie geben. Das ist einfach eine historische Gegebenheit. Der Mangel, das Minderwertigkeitsgefühl der russischen Nationalisten besteht eben genau darin, daß ein russischer Nationalismus niemals eine Staatlichkeit gehabt hat. Das ist jedem russischen Nationalisten bewußt wie eine innere Krankheit. Hier bei uns nennt man Tataren[162] oder Tschuwaschen[163] eine Nation, beinahe schon Moskau, aber einen Nationalismus gibt es nicht.

Ich verstehe, aber wenn eure Nationalisten auftreten, dann wird es blutig.

Ja, im kleinen Maßstab stimmt das. Aber das wird ihr eigenes Blut. Das Militär wird sie einfach niederschießen. Und fertig.

Du bist überzeugt, daß sie keine Chance haben?

Keinerlei Chance! Es gibt einzelne Offiziere, die sie unterstützen. Nimm nur die Existenz der »Front der nationalen Rettung«, selbst dort sind die Nationalisten die Minderheit. Aber selbst die verlieren ihren Boden, wenn Gaidar geht …

160 Mordowien – ethnisch dominierte Republik an der Wolga.
161 Tschuwaschien – ethnisch dominierte Republik an der Wolga.
162 Größte ethnische und kulturelle Minderheit in Rußland.
163 Zweitgrößte Minderheit.

... aber wenn die äußerste Linke und die äußerste Rechte zusammenfinden. Ich habe diese Vorgänge bei den verschiedenen »Mitings«[164] gesehen, wo die rechten und die linken Losungen sich treffen, wenn sie gegen die Regierung auftreten, die rechten Ränder der Kommunisten ...

Ja, das ist das Problem der Kommunisten. Die KP ist nicht mehr Bestandteil der internationalen kommunistischen Bewegung. Es gibt keine internationale kommunistische Bewegung mehr. Der Kommunismus erscheint jetzt wie eine nationale Bewegung. Die Politik der Kommunisten ist eine Reaktion auf den Zusammenbruch der internationalen kommunistischen Bewegung. Das ist nicht nur ein nationales Problem. Es ist einfach so, daß die kommunistische Idee als kommunistische Bewegung ihren theoretischen Sinn verloren hat. Aus der Sicht des Marxismus. Auf der anderen Seite ist die einzige Bewegung, in der Nationalisten unterkommen können, die kommunistische Bewegung. Aber diese Union hält nur solange, solange es Gaidar geben wird.

Solche Koalitionen gibt es ja immer wieder. Die hat es auch bei uns in der 30ern gegeben, wo man sich einfach gegen die herrschende bürgerliche Regierung von links und von rechts zusammenschließt. Eine solche Union könnte sich doch auch hier herausbilden ...

Nein, das ist nicht einmal eine Union, kein Bündnis. Es ist einfach nur ein Symptom der Krise. Es gibt keinerlei Alternative. Niemand hat irgendeine Alternative. Die, die Alternativen nennen könnten, werden nicht gehört. Die Öffentlichkeit akzeptiert absolut nicht den gegenwärtigen Kurs, aber niemand weiß eine Alternative. Die Macht ist aber immerhin so stark, daß sie sich selbst als Alternative gebärden kann. Gaidar, Jelzin und ihre Leute können der Bevölkerung in keiner Weise weismachen, daß das richtig ist, was sie tun, aber sie können es so tun, daß es keine andere Möglichkeit gibt. Die Symptome, die wir rundum sehen, sind Ergebnis davon.

164 Das Wort »Miting« gebe ich in der russischen Schreibweise wieder. Dabei ist auf die Eigenart der russischen Sprache hinzuweisen, Fremdwörter nicht in der fremden Schreibweise zu benutzen, sondern durch Russifizierung der Schreibweise, durch Anhängen von Suffixen usw. zu assimilieren.

Du kennst sicher Kurgenjan[165]. Was hältst du von ihm?

Er ist so ein aktuelles Symptom. Diese Art von Organisationen sind nichts anderes als ein Ergebnis der Krise. Ohne Krise gibt es sie nicht. Laß nur die Konjunktur ein bißchen besser werden, dann verschwinden sie schon. Kurgenjan ist kein dummer Mensch. Ein Scharlatan. Er ist interessant. Er hat nie versucht, eine eigene Organisation, eine eigene Bewegung aufzubauen. Aus diesem einfachen Grunde weiß man eigentlich nicht, was er will.

Er will eine Synthese, Synthese und noch einmal Synthese.

Das macht keinen Sinn. Niemand wird für eine Synthese kämpfen. Die Menschen kämpfen für ihre Interessen. Die Menschen kämpfen für ihre Ideen.

Sicher?

... absolut!

Die Konservativen, die Faschisten treten genau mit dieser Idee auf.

Ohne Erfolg.

Gut, laß mich anders fragen: Was ist der Unterschied zwischen deinem Eintreten für Zentrismus und den Forderungen Kurgenjans nach Synthese?

Es ist eine Frage der politischen Orientierung, der Basis, an die ich mich wende. Ich betreibe keine Politik der Mitte, die nett zu allen sein will. Meine Politik ist Politik, die auf konkreten sozialen Interessen basiert, auf einem konkreten Programm, einem konkreten Projekt. Es wird keine Synthese geben. Es wird auf lange Sicht Lösungen geben, eine Restauration des Imperiums, eine Restauration des Staatskapitals, aber nicht im Rückgriff auf das alte System, sondern unter Einbeziehung von Elementen des Kapitalismus und vor allem unter Einbeziehung einer Bewegung von unten.

Das ist natürlich ein sehr interessanter Gedanke, aber glaubst du nicht, daß das eine illusorische Perspektive ist?

165 Kurgenjan, Sergei, Theaterbetreiber, tritt in in reformsozialistischen Kreisen auf als Befürworter eines korporativen Faschismus nach Vorbild Mussolinis als besonderem russischem Weg.

Die Sache ist sehr einfach: Entweder dies gelingt – oder nichts gelingt. Entweder totale Katastrophe oder eine Politik der Art, wie ich sie beschrieben habe. Die kann mehr oder weniger radikal sein. Aber wenn du ernst an das Problem herangehst, dann siehst du, daß die Alternative dazu nur die totale Katastrophe sein kann. Zugleich gibt es Gründe für Optimismus. Man kann es nicht gut erkennen, weil es so total ist. Es ist zuviel, was geschehen muß.

Man spricht wieder von der Gefahr eines Faschismus. Wie stehst du inzwischen dazu?

Inzwischen ist klar: Das ist einfach Unsinn. Von was für einem Faschismus könnte überhaupt die Rede sein? Das ganze Gerede, daß die Situation Rußlands heute der Situation der Weimarer Republik ähnlich sei, ist eine vollkommen leere Spekulation.[166] Es gibt da eine Reihe von Vergleichen, daß Rußland jetzt auch einen Krieg verloren habe. Aber man muß genau hinsehen. Der deutsche Faschismus war nur möglich, weil die deutsche Bourgeoisie ihn unterstützt hat. Das ist nicht der Grund, aber ohne das wäre er nicht möglich gewesen. Die Faschisten hätten einfach kein Geld gehabt. Unter russischen Bedingungen gibt es keine große nationale Bourgeoisie. Die Bourgeoisie hat Gaidar und Jelzin an die Macht gebracht, das ist schon die äußerste Rechte, die gegenwärtig möglich ist. Das sammelt sich in der Bürgerlichen Union. Die kann natürlich sehr ernsthafte totalitäre Tendenzen entwickeln. Zweifellos. Wenn sie Bürgerliche Union an die Macht kommt, kann das auch sehr totalitäre Wege nehmen. Aber nur dann, wenn die Bürgerliche Union die einzige Macht bleibt. Aber sie darf eben nicht allein an die Macht kommen. Man muß Druck auf sie ausüben, man muß sie kontrollieren. Man muß sie beiseite drängen. Wenn das so läuft, dann ist die Gefahr einer totalitären Entwicklung nicht besonders groß.

Und glaubst du nicht, daß die alten Kräfte zusammen mit der Bürgerlichen Union die Massenstimmungen schüren könnten.

Nun gut, aber was wollen sie mit solchen Massenstimmungen anfangen. Mehr als den Tisch zerschlagen, können sie nicht.

166 Man beachte hierzu frühere und spätere Positionen.

Fürchtest du keine Pogrome?

Was für Pogrome? Das Objekt des Hasses befindet sich zig zwanzigtausend Kilometer entfernt – das Stabsquartier der Firma Coca-Cola befindet sich in Washington. Ich höre die Warnungen vor Pogromen nun schon seit sechs Jahren jede Woche. Und in der ganzen Zeit hat es nicht ein einziges Pogrom gegen Juden gegeben, während der ganzen Zeit der Perestroika nicht ...

... aber sehr wohl gegen andere Nationalitäten.

Ja, gegen Aserbaidschaner. Aber wenn die neue Mittelklasse das Volk gegen sich aufbringt, dann haben sie selbst schuld. Wenn sie so auftreten, wie sie auftreten, ziehen sie den Unwillen der Bevölkerung auf sich. Aber zerschlagen wird man sie nicht, obwohl man sie haßt. Das ist typisch. Unter Kontrolle wird man sie stellen, wenn es um Luxusgüter geht, um Geldausfuhr usw.

Also, die letzte Frage, auch in Erinnerung an das, was wir früher schon besprochen haben: Wenn der Weg, den du siehst, nicht erfolgreich ist, du aber auch keine Gefahr einer faschistischen Entwicklung siehst, was wird dann sein?

Dann wird es einfach zehn oder zwanzig Staaten anstelle von Rußland geben und dann muß man sehen, was man daraus macht. Es könnte ja besser sein als die alte Föderation. Aber möglich ist auch, daß dann die Armee die Macht übernimmt. Die Armee hätte dann praktisch die Rolle der Bürgerlichen Union. Ihre Vertreter sind ebenfalls Technokraten. Die Generäle haben fast die gleiche Psyche wie die Direktoren der großen Betriebs-Konglomerate. Aber das wäre dann nicht einmal die schlechteste Rolle, die sie einnehmen könnten.

***

Noch einmal nachgefragt:

Jelzin hat die Union aufgelöst. Der Westen hält in Rußland Einzug. Wie geht es weiter?

Wir wollen keine Kolonie der WTO werden. Wir wollen die Union auf neuer Ebene wieder zusammenführen. Das können die Liberalen nicht und – paradox – können das auch die russischen Patrioten nicht. Obwohl sie eine Propaganda gegen die WTO machen, können sie Rußland mit den Republiken der ehemaligen Union nicht wieder als Union vereinigen. Die Bolschewisten konnten den Bürgerkrieg gewinnen und Rußland zusammenhalten, weil sie keine Nationalisten und auch keine Patrioten waren.

Ja, das ist wahr, aber was verstehst du unter neuer Union?

Nun, also erstens muß man natürlich ein Verlangen schaffen, daß so etwas gewollt wird. Im Prinzip hat darüber schon Nasarbajew[167] gesprochen. Das Ganze müßte in drei Etappen geschehen: Die erste: Eine Reihe von Republiken der ehemaligen UdSSR unterschreibt in einen Föderationsvertrag, in dem allgemeine Prinzipien eines neuen föderativen Staates festgelegt werden. Also, was die Dinge wie Armee, wie allgemeines Verkehrssystem usw. betrifft. Dann müssen einige allgemeine Unionsorgane gebildet, muß ein allgemeines Unionsparlament aufgestellt werden, gewisse Strukturen zur Koordinierung für allgemeine politische Fragen. Danach kann es eine Übergangsphase von einigen Jahren geben für eine Integration der Republiken zu einer neuen Union, aus der jede Republik auch austreten kann. Das Ganze könnte in einem Prozeß von ein, zwei Jahren geschehen.

Also austreten können dann auch solche wie die ethnischen Republiken, etwa Tschuwaschien, Baschkirien, Tschetschenien ...

Ja, und neue Republiken können auch hinzutreten. Auf diese Weise könnten auch die jetzigen Probleme gelöst werden. Wenn etwa die ganze Kaukasusregion austräte, könnte das auch das tschetschenische Problem lösen. Weil das dann einen Prozeß des Einverständnisses in Gang setzen könnte, in dessen Zuge Tschetschenien als Mitglied einer gesamtkaukasischen Einheit der Union beitreten könnte. Nach einer solchen Übergangszeit von ein, zwei Jahren sollte es Wahlen zu einem neuen Unionsparlament geben, das auch schon eine Konstitution annimmt. Technisch müßte das möglich sein.

Findet eine solche Debatte denn zur Zeit statt?

Ja, breit sogar, aber das hat keinerlei Bedeutung. Obwohl Rußland eine Verfassung hat, richtet sich doch niemand danach.

167 Nasarbajew, Nursultan, Präsident Kasachstans seit 1990.

Ich verstehe. Wie werdet ihr in dieser Frage auftreten?

Wir treten dafür ein, eine konstitutionelle Debatte zu führen. Aber das ist auch wieder so ein Thema für die Zeit nach dem Herbst. Auch da gibt es natürlich Unterschiede zwischen uns und den anderen Gruppen. Das betrifft vor allem den Punkt der Privatisierung. Unsere Forderungen sind da radikaler. Wir haben unsere Positionen gegen die Privatisierung klar formuliert. Bei der Front der nationalen Rettung und bei der Bürgergewerkschaft bleiben die Positionen eher diffus. Man muß die verschiedenen Dokumente sehr genau studieren, um die Unterschiede zu sehen. Aber letztlich geht es zwischen uns gar nicht so sehr um die Unterschiede; wir versuchen eher zusammenzuarbeiten, als uns auseinanderzudividieren.

März bis Oktober 1993

Verfassungskonflikt und Revolte in Moskau. Zwei Gespräche

Die Situation: Nach wiederholten Mißtrauensanträgen gegen Jelzin in den Jahren 90/91/92, aus denen dieser immer wieder mit neuen Sondervollmachten hervorging, ist die Opposition gegen Jelzin im Volksdeputiertenkongreß und auch außerhalb des Kongresses inzwischen soweit angewachsen, daß er sich einem Referendum stellen muß. Für oder gegen Jelzins Wirtschaftspolitik, lautet die Alternative. Im Kern geht es wieder einmal darum, eine ungeklärte Doppelherrschaft zu beenden: Jelzin contra Obersten Sowjet. Ja oder Nein zu Jelzin, Ja oder Nein zu seiner Wirtschaftspolitik, Ja oder Nein zu Neuwahlen für den Präsidenten, Ja oder Nein zu Neuwahlen für das Parlament. Jelzin entscheidet das Referendum für sich, wird aber vom Kongreß weiter gebremst. Daraufhin legt Jelzin einen neuen Verfassungsentwurf vor. Der Kongreß lehnt den Entwurf ab. Als Jelzin den Kongreß auflöst, spitzt sich der Konflikt zur bewaffneten Revolte der Opposition unter Führung von Vizepräsident Rutskoj zu, die sich im Kongreßgebäude verschanzt. Die Unruhen greifen auf Moskau über. Jelzin läßt das Gebäude von Panzern beschießen und stürmen. Es gibt Tote und Verwundete. Moskau ist am Rande des Bürgerkrieges. Nach seinem Sieg dekretiert er die landesweite Auflösung aller Sowjets. Im Dezember wird per Volksabstimmung eine neue Verfassung angenommen, die dem Präsidenten weitgehende Rechte zuspricht.
Das hier wiedergegebene Telefongespräch vom 5. April 1993 befaßt sich mit den für das Referendum anstehenden Fragen. Im zweiten Gespräch werden die Umstände der Revolte genauer betrachtet.

Ausgewählte Daten dieser Zeit auf einen Blick:

23.10.1992 Die Voucher-Privatisierung beginnt: Anteile im Wert von 10.000 Rubel das Stück werden an die Bevölkerung ausgegeben.

01.12.–14.12.1992 Kongreß der Volksdeputierten im Konflikt mit Jelzin.

12.12.1992 Gaidar entlassen, Nachfolger Tschernormyrdin.

10.03.–13.03.1993 Oberster Sowjet beschränkt Jelzins Vollmachten.

26.03.–29.03. 1993 Mißtrauensantrag gegen Jelzin scheitert. Jelzin fordert Referendum.

01.04.1993 Gipfeltreffen in Vancouver: Clinton kündigt Kredite an.

14.04.1993 Prozeß gegen Putschisten beginnt.

25.04.1993 Referendum bringt Mehrheit für Jelzin.

08.05.1993 Jelzin verfügt schnellere Privatisierung; Oberster Sowjet bremst.

14.07.1993 Ein Haushaltsentwurf des Obersten Sowjet sieht Erhöhung der Mindestlöhne um 80 % vor; Jelzin setzt Veto dagegen.

26.07.1993 Zweite Währungsreform (alle Scheine von 1993).

27.07.1993 Oberster Sowjet setzt Dekrete Jelzins über Privatisierung und Bodenreform außer Kraft.

21.09.1993 Jelzin löst Obersten Sowjet auf.

03.10.–04.10.1993 Revolte in Moskau. Konservative und Radikaldemokraten widersetzen sich der Auflösung. Jelzin läßt das Parlament stürmen. Es gibt 187 Tote, mehr als 450 Verletzte. Comeback Gaidars.

22.10.1993 Jelzin löst landesweit alle Sowjets auf.

12.12.1993 Neue Verfassung durch Referendum angenommen. Sie gibt dem Präsidenten weitgehende Rechte. Privateigentum, freier Handel und Bürgerrechte werden darin garantiert.

(Weitere Daten in der Chronologie im Anhang)

Telefoninterview zum Referendum (5. April 1993)

Hallo Boris, hier spricht Kai aus Hamburg.

Ja, grüß dich.

Nur eine Frage: Was wird da vorgehen mit diesem Referendum?

Nun, es wird so sein, daß die Leute nicht zur Abstimmung gehen, die Mehrheit. Kann aber auch sein, daß die Hälfte zur Stimmabgabe geht. Massenweise wird es sicher nicht sein. Offen gesagt, ich hoffe sehr, daß die Mehrheit für die sofortige Neuwahl von Parlament und Präsident abstimmt, gleichzeitige Wahl des einen und der anderen.

Ich kenne die Fakten ganz gut. Aber wenn jetzt zum Beispiel die Sache folgendermaßen ausgeht, sagen wir: 50 Prozent für Vertrauen in den Präsidenten, 35 Prozent gegen seine Politik, zwar für Neuwahlen des Präsidenten, aber gegen Neuwahl des Kongresses. Also, was käme dabei heraus?

Das ist nicht möglich. Die Neuwahlen für die Abgeordneten gibt es garantiert, weil Jelzin zwar sehr unpopulär ist, die Abgeordneten, der Kongreß aber noch weniger populär ist. Deshalb wollte Jelzin seine Frage ja auch anders stellen: Wen haben Sie lieber? Mich oder den Kongreß? Aber hier – das ist eine Falle, weil die Leute die Abgeordneten nicht mögen, aber Jelzin auch nicht. Daher votiert man für Neuwahlen für alle.

Ich verstehe. Was wird deiner Meinung nach bei der Geschichte herauskommen?

Meiner Meinung nach ist das eine Möglichkeit, diese politische Krise zu lösen, aus dieser Sackgasse herauszukommen. Heute ist die Macht meiner Ansicht nach volksfeindlich, menschenfeindlich, aber die Opposition ist nicht viel besser. Und weder die Macht, noch die Opposition werden wirklich von den Menschen unterstützt. Daher kommt die einzigartige Möglichkeit, diese

Situation zu ändern. Daher ist das meiner Meinung nach sehr positiv, was kommt.

Du schätzt also die ganze Situation im Moment als eine günstige Gelegenheit ein, die Politik zu ändern.

Ja, klar.

Aha. Welche Positionen stehen sich da jetzt politisch gegenüber.

Das ist jetzt eine sehr große Koalition, wo man die Bürgerunion hat, »Graschdanski Sojus«, wo man die linken Gruppierungen hat, die »Partei der Arbeit« und die »Sozialistische Partei der Werktätigen«.

Die gehen zusammen alle mit der »Bürgerunion«?

Zusammen, ja. Außerdem die Gewerkschaften und die Kommunistische Partei Rußlands, die etwas isoliert ist, aber ihre Positionen sind in der Tat nicht sehr anders als die der großen Koalition. Alle Oppositionskräfte vom sog. Zentrum, Nicht-Zentrum und kommunistische Opposition haben für das Referendum Positionen, die nicht sehr unterschiedlich sind.

Die sind alle dafür, daß Jelzin Präsident bleibt?

Nein, sie sagen zwei Nein und zwei Ja. Alle, die Zentristen, die Linken und die Kommunisten sagen, zwei Nein und ein Ja. Zwei Nein, das bedeutet: Nein zu Jelzin, Nein zu seiner Wirtschaftspolitik, Ja zu Neuwahlen für den Präsidenten, und Ja zu Neuwahlen für das Parlament.

Auch Rutskoj hat so gestimmt?

Ja, klar.

Wer stimmt anders?

Dagegen sind die Deputierten. Die sagen: Nein zu Jelzin, Nein zu seiner Politik, Ja zur Neuwahl des Präsidenten, aber Nein zur Deputiertenwahl. Das ist das, was der Oberste Sowjet gesagt hat. Das ist sehr dumm. Und auch die Jelzinisten sagen natürlich Ja, Ja, Ja, Ja für Jelzin, Ja für seine Reformen, Nein für die Präsidentenwahlen, aber Ja für die Deputiertenwahlen.

Nehmen wir an, es wird so abgestimmt, Boris – was passiert dann nach dem

Referendum?

Neue politische Krise. Wie immer.

Beschreib mal genauer.

Wenn man ein Pro-Wahlen-Resultat hat, dann hat das, was man über Jelzin oder seine Reformen sagt, keine Bedeutung, es ist nicht mehr wichtig, weil es auf jeden Fall neue Wahlen geben wird. Klar?

Habe ich nicht verstanden.

Zum Beispiel: Nehmen wir an, es gibt 51 % Ja für Jelzin, aber auch etwa 53 % Ja für Präsidentenwahlen, dann spielt es keine Rolle mehr, ob er Ja oder Nein bekommt, weil man die neuen Präsidentenwahlen bekommen hat. Und dann bekommen wir die Wahlen vielleicht im November. Es ist sehr einfach zu verstehen, wer dann wählen muß. Die »Bürgerunion« muß dann vielleicht sehr viel Stimmen bekommen und vielleicht Rutskoj. Wenn man dagegen ein Nein zu Jelzin bekommt, dann ist die Situation sehr kompliziert. Dann muß Jelzin seine Macht abgeben, und Rutskoj muß jetzt zum Präsidenten werden. Aber dann muß man auch die Wahlen vielleicht schon im Dezember haben. Es gibt jedoch noch eine dritte Variante, wenn man Nein gegen Jelzin bekommt und Jelzin sagt, die Leute haben nicht recht. Dann haben wir eine neue Krise. Das ist möglich.

Die Krise kommt wahrscheinlich so oder so, weil das Ergebnis unklar sein wird.

Das haben wir immer. Das ist garantiert.

Noch eine Frage: Welche Kräfte stehen sich jetzt real gegenüber, das heißt, wir reden jetzt im Moment von den formalen Geschichten auf der politischen Bühne, aber worum geht es politisch? Worum geht es auf lange Sicht bei dieser Geschichte?

Ich habe für »Solidarnost« darüber geschrieben. Jelzin hat seine soziale Basis verloren, seine soziale Unterstützung. Das war ja ein großer Block für diese Marktreformen und dann haben die Marktreformen die sozialen Schichten differenziert und so die soziale Basis desintegriert. Und auch einige, sozusagen bürgerliche Schichten oder quasi-bürgerliche Schichten sind oppositionell geworden, auch Technokraten sind oppositionell geworden, weil bei den neoliberalen Reformen nichts geschieht, technisch passiert nichts.

Nun, ja – ich habe es selbst auch gesehen. Novosibirsk, Irkutsk, Altai usw., da geschieht in der Tat nichts. Es steht ja alles ...

... ja, ja, es funktioniert nichts.

Man hört nur immer denselben Spruch: Das Alte zerfällt, das neue arbeitet nicht.

Genau! Und daher sind viele soziale Gruppen und Schichten, die 91 oder 90 für Jelzin waren, jetzt oppositionell geworden.

Bei uns sagt man, Boris Jelzin sei der Demokrat, und im Kongreß seien die Kommunisten.

Aber das ist eine Lüge! Dieser Kongreß hat Jelzin 1990 zu seinem Kongreßpräsidenten gemacht. Dann hat dieser Kongreß Jelzin zum Präsidenten gemacht, weil Jelzin Präsident werden wollte. Dafür hat der Kongreß die Konstitution geändert. Um Jelzin zum Präsidenten zu machen, haben sie das gemacht. Dann sagte Jelzin, als er zum Präsidenten geworden war, daß er als Präsident nicht genug Macht habe. So hat der Kongreß zweimal Sondervollmachten für den Präsidenten beschlossen usw., usw. 1990, 1991 und auch 1992 hat der Kongreß in allen Fällen für Jelzin votiert. Es gibt keinen Fall, bei dem er gegen ihn beschlossen hätte. Das setzte sich bis zum September 92 fort, als es die Revolte gab. Auch die Pro-Jelzin-Presse, zum Beispiel »Moskow News« sagte, das war eine Meuterei. Alle wichtigen Oppositionellen kommen aus Jelzins eigenem Lager. Rutskoj, sein Vizepräsident, hat sehr wichtige Arbeit gemacht, um Jelzin zum Präsidenten zu machen, als Werbehilfe für Jelzin. Aber auch Chasbulatow. Du kennst das Wort vom treuen Ruslan. Chasbulatow war für Jelzin der treue Ruslan, wie ein Hund für Jelzin. Aber dann heißt es, der treue Ruslan hat den Herrn gewechselt. Die kommunistische Opposition ist schwach. Kommunisten haben jetzt 200.000 Leute mobilisieren können. Nicht mehr. Da ist nicht mehr möglich. Aber die Ex-Jelzinisten sind zu einer sehr aggressiven und sehr starken Opposition geworden.

Sag mal, Boris, was ist die Alternative gegen Jelzin, inhaltlich?

Meiner Meinung nach braucht man jetzt eine Zentrum-links-Alternative, das ist technisch möglich. Man kann eine neue Mehrheit bekommen mit einigen Teilen der Bürgerunion, Technokraten usw. ...

... ich verstehe. Aber was würde das sozialpolitisch bedeuten?

Zentrum-Links mit Gewerkschaften, Technokraten, Linksparteien wie SPT[168] oder uns und auch vielleicht den Kommunisten. Sie können dann vielleicht nicht an der formalen Koalition teilnehmen, aber informell müssen und wollen sie das unterstützen.

Und was wäre die sachliche Alternative?

Wirtschaftlich? Mehr Staatseigentum, mehr Keynesianismus, mehr Vergesellschaftung und Regulation, aber natürlich die legislative Garantie für Privateigentum, vielleicht, ich habe das nicht gern, aber einige legislative Garantien für ausländische Unternehmer, aber mit dem Staat als wichtigstem ökonomischem Agenten, der mehr reetablieren kann und den Staatssektor der Wirtschaft reorganisiert usw.

Worin unterscheidet sich das von der Politik Boris Jelzins?

Jelzin hat jetzt keine Politik mehr. Theoretisch, aber das ist sehr theoretisch, das versteht man sehr gut. Man kann man sagen, daß das Ganze gegenwärtig so etwas ist wie eine Schlacht zwischen Monetaristen; die Opposition ist keynesianisch und teilweise marxistisch. Aber das ist sehr theoretisch.

Ja, sehr theoretisch – deshalb gleich die Frage: Die Bevölkerung – wie wird sie das Referendum aufnehmen?

Die Menschen sind sehr skeptisch, und das ist korrekt. Ich bin skeptisch, warum sollen die anderen nicht auch skeptisch sein?

O. k. Boris, ich bedanke mich erst einmal bei dir.

168 Sozialistische Partei der Arbeiter.

Nach der Erstürmung des Weißen Hauses (11. Oktober 1993)

Ein Konsens ist nicht möglich[169]

Nach der Beschießung des »Weißen Hauses« [170] wird das Moskauer Stadtparlament polizeilich aufgelöst. Dabei wird Boris Kagarlitzki von Polizeikräften verprügelt und vorübergehend festgenommen. Er versichert mir zunächst, daß er körperlich wohlbehalten sei. Dann schildert er neuentstandene politische Lage:

***

Die Lage ist schlecht, aber nicht fatal. Man kann sagen, es ist eine sehr inkompetente und korrumpierte Diktatur. Es ist gut, daß das so ist: inkompetent und korrumpiert! Das funktioniert nicht.

Was bedeutet das?

Die Situation ist einerseits sehr brutal, also oppositionelle Parteien können nicht arbeiten, es herrscht Zensur, nicht mehr direkt wie früher, aber faktisch, weil die Regierung alle Medien in der Hand hat. Auch das Verfassungsgericht ist liquidiert; der Hauptprokurator ist ausgewechselt. Jelzin hat seinen Mann eingesetzt. Das ist alles wie eine normale, klassische Diktatur. Aber sehr schwach, schlecht organisiert.

169 Eine gekürzte Fassung dieses Gespräches erschien in der *Schweizer Wochenzeitung* Nr. 14, 13.10.1993.

170 Das »Weiße Haus«, volkstümliche Bezeichnung für das Gebäude des Obersten Sowjets der Russischen Föderation. Es wird auch als Kongress der Volksdeputierten oder als Parlament bezeichnet. Es geht immer um den Ort der vom Volk direkt gewählten Deputierten oder Abgeordneten.

Gilt das nur für Moskau?

Zur Zeit nur Moskau. Sie wollen es natürlich für das ganze Land. Aber auch das ist ein Problem: Es ist ein großes Land. Es gibt keine Möglichkeiten, das alles zu organisieren und dann zu kontrollieren.

Was ist mit den Föderationsorganen?

Es gibt keine mehr. Jelzin hat sie vor ein paar Tagen aufgelöst. Das bedeutet, er hat keine Unterstützung mehr durch die Regionen.

Das bedeutet, daß er in die Konfrontation mit den Regionen geht und sich allein auf den Sicherheitsrat stützen muß?

Ja, aber einige Strukturen sind auch sehr liberal. Es ist alles sehr widersprüchlich. Es ist vielleicht wie in Lateinamerika, aber nicht wie in Chile, viel schwächer. Viele Leute wurden verhaftet. Aber einige kann man jetzt wieder herausholen.

Wie ist es mit der Schießerei vor dem Weißen Haus losgegangen?

Ich war nicht dort. Aber selbst die offizielle Presse schreibt, daß die allerersten Schüsse aus der Bürgermeisterei, also aus Popows[171] Hochhaus abgegeben wurden. Das ist keine Frage. Sie schreiben natürlich nicht, wer geschossen hat. Aber es ist klar, daß das OMON-Leute[172] waren.

Wer hat gegen die Auflösung des Sowjets protestiert; also wer stand auf der Seite von Rutskoj und Chasbulatow?

Alle, selbst einige Jelzinisten haben protestiert, zum Beispiel auch Jelzins bisheriger Vertrauter Schachraj[173]. Es gibt keine politische Organisation, die dieser Diktatur positiv gegenübersteht, sofern sie nicht selbst Teil des Regimes ist.

Die Gewerkschaften sollen auch protestiert haben.

Ja, haben sie. Sie haben erst heftig protestiert, dann haben sie ihre Position gewechselt. Das ist ein ziemliches Strukturproblem. Es gibt da unterschiedliche Kräfte. Die Situation dort ist jetzt sehr schlecht. Sie sind in einer großen Krise.

171 Popows Hochhaus – das Verwaltungsgebäude des Moskauer Bürgermeisters.
172 Spezialeinheit, nach dem Vorbild der GSG 9 und anderer Sondereinsatzkommandos gebildet.
173 Schachraj, Sergei, Richter am russischen Verfassungsgericht.

Der Gewerkschaftsführer Klatschkow[174] ist zurückgetreten. Jetzt bereiten wir den Gewerkschaftskongreß für den 28. Oktober vor.

Was habt ihr vor?

Wir müssen eine neue oppositionelle Koalition mit neuen Leitungen bilden. Die alten haben sich als sehr schlecht erwiesen, ebenfalls inkompetent. Sie tragen mit Verantwortung für das, was geschehen ist. Nun, man muß alles von vorn wieder aufbauen.

Gilt das auch außerhalb der Gewerkschaften?

Ja, aber wieder auch nicht ganz. Im Grunde wird das Neue nicht so sehr abweichen von dem, was vorher war, aber natürlich ohne die linken und die rechten Extremisten. Sie haben sehr großen Schaden angerichtet, auch die sogenannten Zentristen.

Also außer den Gewerkschaften die Industrie-Union, Direktoren, Wolski[175], Trawkin[176] ...

Ja, aber vor allem Rutskoj und Chasbulatow. Sie haben mit Anpilow[177] und Makaschow[178], führenden Figuren der Extremisten, zusammengearbeitet. Das war katastrophal. Sie haben keinerlei verbale Distanz von linken und rechten Extremisten gehalten. Sie sagten, alle seien Bürger Rußlands usw. Formell ist das natürlich korrekt, aber politisch war das einfach nicht richtig.

Ihr habt doch früher Kontakt zum Zentrum gesucht. Wohin orientiert ihr euch jetzt?

Wir brauchen neue Organisationen, um die Unterstützung der Menschen neu zu gewinnen. Die alte Leitung des Parlaments hat so viele Fehler gemacht, daß die öffentliche Unterstützung schwächer war, als es hätte sein müssen.

174 Klatschkow, Leiter der »Föderation Unabhängiger Gewerkschaften Rußlands« (FNPR).

175 Wolkski, Arkadi, Direktor der »Industrieunion«, seit 2000 auch des »Russischen Industriellen- und Unternehmerverbandes« (RSPP).

176 Trawkin, Nikolai, Direktor der »Industrieunion«, seit 2000 auch des »Russischen Industriellen- und Unternehmerverbandes« (RSPP).

177 Anpilow, Viktor, stalinistischer Linksaußen, Vorsitzender der Parteien »Werktätiges Rußland« und der »Kommunistischen Partei Lenins und Stalins« (KPLS).

178 Makaschow, Albert, General, Abgeordneter der KPFR, Stalinist, bekannt durch seine antisemitischen Ausfälle in der Staatsduma.

Ja, die Menschen sind müde. Das habe ich selbst bei meinem letzten Aufenthalt vor einem Monat gesehen. Man wollte mit dieser »Kasperei« absolut nichts mehr zu tun haben. Aber sind denn die Menschen bereit, die örtlichen und regionalen Sowjets zu verteidigen?

Das hängt davon ab. Es gibt verschiedene Situationen, verschiedene Sowjets, verschiedene Regionen. Man kann daran arbeiten.

Du meinst, man kann die vielen Widersprüche der Situation politisch nutzen?

Es ist sehr kompliziert, aber es ist möglich. Man muß darüber noch diskutieren. Die angekündigte Wahl läßt kaum Möglichkeiten. Du mußt verstehen, das ist keine richtige Wahl. Man hat deutlich gezeigt, daß man die Opposition als Kandidaten nicht zulassen will. Vermutlich gibt es trotzdem Wahlen. Aber meiner Ansicht nach wird das nur für die westlichen politischen Freunde Jelzins inszeniert. Im Grunde wollen sie keine Wahlen, aber aus dem Westen gibt es Signale, daß Wahlen organisiert werden müssen: Frei oder nicht, das ist für Kohl und andere kein Problem, nur gewählt muß irgendwie werden. Mit nur einem Kandidaten? Auch kein Problem – Hauptsache, wählen! Also, ich will sagen: Es gibt vermutlich nichts zu wählen, aber an diesem Punkt kann man kämpfen. Das ist das eine, was wir tun können. Zum zweiten kann man versuchen, über das Komitee für Menschenrechte usw. etwas zu erreichen.

Bei uns liest man, alle, die nicht an der Revolte teilgenommen hätten, könnten zu gleichen Bedingungen an der Wahl teilnehmen.

Na ja, das sind Witze. Erstens gibt es viele Probleme mit der Registrierung als Wahlliste. Jetzt heißt es, daß man 300.000 Unterschriften für einen Kandidaten sammeln muß, um ihn auf die Liste zu kriegen. Zweitens sind eben alle Parteien, die gegen Jelzin sind, nicht registriert. Es gibt jetzt keine offiziell registrierte Opposition, die diese Wahlrechte bekommt, verstehst du? Das gilt auch für die Zentristen. Sie sind zwar nicht kriminalisiert, aber auch illegalisiert.

Es ist also alles reine Show?

Nicht einmal Show. Gestern hieß es sogar in der »Istwestija«, daß für diese Wahl technisch nichts bereitsteht und sie technisch nicht zu realisieren ist.

Soweit ich gehört habe, gibt es auch kein Wahlgesetz, keine organisatorischen Rahmen, keine Programme ...

... und keine Partizipanten.

Siehst du eine Alternative?

Man muß für freie Wahlen kämpfen. Im übrigen braucht man nicht lange zu warten, bis die ökonomische Situation noch katastrophaler wird. Vielleicht ein, zwei Monate.

Nehmen wir an, es gelänge Boris Jelzin, die Situation in dieser Weise zu stabilisieren. Was würde das bedeuten?

Nichts, es gibt keine Stabilisierung. Die ökonomische, die soziale Situation bleibt, wie sie war, verschlechtert sich weiter. Vom Politischen her ist sie viel schlechter geworden: Jetzt gibt es Angst vor Terrorismus. Die Opposition reorganisiert sich. Er kann nicht alle umbringen oder verhaften, also kann er die Opposition nicht zerschlagen. Alle politischen Tendenzen sind gegen ihn. Zur Zeit hat er eine Basis, aber die hat keine strategische Perspektive.

Ich fürchte, daß die Niederlage der national-kommunistischen Kräfte so etwas wie einen Mythos aufbauen könnten.

Ich finde es nicht schlecht, daß die national-kommunistische Opposition geschwächt worden ist. Dadurch ist vielleicht der Raum für eine moderne Opposition frei geworden. Aber das muß man sehen.

Höre ich richtig heraus, daß du persönlich sehr mitgenommen bist?

Ja, das ist richtig. Es hat sich gezeigt, daß es keine Möglichkeit für einen Konsens gibt. Kapitalismus und Demokratie können nicht gemeinsam existieren: Entweder das eine oder das andere.

Ich verstehe das Ganze als innerstaatliche Feinderklärung.

Genau so. Aber das gilt auch international, indem die westlichen politischen Führer Jelzin die Unterstützung zugesichert haben. Das bedeutet, daß es auch auf internationaler Ebene keine demokratische Perspektive für den Kapitalismus gibt. Auch nicht Westen.

Hast du Informationen, daß der Westen die Aktion Jelzins auch aus dem Land selbst heraus unterstützt hat?

Man kann jeden Tag im Moskauer TV sehen, wie es ist: Jelzin und andere erklären ja ganz offen, das, was sie machen, sei gut, weil Clinton und andere es unterstützt hätten.

Ich habe gelesen, daß gerade eben drei Wochen vor der Auflösung des Sowjets eine neue Expertengruppe des IWF mit neuen Forderungen zur Erfüllung der IWF-Auflagen bei euch eingereist ist.

Das weiß ich nicht genau. Aber es ist auch nicht so wichtig. Das sind Einzelheiten. Die offenen Deklarationen westlicher politischer Führer sind wichtiger als covered action. In der Dritten Welt ist oft mit covered action gearbeitet worden. Aber zum ersten Mal hat die ganze westliche Führung öffentliche Deklarationen gegen die Demokratie abgegeben. Das ist das Entscheidende.

Sommer 1994

Burgfrieden im neuen Rußland? Zwei Gespräche

Die Situation: Perestroika in der Perestroika ist abgeschlossen. Rußland lebt mit einer neuen Verfassung unter einem Präsidenten, dessen Regierungsstil sich mehr und mehr der zaristischen Selbstherrschaft angleicht. Der Oberste Sowjet wurde in Duma umgetauft. Die rechtspopulistische Partei Schirinowskis stellt darin die stärkste Kraft. Die örtlichen Sowjets sind aufgelöst. Jelzin regiert über Dekrete. Mit dem Rücktritt Gaidars wird das Scheitern der Privatisierungskampagne offenbar. Jelzin verkündet, der wilde Kapitalismus werde nunmehr in einen zivilisierten übergehen. Mit einem Vertrag über gesellschaftliche Einheit, der bis zur Wahl 1996 einen allgemeinen Burgfrieden im Lande herstellen soll, versucht er die Unzufriedenheit im Land aufzufangen. Die G7 zeigt sich zufrieden mit Rußland und verspricht mehr Unterstützung. Rußland nähert sich dem NATO-Programm Partnerschaft für den Frieden und stellt Antrag auf Aufnahme in den Europarat. Solschenyzin hält die Zeit für gekommen, zurückzukehren. Drei Buchstaben geistern durch die Schlagzeilen der russischen Medien: MMM, genauer, AO/MMM, »Aktionernoe obschestwo MMM«, Aktiengesellschaft MMM[179]. Aus Geld mehr Geld machen, bis zu 500 % verspricht MMM. Es vergeht keine Sendung im Fernsehen, allen voran des staatlichen Senders Ostankino, in der nicht mit dröhnendem Optimismus für Anlagen bei MMM geworben würde. Kaum eine Zeitung erscheint ohne den ganzseitigen Abdruck von Briefen, in denen Veteranen des Großen Vaterländischen Krieges, alleinstehende Frauen oder durch MMM nunmehr sorgenfrei gewordene Eltern ihre Dankbarkeit gegenüber der Gesellschaft beteuern. Ein wahrer Goldregen scheint auf die

179 Niemand weiß genau, was MMM heißt. Ihr Aktionsprinzip ist der Aufbau einer betrügerischen Zinspyramide, von dem die ersten Anleger aus dem Zustrom neuer Anleger mit überhöhten Zinsen bezahlt werden können – bis die Zahl der Anspruchnehmer das Kapital der Neuanleger überschreitet – und das Gebäude zum Schaden Tausender von Kleinanlegern mit großen Erwartungen zusammenbricht.

russische Bevölkerung niederzugehen. Zu Hunderten sind Anlagegesellschaften jeglicher Art in den letzten anderthalb Jahren aus dem Boden geschossen, seit im Zuge der sogenannten Voucher-Privatisierung Millionen neugebackener Aktien-Besitzer und -besitzerinnen nicht wußten, was sie mit dem unvermuteten Reichtum anfangen sollten, der ihnen entweder in Form der Volksaktien oder als Anteil aus ihrer Firma zugewachsen war. Wenn man dieser Propaganda glaubt, bildet sich ein Volk von Kleinkapitalisten heran.

Ausgewählte Daten dieser Zeit auf einen Blick:

15.12.1993 Wahlen zu Duma und zum Föderationsrat: LDPR mit 22 % stärkste Kraft.

14.01.–17.01.1994 G7-Tagung in Rom: Mehr Geld für Rußland.

17.01.1994 Rücktritt Gaidars und anderer Minister des Privatisierungskabinetts.

08.02.1994 NATO-Programm Partnerschaft für den Frieden. Rußland und Ukraine Mitglieder.

23.02.1994 Amnestie für Putschisten.

12.03.1994 Erneut Streiks der Bergarbeiter.

22.03.1994 IWF fordert strikte Finanzpolitik.

12.04.1994 Moskau stellt Antrag zur Aufnahme in den Europarat.

27.05.1994 Solschenyzin kehrt zurück.

28.05.1994 Abkommen über Bürgerfrieden.

Juni 1994 Ende der Voucher-, Beginn der Geld-Privatisierung.

(Weitere Daten in der Chronologie im Anhang)

Künstliche Blüte – und Lumpenbourgeoisie

Boris, ihr habt eine Situation, die ich als künstliche Blüte bezeichne. Was meinst du dazu?

Interessanter Begriff, den hatte ich bisher nicht. Das ist ja ein Begriff der Weimarer Republik. Aber eine interessante Bezeichnung für unser Belowescher Rußland[180]... *(lacht)* Aber es gibt da bei oberflächlichem Herangehen tatsächlich eine interessante ökonomische Parallele. Bei genauem Hinsehen ist das natürlich ein Zeichen einer äußerst ernsthaften Krankheit. Man könnte es sogar als Agonie bezeichnen. Hier sind zwei Prozesse zusammengekommen. Zum einen entstand hier das Oligarchentum, man könnte sogar sagen, eine Lumpenbourgeoisie. Man kann nicht wirklich von Bourgeoisie sprechen. Selbst mit den westlichen Oligarchen, dem westlichen großen Kapital ist das nicht vergleichbar. Das bei uns ist ein räuberisch-nomenklaturisches Kapital. Aber egal. Wir können seine Vertreter trotzdem einfach Oligarchen nennen. Neue Russen, das ist eine Bezeichnung, die mir eigentlich sehr gefällt. Die ist soziologisch nicht ganz korrekt, trifft aber die Erscheinung hier ganz gut, eine neue herrschende Schicht ...

... etwas ganz eigenes Russisches ...

Ja, aus unserer eigenen Substanz. Es tauchte eine Gruppe von Menschen auf, eine ziemlich große, das sind einige Millionen Menschen, die das Land konsumieren. Sie benutzen es als Gegenstand des Konsums, aktiv und individuell. Das war überhaupt die tragende Losung von Perestroika: Wir wollen konsumieren wie im Westen. Es war eine Revolution der Verbraucher. Eine Revolution der Verbrauchererwartungen. Wir wollen, daß in den Geschäften alles zu haben sein soll.

180 »Belowescher Rußland« – Anspielung auf den im Belowescher Naturpark 1991 abgeschlossenen Auflösungsvertrag zwischen den Vertretern Rußlands, Kasachstans und Weißrußlands.

Aber wir wollen nicht arbeiten wie im Westen. Wir wollen nicht bezahlen für die Bildung wie im Westen. Die Menschen wollten keine Beziehungen untereinander, bei der Arbeit usw. wie im Westen, aber sie wollten den Konsum. Das ist das, was die Bevölkerung bewegte. Von oben bis nach unten. Vom einfachen Arbeiter bis zum führenden Parteisekretär. Wir wollen alles und das gleich, das war die alle vereinigende Parole zu der Zeit, bis auf einige kleine Gruppen.

In der Folge gibt es in den Geschäften alles, aber nicht für alle. Und da wurde deutlich, daß das westliche Modell des Konsums ein Komfort des Lebens ist, zu dem nur eine kleine Gruppe der Oberen Zugang hat, keineswegs alle Menschen. Konsum wurde gewissermaßen vollständig zum Sinn des Lebens. Das gilt auch generell für die Ökonomie: Was ist denn Privatisierung? Privatisierung ist der Verbrauch des staatlichen Eigentums für private Ziele, nicht mehr. Wiederaufbau findet nicht statt, Investitionen gibt es nicht, die Privatisierung geht unentgeltlich. Das ist schlichte Verteilung, Konsum. Die neuen Eigentümer nutzen die Fabriken, solange es Ressourcen gibt, dann schließen sie sie. Das ist eine Wirtschaft des Diebstahls. Sie braucht für den Betrieb ihrer Firmen beständig neue Ressourcen und wirft sie dann einfach weg. So wie man ißt. Deshalb findet die Privatisierung auch kein Ende. Es wird alles privatisiert, auch das, was andernorts in der Welt nicht privatisiert wird. Man findet immer wieder neue und neue Objekte. Sobald sie alles privatisiert haben, richten sie es zugrunde. Deshalb ist Privatisierung praktisch gleichbedeutend mit Zerstörung. Nach der Privatisierung der Fabriken fordern sie Hilfe vom Staat. Früher unterhielt die Produktion den Staat, jetzt unterhält der Staat die privatisierten Fabriken. Sie erhalten alle Vergünstigungen, Unterstützungen usw. Und da sie alle Vergünstigungen erhalten, ergibt sich im staatlichen Budget ein Loch, ein riesiges. Sie bezahlen zwar 50 % Steuern auf die Vergünstigungen, aber da sie kaum etwas produzieren, zahlen sie auch so gut wie keine Steuern. Und da man einmal angefangen hat, vom Staat zu leben, setzt man das auch im Betrieb selbst fort – es werden einfach keine Löhne gezahlt, auch bei staatlichen Aufträgen. Was bedeutet das, Menschen ohne Lohn? Produkte werden hergestellt, sie werden auch verkauft, das Geld geht in die Handelsbanken, geht da in mehrere Kreisläufe, verspätet sich bei den Arbeitern manchmal bis zu einem halben Jahr. Das ist Enteignung der Werktätigen durch die neuen Russen. *(lacht)* Diese Leute sind vom gleichen sozialen Schlag wie das gegenwärtige Regime. Weiter ist da noch eine sehr charakteristische Sache in der heutigen Krise: In allen Fabriken werden Räume, Hallen usw. an hausfremde Nutzer vermietet, an Banken, an Gesellschaften aller Art. Die zahlen nicht wenig. Auch dieses Geld, bar bezahlt, geht nicht an die Arbeiter, verschwindet bei der Handelsbank und – wieder das Gleiche: Da läuft etwas ab, das man nur noch sozialen Vampirismus nennen kann.

Eine sehr passende Bezeichnung für solche Vorgänge, ja! Also Geld gibt es, aber …

… es wir nicht richtig benutzt. Es befindet sich in den Händen der Schichten, die prinzipiell nicht interessiert sind, es in die Produktion zu investieren. Es gibt keine sozialen Anreize für sie. Und es gibt keine Mechanismen für die Entwicklung privater Unternehmen.

Das ist die eine Seite der Medaille. Nun noch die andere: Was die Ökonomen, allen voran die der Neoliberalen sehr gut verstehen: Wenn diese Reichen konsumieren, dann entsteht um sie herum eine neue Ökonomie, Dienstgewerbe. Das sind Banken, Hotels, Werkstätten usw. usf., aus der neues Wachstum entsteht, Anforderungen nach Geld usw. usf. Interessant, daß diese Art der Ökonomie im Lauf des Jahres 93 entstand. Banken wurden gegründet. Sie begannen, eine Infrastruktur aufzubauen. Viele neue Geschäfte wurden eröffnet. Da sind auch Arbeitsplätze entstanden. Die industriellen Arbeitsplätze verschwinden, nicht zuletzt die im besonders produktiven Bereich der kosmologischen Produktion u.a.m.., statt dessen gibt es jetzt Stellen für Friseure, für Verkäufer in Geschäften, für Kellner, Bankangestellte, ungelernte Bauarbeiter, die Datschen für die Neuen Russen bauen usw. usf. Wie auch immer, in dieser Form entstand so etwas wie eine neue Wirtschaft. Es entstand ein gewisses Wachstum. Wir sahen die erstaunliche Tatsache – einen Boom auf der Grundlage des Niedergangs. Die traditionelle Industrieproduktion zerfiel, zu gleicher Zeit hat sich der Dienstleistungssektor mit enormen Gewinnmöglichkeiten entwickelt, wo auch die dort Arbeitenden erkleckliche Löhne und Gehälter bekommen. Das gilt nicht für deutsche, aber für türkische Maßstäbe. *(lacht)* Das ist im Moment erst mal ganz gut. Also, das ist das, was du Scheinblüte nennst.

Aber jetzt ist schon eine neue Phase eingetreten, eine zweite Krise, buchstäblich seit drei Monaten, im Sommer, daß das Wachstum im zweiten Sektor vollkommen einbricht. Der Grund: Die neuen Russen haben ihre Datschen schon gebaut. Wer bauen konnte, hat gebaut. Wieviel Datschen kann ein Mensch bewohnen? Eine in Moskau, eine auf der Krim, eine vielleicht noch am Baikal, aber dann ist es auch gut. Die nächste muß man dann schon in Mallorca bauen. Aber dafür braucht man spanische Arbeiter. Dasselbe gilt für die Pkw. Da werden

BMW, Mercedes usw. verkauft, aber wie viel Mercedes kann man kaufen, wieweit kann man die Sphäre des Services ausdehnen? Der Boom ist zu Ende, der Bedarf ist voll gedeckt. Dazu kommt, daß das Niveau der Dienstleistungen sehr niedrig war. Banküberweisungen, die man im Westen in einem Tag erledigt, dauern hier drei Tage, eine Woche, einen Monat, manchmal ein halbes Jahr. Man arbeitet da, wie man vorher in den Staatsbetrieben gearbeitet hat, man ist einfach nicht konkurrenzfähig.

Charakteristisch ist auch, daß die neuen Bankiers, die für sich das volle Laisser-faire forderten, sofort nach Kontrollen riefen, als sich die ersten westlichen Banken hier ansiedelten. Sie sind einfach absolut nicht konkurrenzfähig. Nicht hier, und erst recht nicht in der Provinz. Unfähig, etwas normal zu erledigen. Nicht konkurrenzfähig und nicht effektiv. Aus solchen Gründen begann jetzt im privaten Sektor auch eine Krise: Vor dem Hintergrund dieser Krise gab es jetzt einen Skandal, ähnlich wie in den Jahren 28/29 in Europa und den USA. Und interessant: Konfrontiert mit der Krise der Realisierung, reagieren die Neuunternehmer und Banken auf ihre sehr eigene Weise: Sie ziehen die Ersparnisse ihrer Klienten ein, sie gehen den Weg der Enteignung. Erst enteigneten sie die staatlichen Strukturen, jetzt enteignen sie ihre Klienten. Das heißt, sie beginnen sich gegenseitig zu enteignen. Aber da stoßen sie an die Grenzen nach oben. Bisher konnten sie die Bevölkerung ausbeuten. Aber da ist kein Geld mehr, jetzt wird das – nach oben – sehr viel schwieriger. So kommt zur Krise im ersten Sektor, die Krise im zweiten Sektor. Oder anders, zum Boom auf der Grundlage des Niedergangs, der Niedergang auf der Grundlage des Booms.

Dazu kommt: Jedes Jahr durchläuft unsere Produktion denselben Kreislauf. Im Frühjahr spricht man davon, sie anzukurbeln. Die Betriebe erhalten neue Kredite und staatliche Hilfen. Es gibt Aufträge, aber dann werden wieder die Löhne nicht gezahlt, und im Winter ist wieder alles wie vorher – nur schlechter. Diese Spirale geht seit Jahren abwärts, bis irgendwann demnächst die physische Grenze erreicht ist, wenn eben nichts investiert wird. Das heißt, die industrielle Ausrüstung verfällt einfach, schrottet vor sich hin, ein rasanter technischer Verfall …

… das ist erkennbar. Ich habe viele solche Orte jetzt gesehen. Die sehen fast aus wie Industriefriedhöfe …

Ja, dabei gibt es so etwas wie einen Stau. So wie sich die Krise der Realisation zyklisch entwickelt. Da gab es eine Sendung über Petersburg z. B. Über mehrere Jahre hatten sie dort Ausverkauf auf den Märkten und in ihren Läden, beim Gemüse nicht anders als bei technischen Geräten usw. Dieses Jahr haben sie nichts verkauft. Weder Importware, noch Kohl konnten sie an den Mann und die Frau bringen. Das heißt, es ist einfach kein Geld bei den Leuten. Also, wo man auch hinschaut, siehst du den Verfall. Um da rauszukommen, braucht es jetzt völlig neue Wege.

Ja, sprechen wir von der Landwirtschaft: Das ist ja auch noch ein großes Problem ...

Die Krise der Landwirtschaft begann natürlich nicht erst bei Jelzin. Die Besonderheit des Jelzinschen Regimes besteht darin, daß es die allgemeine Krise in eine Katastrophe verwandelt hat. Eine Masse widersprüchlicher nicht entschiedener Probleme. In der sowjetischen Zeit hat es immerhin noch intakte Strukturen zwischen Regierenden und Regierten gegeben. Die waren reformbedürftig. Da hätte man sich etwas einfallen lassen müssen. Mit einigermaßen ruhigem Verstand konnte man da rangehen. Es gibt ja auch bei uns genügend kluge Köpfe, die Lösungen hätten finden können. Aber durch die Jelzinschen Reformen sind jetzt diese Verbindungen vollständig zerrissen. Früher innerhalb der Parteidemokratie hat es diese Verbindungen routinemäßig gegeben. Das waren Normen eines Gesellschaftsvertrages. Also der Art: Du hast eingeschränkte Rechte, aber dafür Arbeit und gesicherte Lebensumstände. Wir akzeptieren die Privilegien der Nomenklatura, und die Nomenklatura garantiert einen gewissen sicheren Lebensstandard. Das war der soziale Vertrag. Jetzt ist jede derartige Ordnung zerrissen, das Volk ist gelähmt. Interessant ist, daß die ländlichen Bürokraten diesen sozialen Kontrakt nicht aufgekündigt haben. Warum hat die Agrarpartei, die im Kern die Partei der Agrar-Bürokraten ist, eine solch große Popularität auf dem Land? Wer ist da in der Partei: Direktoren von Sowchosen, Vertreter von Kolchosen, verschiedene Verwaltungsorgane aus den Sowchosen. Das sind keine Bauern, das ist alte Bürokratie. Wenn diese Menschen so weit vom bäuerlichen Leben sind, warum werden sie dann aus den Dörfern so unterstützt? Weil dieser Teil der Nomenklatura gezwungen war, ihren Teil der Verpflichtungen aufrechtzuerhalten gegenüber ihren Untergebenen. Das ist das konservativere Element, das stabilere der alten Ordnung und – seltsam genug – das, was am besten noch funktioniert. Der Verfall ist in den ländlichen Bereich nicht so weit vorangeschritten.

Man arbeitet, aber ...

... schlecht, sehr schlecht wird gearbeitet ...

Die Menschen bekommen fast nichts. Ich habe diverse Sowchosen besucht. In einer war ich mit dem Direktor unterwegs, der mir großzügig alles zeigte. Wir kamen zu einer Melkerin. Die fing sofort, als sie ihn sah, an zu klagen, daß man ihnen nichts gebe, daß sie keinen Lohn bekämen usw. usf. Gut eine halbe Stunde ging das so, sie immer gegen ihn. Er blieb ganz ruhig: Ich gebe euch Geld, wenn ich etwas habe, sagte er. Aber woher soll ich es nehmen? Er war ehrlich bemüht, selbst ratlos, das war klar erkennbar. Dann gingen wir zu einem anderen Ort derselben Sowchose. Die gleiche Szene. Dreimal am Tag, während ich dort zu Gast war, wurde ich Zeuge dieser Art von Auseinandersetzung. Da habe ich verstanden: Sie arbeiten weiter, aber für nichts. Sie haben nur noch ihren Garten ...

Ja, da gibt es einen großen Unterschied zwischen den Direktoren einer Sowchose und den Fabrikdirektoren. Der Direktor der Sowchose arbeitet vermutlich nicht weniger als die einfachen Leute. Der Fabrikdirektor hat seine Anlagen, sein Haus, seine Datscha, die er der Bank oder sonstwem vermieten kann, das Geld geht in seine Tasche. Er bekommt Unterstützungsgelder vom Staat. Mit dem Geld reist er nach Singapur, sagen wir, um dort Kriegstechnik zu verkaufen. Im Protokoll steht, daß er nichts verkaufen konnte, also fährt er ein zweites mal und so geht es weiter. Die Löhne und Gehälter vor Ort zahlt er nicht. Ist doch klar, daß da die Beziehung zur Arbeiterschaft zerstört ist, vollkommenen untergraben. Der Direktor einer Sowchose kann nicht nach Singapur reisen, um dort seine Produkte zu verkaufen. Er lebt dort. Er kann keine Gebäude an Banken oder sonstwen vermieten. Wer wollte da auf dem Land mieten! Er muß da mit seinen Leuten zurechtkommen. Das macht einen riesigen Unterschied zwischen der städtischen Nomenklatura und der ländlichen. Die ländlichen Direktoren leben mit allen Zeichen ihrer Stellung, aber auch im Vertrauen. Die Leute vertrauen ihnen.

Aber nun schau, was da vor sich geht: Die so geführte Landwirtschaft hat Probleme mit den Preisen, mit der Ausrüstung, mit den Transport- und Verkehrsmitteln. Ich habe ja früher schon über die Anfänge des Kriegskommunismus gesprochen, der vor dem Ersten Weltkrieg nötig war. Um drei Laibe Brot zu bekommen, mußte man ein Ferkel geben, 1991 mußte man für einen Laib Brot drei Ferkel geben. Das war bereits Ausdruck eines gestörten Verhältnisses zwischen Stadt und Land. Aber damals war die Industrie im Wachsen begriffen. Heute wachsen auch die Preise für Transport, Heizung, Öl, Kohle. Die Kosten für Kohle und Öl sind höher als die Weltmarktpreise. Im Ergebnis kann die Industrie einfach nicht arbeiten. Das drückt auf die Landwirtschaft. Ohne Benzin, ohne Transport, ohne Möglichkeit, die Infrastruktur zu erneuern, ist keine Arbeit möglich. Im Unterschied zur Industrie allerdings, die keine Lobby bei der Regierung hat, hat die Landwirtschaft eine Lobby. So ist die Regierung genötigt, von der Agrarlobby zu kaufen. Die Landwirtschaft kommt jetzt nicht in die Krise, sie kann bestehen. Sie bekommt noch frische Kredite von der Regierung und kann arbeiten. So oder so wird sie aber von der Krise in der Industrie niedergedrückt, so daß die Gesamtsituation sich weiter verschlechtert. Im Herbst bekommen wir eine Katastrophe.

Boris, du erinnerst dich sicher, daß du dies schon in den letzten Jahren vorausgesagt hast ...

Richtig, so läuft es, jeden Herbst gehen wir in eine kleine Katastrophe. Zu dieser Frage hat einer meiner Bekannten über den Iran gesagt: Ja, die Wirtschaft des Iran kommt immer mehr in die Krise, aber der Iran ist ein asiatisches Land. So ein Land kann mit einer zerfallenden Wirtschaft sehr lange existieren, und wenn nötig, dann sogar ohne Wirtschaft.

Scharf formuliert! Aber willst du damit sagen, daß auch Rußland eine ökonomische Realität hat, hatte und haben wird, die mit den politökonomischen Kriterien, wie Marx sie für den Westen beschrieben hat, nicht zu beschreiben ist?

Nun, erstens ist Rußland kein kapitalistisches Land. Mehr noch, ich würde sagen, Rußland ist heute weiter entfernt davon, ein kapitalistisches Land nach westlichem Muster zu sein, als vor 91. Es läuft eine Primitivisierung der Ökonomie. Das bedeutet, es zerfällt der innere Markt. Es zerfallen einige elementare Bedingungen der Lohnarbeit. Der Lohn selbst. Die Menschen arbeiten, aber erhalten keinen Lohn. Das stabilisiert keinen Arbeitsmarkt, sondern zerstört ihn. Das heißt, Menschen arbeiten nicht, um zu produzieren, sondern aus anderen Gründen. In diesem Sinne hat Rußland sich weit von den westlichen Modellen entfernt.

Das halte ich für eine außerordentlich wichtige Aussage.

Ja, die Ökonomie ist abhängiger vom Staat als je zuvor. Das muß man erklären: Früher waren die Betriebe Staatseigentum, aber sie hatten eine eigene Rechnungsführung, arbeiteten profitabel und konnten dem Staat Abgaben zuführen.

Heute sind sie privatisiert, aber vollkommen abhängig von Dotationen des Staates. Das heißt paradoxerweise faktisch: größere Zentralisierung, aber geringere Effektivität. Auch in diesem Sinne hat sich die russische Ökonomie von der sowjetischen Industrialisierung zurückentwickelt …

Zurück wohin?

Man kann das, was wir jetzt haben, vielleicht als abhängigen Kapitalismus der Peripherien bezeichnen. Im Verhältnis zum Westen ist Rußland heute ein Land der Peripherie. Vom Modell her kann man das mit Nigeria oder anderen afrikanischen Staaten vergleichen. Was ist Kapitalismus der Peripherie? Das ist eine Mischung aus Kapitalismus, Feudalismus und patriarchalen Strukturen. Ein Hybrid, korporativer, patriarchaler, nomenklaturischer Kapitalismus. Das ist kein vollgültiger Kapitalismus. Das sind Elemente von Kapitalismus. Vor allem in der Beziehung nach außen. Aber die inneren Mechanismen sind nicht kapitalistisch.

In Rußland wirken eigene Gesetze …

Natürlich, eine Wirtschaft, die Waren an den Markt verkauft. Im Inneren sind die Gesetze ganz und gar nicht kapitalistisch. Die Waffenindustrie arbeitet für den Weltmarkt. Die heimische Industrie arbeitet nach dem Prinzip der Ausbeutung der hiesigen Bevölkerung, also Eingliederung in den Weltmarkt zum einen, Entkapitalisierung nach innen. Das ist die Situation Rußlands heute.

Wenn ich das richtig sehe, versucht man diese halbentwickelte Situation mit Methoden, Mitteln und Gesetzen des Westens, sagen wir, zu heilen. Aber schneller als die Heilung geht der Zerfall …

Genau das. Jetzt wird schon von einer »heimlichen Staatswirtschaft« gesprochen. In den Zeitungen liest man, die Handelsbanken seien Schritt für Schritt dabei, sich zu nationalisieren. Um zu überleben, verkaufen sie ihre Aktien an den Staat, sie bezahlen ihre Schulden an die Zentralbank nicht, aber sie nehmen Geld. Sie geben es einfach nicht zurück. So sind sie praktisch schon an die Zentralbank verkauft, sind schon Filialen der Zentralbank. Eine andere Sache ist, das der zentralen Bank nichts nützt, den Klienten nichts nützt usw. Das sind keine Formen eines offenen Geldverkehrs, das sind Formen der patriarchalen persönlichen Abhängigkeit und des persönlichen Vertrauens. Ich unterstütze meinen Vertrauten – aber auf Kosten des Staates. Das ist einfach feudal. Daß Industrie so nicht funktionieren kann, ist klar.

Schauen wir z. B. auf Juri Burtin[181], einen Ratgeber Jelzins. Er veröffentlicht einen Artikel nach dem anderen, in denen er schreibt, daß der nomenklaturische Kapitalismus ein Hindernis für die Entwicklung eines normalen Kapitalismus sei. Liwschitz[182], ein anderer Berater, ist optimistisch. Er meint, die Probleme könnten alle gelöst werden. Die Wirtschaftsführer würden sich in korporativen Beziehungen untereinander einigen, und so werde ohne inneren Markt alles in Ordnung kommen. Also, selbst Leute aus der Regierung räumen ein, daß der Kapitalismus sich nicht nach den westlichen Vorgaben entwickelt, daß der gegenwärtige nomenklaturische Kapitalismus ein Hindernis für die Entwicklung eines normalen Kapitalismus ist. Aber es gibt in der Lösung dieses Problems große Unterschiede zwischen liberalen Politikern und anderen. Man müsse entweder annehmen, was jetzt ist, oder das System des wilden Kapitalismus in das eines liberalen Kapitalismus umwandeln. Aus meiner Sicht ist das nicht möglich, und Burtin hat recht, daß der nomenklaturische Kapitalismus ein Hindernis für die Entwicklung eines normalen Kapitalismus ist. Die Umwandlung der jetzigen Strukturen in einen normalen Kapitalismus würde aber bedeuten, die jetzigen liberalen Strukturen zu beseitigen. Das ist wieder so eine Situation, die nahe an die des Kriegskommunismus von damals kommt. Es gibt keine Reformen des liberalen Kapitalismus. Wenn wir den Kampf mit dem nomenklaturischen Privateigentum aufnehmen, dann steht die Frage nach dem Privateigentum im Land generell. Wenn wir die Privatisierung bekämpfen wollen, dann gehen wir notgedrungen auf den Weg der Nationalisierung. Wir haben nun mal diese Bourgeoise des wilden Kapitalismus – eine andere wird nicht plötzlich auftauchen. Alle Versuche, einen zivilisierten Kapitalismus gegen sie durchzusetzen, laufen darauf hinaus, den Kapitalismus überhaupt hier nicht zuzulassen. Aber wenn wir Formen des kleinen, kontrollierten Unternehmertums entwickeln wollen, dann läuft das unterm Strich darauf hinaus, daß man so etwas wie eine sozialistische Variante bekommt. Mit anderen Worten, ein demokratischer Kapitalismus ist in Rußland nur möglich als Ausdruck einer sozialistischen Entwicklung oder umgekehrt. Ein Sozialismus würde jede Form des demokratischen Kapitalismus dominieren. Da entsteht natürlich die schwierigste Frage. Wer und wie? Und da bin ich doch relativ pessimistisch, obwohl es natürlich immer Überraschungen geben kann. Wie

181 Burtin, Juri, Historiker und Dissident.
182 Liwschitz, Michael, Philosoph, Finanzberater.

ist die Lage? Diese räuberische Oligarchie ist die einzige Schicht, die ihr Interesse wahrnimmt. Die übrige Bevölkerung kommt in die Lage von Lumpen, Lumpen im Sinne, wie Marx das Wort gebraucht, Arbeitslose, Menschen, die ihren traditionellen Selbstwert verlieren, die weniger und weniger in der Lage sind, sich zu organisieren. Warum arbeiten die Menschen noch, wenn sie für ein halbes Jahr keinen Lohn bekommen?

Sie haben soziale Beziehungen zu ihrem Arbeitsplatz …

… ja, aber negativ: Weil sie für ihr Überleben vom Wohlwollen ihrer Direktoren abhängig sind. Er gibt ihnen die Möglichkeit, Schwarzarbeit zu finden. Die Arbeit ohne Lohn führt zu einer persönlichen Abhängigkeit. Er vermittelt ihnen irgendwelche Hilfsarbeiten auf der Datscha von Freunden von ihm. Außerdem stehen die Menschen Schlange für Wohnungen. Sie brauchen Kindergartenplätze. Ohne Beziehungen kriegst du keine Schwarzarbeit, keine Wohnung, keinen Platz im Kindergarten. Das ist wie Leibeigenschaft.[183]

Das ist die Wiederkehr eurer Geschichte in ihrer schlechtesten Variante.

Ja, was haben wir? Keine Lebensgarantie, aber volle Privilegien für die Bürokraten. Keine mehr oder weniger rationale Verwaltung, aber einen aufgeblähten bürokratischen Apparat. Es ist das, was wir vor dem Oktober-Regime hatten. Das, was von dem alten System in der Sowjetunion weiterlebte, das ist gerade das, was sich heute weiterentwickelt. Das ist eine revolutionäre Situation. 1917 war die Gesellschaft dafür bereit, heute aber nicht. Die Menschen treten nur für ihr eigenes Interesse ein. Die Arbeiterschaft versteht sich nicht als Klasse. Die Gewerkschaften verstehen sich nicht als Kampforgane der Arbeiterschaft. Es gibt keine Erfahrungen. Die Arbeiterbewegung, wenn sie sich denn jetzt bewußt würde, würde eher bäuerlichen Revolten gleichen, das wäre eher spontane Maschinenstürmerei als Aktionen einer bewußten Arbeiterklasse. Die russische Bevölkerung ist nicht zu rationalem Denken erzogen, sie lebt eher in der Mentalität des Dostojwkischen Aufbegehrens. Die Theoretiker am Anfang des letzten Jahrhunderts, 1905 und später, auch Lenin unterschieden sich stark von solchen Buntisten[184]. Was ist russischer Bunt? Da sammeln sich Menschen, protestieren,

183 Hier benutzt Boris Kagarlitzki den russischen Begriff »krepostnoe prawo«, der auf die alten zaristischen Hörigkeitsbeziehungen des 17. und 18. Jahrhunderts verweist.

184 »Bunt« – meint im Russischen eine eruptive, ziellose Revolte.

schimpfen, regen sich auf, aber sie sind nicht bereit zur Aktion, nicht bereit, die Verhältnisse wirklich zu ändern, zur Waffe zu greifen. Man scheut Blut. Mag sein, daß das gut ist. Aber es führt nicht zu wirklichen Veränderungen, kann leicht von einer charismatischen Persönlichkeit wieder beruhigt, abgewiegelt werden. Und das wird auch jetzt wieder so sein. Wenn es eine Bewegung gibt, dann wird sie populistisch sein, buntistisch, mit einer sehr unklaren, verwirrten Ideologie. Zudem gibt es auch keine politische Opposition. Damals gab es eine Opposition, das waren die Sowjets. Sie waren die Gegner der zentralen Macht. Die Opposition, die wir heute in der Duma haben, ist in das System integriert. Sie kann und sie will nicht kämpfen. Das ist für die russische Bevölkerung eine ungewöhnliche Situation, daß die Widersprüche die Gesellschaft derart zwischen oben und unten durchziehen. Oben ist man sich einig gegen unten. Früher waren es Teile der Nomenklatura, die sich verantwortlich fühlten, die gegen andere Teile vorgingen. Heute ist das oben ein Block, der sich gegen unten richtet. Ausgenommen sind nur die Agrarier.

Du erinnerst dich sicher, daß wir früher darüber sprachen, ob es eine Gefahr eines Faschismus bei euch gibt. Die Situation ähnelt ja in vielem jener, die Deutschland nach dem Ersten Weltkrieg hatte. Verlorene imperiale Ambitionen, verlorener Krieg, Niedergang der Wirtschaft, Verelendung ...

Ich denke, es ist sehr schwer, irgendwelche Vergleiche dieser Art zu ziehen. Natürlich bräuchten wir heute eine Reihe von harten Maßnahmen, um aus dem jetzigen Zustand herauszukommen, so wie damals die westliche Welt. Aber die jetzige Macht ist dazu nicht in der Lage. Und die Frage stellt sich, welche Kräfte dazu in der Lage sein könnten und wie die aussehen könnten. Die können ja sehr verschieden aussehen. Im damaligen Westen sind in einem Zeitraum von sechs Jahren solche Maßnahmen ergriffen worden. In Deutschland 1933, in Amerika 1934 und in Frankreich 1936, in Endland 1940. Das waren Maßnahmen von ähnlichem Typ, aber in Deutschland war das der Faschismus, in den USA der New Deal, in Frankreich war die die Nationale Front, in England die große Koalition. Ein Regierungskonsens der unterschiedlichen Kräfte zur Kontrolle der sozialen Unruhen.

Hier ist das heute vollkommen offen, welche Kräfte sich da zusammenfinden könnten. In Rußland gibt es heute keine Kraft, die in der Lage wäre, vergleichbare Maßnahmen durchzuziehen. Das ist ein gänzlich leerer Platz. Das sind zum einen die Kräfte des Belowescher Rußland. Manche glaubten, die könnten zu einem

Faschismus übergehen. Das war alles leeres Gerede. Und genau die Teile der Intelligenz, die laut Faschismus geschrien haben, schweigen jetzt. Barkaschow[185] hat man vor dem Dezember praktisch jeden Tag im Fernsehen gezeigt. Damals waren sie zwanzig oder so. Jetzt sind sie schon Tausende, und Barkaschow hat sich mit einem anderen, Alexejew[186] zusammengeschlossen. Aber es wird nichts mehr gezeigt.

Kannst du genauere Daten angeben?

Nun, ich beschäftige mich nicht sehr mit solchen Vorgängen. Alexejew, das ist die Konföderation Freies Rußland. Die Organisation wurde übrigens mit großer Beteiligung von Amerikanern gegründet. Ihre Mitglieder waren vorher lange in der Gewerkschaft, FNPR[187]. Alexejew hat sich dann offen als Anhänger des Faschismus bekannt. Er ist gegen Hitlerismus, er ist für Mussolini …

So wie ich Prochanow[188] verstanden habe, sind die meisten Rechten so unterwegs.

Nach diesen großen Auftritten gab es Spaltungen. Eine Minderheit verließ die Gewerkschaft. Eine große Mehrheit blieb, wohl wissend, daß es sich um eine faschistische Organisation handelt. Weiter: Es gibt das Arbeiterkomitee in Workuta. Städtisches Arbeiterkomitee. Es wurde aus einer antikommunistischen Bewegung gegründet. Sie erklärten sich auch als Anhänger Mussolinis.

Dann noch Kurgenjan …

Der ist für mich in diesem Zusammenhang nicht interessant. Mich interessieren die Bewegungen an der Basis, auf dem Niveau von Städten in der Provinz. Auf dem Niveau gewerkschaftlicher Strukturen, die real Einfluß auf Menschenmengen nehmen können. Das ist kein Bluff, das sind reale Leute. – Also, das sind nur ein paar Beispiele. Es entsteht eine faschistische Bewegung innerhalb der Arbeiterschaft. Ich spreche nicht von Arbeiterklasse, sondern nur von Menschen,

185 Barkaschow, Alexander , Gründer und Führer der rechtsradikalen »Russischen nationalen Einheit«.

186 Alexsejew, rechtsradikale »Konföderation Freies Rußland«.

187 FNPR – Die FNPR ist der allgemeine Dachverband russischer Gewerkschaften, der sich beim Übergang von der UdSSR auf die Russische Föderation bildete.

188 Prochanow, Alexander, Schriftsteller, stalinistischer Populist, Herausgeber der Zeitschrift »Djen« (Der Tag), später »Sawtra« (Morgen).

die arbeiten, von denen du nicht weißt, ob sie Bauern sind Leibeigene, Kleineigentümer von Aktien usw. Alle wurden kleine Bourgeois.

Ich habe dabei die Aktivitäten von MMM vor Augen, das ist ja schon eine ausgewachsene Bewegung ...

Ja, das ist eine Bewegung zur Ausplünderung von Eigentümern. Sie fordern: Mawrodi[189] an die Macht! Das ist typisch für Rußland. Die Bewegung für Jelzin war nach denselben Motiven aufgebaut: Wir unterstützen, was uns bereichert! Diese Bewegungen sind ein typischer Ausdruck dieses zerrissenen Landes. Das ist klar. Das ist der Kleinbürger, der zwischen allen Stühlen sitzt. Er ist nicht in der Lage, rational und logisch zu denken auf Grund seiner mißlichen Lage. Er neigt zu mystischen Verklärungen. Das haben Erich Fromm[190] und Bergson[191] ja deutlich gezeigt, wie das Kleinbürgertum vom Faschismus benutzt wurde. Wir haben hier so ein kleines Mikromodell dieser Vorgänge. Also, das sind echte Bedrohungen. Zur Zeit konsolidiert sich das nicht. Es ist schwer sich vorzustellen, wie sich Mawrodi, Barkaschow, Schirinowski usw. zusammenschließen. Auf der Ebene eines Zusammenschlusses von oben geschieht da nichts, aber auf dem Niveau der psychologischen Mentalität und Ideologie kommt das noch näher zusammen. Das ist eine wilde Mischung, von der du nicht weißt, was daraus wann plötzlich hervorgehen kann.

Du bist aber überzeugt davon, daß euer Prozeß nicht nach den aus dem Westen bekannten Regeln verläuft ...

Richtig. Es läuft einfach ohne Vorgänger. Es gab in der Geschichte eben noch keine postsozialistische Restauration des Kapitalismus. Wir hatten keine sozialistische Gesellschaft, das ist klar. Wir hatten eine Gesellschaft, die beim Versuch ‚den Sozialismus einzuführen, an ihre Grenzen gestoßen ist und sich dann zurückentwickelt hat. Was wir kennen, ist eine Restauration nach einer bürgerlichen Revolution: in England im 17. Jahrhundert, in Frankreich im 18. Jahrhundert. Und wir kennen die Restauration im 20. Jahrhundert nach der sozialistischen Revolution.

189 Mawrodi, Sergei, Chef von MMM.
190 Fromm, Erich, Kultursoziologe.
191 Bergson, Henri-Louis, Schriftsteller, französischer Philosoph.

Und wir kennen auch die Restauration unter Stalin ...

... das war der Thermidor. Das gehört natürlich mit in diese Zyklen. Klar ist aber, daß wir das, was sich jetzt abspielt, noch nicht kennen. Prognosen sind einfach nicht möglich. Wenn man bedenkt, daß die Sowjetunion eine Gesellschaft von lauter Angestellten, von Lohnempfängern war, von oben bis unten, in der niemand Eigentümer war, eine durch und durch proletarisierte Gesellschaft, andererseits jeder seinen eigenen kleinen Besitz hatte, seine Ecke, wo er sich allein entwickeln konnte, dann ist schwer vorstellbar, wie sich das jetzt differenzieren wird. Kann sein, daß ein Teil dieser Angestellten – vor allem Teile der Intelligenz – jetzt zu Begründern kleiner Unternehmen werden, zumindest jetzt in diesen Bereichen des neuen Kapitals arbeiten. Das kann zu einer heftigen Radikalisierung von Menschen führen, die in diesem neuen privaten Sektor arbeiten. Das kann so eine Art neues Proletariat werden mit einem ähnlichen Bewußtsein wie das heutige westliche Proletariat. Da wächst auf jeden Fall eine protestbereite neue Schicht heran, die besser leben will. Aber das heißt nicht, daß die Linke davon Zulauf hätte. Das schlägt sich eher in Forderungen nach gleichem Lebensstandard wie im Westen, nach mehr Freiheit und mehr Konsum nieder. Also konkret, wir sind auf der Linken durch diese Entwicklung nicht gestärkt, sondern heute weitaus schwächer als noch vor fünf Jahren. Das muß man ganz offen sagen. Schlapp, hilflos, ratlos, ohne Zulauf von Menschen. Das gilt für alle linken Kräfte, einschließlich der KP. Eine solche Stufe der Demoralisierung der demokratischen Bewegung wie zur Zeit, demokratisch gemeint im guten Sinne dieses Wortes, hat es bisher nicht gegeben. Es ist paradox. Einerseits gibt es eine allgemeine Linksentwicklung in der Bevölkerung, aber die organisierte Linke ist nicht in der Lage, darauf richtig zu reagieren. Sie wird einfach zur Seite gedrängt. Einfaches Beispiel: Vor noch nicht langer Zeit war es für mich äußerst schwer zu publizieren. Ich konnte in New York schreiben, aber in Moskau überhaupt nicht. Jetzt kenne ich nur zwei oder drei Zeitungen, in denen ich nicht schreiben kann. In allen anderen geht es, du willst schreiben, bitte sehr. Das TV ist geschlossen, aber die Presse ändert sich.

Also, in der Presse entsteht ein Bedarf an Texten von dir oder anderen Linken ...

Ja, nicht weil die Direktoren das fordern. Die Journalisten haben sich mehr nach links gewendet. Sie beginnen zu verstehen, daß das System nicht mehr funktionieren kann. Also, ich habe keine Probleme zu schreiben – aber eine Versammlung zu organisieren, auch nur einen Raum dafür zu finden, das ist inzwischen ein großes Problem. Ich kann hundert oder mehr Menschen mit Texten erreichen, aber auch nur fünfzehn zu organisieren, schaffe ich nicht. Ich habe mit anderen Linken gesprochen. Bei ihnen ist es genauso. Das zieht sich durch die ganze Linke bis hin zur KP. Das heißt, die Linke verlor ihre Möglichkeit, aktiv zu sein. Eine Änderung kann nur durch eine neue Bewegung kommen.

Es gibt eine kleine Hoffnung, daß der Herbst eine kleine Bewegung bringt, die wird nicht klassenmäßig sein, nur populistisch …

Hier mußte das Gespräch abgebrochen werden.

Neue linke Sammlungsbewegung?

Ich habe mit Kondratow in St. Petersburg gesprochen. Da habe ich den Eindruck gewonnen, als ob verschiedene politische Kräfte sich zusammenschließen wollen. Es gab da schon einen Kongreß.

Ich bin daran nicht beteiligt. Das ist auch so ein Ausdruck der organisatorischen und psychologischen Spaltungstendenzen in der Partei der Arbeit. Ein Teil der Leute geht zu den Kommunisten, zum linken Flügel der KP.

Und die Partei von Szuganow[192]?

Szuganow selbst ist ja ins Establishment verschwunden. Er führt den rechten Flügel der Partei. Er stimmt dem Budget zu, nimmt daran teil usw. Eine andere Sache ist, daß man mit ihm auch arbeiten muß. Aber in der Partei gibt es eine Gruppe von Dissidenten. Zur Zeit finden sehr intensive Gespräche zwischen ihnen und Teilen der Partei der Arbeit statt. Eine andere Gruppe von Leuten bemüht sich gerade darum, so etwas wie eine sozialdemokratische Organisation zustande zu bringen …

…. mit Gorbatschow…

… ja, auch mit Gorbatschow. Einige wollen auch vor Ort solche Parteigruppen bilden. Also, sie wollen irgendwie in der Breite aktiv werden.

Ich verstehe das so, daß es bei euch eine Spaltung gegeben hat.

Die Spaltung wurde noch nicht vollzogen. Niemand wird die Partei spalten. Aber es ist der Grund, warum man keine normale gemeinsame Arbeit zustande kriegt. Alle haben begonnen, irgendwelche kleinen eigenen Spiele zu betreiben.

192 Szuganow, Gennadij, Sekretär der KPRF seit ihrer Wiederzulassung.

Das heißt nur einfach, daß die Struktur auseinanderfällt. Kann sein, daß sie wieder zum Leben kommt, wenn es eine Bewegung gibt. Wenn keine Bewegung kommt, sagen wir in einem halben Jahr oder einem Jahr, dann wird sie ganz zerfallen. Das ist klar.

Welche Alternativen gibt es?

Wir sind in dem Stadium, einen letzten Versuch für eine aktuelle linke Alternative zu unternehmen. Wenn das nicht gelingt, bleibt uns nur, lokal aktiv zu werden, ohne eine andere Rolle anzustreben. Mehr noch, wenn eine linke Bewegung nicht zustande kommt, dann ist klar, daß die aktiveren Leute sich mit den Kommunisten zusammenschließen müssen, ungeachtet Szuganows.

Ich hatte interessante Gespräche in Nowosibirsk.

Kommunisten?

Mit Mitgliedern der KP, aber faktisch wohl Sozialdemokraten.

Laß mich erklären. Dort gibt es verschiedene sozialdemokratische Flügel. Wir waren im November im Omsk[193]. Da haben sich praktisch alle versammelt: Der linke Flügel der KP, der linke Flügel der Sozialdemokraten, der linke Flügel der Gewerkschaften. Die Gewerkschaften insgesamt sind jetzt stark nach rechts gerückt. Auch unsere Leute von der Partei der Arbeit waren dort. Wenn wir auf dieser Basis eine Bewegung begründen können, die sich auf Aktive vor Ort stützen kann, dann kann die Partei der Arbeit wiederaufleben. Wichtig ist, daß neue Leute zusammenkommen.

Da können ja auch noch Menschen aus nationalen Republiken dazukommen.

Ja, möglich, aus Burjatien[194] usw. Das ist ein wichtiges Moment im Sinne des Internationalismus. Das ist ja das, was uns vom rechten Flügel der Szuganow-KP unterscheidet, der Internationalismus.

193 Stadt in Sibirien.

194 Republik Burjatien, Sibirien, an der nördlichen Grenze der Mongolei, buddhistisch geprägt.

Ich kann mich gut an eure Auseinandersetzungen vor zwei Jahren erinnern.

Ja, wer unterstützt uns heute? Innerhalb der Kommunistischen Partei unterstützen uns zur Zeit Menschen aus Tatarstan, aus Baschkortostan[195] *(lacht)* …

… aus dem Altai[196], aus Chakasien[197], ich verstehe …

Ja, die größte Unterstützung bekommen wir von den Führern der nationalen Minderheiten.

Was bedeutet das?

Nun, als erstes sagt das, daß die Politik Szuganows nicht richtig ist.

O. k., o. k., aber was bedeutet das im Kern, wenn gerade diese Kräfte euch unterstützen?

Es ist klar: Rußland zusammenhalten, das kann man nur über den Transnationalismus[198], den Internationalismus. Und jeder Versuch, irgendeine Union zu schaffen, wird immer internationalistisch sein.

Wie ist da der Gedanke? Konföderativ? Föderativ?

Lukaschenko spricht von Konföderation. Aber lassen wir das. Die Hauptschwierigkeit für die Herausbildung einer Union zwischen Weißrußland, Kasachstan und Rußland liegen in zwei Aspekten: Das ist zum einen das gegenwärtige Regime im Kreml. Das Regime ist ja verantwortlich für das belowescher Russland. Jede neue Vereinbarung mit Weißrußland oder Kasachstan bedeutet deshalb auch automatisch ein Ende für dieses gegenwärtige Regime. Der zweite Hinderungsgrund ist der russische Nationalismus. Der russische Nationalismus ist ein schweres Hindernis für das Wiedererstarken eines russischen Imperiums und eines russischen Staates.

195 Republiken Tatarstan und Baschkortostan sind muslimisch geprägt.

196 Republik Altai, turksprachige Minderheit im Süden Sibiriens an der westlichen Grenze der Mongolei.

197 Republik Chakasien, mongolisch, muslimische Minderheit im Süden Sibiriens.

198 Im Russischen wird zwischen Transnationalismus und Internationalismus unterschieden: Transnationalismus – das meinte früher innersowjetische, jetzt innerrussische Beziehungen zwischen Völkern, Ethnien, Kulturen mit eigener Autonomie (oder auch ohne), die im Russischen als »Nationen« bezeichnet werden. Internationalismus meint Beziehungen zu anderen Völkern, Kulturen, Ethnien und ihren Staaten im globalemn-Maßstab.

Hört man noch die Stimme von Solschenyzin?

Er ist verwirrt. Auf der einen Seite kritisiert er mehr und mehr das Regime. In vielen Fällen stimmt er den Kommunisten zu. Auf der anderen Seite ist er in eindimensionalem Sinne ein Mensch der Vergangenheit. Und er hat diese nicht nur großrussische, nicht nur antimuslimische, sondern, sagen wir, antiasiatische Grundhaltung. Auch da steht er allein, denn unter den neuen russischen Nationalisten ist ein Panslawismus in Mode. Also nicht mehr Russe, sondern Slawe. Darin schließen manche sogar die Juden ein. Der Rassismus ist irgendwie völkerübergreifend, er ist antimuslimisch. Du verstehst, die europäischen Weißen ...

Genau! Kannst du sagen, worin sich die Positionen der internationalistischen Linken und diese panslawischen, alle Weißen einschließenden Positionen der Nationalisten, einschließlich solcher wie Schirinowski z. B., unterscheiden?

Das ist kein großes Problem. Darin sind sich wohl auch alle Linken ziemlich einig. Gerade die nationale Frage ist eine Basis für gemeinsame Positionen aller Linken. Und zwar ziemlich fraglos. Auf der Ebene der Staatsbürgerlichkeit sind sie Nationalisten. Das ist ja klar, z. B. in Bezug auf Staatsbürgertum sind sie Nationalisten. Zum Beispiel in Bezug auf die Frage, wer als Flüchtling anerkannt wird. Geht das nach der Nationalität, nach der früheren Zugehörigkeit zur Sowjetunion oder einfach nur nach menschlichen Gesichtspunkten? Wir haben Flüchtlinge aus Somalia, aus dem südlichen Jemen. Warum sollten wir ihnen keinen Flüchtlingsstatus geben? Wir haben zudem auch sehr gute Beziehungen zu Minderheitsvereinigungen. Sehr gute Beziehungen. Es gibt Menschen unter den Linken, die starke Arbeit in diesen Kreisen leisten, helfen, Alte unterstützen, konkret, das sind nicht nur Deklarationen. Die genießen große Achtung.

Hast du deine Sichtweisen in der nationalen Frage im Lauf der letzten zwei Jahre geändert?

Ich bin nach wie vor für einen einheitlichen Staat, ich denke nur, daß darin der Gedanke des Internationalismus enthalten ist, einheitliches Staatsbürgertum mit gleichen Rechten für alle. Darin muß es natürlich kulturelle Autonomie geben. Warum haben die Tataren, die 9 % des Oblast[199] von Saratow bilden, keine eigenen tatarischen Schulen, kein Recht auf ihre eigene Sprache?

199 Verwaltungsbezirk.

Überhaupt, die Tataren und Baschkiren – das ist eine kranke Frage. Einerseits ist klar, warum sollen die 9 % keine Minderheitsrechte haben? Andererseits: Warum soll die tatarische Republik als Republik Sonderrechte haben? Wenn wir wollen, daß die Tataren als Volk nationale Rechte haben sollen, ja, dann aber nicht als abgegrenzte Gruppe, als gesonderte Óbschtschina, als eigene Republik. Jede solche Abteilung wäre immer ein Ghetto. Das gilt für die Tataren, die Baschkiren, die Esten usw. Die Realisierung der Rechte auf eigene Kultur, die kulturelle Autonomie sollte nicht verwechselt werden mit staatlicher Autonomie. Das sind zwei völlig verschiedene Fragen. Das sind komplizierte Fragen. Es kann ja nicht angehen, daß ein russischer Oblast weniger Rechte hat als ein ethnisches Gebiet mit staatlicher Autonomie. Man kann Rußland auch nicht aufteilen in soviel autonome Republiken, wie es Ethnien gibt. Das wäre absurd. Das ist viel zu viel …

Also, daß heißt zum Beispiel, gleiche Rechte für Tataren in Tatarstan, aber im Rahmen der allgemeinen Rechte russischer Bürger. Dazu kommt natürlich die Frage der administrativen Reform, daß kleine Oblaste und autonome Republiken neu bestimmt werden, andere, die jetzt Eigenständigkeit fordern, daran gehindert werden. Zum Beispiel eine Ural-Wolga-Republik, das ist einfach Unsinn. Da könnte man das ganze Land dann in kleine autonome Bezirke aufteilen, die alle ähnliche Rechte haben wie z. B. Tatarstan.

Na ja, kleine Oblaste waren aber doch recht bequem für die früheren zentralisierten Verhältnisse.

Ja. Zweifellos. Die französischen Departements sind ein klassisches Beispiel dafür. Aber ein dezentralisiertes System sollte die Einheiten vergrößern. Die Einheiten, die jetzt Subjekte der Föderation sind, können in der Praxis einer demokratischen Gesellschaft nicht sein. Ihnen fehlt die notwendige kritische Masse.

Aber die Debatte um diese Fragen hat gerade erst begonnen, soweit ich sehe …

Richtig. Und das muß man beenden. Die örtlichen Eliten fordern mehr Rechte für sich selbst, aber sie fordern sie nicht, weil sie Regionen sind, nicht weil sie mehr Selbstverantwortung haben wollen. Das müßte man diskutieren. Aber das bedeutet dann auch wieder, daß die bestehenden Strukturen zerschlagen werden müssen. Ich sehe jedoch keine Kräfte, die gewillt sind, die Frage in einer rationalen, sagen wir, zivilisierten Form anzupacken. Es gibt massenhaft Kräfte, die daran interessiert sind, daß nichts passiert. Russischer Kapitalismus – das ist Feudalisierung des ganzen Landes. Das sind ja alles feudale Grenzen, zufällige Grenzen, gezogen danach, wo zufällig früher mal eine Fürst geboren wurde oder starb ...

... vielleicht hat Solschenyzin doch recht, daß man die alten Fürstentümer wieder einführen sollte ...

(Lacht) Na ja, stell dir vor, wir würden unsere Oblaste wieder in einzelne Fürstentümer verwandeln. Schau dir Irkutsk an, Noschikow.[200] Er war in der sowjetischen Zeit dort, er war nachher da, er ist jetzt da. Was ist das? Das ist die örtliche Elite. Das sind ganz und gar zufällige Gegebenheiten. Also warum verläuft die Grenze zwischen Perm und Swerdlowsk gerade dort, wo sie jetzt ist, und nicht anders? Das ist einfach nur bürokratisch, einfach auf administrativem Wege so gelaufen. Da gibt es keine rationalen ökonomischen Gründe. Das ist dynastisch, das ist irrational. Deshalb muß man das zerschlagen. Das ist einfach nur ein Gerangel zwischen Eliten, denn die örtlichen Eliten sind vom selben Schlage wie die Moskauer.

Wenn man diese Probleme bedenkt, die ja alle miteinander verwoben sind, was steht da deiner Ansicht nach an erster Stelle.

Das ist gerade eine große Debatte, auch bei uns. Meine Position ist, daß diese Fragen durch ein sozialökonomisches Programm angegangen werden müssen. Internationalismus – auch im Inneren – ist wichtig, da gibt es keine Meinungsverschiedenheiten – aber er reicht nicht aus.

Internationalismus? In welchem Sinne?

Nun, Boris Slawin, einer der Ideologen des linken Flügels der KP, sagt z. B. die Linken müssen sich vornehmlich um den Internationalismus scharen ...

Ja, aber um was für einen Internationalismus?

Recht auf Staatsbürgerschaft für alle Bürger Rußlands, Streben nach einer Wiederentstehung der Union, aber nicht als Expansion, also Union als Rechtsraum, nicht nach Art Schirinowskis. Neue Union als Alternative zu einem expansiven Rußland. Kampf gegen jede Form des Antisemitismus und des Anti-Islamismus. Das sind die Konsolidierungsgrundlagen für Linke. Und ein gemein-

200 Noschikow, langjähriger Gouverneur von Irkutsk.

sames Unverständnis gegenüber dem, was Jelzin einen russischen Staat nennt. Er bildete mit der Auflösung der Sowjetunion ja den Boden für eine Ideologie des »Rußland für die Russen«. Wir sagen, Union der Völker, Union der Bürger. Das ist die Losung der Linken. Ich meine, daß das nicht reicht. Die Vereinigung Rußlands sollte auf einem allgemeinen sozialökonomischen Programm beruhen. Das kann Menschen aus unterschiedlichen Ethnien besser zusammenführen als internationalistische Losungen. Wenn wir sehen, daß wir gemeinsame ökonomische Interessen haben, können wir ethnische Konflikte besser bewältigen. Slawin hat mit seiner Losung 30 % der LKP hinter sich. Szuganow fordert: Russisches Volk. Wir Kommunisten sind für die Entwicklung eines russischen nationalen Staates. Da gehen die Meinungen doch letztlich weit auseinander.

Noch mal zurück: Hat diese Diskussion um eine Sozialdemokratisierung eine Zukunft?

Nein. – Isajew von »Solidarnost« unterstützt diese Idee; ich bin dagegen. Aber wir sind nicht zusammen aufgetreten. Das ist bezeichnend für die Situation. Man will nicht streiten. Man will keine Spaltung. Aber die Sache ist: Eine Sozialdemokratisierung kann es nicht geben, weil wir nicht in Westeuropa leben. Dafür gibt es keine konkrete Basis. Marxismus dagegen kann es geben, denn das ist eine Theorie. Marxistische Theorie kann unter diesen, jenen oder anderen Umständen existieren. Aber sozialdemokratische Praxis, sozialdemokratische Aktivitäten können nicht existieren. Ebenso wie eine Avantgardepartei nicht. Eine Basis dafür könnte es nur in der Sphäre der Budgetnikis[201] geben, Lehrer usw. Das heißt es wird entweder keine Linke in Rußland geben, oder nur die Möglichkeit für kleine intellektuelle Kreise, hier und da Einfluß zu nehmen. Wenn eine Diktatur kommt, dann ist sowie alles anders. Wenn wir Optimisten sein wollen, dann kann es so etwas wie einen linken Populismus geben, eine irgendwie radikaldemokratische Plattform, getragen von proletarisch-kleinbürgerlichen Schichten. Das wird keine klassenmäßige Bewegung sein. Das unterscheidet sich von der Sozialdemokratie als einer Form der Arbeiteraristokratie. Das ist die Arbeiterklasse, die in die bürgerliche Gesellschaft integriert ist. Unbewußte Klasse. Eine bewußte Klasse macht Revolution. Eine unbewußte Klasse wird integriert. Das kann es bei uns nicht geben. Aber auch generell, weltweit ist die Sozialdemokra-

201 Der vom Staat bezahlten Angestellten.

tie in der größten Krise. In Europa. Im Westen, nirgendwo hat sie Perspektive. Der ANC in Südafrika sozialdemokratisiert, es gibt gewisse Tendenzen in Brasilien. Unsere Radikalen vom Typ Isajew sind auch bereit zu so einer Sozialdemokratisierung. Aber auf welcher Grundlage? Nach welchem Modell? Deutschland? Schweden? Wo? Nichts. Es gibt keine Modelle mehr dafür. Historisch gibt es keine Perspektive für eine solche Entwicklung.

Es gibt bei euch einfach die soziale Schicht nicht, aus der eine sozialdemokratische Kraft hervorgehen könnte. Kein höheres Proletariat, keine entwickelte Mittelklasse. Diese ganze klare Schichtung gibt es bei euch ja nicht.

Genau. Und das, was war, ist verschwunden.

Aber wenn du sagst, daß ihr in Omsk beraten habt, eine Bewegung zu bilden – hat das denn unter diesen Umständen eine Chance?

Nun, das ist das, was ich mit linkem Populismus bezeichnet habe. *(Stöhnt)* Was ist das? Es fällt mir sehr schwer, das zu beurteilen. Vielleicht wird auch nichts daraus. Es könnte so etwas wie linker Radikalismus entstehen. Wenn man es mit der Geschichte vergleicht, könnte es eher so etwas werden wir die Narodniki[202]. So eine Art Volkssozialismus. Aber wir befinden uns ja schon in der Industriegesellschaft. So entsteht vielleicht auch die Idee der Modernisierung. Was auch die Narodniki hatten, aber schwach entwickelt. Die soziale Modernisierung fordert radikale Methoden. Das ist ähnlich wie in der 3. Welt, Südamerika, vielleicht auch die arabischen Länder. Ich war gerade eine Woche in Ägypten und habe gesehen, daß vieles ähnlich ist wie bei uns. Das ist ein marxistischer Populismus, der die Gesellschaft im Sinne einer sozialen Modernisierung umbaut. Gegen die Neuen Russen.[203] Man muß die Wissenschaft entwickeln, die Infrastruktur.

202 »Narodniki«, deutsch Volksfreunde (mit negativem Beiklang auch Volkstümler), nannte sich die Bewegung, die in der zweiten Hälfte des 19. Jahrhunderts »ins Volk ging«, um in Anknüpfung an die traditionellen Gemeinschaftsstrukturen in den Dörfern für soziale Reformen, tendenziell auch für sozialistische Ziele zu werben.

203 Neue Russen – wie Neureiche im Deutschen, nur schärfer: reich gewordene Privatisierungsgewinnler.

Hast du von der »Partei der Ethik« gehört, die gegründet wurde? Das ist eine Partei, die aus der Roerich-Bewegung[204] hervorgeht. Die stellen gerade ihr Programm auf …

Nein, was ich gehört habe, ist eine Partei der Volkspädagogik. Die ist nach ihrem Programm sehr links. Sie fordern ein sozialökonomisches Entwicklungsprogramm. Das sind rote Pädagogen, rote Lehrer. Das ist auch interessant: In den Schulen sind neue Lehrbücher erschienen, in denen steht, daß die Revolution schlecht war usw. In dem Moment wurden die Lehrer alle rot. Sie werden diese Bücher nicht benutzen.

Es gibt auch noch eine andere Bewegung, die sich rund um die Fragen der »Óbschtschina« gebildet hat. Wie stehst du dazu?

Zur Zeit gibt es ja keine organisatorischen Strukturen vor Ort, mit denen man irgendwie arbeiten könnte. Man braucht einen Apparat, Telefone, Räume usw. Das wird sich ändern, wenn eine Bewegung stattfindet …

Boris, eine direkte Frage: Wie fühlst du dich in dieser Situation?

Schlecht. Es ist eine gräßliche Situation. Jetzt habe ich mich schon wieder ein bißchen erholt. Aber im Herbst habe ich mich einfach nur schrecklich gefühlt. Eine klassische Depression. Erst jetzt in den letzten zwei, drei Monaten ist es etwas besser geworden. Ich habe mich ja mit Schmackow gestritten, meinem guten Freund. Er ist der Präsident der FNPR, nachdem Klatschkow gegangen war. Er hat im Interesse der Gewerkschaften die Positionen gewechselt. Er ist wie ein Gorbatschow der Gewerkschaften. Und so hatten wir einen Konflikt. Ich hatte noch weitere Konflikte mit befreundeten Menschen. Das endete damit, daß ich für meine Tätigkeit kein Geld mehr kriegte. Im Sommer war ich drei Monate ohne Einkommen. Jetzt wurde es etwas besser. Jetzt konnte ich in der Zeitung »Nesawissimaja gazeta« veröffentlichen. Aber alle erklärten, daß sie damit nicht

204 Die Roerich-Bewegung ist eine ethische Gemeinschaft, die Anfang des 20. Jahrhunderts aus der theosophischen Gesellschaft hervorging. Gründer waren Nicolas und Helena Roerich, eng verbunden mit Helena Blawatsky . Die Bewegung existierte bei Einsetzen der Perestroika und in den darauf folgenden Jahren in Gestalt von kulturell sehr aktiven Bildungsgesellschaften in zahlreichen Städten Rußlands. In Moskau, St. Petersburg und Nowosibirsk unterhält die Gesellschaft staatlich geförderte Museen. Die Gesellschaft hielt enge Verbindung mit Gorbatschow, der ihr das Moskauer Museum zur Verfügung stellte.

einverstanden sind. Das kam alles zusammen, finanziell, politisch, psychologisch, kreativ. *(lacht)* Aber jetzt ist es etwas besser und ich sehe ein paar Perspektiven. Obwohl auch das Geld für die Konferenz in Omsk fehlte.

Wie stehst du zu Jewjeni Proschtschetschin?[205]

(Ich lege Boris ein Papier zu Menschenrechten vor, das Proschtschetschin mir gegeben hat.)

Das kommt alles aus der Partei Gaidars, »Demokratische Union«. Da muß man sehr vorsichtig sein. Man kann mit ihnen nur in konkreten Fällen zusammenarbeiten. Busgalin gründete als erster eine Organisation zum Schutz der Menschenrechte, gegen den antikaukasischen Rassismus. Proteste richten sich auch gegen Rechtsverletzungen durch Jelzin, aber da hat Gaidar dagegengehalten.

Kannst du dir eine Front vorstellen – gegen Faschismus, gegen Totalitarismus u. ä.?

Wenn gegen jeden Autoritarismus aufgetreten wird, ist das eine Sache. Wenn gegen Faschismus und KP in einem Atemzug aufgetreten wird – dann geht das nicht. Da wird einfach etwas verwechselt. Dann ist Faschismus einfach nur ein Schimpfwort.

Das kenne ich. Mich interessiert einfach, ob sich da irgendwelche neuen Fronten abzeichnen. Volksfront, demokratische Bewegung oder irgend etwas dergleichen.

Nichts dergleichen kommt. Es kommt etwas anderes. Unsere Intelligenz ist sehr demoralisiert. Die Macht nimmt selbst mehr und mehr nationalistische Losungen für sich an. Mironow[206], Präsident des staatlichen Komitees für Druckerzeugnisse, hat öffentlich erklärt, er sei Faschist. Zwei Monate später hat man ihn entlassen. Das wird als Sieg ausgegeben. Aber was heißt schon Sieg. Niemand fragt, wieso in der nächsten Umgebung Jelzins so ein Mensch sein konnte. Zweitens ist der ganze Apparat geblieben, in dem er gearbeitet hat. Mironow hat einfach nur zuviel geredet.

205 Proschtschetschin, Jewjeni – Begründer und Chef des »Moskauer antifaschistischen Zentrums«, Abgeordneter des Moskauer Sowjets bis 1993.

206 Mironow, Boris (nicht zu verwechseln mit dem Präsidenten des Föderationsrates Sergei Mironow).

Wenn du über die letzten zwei Jahre nachdenkst. Wenn du erinnerst, wie wir uns Gedanken gemacht haben, wie lange Jelzin bleiben werde ...

Jeden Herbst heißt es, nun stürbe er ...

Er trinkt und trinkt und wird weiter trinken ... Wohin führt das?

Nun, eine neue Intelligenz wird entstehen. Zuallererst aus der Provinz. Von Jüngeren. Aus unteren Schichten der Intelligenz. Nicht von Bauern oder Arbeitern, die brauchen mehr Zeit, aus der Intelligenz der Eliten, von oben. Diskreditierte, die verstehen, was läuft. Intelligenzija ist ohne Intelligenz ...

... das klingt sehr russisch: Intelligenzija ohne Intelligenz ...

Na ja, ich halte es da mit Gramsci, daß jede Gesellschaft ihre Art der Intelligenz hat.[207] Unsere Intelligenz hat ihre elitäre Rolle gänzlich verloren. Sie ist auf das Niveau von Dienern der Nomenklatura herabgesunken. Früher gab es Differenzen innerhalb der Herrschenden. Jetzt sind oben und unten einfach nur zwei verschiedene Welten ...

... Degeneration ...?

... ja, eine Lumpenisierung der Intelligenz. Sie ist keine Elite mehr.

Das sind die Leute, die Schirinowski[208] wählen.

Genau! Laut Statistik teilt sich das so: Ein großer Teil der alten Intelligenz, soweit er nicht KP gewählt hat, hat für Schirinowski gestimmt. Ein großer Teil hat aber auch nicht gewählt. Die sind für die Zukunft natürlich die Wichtigen.

Letzte Frage: Kannst du mir zustimmen, wenn ich sage, daß bei euch heute eine moralische Wende stattfindet?

Ja, natürlich. Eine Restauration alter Werte. Neue Russen, neue Oligarchen lassen alte Werte wiederaufleben. Ganz und gar nicht marktwirtschaftliche. Was sind neue Russen? Sie halten sich für eine neue unternehmerische Klasse. Das ist eine Lüge. Das ist eine unbewußte Selbsttäuschung. In Wirk-

207 Gramsci, Antonio, marx. Theoretiker, hier als Stichwortgeber für den Begriff der »kulturellen Autonomie«.

208 Schirinowski, Wladimir, Vorsitzender der nationalistisch-populistisch ausgerichteten Liberal-demokratischen Partei Rußlands (LDPR).

lichkeit sind ihre Werte typisch für die damalige sterbende feudale Klasse. Zum Beispiel ihr Verhältnis zum Spiel. Sie spielen, spielen, spielen. In erster Linie im Casino, Monaco. Da findest du Russen an jeder Ecke. Kult des Spiels. Wann gab es in Europa den Kult des Spiels? Spiel ist eine Art Verneinung der bürgerlichen Werte, ein Anti-Markt-Kult. Diese Elite ist ihrer Natur nach gegen den Markt gestimmt. Nehmen wir Weber, der Protestantismus[209]. Er schreibt da deutlich: Was ist das Besondere an der bourgeoisen Elite? Daß sie ihre Werte der Rationalität unterwirft. Es geht ihr nicht einfach nur um Geld, Geld, Geld, es geht um ethisch begründeten Rationalismus. Und das steht gegen den Geist der Aristokratie. Das ist das Spiel. Es ist der Geist des Abenteuers, des Gewinnens, des Raubens usw. Das ist nicht unbedingt Ziel bürgerlichen Denkens. Aber unsere neuen Russen sind genau so.

Aber sie reden von der Wiedergeburt russischer Kultur ...

Ich gebe dir eins meiner Bücher.[210] Da schreibe ich darüber. Zum Beispiel darüber, daß es bei uns keine Höflichkeit geben kann. Höflichkeit beinhaltet eine bestimmte Beziehung zur Monarchie. Wenn es diese nicht gibt, verlieren die Menschen automatisch den Status des Höflings. Wenn sie ein, zwei Generationen nicht am Hof gelebt haben, dann sind sie keine Höflinge mehr. Schau dir unsere Höflinge an. Sie sind auch Lumpen, nur auf höherem Niveau. Unsre Händler, Kosaken usw. Die heutigen Erscheinungen sind dem ziemlich ähnlich.

Aber nur ähnlich. Das ist doch eher Maskerade heute ...

Ja, auf der anderen Seite gibt es heute diesen tiefen kulturellen Widerstand in der Intelligenz. Schau in das Repertoire der Theater für das nächste Jahr. Was wird da angekündigt: Gorki, Peter Weiß, Tschechow, russische Klassik und natürlich Shakespeare. Das ist eine Art kultureller Widerstand. Die kulturelle Wiedergeburt kommt von unten. Gegen die Massenkultur, die von oben kommt. Interessant ist aber auch, was auf dem Gebiet der Reklame passiert. Jetzt kommt langsam so etwas wie ein russischer Stil der Reklame hoch. Ich habe mir eine ganze Kassette aufgenommen mit russischen Reklame-Clips. Die sind viel interessanter als die westlichen. Auf der einen Seite gibt es diese Masse primitiver traditioneller

209 Max Weber, Kultursoziologe, hier sein Werk: »Die protestantische Ethik und der Geist des Kapitalismus«.

210 »Restauration in Russia« (siehe Anhang).

Clips, russische Natur, russische Tradition usw., auf der anderen Seite solche, die die sowjetische Zeit irgendwie verarbeiten.

Ich habe das gerade in Tscherdin gesehen, alte Handelsstadt nördlich von Perm. Da gibt es uralte Häuser aus dem 18. und 19. Jahrhundert, uralte russische Kultur, eine Unzahl von gewaltigen Kirchen. Dort spricht man von der Wiedergeburt russischer Kultur.

Ich kenne Tscherdin nicht. Aber das kann schon sein. Es ist sehr unterschiedlich. Russische Kultur ist ja sehr dekorativ. Die Theater leben, das Kino geht praktisch verloren, das Radio überlebt, nicht zu erklären wie. Zeitungen existieren. Ein gewisses Überleben gibt es. Unklar nur, wie lange dieser kulturelle Widerstand sich fortsetzen wird. Im schlechtesten Fall werden wir in ein paar Jahren die erste Generation ohne Bildung haben. Ein Amerikaner hat mich neulich gebeten, ihm zwei Perspektiven zu nennen, eine optimistische und eine pessimistische: Optimisten sagen, es wird so eine Art von sozialen Kataklysmus geben, Pessimisten sagen, die Dinge bleiben, wie sie sind.

Wenn heute alle nur von Geld sprechen, was bedeutet das?

Es geht nur eine Monetarisierung von Defiziten vor sich. Früher sagten wir: Defizit. Heute sprechen wir von Geld. Der Sinn ist bei beidem der gleiche, die emotionale Bedeutung ist unterschiedlich. Warten = Schlangestehen, das war man gewohnt; kein Geld zu haben, ist schmerzhafter. Das ist einfach nur die gegenwärtige Praxis der Erniedrigung.

Und die Menschen haben sich nicht geändert?

Wieso. Früher konnte man das oder das nicht kaufen. Kamst du nach Swerdloswsk – kein Fleisch, kein Fleisch, kein Fleisch. In den Kühlschränken war aber Fleisch. Das war Thema. Jetzt heißt es: kein Geld, kein Geld, kein Geld, aber niemand stirbt vor Hunger. *(lacht)*

Ich höre oft Sätze wie: Früher war das Geld nicht so wichtig, jetzt muß ich ständig an Geld denken ... Einen moralischen Unterschied siehst du da nicht?

Kann schon sein. Früher war alles natural. Es war kein Problem zu kaufen, es war ein Problem, etwas zu bekommen. Das war alles materieller, dichter, unmittelbarer. Aber es ist eigentlich nur eine neue Form.

Chronologie

Die Chronologie erhebt keinen Anspruch auf Vollständigkeit. Sie soll lediglich dazu dienen, den Gesprächen einen Rahmen zuzuordnen.
Knapp gehalten sind außenpolitische Daten, Namen und Einzelheiten zu Postenbesetzungen, ökonomische Details sowie Daten zu Perestroikafolgekriegen im eurasischen Raum. Das betrifft im Besonderen die laufenden Daten des russisch-tschetschenischen Krieges und der damit zusammenhängenden kaukasischen Kämpfe bzw. auch terroristischen Aktivitäten. Ich habe mich bemüht, die sozialen Bewegungen mehr als üblich sichtbar zu machen. Die Quellen dieser Chronologie werden am Schluß genannt.

Kai Ehlers

Frühe sowjetische Daten

1894–1917	Regierungszeit Nikolaus II.
1906–1911	Amtszeit Stolypins als Ministerpräsident
1914–1918	Erster Weltkrieg
1917	Februar- und Oktoberrevolution
1917–1924	Amtszeit Lenins als Regierungschef der Sowjetunion (bis 1922 Sowietrussland)
1917–1920/21/22	Bürgerkrieg/Kriegskommunismus (Kriegsende Europa/Kaukasus/Asien)
1918 März	Unterzeichnung des Friedensvertrags von Brest-Litowsk zwischen Sowjetrussland und den Mittelmächten
1922–1924	Krankheit Lenins, Stalin wird Generalsekretär der KPdSU
1924	Tod Lenins
1922–1926	Nachfolgekämpfe in der Troika zwischen Sinowjew, Kamenew und Stalin1922–1926 Neue ökonomische Politik (NEP)

1926/27	Stalin erhebt sich zum Alleinherrscher, Trotzki wird entmachtet
1929	Trotzki wird exiliert
1929–1930	Kollektivierung
1939–1945	Zweiter Weltkrieg
1953	Tod Stalins
1953–1964	Chruschtschows Amtszeit als Erster Parteisekretär der KPdSU (Amtsbezeichnung unter Stalin Generalsekretär)
1956	XX. Parteitag der KPdSU (Reformparteitag, Stalinkritik)
1958–1964	Chruschtschows Amtszeit als Regierungschef der Sowjetunion
1964–1982	Breschnews Amtszeit als Generalsekretär der KPdSU (erneute Umbenennung des Amtes des Parteiführers), Kossygin wird zum 2. Mann

Übergangszeit – Andropow, Tschernenko

25.01.1982	Tod des Chefideologen Suslow, Nachfolger Andropow
10.11.1982	Tod Breschnews
12.11.1982	Andropow wird Generalsekretär der KPdSU
Sommer 1983	Forderungen nach Reformen im Nowosibirsker Papier der Saslawskaja Schule
15.08.1983	Andropow fordert Wirtschaftsreformen
09.02.1984	Tod Andropows
13.02.1984	Tschernenko wird Generalsekretär der KPdSU
10.03.1985	Tod Tschernenkos

Gorbatschow

11.03.1985	Gorbatschow wird Generalsekretär der KPdSU
1985	Gorbatschow holt Jelzin nach Moskau
08.04.1985	Einseitiges Moratorium seitens der UdSSR zur Stationierung von Mittelstreckenraketen im europäischen Teil der UdSSR

April 1985	Zentralkomitee der KPdSU beschließt das Konzept der Beschleunigung der sozial-ökonomischen Entwicklung der UdSSR
16.05.1985	Beginn von Gorbatschows Anti-Alkohol-Kampagne
06.08.1985	Einseitiges sowjetisches Moratorium zu Atomversuchen
24.12.1985	Jelzin wird Moskauer Parteichef
Februar 1986	Jelzin wird Kandidat des Politbüros
25.02.–06.03.1986	XXVII. Parteitag der KPdSU erhebt das Konzept der sozial-ökonomischen Beschleunigung zum neuen Parteiprogramm
26.04.1986	GAU im Atomkraftwerk von Tschernobyl
Sept. 1986	Kleine Kioske für privaten Handel werden erlaubt.
17.–19.12.1986	Antirussische Unruhen in Alma Ata (Hauptstadt der Kasachischen SSR)
19.12.1986	Rehabilitierung Sacharows, weitere Dissidenten werden aus der Haft entlassen
27.–28.01.1987	ZK Plenum beschließt Perestroika und Glasnost
1987	Gründnung der Föderation Sozialistischer Clubs
Januar 1987	Zulassung von Kooperativen, Joint-Ventures und Privatarbeit
21.06.1987	Kommunalwahl mit unabhängigen Kandidaten
25.–26.06.1987	ZK Plenum beschließt Umgestaltung des Wirtschaftslebens
21.10.1987	Absetzung Jelzins als Moskauer Parteisekretär, Versetzung ins Bauministerium wegen seiner Kritik an zögerlichen Reformen
01.01.1988	Inkrafttreten des Unternehmensgesetzes: Eigenverantwortliche wirtschaftliche Rechnungsführung für Betriebe, Einschränkungen gewerkschaftlicher Rechte
16.01.1987	Auflösung des Staatskomitees für Außenhandel
31.01.1988	Wirtschaftliche Befugnisse für Regionen
04.02.1988	Rehabilitierung der Opfer des Stalinismus (außer Trotzki)
08.02.1988	Ausschluss Jelzins aus dem Politbüro
18.02–28.2.1988	Unruhen in Jerewan (Hauptstadt der Armenischen SSR) für den Anschluss Nagornyj-Karabachs (Bergkarabachs)
15.–16.03.1988	Beschluss des Agrarplenums der KPdSU über Landreform

14.04.1988	Beginn des Rückzugs sowjetischer Truppen aus Afghanistan
24.05–26.05.1988	Genossenschaftsgesetz erlaubt private Betriebe
05.06.1988	1000-Jahr-Feierlichkeiten der Christianisierung Rußlands
28.06.–01.07.1988	Parteikonferenz der KPdSU: Reform des politischen Systems der UdSSR
Juli 1988	Freie Wahlen zugelassen
30.09.1988	Vesetzung des Reformkritikers Jegor Ligatschows innerhalb des ZK auf Posten des Agrarministers
01.10.1988	Gorbatschow löst Gromyko als Staatsoberhaupt ab
Oktober 1988	Gründung der Baltischen Volksfronten (Reform- und Unabhängigkeitsbewegungen)
17.11.1988	Allunionskongreß wird Berufsparlament
01.12.1988	Verfassungsreform: Ansätze zur Parlamentarisierung der UdSSR
22.01.1989	Das Pachten von Land wird erlaubt
15.02.1989	Letzte sowjetische Truppen verlassen Afghanistan
11.–16.03.1989	Wahlen zum Allunionskongreß der Volksdeputierten der UdSSR
26.03.1989	Comeback Jelzins bei der Wahl zum sowjetischen Parlament
08.04.1989	Gesetz gegen antisowjetische Umtriebe
09.04.1989	Massaker in Tiflis: Demonstration für Georgische Unabhängigkeit von Armee niedergeschlagen: 19 Tote
Mai 1989	Registrierung der ersten nicht offiziellen Gewerkschaft unter dem Namen Verband sozialistischer Gewerkschaften (russisches Kürzel: SOZPROF)
25.05.–10.06.1989	Eröffnung des Volksdeputiertenkongresses der UdSSR (Allunionskongreß); Gorbatschow warnt vor Radikalisierung der Reformen und wendet sich gegen Auflösung der KPdSU
12.–15.06.1989	Gorbatschow in Bonn
Juni bis 27. Juli 1989	Bergarbeiterstreiks für höhere Löhne und bessere Arbeitsbedingungen in Sibirien; Ministerpräsident Ryschkow verspricht Forderungen zu erfüllen
27.06.1989	Erweiterung der Kompetenzen für Republikministerien

27.07.1989	Oberster Sowjet der UdSSR gesteht baltischen Republiken ab 01.01.1990 wirtschaftliche Unabhängigkeit zu
28.08.1989	Massendemonstrationen für Unabhängigkeit der baltischen Republiken am 50. Jahrestag des Hitler-Stalin-Paktes
19.–20.09.1989	ZK-Plenum zu Fragen zwischennationaler Probleme
September 1989	Erste Reise Jelzins in die USA
Hebst 1989	Antisemitische Auftritte der Gruppe Pamjat
November 1989	Massenstreiks der Bergarbeiter
12.08.1989	Litauen schafft das Parteienmonopol ab
09.10.1989	Gorbatschow verbietet illegale Streiks
13.11.1989	Estland erklärt Unabhängigkeit
28.11.1989	Helmut Kohl veröffentlicht Zehn-Punkte Programm; Gorbatschow spricht von Ultimatum; Wiedervereinigungsszenario erzeugt selbst bei westlichen Verbündeten der BRD Angst und Mißtrauen
02.–03.12.1989	Gorbatschow und G. W. Bush (sen.) auf Malta; Gespräche über Möglichkeiten einer deutschen Wiedervereinigung
Januar 1990	Abschaffung des Unterrichtsfachs Marxismus-Leninismus
1989/90	Eine Reihe von Gruppen und Organisationen entstehen aus der Perestroikabewegung, die sich differenziert: Menschenrechtsbewegung; Verband sozialistischer Gewerkschaften; Neue sozialistische Gewerkschaft, Neues sozialistisches Komitee; Parteiclubs, überregionale Abgeordnetengrupperadikal-demokratischen Opposition (um Jelzin) überregionalen Abgeordneten Gruppe um Jelzin; Demokratische Union, Parteiclub Moskauer Friedensgruppe Vertrauen Moskauer Friedensgruppe.
15.01.1990	Ausnahmezustand in Nagorny-Karabach; dorthin entsandte Truppen erhalten Schießbefehl
11.02.–12.02.1990	Kohl in Moskau: Gorbatschow stimmt überraschend einer möglichen Wiedervereinigung Deutschlands zu
05.02.1990	Das ZK der KPdSU billigt das radikale Reformprogramm Gorbatschows
15.02.1990	Der Oberste Sowjet der Union läßt Privatbauern zu, aber keinen An- und Verkauf von Land

27.02.1990	Das Amt eines Präsidenten der UdSSR wird geschaffen
11.03.1990	Litauen erklärt seine Unabhängigkeit
15.03.1990	Gorbatschow verurteilt die Unabhängigkeitserklärung Litauens als verfassungswidrig
14.03.1990	Gorbatschow wird zum Staatspräsidenten gewählt
28.03.1990	Gorbatschow spricht sich für kontrollierte Marktwirtschaft aus
März/April 1990	Erste allgemeine kommunale Wahlen für die Republik-, Stadt- und Bezirkssowjets; bei den Wahlen gewinnen flächendeckend die Unabhängigen
April 1990	Wirtschaftsblockade gegen Litauen
April 1990	Pamjat-Gruppe überfällt eine Veranstaltung der demokratischen Schriftstellervereinigung April im Haus der Literatur in Moskau.
01.05.1990	Gorbatschow und die gesamte Staatsführung werden bei der offiziellen Maifeier auf dem Roten Platz ausgepfiffen
03.05.1990	Lettland erklärt seine Unabhängigkeit
Mai 1990	Bedrohliche Versorgungskrise in Moskau; erste Preisreform ist gescheitert
16.05.–22.06.1990	1. Kongreß der Volksdeputierten der russischen Republik (RSFSR)
20.05.1990	Jelzin wird Ministerpräsidenten der russischen Republik
29.05.1990	Jelzin wird Vorsitzender des Obersten Sowjet der russischen Republik
03/04.06.1989	Auf dem Tian'namen Platz in Peking (Platz des himmlischen Friedens) werden Forderungen nach Demokratisierung blutig niedergeschlagen
Anfang Juni	Neues russisches Polizeigesetz
12.06.1990	Der Kongreß der Volksdeputierten der RSFSR erklärt die Souveränität der russischen Republik
14.06.1990	Die Ukraine erklärt sich für unabhängig
02.–13.07.1990	XXVIII. Parteitag der KPdSU spricht sich für Fortsetzung der Perestroika aus; Jelzin gibt während des Parteitags gemeinsam mit Delegierten der Demokratischen Plattform seinen Austritt aus der KPdSU bekannt
14.–16.07.1990	Bundeskanzler Kohl im Kaukasus: Gorbatschow stimmt

	Wiedervereinigung und NATO-Mitgliedschaft der BRD zu; Kohl sichert im Gegenzug Verzicht auf Atomwaffen und Reduzierung der Bundeswehr auf 370.000 Mann zu
01.08.1990	Michail Gorbatschow und Boris Jelzin initiieren unter vorläufiger Beilegung ihrer Differenzen gemeinsam das 500-Tage-Programm
01.08.1990	Valutaläden werden für Sowjetbürger zugänglich gemacht
01.08.1990	Neues Mediengesetz: Zentrale Zensurbehörde wird abgeschafft
14.08.1990	Gorbatschow rehabilitiert ausgebürgerte Intellektuelle, darunter Alexander Solschenyzin
31.08.1990	Die Sowjetrepublik Tatarstan erklärt sich für souverän
12.09.1990	Unterzeichnung des 2+4-Vertrages zur deutschen Wiedervereinigung
16.09.1990	Auf Großdemonstrationen in Moskau und St. Petersburg (damals noch Leningrad) wird der Rücktritt Gorbatschows und die sofortige Annahme des 500-Tage-Programms gefordert
23.09.1990	Sondervollmachten für Michail Gorbatschow
01.10.1990	Religionsfreiheit und Freiheit des Privateigentums wird garantiert
09.10.1990	Das Parteienmonopol fällt: Steichung des Artikels 6 der sowjetischen Verfassung und damit Aufhebung der Sonderrolle der KPdSU
10.10.1990	Legalisierung des Mehrparteiensystems durch den Obersten Sowjet der UdSSR
15.10.1990	Gorbatschow erhält Friedensnobelpreis
22.10.1990	Verabschiedung eines wirtschaftlichen Stabilisierungsprogramms für UdSSR
01.11.1990	500-Tage-Programm wird in der Russischen Sozialistischen Föderativen Sowjetrepublik RSFSR umgesetzt, nicht jedoch in der gesamten UdSSR
November 1990	In Moskau und Leningrad droht eine Hungerkatastrophe; westliche Reaktion: »Kare-Pakete für Rußland«

Dezember 1990	Treffen linssozialistischer Parteien aus Ost und West in Leningrad (heute St. Petersburg) mit PDS, aber ohne Stalinisten (Teilnehmer u.a. auch Kagarlitzki)
17.12.1990	Nochmalige Erweiterung der Vollmachten für Gorbatschow; Oberster Sowjet erklärt sich für Erhalt der Union
20.12.1990	Außenminister Schewardnaze tritt mit Warnungen vor Diktatur und Faschismus zurück; Einführung eines Präsidialsystems verleiht Gorbatschow weitere Vollmachten
01.011991	Jelzin gestattet den Verkauf von Land in der russischen Republik
01.01.1991	Gorbatschow will unrentable Sowchosen privatisieren; Verkauf von Land bleibt für die UdSSR verboten
Januar 1991	Die RSFSR beschließt ein Programm zur Modernisierung des Dorfes
1991	»Geschlossene Städte« sollen unionsweit zugänglich werden
13.01.1991	Spezialtruppen der Union (OMON) richten Blutbad in Wilna an
13.01.1991	Ausweitung der Bergarbeiterstreiks
20.01.1991	Hunderttausende demonstrieren in Moskau für schnellere Reformen
27.01.1991	Erste Währungsreform (Entwertung von 50- und 100-Rubelnoten aus der Zeit 1961); Panik in der Bevölkerung
Febr. 1991	Weitere Intensivierung der Bergarbeiterstreiks; Die Streikenden drängen auf die Erfüllung gegebener Versprechungen; sie fordern den Rücktritt Gorbatschows
17.03.1991	Referendum zur Frage der Union: 76% der Befragten sprechen sich für Erhaltung der Union aus
26.03.1991	Gorbatschow verhängt Demonstrationsverbot für Moskau
28.03.–04.04.1991	3. Kongreß der Volksdeputierten der RSFSR; in Moskaus Massenproteste gegen Gorbatschow und für Jelzin
31.03.1991	Auflösung des Warschauer Paktes
01.04.1991	Preiserhöhungen für bisher staatlich subventionierte Grundnahrungsmittel und öffentliche Dienstleistungen; schlagartige Veränderung des Alltagslebens

03.04.1991	Abwertung des Rubels
05.04.1991	Jelzin erhält Sondervollmachten vom Obersten Sowjet der RSFSR
09.04.1991	Georgien erklärt sich für unabhängig
10.04.1991	Gorbatschow legt ein umfassendes Notstandsprogramm vor
24.04.1991	Verabschiedung des Notstandsprogramms gemeinsam mit Jelzin und anderen Republikführern verabschiedet; Einigung über Ausarbeitung eines neuen Unionsvertrags (allerdings ohne die baltischen Länder, Georgien, Armenien und Moldawien)

Übergangssituation: Doppelherrschaft Gorbatschow-Jelzin

28.04.1991	Sonderkongreß der KP der RSFSR: Abwahl Jelzins erhält keine Mehrheit, statt dessen Spaltung der KP der russischen Republik; Massendemonstrationen in Moskau trotz Verbot
03.05.1991	OMON greift armenische Grenzdörfer an: 27 Tote, 50 Verschleppte; Hintergrund: geplante Abstimmung über Unabhängigkeit Armeniens
06.05.1991	Beilegung des Bergarbeiterstreik nach Zusicherung Jelzins, die Probleme im Rahmen der russischen Republik zu lösen
10./19.05.1991	Erneute Angriffe der OMON auf armenische Dörfer: 48 Tote
16.05.1991	Oberster Unionssowjet verhängt Ausnahmezustand über Georgien
06.05.1991	OMON attackiert litauische Grenzposten
16.05.1991	Oberster Sowjet Moldawiens lehnt Debatte über Unabhängigkeitserklärung ab
16.05.1991	Neues KGB-Gesetz (erstmals öffentlich): KGB soll in Zukunft nach »demokratischen Prinzipien« arbeiten

16.05.1991	Bekanntgabe der Verabschiedungs eines Anti-Krisen-Programms durch Unions-Innenminister Pawlow; Ziele: schneller Übergang zur Marktwirtschaft, Aufbrechen staatlicher Monopole, Ausgabenkürzungen und Maßnahmen zur Anwerbung ausländischen Kapitals
16.05.1991	Gorbatschow verfügt die Einrichtung von besondere »Regimes der Arbeit« in der Grundstoffindustrie Wilde Streiks werden unter Strafe gestellt.
18.05.1991	Gorbatschow verfügt Streikverbot für Schlüsselindustrien
20.05.1991	Unionssowjet novelliert Streikgesetz: Der Präsident soll zukünftig die Aussetzung von Streiks anordnen können
21.05.1991	Annahme eines Ausreisegesetzes durch den Unionssowjet; im Westen werden Einreisebestimmungen als Gegenmaßnahme zur befürchteten Massenauswanderung verschärft (siehe dazu exemplarisch: Spiegel 10.12.1990: Die soziale Explosion droht, http://www.spiegel.de/spiegel/print/d-13502120.html)
04.06.1991	Sowjetische Truppen umstellen Litauisches Parlament
12.06.1991	Jelzin wird zum Präsidenten der RSFSR gewählt
17.06.1991	9+1-Konsens (RSFSR/Jelzin + Republiken) für einen neuen Unionsvertrag
19.06.1991	Unionsinnenminister Pawlow beansprucht Sondervollmachten für Notverordnung
03.07.1991	Privatisierungsgesetz für Union verabschiedet
05.04.1991	RSFSR spricht Jelzin Sondervollmachten zu
18.–22.06.1991	Jelzin in den USA; Unterstützung bei der der beschleunigten Umsetzung des 500-Tage-Programms zugesagt
15.–17.07.1991	Gorbatschow beim Treffen der G-7 in London: keine Zusagen für Wirtschaftshilfen oder sonstige Unterstützung
August 1991	Gründung Moskauer Regionalgruppe der Partei der Arbeit; gegenseitige Anerkennung RSFSR und Litauen
31.07.1991	Unterzeichnung des ersten Abrüstungsabkommens (START I) von Bush (sen.) und Gorbatschow
06.08.1991	Jelzin verbietet KPdSU in den Betrieben

18.08.1991	Putschversuch der Orthodoxen ohne Militäreinsatz; Jelzin agitiert medienwirksam (Panzerbild) gegen den Putsch und wird zum Volkshelden
21.08.1991	Putschversuch gescheitert; Triumph Jelzins
23.08.1991	Jelzin verfügt Auflösung der KPdSU in der RSFSR
24.08.1991	Rücktritt Gorbatschows vom Parteivorsitz
06.09.1991	Anerkennung der baltischen Staaten durch die RSFSR
23.09.1991	IWF-Experten landen in Moskau
28.10.1991	Fernsehansprache Boris Jelzins zu seinem Wirtschaftsprogramm für die Russische Föderation: Übergang zur Marktwirtschaft und makroökonomische Stabilisierung; Die Rede wird durch »Memorandum zur Wirtschaftspolitik« Anfang 1992 ergänzt, das in seinen Hauptzügen, teils wortwörtlich, den Empfehlungen der Studie folgt, die IWF und Weltbank Anfang 1991 vorgelegt haben. Wesentliche Inhalte darin sind Aufhebung der Preisbindung, Privatisierung und eine Landreform, konkret: Privatisierung der Kolchosen, Schaffung eines privaten Bauenstandes
01.11.1991	Jelzin erhält vom Kongreß der Volksdeputierten Sondervollmachten zur Durchführung von Wirtschaftsreformen
06.11.1991	Verfügung Jelzins zur unionsweiten Auflösung der KPdSU
08.–12.11.1991	Tschetschenien erklärt sich für unabhängig; Jelzin verhängt den Ausnahmezustand über Tschetschenien
06.11.–08.11.1991	Jegor Gaidar wird von Jelzin mit der Regierungsbildung beauftragt, Anatoli Tschubais wird Leiter eines Staatskomitees der RSFSR zur Verwaltung des Staatsvermögens und ist damit unionsweit verantwortlich für die Umsetzung des Privatisierungsprogramms
08.12.1991	Auflösungserklärung der UdSSR im Abkommen von Beloweschskaja Puschtscha durch RSFSR, Weißrußland und Ukraine
21.12.1991	Gründung der Gemeinschaft Unabhängiger Staaten (GUS) durch elf ehemalige Sowjetrepubliken (ohne Georgien und baltische Republiken)
25.12.1991	Umbennung RSFSR in Russländische Föderation
25.12.1991	Gorbatschow tritt als Präsident der UdSSR zurück

27.12.1991	Erlaß Jelzins zur Bodenreform: Vorgesehen ist der Vollzug der Umwandlung von Kolchosen und Sowchosen in private Agrarbetriebe, Staatsbetriebe in Aktiengesellschaften in zwei Jahren
25.12.1991	Gorbatschow tritt offiziell als Staatsoberhaupt zurück
31.12.1991	Formelle Auflösung der UdSSR (Ergänzung: eine mit Mehrheit in der Duma am 15.03.96 erwirkte Nichtigkeitserklärung bleibt folgenlos)

Jelzin

01.01.1992	Freigabe der Preise: Preisanstieg innerhalb eines Monats um 245 %
Febr. 1992	Unterzeichnung eines Schattenprogramms mit dem IWF (siehe 28.10.1991, »Memorandum«)
05.03.1992	Neues Gesetz zur inneren Sicherheit
31.03.1992	Abschluß eines Föderationsvertrag zwischen der Russischen Föderation und den Republiken innerhalb der Föderation
06.04.–21.04.1992	Differenzen zwischen Jelzin und dem Kongreß der Volksdeputierten: der Kongreß billigt Jelzins Reformprogramm nur bedingt. Eine Einigung auf neue Verfassung kommt ebenfalls nicht zustande.
15.05.1992	Russische Föderation und UdSSR-Nachfolgestaaten schließen einen Vertrag über kollektive Sicherheit (OVKS)
06.04.1992	Scheitern des Mißtrauensantrags gegen Jelzin im Deputierten-Kongreß; Verlängerung der Sondervollmachten für Jelzin
05.06.1992	Gawriil Popow tritt als Moskauer Bürgermeister zurück, Nachfolger wird Juri Lyschkow.
Juli 1992	Erneutes Beistandsabkommen zwischen Russischer Föderation und IWF; alle Mitglieder der GUS sind inzwischen dem IWF angeschlossen
11.07.1992	Oberster Sowjet verabschiedet Privatisierungsprogramm für 1992

05.08.1992	Landesweite Bauern- und Landarbeiterproteste
04.09.1992	Sondererlaß zur Privatisierung im ländlichen Raum
22.09.1992	Kritik der Volksdeputierten an Gaidars Wirtschaftspolitik
24.09.1992	Jelzin unterzeichnet Gesetz über Verteidigung, das der Politik die Priorität über militärische Angelegenheiten einräumt
Oktober 1992	Landesweite Gründung der Partei der Arbeit
23.10.1992	Beginn der sogenanntenVoucher-Privatisierung: Anteile am Volksvermögen im Wert von 10.000 Rubel pro Einheit werden an die Bevölkerung ausgegeben, bei geringer Aufklärung über Sinn und Zweck der Vouchers
05.11.1992	Erdgasministerium wird zur offenen Aktiengesellschaft (Gazprom)
01.12.–14.12.1992	Kongreß der Volksdeputierten im Konflikt mit Jelzin
12.12.1992	Jelzin entläßt Gaidar; Nachfolger wird Tschernormyrdin, zuvor Chef von Gazprom
10.-13.03.1993	Oberster Sowjet beschränkt Jelzins Vollmachten
26.03.–29.03.1993	Mißtrauensantrag gegen Jelzin scheitert; Jelzin fordert Vertrauens-Referendum
01.04.1993	Gipfeltreffen von Jelzin und Clinton in Vancouver: Clinton kündigt Kredite an
14.04.1993	Prozeß gegen Putschisten beginnt
25.04.1993	Vertrauens-Referendum bringt eine Mehrheit für Jelzin
08.05.1993	Jelzin verfügt schnellere Privatisierung; Oberster Sowjet bremst
14.07.1993	Im Obersten Sowjet wird ein Defizithaushalt vorgelegt, der eine Erhöhung der Mindestlöhne um 80 % vorsieht; Jelzin spricht ein Veto aus
26.07.1993	Zweite Währungsreform (betrifft alle Scheine vor 1993)
27.07.1993	Oberster Sowjet setzt alle Dekrete Jelzins über Privatisierung und Bodenreform außer Kraft
21.09.1993	Jelzin löst den Obersten Sowjet auf
03.10–04.10.1993	Revolte in Moskau nach Auflösung des Obersten Sowjets: gemeinsamer Widerstand von Orthodoxen und Radikaldemokraten; Jelzin läßt Tagungsgebäude des Obersten Sowjet, in Anlehnung an die USA »Weißes Haus«

	genannt, von Panzern beschießen und stürmen: 187 Tote, 437 Verletzte (fast alle auf Seiten der Unterstützer des Kongreßes); Comeback Gaidars
22.10.1993	Jelzin verfügt Auflösung aller Sowjets landesweit
27.10.1993	Jelzin erläßt ein Dekret zur Sicherung von Aktionärsrechten
29.10.1993	Jelzin erläßt ein Dekret zur Beschleunigung der Landreform
02.11.1993	Bildung einer Kommission für Menschenrechte im Kabinett des russischen Präsidenten;Vorsitzender wird Sergej Kowaljew
12.12.1993	Annahme der neuen Verfassung durch ein Referendum: weitgehende Stärkung der Rechte des Präsidenten; Garantien für Privateigentum, freien Handel und Bürgerrechte
15.12.1993	Wahlen zur Staatsduma und zum Föderationsrat: Liberaldemokratische Partei Schirinowskis (LDPR) wird mit 22 % der Stimmen stärkste Kraft vor der KPRF mit 12,4 %; Liberale erleben herbe Verluste
01.01.1994	Einführung eines Devisenkontrollsystems
14.–17.01.1994	G-7-Tagung in Rom: Mehr Geld für Rußland
17.01.1994	Rücktritt Gaidars und anderer Minister des Reformkabinetts
08.021994	NATO-Programm »Partnerschaft für den Frieden«: Rußland und Ukraine werden Mitglieder
23.02.1994	Putschisten von 1991 werden amnestiert
12.03.1994	Bergarbeiter streiken
22.03.1994	IWF fordert strikte Finanzpolitik im Sinne seiner monetaristischen Vorgaben
12.04.1994	Moskau stellt Antrag zur Aufnahme in den Europarat
23.05.1994	Gesetzes-Initiative zur Investitionsförderung
27.05.1994	Solschenyzin kehrt zurück
28.05.1994	Jelzin stiftet ein Abkommen über Bürgerfrieden
Juni 1994	Ende der Voucher-Privatisierung und der ersten Phase der Privatisierung von Betrieben und Sachwerten; Beginn der Geld-Privatisierung

09.07.1994	Gebührenfreiheit für Sekundarstufe und Berufsschule wiederhergestellt
18.09.1994	Jelzin erläßt Anti-Mafia-Dekret: umfangreiche Sonderrechte für Polizei und Geheimdienste; Inhaftierung bis zu 30 Tagen ohne richterliche Anordnung, unbegrenzte Durchsuchungsrechte, Auskunftspflicht von Banken und Geschäften gegenüber der Polizei, Sondergerichte
11.10.1994	Schwarzer Dienstag: Rubelkurs fällt um 27 %
18.10.1994	Verbot der KP aufgehoben
21.10.1994	Verabschiedung eines Kodex der Bürgerrechte, u.a. Wahlrechte
21.10.1994	Bombenattentat auf den Journalisten Chalow
24.10.1994	Mißtrauensantrag gegen Jelzin scheitert
28.11.1994	Jelzins stellt ein Ultimatum an Tschetschenien, Waffen bis zum 15.12.1994 niederzulegen
01.12.1994	Rußland protestiert gegen NATO-Erweiterung
11.12.1994	Jelzins läßt Truppen in Tschetschenien einmarschieren; der erste Tschetschenien-Krieg beginnt
10.01.1995	Tschernomyrdin bemüht sich um einen Waffenstillstand mit Tschetschenien
28.01.1995	Sergej Kowaljow verläßt die Russische Kommission für Menschenrechte in Tschetschenien aus Protest gegen Jelzins Tschetschenienpolitik
10.02.1995	Ausweitung der Bergarbeiterstreiks
09.02.1994	Tschetscheniens Hauptstadt Grosnys wird durch russische Truppen eingenommen
01.03.1995	Der TV-Journalisten Listjew wird ermordet
02.03.1995	Der Rubelkurs wird freigegeben, ein Rubelkorridor eingeführt
1995	Moskau und Kiew schließen Vertrag über Abtretung des sowjetischen Nuklearerbes an Rußland
08.03.1995	Soldatenmütter protestieren; Start des »Marschs mütterlichen Mitgefühls« in Moskau
April 1995	IWF-Kredit über 6,4 Mrd. US-Dollar
01.05.1995	Zehntägige Waffenruhe in Tschetschenien
25.05.1995	Freundschaftsvertrag zwischen Rußland und Weißrußland

14.06.–18.06.1995	Die Geiselnahme von Budjonnowsk durch tschetschenische Kämpfer endet mit mehr als 130 toten Zivilisten, darunter viele Kinder; Mißtrauensantrag gegen Regierung, Innenminister Jerin wird entlassen
16.–17.06.1995	G-7 in Halifax; Kreditangebote für Jelzin
11.07.1995	Jelzin mit Herzbeschwerden im Krankenhaus; danach häufiger krankheitsbedingte Unterbrechungen seiner Amtstätigkeit bis 1998
12.07.1995	Antrag auf Amtsenthebung Jelzins scheitert
08.08.1995	Chef der Robisesbank ermordet; er ist das 46. Mordopfer unter Geschäftsleuten innerhalb weniger Monate
07.09.1995	Jelzin ordnet Verkauf von Staatsbetrieben an
Oktober 1995	Duma untersagt Kauf von Land
27.10.1995	Weltbankkredite: jährlich 2,3 Mrd US$
09.11.1995	Ukraine wird Vollmitglied im Europarat
16.11.1995	Schuldenmoratorium westlicher Privatbanken für Rußland
17.12.1995	Wahlen zur Staatsduma: nur 4 der 43 Parteien schaffen Fünf-Prozent-Hürde, KPRF mit 22,3 % der Stimmen stärkste Fraktion
1996	China, Rußland Kasachstan, Kirgisistan und Tadschikistan gründen Schanghai Cooperation Organisation (SCO) als Anti-Terror-Bündnis
09.01.1996	Geiselnahme durch tschetschenische Kämpfer in Kizljar und Perwomajsk
19.01.1996	GUS-Gipfel bestätigt Jelzin als Präsident
01.02.1996	80 % der russsischen Bergarbeiter streiken
Februar 1996	In Regierungskreisen werden Renationalisierungsprogramme erwogen
01.02.1996	World Economic Forum in Davos: Russische Oligarchen vereinbaren, Jelzins Wahlkampf aktiv zu unterstützen; Anatoli Tschubais wird Wahlkoordinator
Februar 1996	Kredite zur Wahlkampfunterstützung Jelzins: IWF (10,2 Mrd US-Dollar), Weltbank (350 Mio US-Dollar), Bundesregierung (4 Mrd. DM), zusätzliche Umschuldungsabkommen

25.02.1996	Rußland wird in den Europarat aufgenommen
11.03.1996	Jelzin dekretiert erneut ein Recht auf Landbesitz
15.03.1996	Antrag der KPRF auf rückwirkende Nichtigkeitserklärung des Auflösungsbeschlusses der Sowjetunion wird in der russischen Duma mehrheitlich angenommen und verabschiedet; die Erklärung bleibt ohne Wirkung
23.04.1996	Gezielte Tötung des tschetschenischen Präsidenten Dochar Dudajew in seinem Haus; Nachfolger wird Aslan Maschadow
26.05.1996	Waffenstillstand in Tschetschenien
05.06.1996	Duma hebt Jelzins Leitzins-Dekret zum Boden auf
11.06.1996	Anschläge in Moskauer Metro: 4 Tote, 16 Verletzte
Juni/Juli 1996	Wiederwahl Jelzins im zweiten 2. Wahlgang mit 53,82 % der Stimmen, Sjuganow erhält 40,31 %; Oligarch Boris Beresowski wird als graue Eminenz Chef des Sicherheitsrates; Jelzin erleidet noch am Wahltag einen Herzinfarkt
01.07.1996	Wechselkurssystem eingeführt
01.08.1996	Bergarbeiterstreik weitet sich aus
06.08.1996	Tschetschenische Kämpfer besetzen in einer Großoffensive Grosny; hohe Verluste bei den russischen Truppen
23.08.1996	General Lebed und Präsident Maschadow vereinbaren Waffenstillstand
03.09.1996	Jelzin unterzieht sich einer Bypaß-Operation
1997–2008	Periode beständiger NATO-Osterweiterung; mit dem russisch-georgischen Krieg endet diese Strategie, da Grenzen der Erweiterungspolitik für alle Seiten deutlich werden
1997–2008	Periode beständiger EU-Osterweiterung; endet ebenfalls mit russisch-georgischem Krieg; seitdem Übergang zu Assoziierungsverhandlungen.
07.02.1997	IWF gibt eine weitere Tranche frei
12.05.1997	Krieg in Tschetschenien wird für beendet erklärt
27.05.1997	Rußland unterzeichnet NATO-Grundlagen-Akte
30.06.1997	Jelzin ernennt Tochter Tatjana Djatschenko zur Imageberaterin
15.09.1997	Jelzin lädt Oligarchen zum Gespräch ein, um den Bankenkrieg zu schlichten

16.09.1997	Finanzkrise: Russische Regierung kann ihre Staatsanleihen nicht bedienen
03.11.1997	IWF verschiebt die Auszahlung der nächsten Tranche auf 1998
05.11.1997	Jelzin entläßt Beresowski aus dem Sicherheitsrat
23.03.1998	Jelzin entläßt das Kabinett, das er selbst kommissarisch geführt hat; Sergej Kirienko wird Ministerpräsident
17.08.1998	»Krach«: Höhepunkt der Finanzkrise; Abwertung des Rubel, Bankenzusammenbrüche
23.08.1998	Jelzin entläßt Kirienko, nominiert Tschernormyrdin eneut als Ministerpräsidenten
11.09.1998	Jelzin entläßt Tschernomyrin nach zweimaliger Ablehnung durch die Duma, ernennt Jewgeni Primakow zum Ministerpräsidenten
27.10.1998	Jelzin im Sanatorium
19.03 1999	Seidenstraßenstrategie in USA vorgelegt
29.03.1999	Jelzin beruft Wladimir Putin zum neuen Sekretär des Sicherheitsrats
24.03.–10.06.1999	NATO bombardiert die Bundesrepublik Jugoslawien
12.05.1999	Jelzin entläßt Primakow; Nachfolger wird Sergei Stepaschin
Mai 1999	Einführung der Fünf-Prozent-Klausel für Wahlen
15.05.1999	Mißtrauensantrag gegen Jelzin wegen Tschtschenien scheitert
11.06.1999	Russische Fallschirmjäger besetzen Flughafen von Priština
28.07.1999	IWF Kredit über 4,5 Mrd. US-Dollar
07.08.1999	Tschetschenische Kämpfer besetzen Dörfer in Dagestan
09.08.1999	Jelzin schlägt Putin als neuen Ministerpräsidenten vor und bezeichnet ihn als seinen designierten Nachfolger im Präsidentenamt
16.08.1999	Putin wird von der Duma als Ministerpräsident bestätigt
31.08.1999	Anschlag im Einkaufszentrum unter dem Manege-Platz in Moskau; 41 Verletzte
05.09.1999	Anschlag auf Wohnanlage russischer Truppen in Bujnaksk (Dagestan): 22 Tote, 88 Verletzte

08.09.1999	Anschlag auf ein Wohnhaus in Moskau: 95 Tote, mehr als 300 Verletzte
13.09.1999	Anschlag auf ein weiteres Wohnhaus in Moskau: 121 Tote
16.09.1999	Anschlag auf ein Wohnhaus in Volgo-Donsk: 17 Tote, ca. 200 Verletzte
17.09.1999	Russische Luftstreitkräfte bombardieren Ziele in Tschetschenien; Flüchtlingsströme in die Nachbarrepubliken
23.09.1999	Bomben-Attrappe des FSB in einem Hochhaus in Rjazan entdeckt
30.09.1999	Beginn des 2. Tschetschenienkriegs
01.10.1999	Putin entzieht Tschetscheniens Präsident Aslan Maschadow die Anerkennung; Beginn der Bodenoffensive der russischen Truppen
05.10.1999	Maschadow ruft Kriegsrecht in Tschetschenien aus
19.12.1999	Wahlen zur Staatsduma: KPRF wird stärkste Partei (24 %), die Putin nahestehende Partei Einheit erreicht 23,3 %
31.12.1999	Rücktitt Jelzins, er entschuldigt sich im TV für seine Fehler; Putin wird Übergangspräsident

Putin

31.12.1999	Putin garantiert Jelzin Freiheit von Strafverfolgung
03.01.2000	Putin entläßt Tatjana Djatschenko
25.01.2000	Gipfeltreffen der GUS; Putin wird Vorsitzender des GUS-Rates
26.01.2000	Union zwischen Rußland und Belarus tritt in Kraft
07.02.2000	Einnahme Grosnys durch russische Truppen
11.02.2000	Rußland und Londoner Club vereinbaren vorzeitigen Abbau sowjetischer Altschulden
05.03.2000	Putin schließt in einem Interview einen Beitritt Rußlands zur NATO nicht aus
26.03.2000	Putin wird im 1. Wahlgang mit 52,94 % der Stimmen vor Sjuganow mit 29,21 % zum Präsidenten gewählt
13.05.2000	Putin dekretiert die Einrichtung von sieben administrativen Großregionen

31.05.2000	Putin veranlaßt eine Reform des föderalen Systems: Präsident erhält das Recht, Gouverneure abzusetzen und Regionalparlamente aufzulösen
04.06.2000	Russisch-amerikanisches Gipfeltreffen in Moskau zu ABM-Vertrag und US-Plänen zur Aufstellung von Abwehrraketen in Ost-Europa
13.06.2000	Festnahme Vladimir Gussinskis, Eigentümer des unabhängigen Medienzentrum Media-Most; Beschuldigung: Betrug
20.06.2000	Kadyrow wird Chef der provisorischen Verwaltung in Tschetschenien
21.06.2000	Gipfeltreffen der GUS-Staaten; Errichtung einer Freihandelszone
10.07.2000	Dekret Putins zur Erhöhung der Renten um 125-140 Rubel
21.–23.07.2000	Putin beim G-8-Treffen in Okinawa
28.07.2000	Putin lädt Oligarchen zur Aussprache ein
07.08.2000	Neues Steuergesetz; geringere Steuern für Unternehmer
80.08.2000	Anschlag in der Metrostation Puschkinplatz in Moskau: 13 Tote, 90 Verletzte
08.08.2000	Wiedereinführung des Ordens des Heiligen Georgs und des Georgskreuzes durch Putin
12.08.2000	Untergang des Atom-U-Boots Kursk
15.08.2000	Nationaler Protesttag im Transportwesen; die Auszahlung ausstehender Löhne wird gefordert
24.08.2000	Putin dekretiert Gehaltserhöhungen für Militär, Polizei, Vollzugsbeamte, Zollbeamte und Steuerpolizei um 20 %
27.08.2000	Brand des Moskauer Fernsehturms
September 2000	Konflikte um das geplante Arbeitsgesetz
10.09.2000	Bildung eines Staatsrats der Russländischen Föderation; Mitglieder sind Gebietsgouverneure und Führer der großen Parteien; der Rat ist außerkonstitutionell und direkt dem Präsidenten zugeordnet
25.09.2000	Bundeskanzler Schröder in Moskau
25.09.2000	Treffen zwischen Putin und Sjuganow
04.10.2000	Erste Sitzung des neugegründeten Rats der Unternehmer

10.10.2000	Rußland, Belarus, Kasachstan, Kirgisien und Tadschikistan gründen eine Eurasische Wirtschaftsunion
17.10.2000	Putin kündigt Rentenerhöhung um 10 % an.
10.11.2000	Gehälter der Staatsangestellten sollen um 20% erhöht werden
03.12.2000	Sjuganow wird als Vorsitzender der KPRF bestätigt
04.12.2000	Internationaler Haftbefehlt gegen Gussinski
01.01.2001	Steuerreform: Ersetzung der progressiven Einkommenssteuer durch eine Pauschale von 13% für alle; Erhöhung der indirekten Steuern
24.01.2001	Treffen zwischen Putin und russischen Unternehmern
24.01.2001	Blockade einer Trasse der Transsib in Fernost durch 200 Demonstranten; ihre Forderung: Beendigung des Energienotstands
25.01.2001	Duma beschließt Immunität für ehemalige Präsidenten
05.02.2001	Anschlag in der Moskauer Metrostation Belorussischer Bahnhof, 10 Verletzte
27.02.2001	Landesweite Massenproteste gegen Mißstände im Bildungssektor
14.03.2001	Mißtrauensvotum gegen Ministerpräsident Kasjanow scheitert
28.03.2001	Rußland verzichtet auf weitere IWF-Kredite
31.03.2001	Demonstration in Moskau für Gussinski und den Fernsehsender NTW
03.04.2001	Gazprom übernimmt die Kontrolle über Fernsehsender NTW
17.04.2001	Putin dekretiert Erhöhung der Renten
20.04.2001	Antikaukasische Krawalle von Skinheads an Hitlers Geburtstag
21.04.2001	Gründung der Bewegung Eurasia durch Alexander Dugin
01.05.2001	Traditionelle Massenkundgebungen zum 1. Mai
08.05.2001	Pro-Putin-Demonstration der Jugendorganisation Iduschtschie wmjeste zum Jahrestag der Amtseinführung Putins mit ca. 10.000 Teilnehmern
26.–27.5.2001	Gründungskongreß der SPS (Union der Rechten Kräfte)

06.06.2001	Novellierung des Umweltschutzgesetzes erlaubt Einfuhr von Atommüll zur Lagerung und Weiterverarbeitung
14.–15.06.2001	Gipfeltreffen der Shanghai Fünf; Aufnahme Usbekistans als sechster Staat
19.06.2001	Landesweite Warnstreiks gegen die neue Arbeitsgesetzgebung
21.06.2001	Neues Parteiengesetz erschwert die Bildung von Parteien
22.06.2001	YUKOS, LUKOIL, TNK und Sibneft bilden ein Konsortium
10.07.2001	Neue Verordnung zu den »geschlossenen Städten« differenziert erneut, welche für die Öffentlichkeit zugänglich sind und welche nicht
15.07.2001	Staatsbesuch des chinesischen Präsidenten Jiang Zemin in Moskau: russisch-chinesischer Freundschaftsvertrags, Energieabkommen
21.–22.7.2001	G-8 Gipfel in Genua; auch russische Globalisierungskritiker sind vor Ort
02.08.2001	Neues Privatisierungsprogramm für Staatsunternehmen
19.08.2001	Kaum besuchte Gedenkveranstaltung zum 10. Jahrestag des Putsches von 1991
30.08.2001	Neue Schulbücher für den Geschichtsunterricht werden geplant
11.09.2001	Anschläge auf das World Trade Center in New York und das Pentagon in Washington führen zur Annäherung zwischen USA und Rußland; Schweigeminute in Rußland, Putin erklärt den Beistand Russlands
07.10.2001	USA bombardieren Ziele in Afghanistan
16.10.2001	Erstmalige Anerkennung von Kriegsdienstverweigerern in Rußland
17.10.2001	Verband Delovaja Rossija (Kommerzielles Rußland) wird gegründet, der die Interessen kleiner und mittlerer Unternehmen vertreten will
19.11.2001	Haftbefehl gegen Medienmilliardär Boris Beresowski; Beresowski geht nach London ins Exil
26.10.2001	Putin unterzeichnet ein Bodengesetz, das Eigentum an Grund und Boden erlaubt

30.10.2001	Rechte Jugendliche überfallen einen Moskauer Markt: 2 Tote, 15 Verletzte, 20 Festnahmen
21.–22.11.2001	Bürgerforum mit 5.000 Vertreten von Nichtregierungsorganisationen in Moskau; Putin hält Begrüßungsansprache
24.11.2001	Gründung der Sozialdemokratischen Partei Rußlands (SDPR); Vorsitzender wird Gorbatschow
01.12.2001	Partei Jedinstwo i Otetschestwo (Einheit und Vaterland) wird gegründet
21.12.2001	Neues Arbeitsgesetzbuch witrd verabschiedet
Ende 2001	Brasilien, Rußland, Indien, China sind unter dem Namen BRIC-Staaaten zu einem Bündnis zusammengewachsen
11.01.2002	Der Fernsehsender TV-6 stellt unter juristischem Druck sein Programm ein
14.01.2002	Rauchverbot in öffentlichen Verkehrsmitteln und Gebäuden
19.–20.01.2002	Geschlossener Kongreß der KPRF in Moskau
22.01.2002	Putin erhält von dem Patriarchen Aleksej II. den Preis des Internationalen Fonds für die Einheit des orthodoxen Volkes
01.05.2002	Getrennte Mai-Aufmärsche der KPRF und der liberalen Kräfte
14.–15.05.2002	Ein NATO-Rußland-Rat wird gebildet
24.05.2002	Putin und Bush (Bush jun.) unterzeichnen einen Vertrag zur Reduzierung der Atomwaffen auf ein Drittel (START II)
27.05.2002	NATO-Rußland-Rat eröffnet ein Verbindungsbüro der NATO in Moskau
14.06.2002	START-II-Vertrag von Rußland in Frage gestellt, da USA Vertrag nicht ratifizieren und ABM-Vertrag gekündigt haben
24.06.2002	Landesweiter Protestmarsch gegen die Wissenschaftspolitik der Regierung
28.06.2002	Ziviler Alternativdienst wird gesetzlich eingeführt
30.07.2002	Pogrom gegen armenische Minderheit in Krasnoarmejsk
08.08.2002	Überschwemmungen im Süden Rußlands
12.08.2002	Bergleute aus Workuta demonstrieren in Moskau

05.09.2002	Wald- und Torfbrände in der Umgebung Moskaus
11.09.2002	Anschlag auf ein Büro der Jugendorganisation Gemeinsamer Weg; Sachschaden
15.09.2002	Globalisierungskritische Demonstranten festgenommen
20.10.2002	Fertigstellung der Bluestream-Gaspipeline von Rußland in die Türkei
23.–26.10.2002	Geiselnahme am Dubrowka-Theater: 129 Geiseln sterben durch Einsatz von Sondertruppen, Tötung aller Geiselnehmer (tschetschenische Seperatisten) durch Kopfschuß
01.11.2002	Neues Mediengesetz gegen extremistische Propaganda
20.11.2002	Neues Wahlgesetz: Sieben-Prozent- statt Fünf-Prozent-Hürde
25.11.2002	Bergleute führen Mahnwachen in Moskau durch
31.01.2003	Verhaftung Sergej Mawrodijs, Chef der Finanzpyramide MMM
01.02.2003	Neue Zivilprozeßordnung tritt in Kraft
05.02.2003	Duma erhebt Russisch zur obligatorischen Staatssprache
12.02.2003	Ablehnung dieses neuen Sprachengesetzes durch den Föderationsrat
20.03.2003	Putin bezeichnet Angriff der USA auf den Irak als Fehler
23.03.2003	Referendum über eine neue Verfassung in Tschetschenien angesetzt
27.12.2002	Selbstmordattentat vor dem Gebäude der tschetschenischen Regierung in Grosny mit mehr als 60 Toten
23.03.2003	Verfassungsreferendum in Tschetschenien: Mehrheit der in Tschetschenien lebenden Bevölkerung stimmt für Verbleib in russischer Föderation
09.04.2003	Demonstration gegen den Irak-Krieg vor der US-Botschaft in Moskau
11.04.2003	Rußland mit Frankreich und Deutschland gegen den Irak-Krieg
15.04.2003	Verurteilung Eduard Limonovs, Führer der rechtsradikalen Nationalbolschewistischen Partei (NBP), wegen Waffenbesitz zu vier Jahren Gefängnis
17.04.2003	Ermordung des liberalen Duma-Abgeordneten Sergei Juschenko

22.04.2003	YUKOS und Sibneft kündigen Fusion an
01.05.2003	Landesweite Mai-Kundgebungen
31.05.2003	Bush (Bush jun.) und Putin unterzeichnen Moskauer Vertrag zur Verminderung strategischer Waffen um ein Drittel
02.06.2003	Kopftucherlaß: Kopftuch bei Paßfotos erlaubt
18.06.2003	Mißtrauensantrag gegen die Regierung Kasjanow scheitert
18.06.2003	Limonow wird auf Bewährung aus der Haft entlassen
01.07.2003	Roman Abramowitsch, Oligarch, erwirbt Mehrheitsanteil am britischen Fußballclub Chelsea
02.07.2003	Platon Lebedew, Miteigentümer von YUKOS, wird festgenommen
04.07.2003	Michail Chodorkowski, Chef von YUKOS, wird vorgeladen
05.07.2003	Selbstmordattentat bei Rockfestival in Moskau: 14 Tote, 50 Verletzte
22.07.2003	Putin unterzeichnet Erlaß zum Zivildienst: Dienstzeit beträgt 3,5 Jahre gegenüber 2 Jahren beim Militär
14.08.2003	Antimonopol-Ministerium gestattet Fusion von YUKOS und Sibneft.
19.08.2003	Verringerung der Gründe, die den Abbruch einer Schwangerschaft nach der 12. Woche erlauben, von 13 auf 4 Punkte per Dekret Putins
09.09.2003	Juri Lewada, langjähriger Chef des Meinungsforschungsinstituts VCIOM, gründet als Kritik am staatlichen Druck auf seine bisherige Arbeitsstelle ein eigenes Institut
23.09.2003	Dem Dalai Lama wird ein Einreisevisum verwehrt
02.10.2003	Bergleute streiken für Lohnerhöhung und Senkung der Leistungsnormen
05.10.2003	Achmed Kadyrow gewinnt die Präsidentenwahlen in Tschetschenien
16.10.2003	Putin nimmt am Gipfel der Organisation Islamische Konferenz in Malaysia teil
25.10.2003	Chodorkowski, Chef von YUKOS, wird festgenommen
07.12.2003	Ergebnisse der Dumawahlen: Einiges Rußland mit 37 % der Stimmen stärkste Kraft vor KPRF mit 12,7 %, LDPR

	mit 11,6 %, Heimat mit 9,07 %; Liberale Parteien scheitern an der inzwischen wieder eingeführten Fünf-Prozent-Hürde; Wahlbeteiligung beträgt 55 %; mit 305 von 450 Sitzen hat Einiges Rußland damit eine Zweidrittelmehrheit
09.12.2003	Selbstmordattentat vor einem Luxushotel in Moskau: 5 Tote, 14 Verletzte
09.12.2003	Grigori Jawlinski, Vorsitzender von Jabloko, der Partei der gemäßigt Liberalen, wirft dem Kreml Wahlmanipulation vor
10.12.2003	KPRF legt alternative Wahlstimmenzählung vor
30.01.2004	Die Patriotische Volksunion Heimatland wird gegründet, Vorsitzender Sergej
04.02.2004	Die Union der Komitees der Soldatenmütter will Partei werden
06.02.2004	Anschlag in Moskauer U-Bahn: 50 Tote, 120 Verletzte
18.02.2004	Die Staatsduma lehnt Verlängerung der Amtszeit des Präsidenten ab
24.02.2004	Putin entläßt Ministerpräsident Kasjanow; Nachfolger wird Michail Fradkow
24.–25.02.2004	Hungerstreik von 5.000 Häftlingen in und um St. Petersburg
09.03.2004	Putin unterstellt zentrale Ministerien, einschließlich geheimdienstlicher Sonderdienste, seiner direkten Kontrolle
14.03.2004	Präsidentenwahlen: Putin wird im 1.Wahlgang mit 71,2 % bestätigt
20.03.2004	Kongreß der Patrioten Rußlands plant Sammlungsbewegung
29.03.2004	Bulgarien, Lettland, Litauen, Rumänien, Slowakei, Slowenien und Estland werden NATO-Mitglieder
31.03.2004	Duma verabschiedet Bannmeilengesetz
14.04.2004	Dekret zur Erhöhung der Gehälter im Föderalen Dienst
18.04.2004	Anschlag auf Ausländer-Wohnheim in Moskau: 19 Verletzte
20.04.2004	Vertrag Rußland-Ukraine: Regelung des Verlaufs der Land- und Seegrenzen. Kasachstan, Weißrußland, Ukra-

	ine und Rußland vereinbaren eine Wirtschaftsunion mit Aussicht auf eine spätere Zollunion
10.05.2004	Ramsan Kadyrow, Sohn des ermordeten tschetschenischen Präsidenten, wird stellvertretender Regierungschef der Teilrepublik Tschetschenien
20.–26.05.2004	Flußschiffer im Gebiet Irkutsk blockieren den Schiffsverkehr auf der Lena; sie fordern Auszahlung ausstehender Löhne
21.05.2004	EU-Rußland-Gipfel in Moskau erörtert Rußlands WTO-Beitritt
24.05.2004	Bergarbeiter blockieren Eisenbahnlinien im Gebiet Rostow; sie fordern die Zahlung ausstehender Löhne
26.05.2004	Hungerstreik von Bergarbeitern in der Republik Chakasija; sie fordern die Auszahlung ausstehender Löhne
01.06.2004	Der Zugverkehr zwischen Moskau und Grosny wird wieder aufgenommen
04.06.2004	Die Duma beschließt neues Versammlungsgesetz
10.06.2004	Rußlandweite Proteste gegen die Sozialpolitik der Regierung
16.06.2004	Prozeßeröffnung gegen M. Chodorkowski und P. Lebedew, vormals Leitung des Öl-Giganten YUKOS
18.06.2004	Genehmigung des freien Geldverkehrs bis 10.000 US-Dollar
21.06.2004	Ankündigung eines Hungerstreiks seitens der Bergarbeiter der Region Primorsk; sie fordern Auszahlung rückständiger Löhne
30.06.2004	Landesweite Proteste gegen die geplante Umwandlung sozialer Garantien in antragsgebundene Geldunterstützung
01.07.2004	Zwei KPRF-Kongresse bestreiten gegenseitig ihre Legitimation
03.–04.07.2004	Grigori Jawlinski wird erneut Vorsitzender von Jabloko
05.07.2004	Putin empfängt Sjuganow zu einem Gespräch über Lage der gespaltenen KPRF
06.07.2004	Dimitri Rogosin wird Vorsitzender der Partei Heimat (anstelle von Glasjew)

07.07.2004	Chodorkowski bietet Begleichung seiner Steuerschulden an
20.07.2004	Putin läßt Anpassung der Renten an Inflation vorziehen
29.07.2004	Proteste in Moskau gegen geplante Monetarisierung
29.07.2004	Regierung legt Privatisierungsplan für die Jahre 2005–2007 vor
03.08.2004	Gesetz zur Monetarisierung in der Duma verabschiedet
03.08.2004	Das russische Justizministerium erklärt die Beschlüsse des Gegenparteitages der KPRF für illegitim; damit ist die KPRF Sjuganows staatlich legitimiert
19.08.2004	Streiks in Uljanowsk; Forderung nach Zahlung ausstehender Löhne
24.08.2004	Anschlag auf zwei russische Verkehrsflugzeuge: 90 Tote
31.08.2004	Anschlag am Rigaer Bahnhof in Moskau: 9 Tote, 51 Verletzte
31.08.2004	Selbstmordanschlag in Moskauer Metro: 11 Tote, 50 Verletzte
01.09.2004	Geiselnahme durch tschetschenische Kämpfer in Beslan, ein gewaltsamer Befreiungsversuch durch russische Spezialtruppen endet mit mehr als 300 Toten, davon die Hälfte Kinder, über 700 Menschen werden verletzt, 31 Geiselnehmer werden getötet; scharfe Kritik Putins an regionaler Einsatzplanung durch den verantwortlichen Gouverneur
07.09.2004	Landeweite Demonstrationen gegen Terrorismus
11.09.2004	Allrussische Kommunistische Partei der Zukunft (VKPB) als Alternative zur KPRF gegründet; Vorsizender Wladimir Tichonow
15.09.2004	GUS-Gipfel in Astan wählt Putin zum Vorsitzenden
16.09.2004	Putin schafft Direktwahl der Gouverneure wieder ab; Jelzin kritisiert diesen Schritt
28.09.2004	Dekret Putins für staatliche Unterstützung von Menschenrechtsgruppen und Schaffung eines Internationalen Menschenrechtszentrums
04.10.2004	Demonstration in Moskau zur Erinnerung an die gewaltsame Auflösung des russischen Obersten Sowjet im Oktober 1993

04.10.2004	Dekret zu Erhöhung der Einkommen in den »Machtstrukturen« des Staates
23.10.2004	Demonstration zum Gedenken an Opfer der Geiselnahme im Dubrowka-Theater
25.10.2004	Kongreß der Föderation der jüdischen Gemeinden (FEOR); Putin empfängt Berl Lasar, den Oberrabbiner Rußlands
30.10.2004	Gründung des Bündnisses Patrioten Rußlands
31.10.2004	Marsch gegen den Haß in St. Petersburg
November 2004	Putin unterstützt das Kyoto-Protokoll zum Klimaschutz
07.11.2004	Vereinte Volkspartei der Soldatenmütter gegründet
07.11.2004	Landesweite Demonstrationen zum Jahrestag der Oktoberrevolution
09.12.2004	Menschenrechtsorganisation Memorial erhält den alternativen Nobelpreis
10.01.2005	Landesweite Demonstrationen gegen Monetarisierung
12.01.2005	Menschenrechtler/in Ljudmila Alexejewa (Russisches Helsinki Komitee) und Sergej Kowaljow sowie die Journalistin Anna Politkowskaja erhalten denOlof-Palme-Preis
15.–16.01.2005	Weitere Massendemonstrationen gegen die Monetarisierung
17.01.2005	Putin kritisiert die Regierung für ihre Monetarisierungsstrategie; Rentenerhöhung soll vorgezogen und erhöht (15 % statt 5 %) werden; Zusage für weiterhin kostenlose Nutzung der Transportmittel für Rentner im Moskauer Umland
18.01.2005	Demonstrationen in russischen Städten halten an
21.01.2005	Hungerstreik von 5 Abgeordneten der Fraktion Heimat, um Verantwortliche für Monetarisierung zum Rücktritt zu zwingen
21.–23.01.2005	Angehörige der Opfer von Beslan fordern Konsequenzen
22.–23.01.2005	Weitere Proteste gegen die Monetarisierung
24.01.2004	Gehaltserhöhungen für Angehörige der Streitkräfte dekretiert
25.–26.01.2005	Proteste gegen die Monetarisierung halten an

26.01.2005	Dekret: Grundrente soll von 660 auf 900 Rubel erhöht werden
29.–30.01.2005	Weitere Proteste gegen die Monetarisierung
31.01.2005	Rußland überweist IWF 3,3 Mrd. US-Dollar; vorzeitig vollständige Schuldentilgung
10.02.2005	Offizielle Reaktionen auf Proteste: In fast allen Regionen werden bisherige Vergünstigungen teilweise abgebaut, zugleich aber neue geschaffen
01.02.2005	Ende des Hungerstreik der Abgeordneten
09.02.2005	Mitarbeiter des Verteidigungsministeriums demonstrieren für höhere Löhne
09.02.2005	Duma lehnt Mißtrauensvotum gegen Kabinett Fradkow ab
10.02.2005	Landesweite Proteste von Autofahrern gegen hohe Benzinpreise
12.02.2005	Weiterhin landesweite Demonstrationen gegen die Monetarisierung
19.02.2005	Offiziersversammlung der russischen Armee gegen die Monetarisierung
01.03.2005	Neues Wohnraumgesetz schränkt Sozialwohnraum ein; Inhaber von Wohnungen müssen Reparatur- und Unterhaltskosten künftig mittragen
08.03.2005	Ermordung des Tschetschenischen Präsidenten Maschadow
10.03.2005	Schachweltmeister Garry Kasparow sagt Putin den Kampf an
24.03.2005	Putin bezeichnet YUKOS als Einzelfall; Ergebnisse der Privatisierung sollen nicht angetastet werden
12.04.2005	Studentenproteste gegen Bildungspolitik
10.04.–17.04.2005	1. Russischen Sozialforum globalisierungskritischer, demokratischer und reformsozialistischer Gruppen in Moskau
18.04.2005	Gründung der rechten Jugendorganisation Opritschniki in Petersburg

20.04.2005	Weitere Studentenproteste[211] gegen Bildungs- und Sozialreformen
22.04.2005	Neues Wahlgesetz führt Verhältniswahlrecht ein, Parlamentssitze werden über Parteilisten vergeben, Wieder-Einsetzung der Sieben-Prozent-Hürde.
01.05.2005	Landesweite Großdemonstrationen mit sozialen Forderungen
09.05.2005	Linke Proteste gegen offizielle Feiern zum Tag des Sieges
15.05.2005	Jugendorganisation Naschi mobilisiert 50.000 junge Leute zu Ehren der Veteranen des Großen Vaterländischen Krieges
22.05.2005	Proteste gegen Einschränkung der Pressefreiheit
31.05.2005	Michail Chodorkowski und Platon Lebedew werden zu je neun Jahren Haft verurteilt, der Mitangeklagte Andrei Krajnow erhält fünf Jahre
11.06.2005	G-8-Sitzung in in London: Rußland will armen Drittweltstaaten Schulden in Höhe von 2,2 Mrd. US-Dollar erlassen
12.06.2005	Anschlag auf Gleisanlagen südlich von Moskau: 42 Verletzte
27.06.2005	Häftlingsproteste gegen Mißhandlungen im Gebiet Kursk
19.07.2005	Anschlag auf Milizionäre in Snamenskoje:14 Tote, 34 Verletzte
30.08.2005	Bergarbeiter in Sachalin streiken für Auszahlung rückständiger Löhne
17.09.2005	Proteste linker Parteien gegen Kapitalisierung in Rußland
22.09.2005	Revisionsantrag Chodorkowskis abgewiesen
12.10.2005	Landesweiter Aktionstag der Angestellten des öffentlichen Dienstes; Forderung nach höheren Bezügen in Streiks und Demonstrationen
13.10.2005	Kämpfe mit Freischärlern in Naltschik (Nordkaukasus); zahlreiche Opfer unter der Zivilbevölkerung, mehr 135 Tote insgesamt

211 Die diversen humanitären Sozialforen im Rahmen des Petersburger Dialogs sind in dieser Chronologie nicht berücksichtigt.

21.10.2005	Putin bildet einen Rat für nationale Projekte; Zielsetzung: Verbesserung der Lage im Wohnungs- und Gesundheitswesen, in der Bildung und in der Landwirtschaft
01.11.2005	Weltbank warnt Rußland vor Holländischer Krankheit
04.11.2005	Feiern zum Tag der nationalen Einheit (Ablösung des Feiertags am 7. November anlässlich des Jahrestags der Oktoberrevolution); Rechte treten unter Losungen wie »Rußland den Russen« zum Rechten Marsch an
06.11.2005	Marsch gegen den Hass in St. Petersburg
06.–07.11.2005	Diverse Demonstrationen zum 88. Jahrestag der Oktoberrevolution
08.11.2005	Wiederaufstellung der Büste von Felix Dsershinski im Innenhof des Moskauer Polizeipräsidiums
17.11.2005	Offener Brief russischer Bürgerrechtler ruft zum Widerstand gegen die Regierung Putin auf
08.12.2005	Urteile gegen Angehörige der Nationalbolschewistischen Partei (NBP) Limonows
09.12.2005	Baubeginn der North European Gas Pipeline; Gerhard Schröder wird Aufsichtsratsvorsitzender der Betreiber-Gesellschaft (NEGPC)
18.12.2005	Demonstration in Moskau gegen Fremdenfeindlichkeit und Faschismus; mit dabei Grigori Jawlinski und Garri Kasparow
09.01.2006	VW-Konzern will Werk in Stupino bei Moskau bauen
10.01.2006	Putin unterzeichnet Gesetz über nichtkommerzielle Organisationen
25.01.2006	Rat der Eurasischen Wirtschaftsgemeinschaft tagt in St. Petersburg; Usbekistan tritt als neues Mitglied hinzu
05.02.2006	Münchner Sicherheitskonferenz: Rußland fordert eine stärkere Rolle der UNO bei Bekämpfung des Terrorismus
10.02.2006	Rußland nimmt offiziell die Mitarbeit bei der NATO-Operation Active Endeavour auf; Russische Kriegsschiffe sollen gemeinsam mit NATO-Marineeinheiten Schiffe im Mittelmeer kontrollieren
15.02.2006	Duma diskutiert Kameradenschinderei, das sogenannte Onkel-System, in der Armee

17.02.2006	Putin dekretiert ein Nationales Komitee zur Bekämpfung des Terrorismus, Vorsitzender wird Nikolai Patruschjew, Direktor des FSB
04.03.2005	Landesweite Demonstrationen gegen die Kommunal- und Wohnungsbaureformen
06.03.2006	Putin unterzeichnet Antiterrorgesetz, das u.a. erlaubt, von Terroristen entführte Flugzeuge abzuschießen
09.03.2006	Internationales Forum von NGOs in Moskau
18.03.2006	Proteste in Irkutsk gegen Sibirien-Pazifik-Öl-Pipeline
20.03.2006	Proteste in Korkmaskala (Dagestan) gegen den Verkauf von Land einer ehemaligen Sowchose an Privatpersonen; während des Polizeieinsatzes werden 17 Personen verletzt, 55 festgenommen
20.–21.03.2006	Putin in Peking zur Eröffnung des Russischen Jahrs in China
22.03.2006	Wehrdienstzeit soll 2007 von 2 Jahren auf 18 Monate verkürzt werden
02.04.2006	Landesweite Demonstrationen gegen Wehrpflicht und Mißstände in der Armee
03.04.2006	Beschäftigte des bankrotten chemischen Werks Krasnouralsk (Smolensker Gebiet) treten in den Hungerstreik, um die Auszahlung rückständiger Löhne durchzusetzen
17.04.2006	Novellierung des NGO-Gesetzes tritt in Kraft; Meldepflicht für alle finanziellen Förderungen aus dem Ausland an NGOs gegenüber Justizministerium
20.04.2006	Die Stiftung Offenes Rußland (Chordorkowski) stellt ihre Tätigkeit ein
22.04.2006	Armenischer Student wird in der Moskauer Metro von Unbekannten erstochen
24.04.2006	Armenische Minderheit Moskaus protestiert mit Verkehrsblockade gegen den Mord
26.04.2006	Die Shanghai Organisation für Zusammenarbeit (SCO) beschließt für 2007 gemeinsame antiterroristische Übungen in Rußland
27.04.2006	Solschenizyn lobt Putin für dessen Bemühungen um einen starken Staat

01.05.2006	Landesweite Mai-Demonstrationen und Veranstaltungen
11.05.2006	Teilamnestie zum 100. Jahrestag der Bildung der Staatsduma; Jugendliche, Frauen mit kleinen Kindern, Schwangere sowie Männer, die mehr als 60, und Frauen, die mehr als 55 Jahre alt sind, kommen vorzeitig aus Gefängnissen frei
18.05.2006	Schaffung einer offiziellen Jugend-Gesellschaftskammer (MOP)
21.05.2006	Demonstration zum Todestag von Andrei Sacharow
23.05.2006	Gründung der GUAM (Organisation für Demokratie und Wirtschaftsentwicklung, Mitglieder: Georgien, Ukraine, Aserbaidschan, Moldawa)
27.05.2006	Parade zum Christopher-Street-Day aufgelöst
29.05.2006	VW-Konzern plant Montagewerk im Gebiet von Kaluga
30.05.2006	Rußlands Haushalt 2007 sieht eine Teilung des Stabilisationsfonds in Notfall- und Zukunftsfonds vor
07.06.2006	Gorbatschow wird Anteilseigner bei der Zeitung Nowaja Gazeta
07.06.2006	Freigabe der Preise für Stromversorgung in Rußland
12.06.2006	Unabhängigkeitstag: Pro- und Contra-Putin Demonstrationen
14.06.2006	Duma streicht 9 von 25 Gründen für die Befreiung vom Militärdienst
15.–17.07.2006	2. Russisches Sozialforum globalisierungskritischer, radikaldemokratischer und reformsozialistischer Gruppen findet als Gegenveranstaltung zum bevorstehenden G8-Gipfel in St. Petersburg statt
23.06.2006	Doku Umarow (tschetschenischer Gotteskrieger) kündigt über Website www.chechenpress.org eine Offensive gegen militärische Ziele in Rußland an
30.06.2006	Novellierung des Wahlgesetzes: Abschaffung der Option »gegen alle«
01.07.2006	Rubel wird konvertible Währung
03.07.2006	Internationales Forum von NGOs in Moskau
08.07.2006	Staatsverleumdung wird als Extremismus strafrechtlich verfolgbar

09.07.2006	Der tschetschenische Kampfführer Shamil Bassajew stirbt infolge einer Bombenexplosionin Inguschetien; die Explosionsursache wird nicht geklärt
13.07.2006	Tschetschenische Widerstandskämpfer bieten Friedensgespräche an
15.–17.07.2006	G8-Gipfel in St. Petersburg
28.07.2006	Putin setzt Gesetz zur Bekämpfung des Extremismus in Kraft
20.08.2006	100 Menschen erinnern in Moskau an den Putsch im August 1991; es ist kein Vertreter der Regierung anwesend
21.08.2006	Anschlag auf einem Moskauer Markt: 10 Tote, 41 Verletzte
01.09.2006	Regierungsamtliche Bekanntgabe zum Schulbeginn: Grundlagen der orthodoxen Kultur sollen Pflichtfach werden
14.09.2006	Moskau: Auflösung einer nicht genehmigten Demonstration der »Bewegung gegen Illegale Immigration«
22.09.2006	Amnestiegesetz für tschetschenische Untergrundkämpfer; »Schwere Verbrechen« bleiben von der Amnestie ausgeschlossen
26.09.2006	Rußland und Iran schließen Vertrag über Lieferung von Brennstäben
02.10.2006	Russisch-georgische Spannungen, nachdem vier russische Offiziere in Georgien als angebliche Spione verhaftet wurden; Abschiebung von mehr als 200 Menschen nach Georgien
07.10.2006	Ermordung der Journalistin Anna Politkowskaja
10.–12.10.2006	Staatsbesuch Putins in Deutschland
28.10.2006	Proteste in Chassawjurt (Dagestan) gegen Entführungen
29.10.2006	Proteste in St. Petersburg gegen fremdenfeindliche Verbrechen
31.10.2006	Verbot des für den 04.11.2006 geplanten Russischen Marschs in Moskau
04.11.2006	Nationalfeiertag: Demonstrationen rechtsradikaler Gruppierungen in mehreren Städten
16.11.2006	Der Soziologe Juri Lewada stirbt im Alter von 76 Jahren

23.11.2006	Tödlicher Giftanschlag auf Alexander Litvinenko in London
08.12.2006	Moratorium zum Aussetzen des Vollzugs der Todesstrafe verlängert
16.12.2006	Marsch der Unzufriedenen in Moskau aufgelöst
17.12.2006	Großkundgebung der Jugendorganisation Naschi zu Ehren der Roten Armee im zweiten Weltkrieg
17.12.2006	400 Journalisten verlesen öffentlich die Namen der 200 russischen Journalisten, die seit 1991 ermordet wurden
Dezember 2006	NATO-Treffen in Riga: die NATO erhebt Anspruch auf Kontrolle des Ölhandels
08.02.2007	Einführung Mutterschaftsgeld als Gebäranreiz
14.02.2007	Münchner Sicherheitskonferenz: Putin kritisiert Militarisierungspolitik der USA und stellt Rußlands Vorstellungen einer kooperativen internationalen Ordnung als Alternative vor
14.02.2007	Streiks bei Ford-Werken in St. Petersburg
26.02.2007	Erster Parteitag der Partei Gerechtes Rußland
03.03.2007	Anti-Putin-Demonstration von Anderes Rußland in St. Petersburg aufgelöst
12.03.2007	Verkürzung des Wehrdienstes ab 1. Juli 2008 auf ein Jahr
25.03.2007	Großkundgebung der Jugendorganisation Naschi zum siebten Jahrestag der Wahl Putins zum Präsidenten
26.03.2007	Chinesischer Präsident Hu Jintao in Moskau
31.03.2007	Mehrere Kundgebungen in Moskau: KPRF fordert soziale Gerechtigkeit; Opposition um Kasparow demonstriert gegen Putin; bei einer Kundgebung für die Abschaffung der Wehrpflicht kommt es zu Konflikten mit Pro-Putin Demonstranten
01.04.2007	Gesetzliches Verbot für Ausländer, auf Märkten Waren zu verkaufen
14.04.2007	Protestmarsch der Gruppe Das andere Rußland wird aufgelöst, 150 Festnahmen, unter ihnen Kasparow und Limonow; zugleich findet eine Pro-Putin-Demonstration von Naschi statt.

18.04.2007	Nationalbolschewisten Limonows erneut verboten
18.04.2007	Gesetz gegen Extremismus und Rowdytum verschärft
25.04.2007	Tod Boris Jelzins
28.04.2007	Marsch der Nichteinverstandenen in Nishni Nowgorod aufgelöst
01.05.2007	Landesweite Mai-Kundgebungen verschiedener Organisationen
17.05.2007	Russisch-Orthodoxe Kirche und Russisch-Orthodoxe Kirche im Ausland beenden ihre Spaltung
20.05.2007	Moskau: Demonstration gegen Zensur im russischen Fernsehen
27.05.2007	Demonstration für die Rechte von Homosexuellen in Moskau aufgelöst
30.05.2007	Boris Beresowski erklärt, Finanzier der Partei Das andere Rußland zu sein
07.06.2007	Putin beim G-8 Gipfel in Heiligendamm
10.06.2007	Forderung Putins nach neuer Architektur der internationalen Wirtschaftsbeziehungen auf dem XI. St. Petersburger Wirtschaftsforum
10.06.2007	Marsch der Nichteinverstandenen in Moskau
14.06.2007	Tagung des NATO-Rußland-Rates in Brüssel: Rußland kritisiert Raketenpläne der USA
22.06.2007	Überfälle rechter Gruppen auf Nicht-Russen in Moskau
05.07.2007	Eine rechte »Bewegung gegen illegale Immigration« kündigt Aufbau bewaffneter Selbstschutzgruppen an
06.07.2007	Gesetz gegen Extremismus von Duma verabschiedet
14.07.2007	Aufkündigung des KSE-Vertrags (Vertrag über konventionelle Streitkräfte in Europa) durch Rußland
01.08.2007	Lohnstreiks in den Automobilwerken AwtoWAS (Toljatti, Südrussland)
03.–05.08.2007	3. Sibirisches Sozialforum reformsozialistischer, gewerkschaftlich orientierter Gruppen
13.08.2007	Anschlag auf Schnellzug Moskau-St.Petersburg: 60 Verletzte
09.09.2007	Demonstration in St. Petersburg gegen den Bau eines Gazprom-Turms

12.09.2007	Rücktritt von Ministerpräsident Fradkow; Nachfolger Viktor Subkow
10.10.2007	Einiges Russland schlägt Vize-Präsident Dimitri Medwedew als Präsidentschaftskandidat für die Wahl 2008 vor
11.10.2007	Medwedew schlägt Putin als neuen Ministerpräsidenten vor
20.10.2007	Gorbatschow gründet »Sozialdemokratische Union«
03.–04.11.2007	Forderung einer 3. Amtszeit Putins in landesweiten Kundgebungen
04.11.2007	Demonstrationen am Tag der nationalen Einheit; Naschi in Moskau mit 10.000 Teilnehmern; Russischer Marsch ebenfalls in Moskau mit 1.000, in St. Petersburg mit 500 Teilnehmern
05.11.2007	Chinesischer Ministerpräsident Wen Jiabao in Moskau
07.11.2007	Die KPRF demonstriert zum 90. Jahrestag der Oktoberrevolution
24.–25.11.2007	Märsche der Nichteinverstandenen in 40 Städten
02.12.2007	Wahlen zur Staatsduma: Einiges Rußland mit 64 % weit vorn
02.12.2007	Unregelmäßigkeiten bei der Wahl werden kritisiert
02.12.2007	Referendum in Tschetschenien verlängert Amtszeit Kadyrows als Premierminister
08.12.2007	Renault erwirbt 25 % der Anteile des russischen Automobilkonzerns AwtoWAS

Tandem Medwedew Putin

02.03.2008	Wahl Dimitri Medwedews zum Präsidenten Russlands mit 70,2 % der Stimmen
03.03.2008	Marsch der Nichteinverstandenen in Moskau aufgelöst; in St. Petersburg erlaubt
15.04.2008	Ohne beizutreten übernimmt Putin den Vorsitz von Einiges Rußland
01.05.2008	Landesweite Veranstaltungen zum 1. Mai
06.05.2008	Putin (noch als Präsident) unterzeichnet Gesetz, das

	ausländische Investitionen in strategischen Industrien untersagt
06.05.2008	Regierung hebt am letzten Tag ihrer Amtszeit die Gebühren für Gas, Elektrizität, Eisenbahnreisen und Telefon an. Stromkosten werden 2008 um 14 %, 2009 bis 2011 jährlich um 25 % steigen
07.05.2008	Amtseinführung Medwedews; Nominierung Putins als Ministerpräsidenten; Medwedew kündigt an, sich für Bürgerrechte, Umsetzung der vier nationalen Programme und für Modernisierung einzusetzen
19.05.2008	Medwedew bildet einen Rat zur Bekämpfung der Korruption
23.05.2008	Medwedew in China
29.05.2008	Putin als Ministerpräsident Russlands in Frankreich
01.06.2008	Nicht genehmigte Kundgebung für Rechte der Homosexuellen in Moskau aufgelöst
02.06.2008	Medwedew ordnet Schaffung zusätzlicher 2.000 Stellen für Generalstaatsanwaltschaft an
05.06.2008	Präsident Medwedew in Berlin
06.06.2008	Gipfeltreffen der GUS in St. Petersburg
06.–08.06.2008	XII. Internationales Wirtschaftsforum in St. Petersburg
07.06.2008	Medwedew kritisiert die Rolle der USA in der Finanzkrise und fordert Mitwirkung Rußlands bei Neuordnung des globalen Finanzsystems
30.06.2008	Zusätzliche Anklagen gegen Chodorkowski und Lebedew
07.–09.07.2008	Medwedew beim G8-Gipfel in Tokyo
09.07.2008	Medwedew kritisiert Abkommen zwischen USA und Tschechien zum Raketenabwehrsystem
16.07.2008	Chodorkowski beantragt Bewährung
04.08.2008	Solschenizyn stirbt im Alter von 89 Jahren
06.–08.08.2008	Sozialforum globalisierungskritischer, radikaldemokratischer und reformsozialistischer Kräfte in Sibirien
07.08.–12.08.2008	Georgisch-russsicher Kieg
19.08.2008	NATO-Rußlandrat ausgesetzt
20.08.2008	USA und Polen unterzeichnen Abkommen zu Abfangraketen

26.08.2008	Rußland erkennt Unabhängigkeit Südossetiens und Abchasiens an
28.08.2008	Anatoli Tschubais (Unternehmer und Politiker) soll Entwicklung der Nanotechnologie vorantreiben
01.09.2008	EU-Sondergipfel verurteilt Anerkennung Abchasiens und Südossetiens durch Rußland
16.09.2008	US-Finanzkrise drückt den russischen Aktienmarkt
18.09.2008	Medwedew läßt 500 Mrd. Rubel (ca. 14 Mrd. Euro) zur Stützung der Aktienmärkte bereitstellen
16.10.2008	Bewährung für Chodorkowski abgelehnt
29.10.2008	Ministerpräsident Chinas, Wen Jiabao, in Moskau
02.11.2008	Demonstrationen gegen Politik der US-Regierung
04.11.2008	Tag der nationalen Einheit: Traditionelle Demonstrationen, Russischer Marsch wird aufgelöst
14.11.2008	EU-Rußland-Gipfel in Nizza vereinbart Wiederaufnahme der Verhandlungen für ein Partnerschafts- und Kooperationsabkommen
15.11.2008	Medwedew bei G-20 Gipfel in Washington
15.11.2008	Union der Rechten Kräfte (SPS) beschließt Selbstauflösung
16.11.2008	Union der Rechten Kräfte (SPS), Demokratische Partei Rußlands (DPR) und Bürgerkraft vereinigen sich zur Partei Rechte Sache
05.12.2008	Tod Alexej II., Oberhaupt der Russisch-Orthodoxen Kirche
12.12.2008	Russischer Verfassungstag: Russischer Marsch durch Moskau, zeitgleich findet eine Demonstration von Einiges Rußland statt
13.12.2008	Kasparow und Nemzow gründen eine Bewegung Solidarnost
14.12.2008	Moskau: Marsch der Nichteinverstandenen aufgelöst
14.12.2008	Wladiwostok: Autofahrer protestieren gegen erhöhte Importzölle für Gebrauchtwagen
08.01.2009	Einstellung der Gaslieferungen durch das Gebiet der Ukraine
21.01.2009	Spontane Demonstration der antifaschistischen Jugend aufgelöst

28.01.2009	Weltwirtschaftsforum in Davos: Putin lädt Investoren ein
30.12.2008	Verfassungsänderung ermöglicht eine zukünftig sechsjährige Präsidentschaftszeit
31.01.2009	Landesweite Demonstrationen gegen Wirtschaftspolitik der Regierung
31.01.2009	Pro-Regierungskundgebungen in Moskau und anderen Städten
01.02.2009	Demonstration gegen chinesische Migranten in der Fernostregion
02.02.2009	Kyrill I. wird Nachfolger von Alexej II.
04.02.2009	Gipfel der Organisation des Vertrages über Kollektive Sicherheit (ODKB) in Moskau; Vereinbarung zu Bildung einer schnellen Eingreiftruppe
21.02.2009	Gruppe Solidarnost fordert: Rußland ohne Putin!
21.02.2009	Jekaterieneburg: Blockade einer Kreuzung durch Rentner, die gegen Sozialreformen der Regierung protestieren
23.02.2009	Murmansk: Protest pensionierter Marineoffiziere gegen die Sozialpolitik der Regierung
03.03.2009	Neues Verfahren gegen Chodorkowski und Lebedew
03.03.2009	Gemeinschaftsunternehmen von Siemens und Rosatom für ziviles Kernkraftgeschäft angekündigt
10.03.2008	Hungerstreik von 10 Metallarbeitern im Stahlwerk von Slatoust, nachdem ihre Löhne um 50 % gekürzt wurden
12.03.2008	Aktion zum Tag der Nichteinverstandenen in Moskau aufgelöst
12.03.2008	Mahnwache der Jugendorganisation Naschi gegen Chodorkowski aufgelöst
16.03.2009	Rußland legt Plan zur Reform des Weltfinanzsystems vor
16.03.2009	Putin erteilt Anweisung, 1.600 Mrd. Rubel aus dem Stabilitätsfond in Staatshaushalt einzubringen
19.03.2009	Putin legt Krisenhaushalt für 2009 vor; der Plan sieht Kürzungen für Landwirtschaft und Polizei zugunsten von Sozialausgaben vor
01.04.2009	Medwedew nimmt am G 20-Gipfel in London teil
12.04.2009	Proteste in Moskau gegen Einberufung zum Wehrdienst
24.04.2009	Erste Beratungen in Rom zum neuen START-Abkommen

01.05.2009	Landesweite Mai-Demonstrationen
12.05.2009	Medwedew legt eine Strategie für die nationale Sicherheit Rußlands bis 2020 vor; vehemente Kritik an den US-Raketenplänen in Ost-Europa
16.05.2009	Demonstration für die Rechte von Homosexuellen in Moskau aufgelöst
20.05.2009	Einwohner besetzen Bürgermeisterei in Pikaljewo, um den örtlichen Monopolbetrieb zur Zahlung ausstehender Löhne und zur Wiederaufnahme der Versorgung der Stadt mit Fernwärme und heißem Wasser zu zwingen
09.06.2009	Rußland, Kasachstan und Belarus bilden Zollunion
01.07.2009	Visumspflicht zwischen Rußland und Hongkong aufgehoben
02.04.2009	G-20-Gipfel in London: Medwedews präzisiert Rußlands Vorschläge einer Globalen Sicherheitsarchitektur von Wladiwostok bis Lissabon auf KSZE-Basis
06.–08.07.2009	Barak Obama in Moskau; Medwedew und Obama unterzeichnen Transitvertrag für das Northern Distribution Network der NATO
01.07.2009	Unangemeldete Demonstration von Anderes Rußland aufgelöst
17.08.2009	Selbstmordattentat in Nasran: 25 Tote, über 200 Verletzte
18.08.2009	Georgien verläßt die GUS
31.08.2009	Medwedew richtet einen YouTube-Channel ein
21.09.2009	Sberbank erklärt russisches Interesse für Beteiligungen an Opel
24.09.2009	Automobilkonzern AWTOWAS kündigt nach vorheriger Einführung von Kurzarbeit einen Stellenabbau von bis zu 27.000 (von 100.000) Mitarbeitern an
10.10.2009	4.000 Menschen protestieren mit einem »Marsch für die Bewahrung von St. Petersburg« gegen den Bau des Hochhaus-Zentrums Ochta
13.10.2009	Putin in China
22.10.2009	Memorial erhält Sacharow-Preis des EU-Parlaments
24.10.2009	Wladiwostok: Proteste gegen Wirtschaftspolitik der Regionalverwaltung

31.10.2009	Marsch der Unzufriedenen in Moskau aufgelöst
04.11.2009	Wieder Russischer Marsch in Moskau; auch in anderen Städten finden Aufmärsche der Rechten statt
04.11.2009	General Motors stoppt Verkauf von Opel
05.11.2009	Finnland und Schweden gestatten Bau von North-Stream-Pipeline durch Ostsee
16.11.2009	Wirtschaftsprüfer Sergei Magnitski wird unter ungeklärten Umständen im Gefängnis tot aufgefunden; Kritiker äußern Mordverdacht; der Fall belastet insbesondere die Beziehungen zwischen USA und Rußland
16.11.2009	Iwan Chutorskoi, bekanntester Antifaschist, wird durch durch Kopfschuß ermordet
19.11.2009	Verfassungsgericht untersagt Anwendung der Todesstrafe in Rußland
27.11.2009	Anschlag auf Schnellzug Moskau-St.Petersburg: 26 Tote, 100 Verletzte
29.11.2009	Medwedew schlägt Europäischen Sicherheitsvertrag vor
16.12.2009	Jegor Gaidar stirbt im 54. Lebensjahr
28.12.2009	Putin eröffnet Ostsibirien-Pazifik-Ölpipeline
31.12.2009	Demonstration zur Versammlungsfreiheit in Moskau aufgelöst
21.01.2010	Abriß Gartensiedlung Retschnik in Moskau, die in einem Naturschutzgebiet liegt; Bewohner leisten Widerstand
04.02.2010	Medwedew läßt Abriß von Retschnik rechtlich überprüfen
05.02.2010	Medwedew unterzeichnet neue russische Militärdoktrin
21.02.2010	Archangelsk: Einwohner protestieren gegen Anhebung kommunaler Gebühren
22.02.2010	Gründung der Partei Arbeitsfront
23.02.2010	Anläßlich des Tags der Vaterlandsverteidiger demonstrieren Anhänger der KPRF in Moskau gegen die Politik der Regierung
04.03.2010	Sechsprozentige Rentenerhöhung angekündigt
07.03.2010	Pensa: Demonstration gegen Wirtschafts- und Sozialpolitik; Demonstranten fordern Rücktritt des Bürgermeisters und des Gouverneurs

20.03.2010	Anti-Putin-Demonstrationen zum »Tag des Zorns« in mehreren Städten
26.03.2010	START-Verhandlungen abgeschlossen
27.03.2010	Demonstrationen gegen steigende Preise, hohe Kosten für kommunale Dienstleistungen und Arbeitslosigkeit
29.03.2010	Anschlag in der Moskauer Metro: 37 Tote, 65 Verletzte
06.04.2010	Baubeginn der North-Stream-Pipeline
08.04.2010	Medwedew und Obama unterzeichnen den Folgevertrag für START I
14.04.2010	Medwedew dekretiert Nationale Strategie zur Bekämpfung von Korruption in den Jahren 2010–11
25.04.2010	Archangelsk: Proteste gegen Erhöhung der Preise für kommunale Dienstleistungen, Forderung nach Erhöhung der Mindestlöhne
01.05.2010	Landesweite Veranstaltungen zum 1. Mai
14.05.2010	Neues Parteiengesetzes erleichtert Arbeit kleiner Parteien
14.05.2010	Bergarbeiter im Kusbass blockieren Eisenbahnlinie; Zusammenstöße mit OMON-Einheiten, Festnahmen
16.05.2010	Verband der Kusbass-Einwohner fordert in einem offenen Brief an den Präsidenten Umsetzung ihrer sozialen Forderungen
31.05.2010	Marsch der Nichteinverstandenen aufgelöst
15.07.2010	Umweltschützer verhindern Rodungen im Wald von Chimki
20.07.2010	Zusammenschluß der Konföderation der Arbeit in Rußland und der Föderalen Gewerkschaften Rußlands
23.07.2010	Absolutes Alkoholverbot im Straßenverkehr
28.07.2010	Spontane Demonstration in Chimki; Räumung eines Protestcamps durch Polizei
31.07.2010	Wald- und Torfbrände Gebiet Saratow
31.07.2010	Auflösung des Marsches der Nichteinverstandenen in Moskau, ebenso in St. Petersburg
22.08.2010	Demonstration in Moskau für den Erhalt des Waldes in Chimki
26.08.2010	Erste Haftstrafen für Teilnahme an nicht genehmigten Veranstaltungen nach dem neuen Versammlungsgesetz

31.08.2010	Märsche der Nichteinverstandenen in mehreren Städten aufgelöst
13.09.2010	Umweltschutzgruppen gründen Koalition für den Wald im Moskauer Gebiet
15.09.2010	Gründung Bewegung Vorwärts Rußland, die sich für Beschleunigung der Modernisierung einsetzt
25.09.2010	Demonstration »Für ein Rußland ohne Willkür und Korruption«
26.–28.9.2010	Medwedew auf Staatsbesuch in China
27.09.2010	In fünf Naturschutzgebieten brennen Wald und Torfmoore
28.09.2010	Juri Lyschkow, Bürgermeister von Moskau seit 1992, wird von Medwedew per Dekret mit der Begründung abgesetzt, das Vertrauensverhältnis zwischen ihnen sei gestört
12.10.2010	Demonstration zum Tag des Zorns aufgelöst
16.10.2010	Überschwemmungen im Bezirk Krasnodar: 13 Tote
23.10.2010	Oppositionelle Demonstration fordert Putins Rücktritt
31.10.2010	Demonstration für Einhaltung des Artikels 31 der Russischen Verfassung (Versammlungsfreiheit); die Aktion ist zu diesem Zeitpunkt bereits als »Strategie 31« ritualisiert, das sind Demonstrationen, die seit dem 31. Juli 2009 jeweils am 31. des Monats in Moskau (und auch in anderen Städten) stattfinden
04.11.2010	Zum Feiertag der Nationalen Einheit organisiert die Jugendorganisation Naschi einen Russischen Marsch mit 20.000 Teilnehmern. Ca. 5.000 Anhänger rechtsradikaler nationalistischer Gruppen versammeln sich unter Parolen wie »Schutz der Rechte der Urbevölkerung«, und »Kampf gegen illegale Migration« zu einem eigenen Marsch
04.11.2010	Konstantin Fetisow, Aktivist der Bewegung zum Schutz des Waldes von Chimki, wird von Unbekannten überfallen und schwer verletzt
07.11.2010	KPRF demonstriert zum Jahrestages der Oktoberrevolution mit ca. 5.000 Teilnehmern

10.11.2010	Chimki-Aktivist Beketow wird wegen Verleumdung des Bürgermeisters von Chimki zur Zahlung von 5.000 Rubel verurteilt
17.11.2010	Russische Föderation der Autobesitzer demonstriert gegen Verwendung von Blaulichtern und Spezialsignalen auf Autos von Beamten
20.11.2010	Medwedew beim Reform-Gipfel der NATO in Lissabon: Rußland in die NATO?
22.11.2010	Medwedew verleiht Ella Pamfilowa, zuletzt Vorsitzende des Menschenrechtsrates beim russischen Präsidenten, den Orden der Ehre
25.11.2010	Putin schlägt in der Süddeutschen Zeitung eine Freihandelszone von Lissabon bis Wladivostok vor
05.12.2010	Demonstration zum Schutz der Rechte von Journalisten
07.12.2010	EU-Rußland-Gipfel in Brüssel: Rußland und die EU erörtern Bedingungen für den russischen WTO-Beitritt
10.12.2010	Medwedew unterzeichnet ein verschärftes Versammlungsrecht
11.–21.12.2010	Wiederholte nationalistische Ausschreitungen Tausender Fußballfans in Moskau und St. Petersburg; Anlaß ist der gewaltsame Tod eines Spartak-Fans, der einem Kaukasier angelastet wird
13.12.2010	Vier liberale Organisationen gründen in Anlehnung an die vorrevolutionäre Partei der Kadetten die Partei der Volksfreiheit – Für ein Rußland ohne Willkür und Korruption
14.12.2010	Der Bau der Autotrasse durch den Wald von Chimki beginnt
15.12.2010	Anwalt und Menschenrechtler Jewgeni Bobrow, der sich in der Bewegung für Wohnheime in Moskau und dem Moskauer Gebiet engagiert, wird vor seinem Haus zusammengeschlagen
21.12.2010	Putin trifft sich mit Fußballfans, besucht das Grab des am 6. Dezember ermordeten Spartak-Fans, mahnt Respekt für lokale Traditionen an

30.12.2010	Chodorkowski und Lebedew werden zu 14 Jahren Haft verurteilt; das Strafmaß des ersten Verfahrens (8 Jahre) wird angerechnet
31.12.2010	Strategie-31-Demonstration wird aufgelöst
01.01.2011	Eröffnung der Ostsibirien-Pazifischer Ozean-Pipeline (ESPO)
21.01.2011	Moskauer Stadtverwaltung genehmigt Strategie 31-Demonstration am 31. Januar für 1.000 Personen
24.01.2011	Anschlag auf Moskauer Flughafen Domodedowo: 35 Tote, über 160 Verletzte
28.01.2011	Medwedew unterschreibt START-Abkommen
31.01.2011	Strategie-31-Demonstration
07.02.2011	Medwedew unterschreibt neues Polizeigesetz
07.02.2011	Doku Umarow, tschetschenischer Gotteskrieger, bekennt sich zum Anschlag auf den Flughafen Domodedowo
10.02.2011	Putin unterzeichnet ein absolutes Alkoholverbot im Straßenverkehr
02.03.2011	Medwedew gratuliert Gorbatschow zum 80. Geburtstag; Gorbatschow erhält den höchsten Orden Rußlands: Orden des heiligen Apostels Andreas
11.03.2011	Der UN-Sicherheitsrat setzt Doku Umarow auf die Liste der gefährlichsten Terroristen
13.03.2011	Einheitlicher Wahltag auf allen Ebenen der Föderation; Einiges Rußland bleibt mit Einbußen stärkste Kraft
15.03.2011	GAU in Fukushima: die russische Bevölkerung in Fernost ist beunruhigt; Schutzmaßnahmen werden gefordert
23.03.2011	Neues Wahlrecht: Aufsplittung nach Merheits- und Verhältniswahl
23.03.2011	Neues Gesetz erleichtert Aufenthalt für ausländische Fachkräfte
26.03.2011	Novellierung des Fischereigesetzes soll Verpachtung von Gewässern an private Unternehmen fördern und Anglern den Kauf von Angellizenzen vorschreiben; Tausende Angler protestieren in mehreren Städten dagegen
31.03.2011	Strategie-31-Demonstrationen in mehreren Städten

14.04.2011	Medwedew beim Treffen der BRICS–Staaten; durch Beitritt Südafrikas erweitert sich das BRIC-Bündnis zu BRICS
25.04.2011	Rußland fordert die NATO auf, die Bombardierung ziviler Ziele in Libyen einzustellen
01.05.2011	Landsweite Mai-Versammlungen
04.05.2011	Medwedew unterzeichnet ein Gesetz zur Verschärfung der Strafen bei Bestechung und Korruptionsvergehen
05.05.2011	Nationalistische Bewegungen gründen Organisation Russen
06.05.2011	Putin regt Gründung einer Allrussischen Volksfront an
08.05.2011	Demonstration in Chimki aufgelöst
09.05.2011	Siegesparade in Moskau zum 66. Jahrestag des Sieges im Großen Vaterländischen Krieg
10.05.2011	Verfahren gegen Alexei Nawalny wegen Veruntreung eingeleitet
17.05.2011	Gay Pride–Parade in Moskau verboten
24.05.2011	Im Berufungsverfahren zum zweiten Urteil gegen Chodorkowski und Lebedew wird das Urteil bestätigt, aber das Strafmaß um ein Jahr verkürzt
26.05.2011	Putin wird informeller Vorsitzender der Allrussischen Nationalen Front
28.05.2011	Verbotene Gay-Pride-Parade wird aufgelöst
31.05.2011	Chodorkowski und Lebedew beantragen Haftentlassung auf Bewährung
04.06.2011	Moskau: Regierungsfreundliche Demonstration gegen Korruption
10.06.2011	Medwedew entläßt Sergei Mironow, den Vorsitzenden der Partei Gerechtes Rußland und bis zum 18. Mai Vorsitzenden des Föderationsrats, aus dem Sicherheitsrat der Russischen Föderation
17.–20.06.2011	Anti-Seliger-Forum im Wald von Chimki mit 200 Teilnehmern als Gegenveranstaltung zum jährlichen Sommerlager der regierungsnahen Jugendorganisationen am Seligersee
22.06.2011	Partei der Volksfreiheit (ParNaS) zu Dumawahlen nicht zugelassen

11.07.2011	Lebenslange Haft für Mitglieder der Nationalsozialistischen Gesellschaft
12.07.2011	Medwedew legt Duma Novelle zum Strafgesetzbuch vor, danach soll es möglich sein, Sexualstraftäter chemisch zu kastrieren
06.09.2011	Inbetriebnahme der North-Stream-Pipeline
16.09.2011	Gazprom, die italienische ENI, die französische EdF und Wintershall unterzeichnen im Beisein Putins Vertrag über Bau South-Stream-Pipeline
24.09.2011	Parteitag Einiges Rußland: Medwedew und Putin kündigen Ämtertausch an: Medwedew schlägt Putin als Kandidat für Präsidentschaftswahl vor; Putin erklärt, Medwedew zu seinem Ministerpräsidenten machen zu wollen
25.09.2011	Anti-Putin Demonstration mit 300 Teilnehmern in Moskau
30.09.2011	Medwedew erklärt öffentlich, daß er nicht für eine zweite Amtszeit antrete, da Putin ihn in seiner Politik gut vertrete
04.10.2011	Putin veröffentlicht Pläne für ein neues Rußland; seine Perspektive: angesichts der Herausforderungen des 21. Jahrhunderts eine Eurasische Union zu gründen
17.10.2011	Geldstrafe für Alexei Nawalny wegen Rufschädigung
31.10.2011	Strategie-31-Demonstration in Moskau
01.11.2011	Gesetz zum Schutz der Gesundheit in Rußland verabschiedet. Es garantiert den Weiterbestand unentgeltlicher Erster Hilfe, konkretisiert aber zugleich kostenpflichtige weitergehende medizinische Dienstleistungen
23.11.2011	Medwedew weist Raketenabwehrsystem scharf zurück
04.12.2011	Wahlen zur Staatsduma und zu Regionalparlamenten bestätigen Einiges Rußland als stärkste Kraft
10.12.2011	Massenproteste gegen die Wahlergebnisse: 40.000 Teilnehmer/innen in Moskau, 10.000 in St. Petersburg, Versammlungen auch in anderen Städten
12.12.2011	Einiges Rußland demonstriert für Medwedew und Putin
15.12.2011	Putin antwortet in »Direkter Linie« per TV auf Fragen der Bevölkerung; er wiederholt damit ein mit ihm bereits eingeübtes Ritual

16.12.2011	Putin veranlaßt Aufstellung von Videokameras in allen Wahllokalen
23.12.2011	Medwedew unterschreibt neues Gesetz über politische Parteien, das die Registrierung von Parteien und Kandidaten erleichtern soll
23.12.2011	Menschenrechtsrat beim Präsidenten ruft zu Neuwahlen auf
24.12.2011	Erneute Massendemonstrationen für ehrliche Wahlen; Veranstalter in Moskau sprechen von 120.000 Teilnehmern; Forderung nach Neuwahlen; Demonstrationen auch in St. Petersburg und anderen Städten
31.12.2011	Strategie-31-Demonstration in Moskau aufgelöst
16.01.2012	Medwedew für Direktwahl der Gouverneure
Januar/Februar 2012	Wladimir Putin veröffentlicht vier programmatische Artikel zur zukünftigen Rolle eines starken Rußland in der globalen Krise
04.02.2012	Dritte Großdemonstration »Für ehrliche Wahlen«; Veranstalter sprechen von 120.000 Menschen in Moskau; gleichzeitige Demonstration von ca. 100.000 Anhängern Putins; Demonstrationen auch in anderen Städten
21.02.2012	Auftritt der Punkgruppe Pussy Riot in der Christ-Erlöserkirche
18/19.02.2012	Weitere Pro- und Contra-Putin-Demonstrationen landesweit
23.02.2012	100.000 Teilnehmer/innen bei einer Pro-Putin-Versammlung der »Allrussischen Volksfront« in Moskau
25.02.2012	Ca. 10.000 Ani-Putin-Demonstranten in St. Petersburg
26.02.2012	Ca. 20.000 Anti-Putin-Demonstranten »Großer Weißen Ring« entlang des Moskauer Gartenrings mit anschließendem Flashmob mit ca. 2.000 Personen

Erneut Putin

04.03.2012	Nach der Präsidentenwahl: Ca. 100.000 Demonstranten feiern Putins Wahlsieg

07.03.2012	Ergebnisse der Wahl: Putin mit 63,6 % vor Sjuganow (KPRF) mit 17,18 %, Prochorow 7,98 %, Schirinowskij (LDPR) 6,22 % , Mironow (Gerechtes Rußland) 3,85 %.
10.03.2012	Demonstration »Für ehrliche Wahlen«; Festnahme des Vorsitzenden der Linken Front, Sergei Udalzow; Festnahmen auch bei Versammlungen in St. Petersburg und Nishni Nowgorod
13.03.2012	Duma-Arbeitsgruppe soll Regelwidrigkeiten bei Dumawahl untersuchen
13.03.2012	Präsident Medwedew unterzeichnet Nationalen Plan zur Korruptionsbekämpfung in den Jahren 2012–2013
19.–20.03.2012	Rat der Eurasischen Wirtschaftsgemeinschaft tagt in Moskau
23.03.2012	Staatsduma verabschiedet Novelle zum Parteiengesetz; Vereinfachung der Gründung politischer Parteien
24.03.2012	Demonstration »Für ehrliche Wahlen« in St. Petersburg mit 1.000 Teilnehmern; Moskauer Aktivisten wird untersagt, die Stadt zu verlassen
31.03.2012	Strategie-31-Demonstration in Moskau aufgelöst
01.04.2012	Aufruf per Internet, den Roten Platz in Moskau durch Flashmob zum »Weißen Platz« zu machen
03.04.2012	Medwedew will Chodorkowski nicht ohne ein Gnadengesuch begnadigen
10.04.2012	Novellierung des Arbeitsgesetzbuchs
21.04.2012	KPRF-Demonstration in Uljanowsk gegen geplanten NATO-Umschlagplatz für Afghanistan-Nachschub (im Northern Distribution Network der NATO)
24.04.2001	Putin erklärt Rücktritt als Vorsitzender von Einiges Rußland und schlägt Medwedew als neuen Parteivorsitzenden vor
25.04.2012	Staatsduma beschließt Gesetz zur Direktwahl der Gouverneure
01.05.2012	Weiterhin landesweite Pro- und Contra-Putin-Demonstrationen
06.05.2012	20.000 Menschen protestieren in Moskau gegen die Rückkehr Putins ins Präsidentenamt

07.05.2012	Verteidigung Putins als Präsident; Putin schlägt der Staatsduma Medwedew als Kandidat für das Amt des Ministerpräsidenten vor
07.05.2012	Erste präsidentielle Putin-Erlasse sehen u.a. einmalige Zahlung von 1.000 bis 5.000 Rubel (ca. 25 bis 125 Euro) an Veteranen des Großen Vaterländischen Krieges vor; Regierung soll 25 Million hochqualifizierte Arbeitsplätze schaffen und bis 2018 eine Einkommenserhöhung um das 1,5-fache realisieren
08.05.2012	Informelle Opposition ruft weiterhin zu »Spaziergängen« auf
09.05.2012	Demonstration der KPRF in Moskau; Nawalny und Udalzow werden zu jeweils 15 Tagen Haft wegen Nichtbefolgung von Polizeianweisungen verurteilt
12.05.2012	Protestcamps in Moskau und auch in St. Petersburg
13.05.2012	Unangemeldeter »Kontroll-Spaziergang« in Moskau, zu dem Schriftsteller und Musiker aufgerufen hatten, um gegen willkürliche Festnahmen zu protestieren; Polizei greift nicht ein
16.05.2012	Räumung des Protestlagers der Wahl-Kritiker
21.05.2012	NATO-Gipfel in Chicago verabschiedet Garantieerklärung: Raketenabwehrsystem richtet sich nicht gegen Rußland
30.05.2012	Genehmigung für einen zweiten »Marsch der Millionen« verweigert
31.05.2012	Strategie-31-Demonstration ohne Polizeieingriffe
03.–04.06.2012	29. EU-Rußland-Gipfel in St. Petersburg
04.06.2012	Nawalny wegen Verleumdung zu 30.000 Rubel (ca. 725 €) verurteilt
05.–06.06.2012	Putin in Peking
06.–07.06.2012	Putin beim Gipfeltreffen der Schanghaier Organisation für Zusammenarbeit (SOC)
08.06.2012	Putin unterzeichnet verschärftes Versammlungsrecht
12.06.2012	Zweiter »Marsch der Millionen« in Moskau; nicht genehmigt
12.06.2012	Boris Nemzow, Mitveranstalter, erhält während der

	Demonstration eine Vorladung der Staatsanwaltschaft
22.06.2012	Privatisierungsplan der Regierung für 2012–2013 und bis 2016. Weiterer Verkauf von Staatseigentum
25.06.2012	Nawalny in den Aufsichtsrat von Aeroflot aufgenommen
03.07.2012	KPRF demonstriert in Moskau gegen den WTO-Beitritt Rußlands.
10.07.2012	Staatsduma mit Stimmen von Einiges Rußland für WTO-Beitritt; alle anderen Dumafraktionen stimmen dagegen
12.07.2012	Putin unterzeichnet Gesetz, das Wahlfälschungen höher bestraft
13.07.2012	Staatsduma beschließt Verleumdung als Straftatbestand
21.07.2012	Putin unterschreibt Novellierung des NGO-Gesetzes, das russischen NGOs, die Gelder aus dem Ausland erhalten, vorschreibt, sich als »ausländische Agenten« registrieren zu lassen. Neu: höhere Strafandrohungen bei Nicht-Registrierung und Einträge in zentrales Verbots-Register
21.07.2012	Mit Unterschrift von Präsident Putin tritt Rußland der WTO bei
30.07.2012	Prozeßbeginn gegen drei Mitglieder von Pussy-Riot
31. 07.2012	Strategie-31-Demonstration in Moskau
17.08.2012	Je zwei Jahre Lagerhaft für Pussy Riot-Angeklagte
23.08.2012	Sergei Udalzow wird mit mehrfacher Geldstrafe belegt
27.08.2012	Ministerpräsident Medwedew verabschiedet das Konzept einer »Russischen Gesellschaftlichen Initiative«: Vorschläge von Staatsbürgern sollen im Internet vorgestellt und durch Regierung aufgenommen werden
02.09.2012	Großbritannien leitet Moskau eine »schwarze Liste« mit 60 Personen zu, denen im Zusammenhang mit dem Tod von Sergei Magnitski die Einreise verweigert werden soll
15.09.2012	Dritter oppositioneller »Marsch der Millionen« in mehreren Städten
20.09.2012	Putin in Kirgistan. Gemeinsamer Militärstützpunktes vereinbart; US-Stützpunkt soll zivilem Flughafen weichen
05.10.2012	Der Film »Anatomie des Protests 2« unterstellt Sergei Udalzow, dem Vorsitzenden der Linken Front, gewaltsame Umsturzpläne

10.10.2012	Bewährung für Jekaterina Samuzewitsch im Revisionsverfahren Pussy Riot, Bestätigung der zweijährigen Gefängnisstrafen für die anderen beiden Angeklagten
14.10.2012	Am »Einheitlichen Wahltag« wird Einiges Rußland stärkste Kraft
17.10.2012	Strafverfahren gegen Sergei Udalzow wegen angeblicher »Vorbereitungen zur Organisation von Massenunruhen«
18.10.2012	Rußland warnt die NATO vor weiterem Ausbau des Raketenabwehrsystems Rußland könne sich zu technischen Reaktionen gezwungen sehen
20.–21.10.2012	Wahlen zum Koordinationsrat der Opposition im Internet
23.10.2012	Gesetz zum Verrat von Staatsgeheimnissen verschärft
07.10.2012	Neu gebildeter Koordinationsrat der nicht parlamentarischen Opposition will nach Muster der »Magnitski-Liste« eigene Liste mit Staatsangestellten zusammenstellen, die sich an Verfolgung von Oppositionellen beteiligen
27.10.2012	Sergei Mironow, Vorsitzender der Partei Gerechtes Rußland, distanziert sich vom Koordinationsrat der Opposition
27.10.2012	Gennadi Sjuganow, Vorsitzender der KPRF, distanziert sich ebenfalls
30.10.2012	Gegen sechs Skinheads werden Freiheitsstrafen von 8 bis 19 Jahren wegen mehrfachen Mordversuchs und Mord aus nationalem Hass verhängt
30.10.2012	Geldstrafe für Nawalny wegen Organisation einer nicht genehmigten Demonstration
30.10.2012	Moskau, Gedenktag für die Opfer politischer Repressionen: Ca. 1.500 Menschen fordern Einstellung der Strafverfahren gegen Aktivisten der Wahlproteste
04.11.2012	Tag der nationalen Einheit: Russischer Marsch in der Moskauer Innenstadt mit 15.000 Teilnehmen, vergleichbare kleinere Märsche auch in anderen Städten
23.11.2012	Novellierung der Rententarife, die 2014 in Kraft treten soll: Reduzierung des Beitragssatzes von 6 % auf 2 %, Erhöhung des Mindestlohns von 4.600 auf 5.200 Rubel (ca. 113/128 €)

04.12.2012	Der NATO-Rußland-Rat verabschiedet in Brüssel Programm zur Zusammenarbeit für 2013; Außenminister Sergei Lawrow erwartet Verhandlungen über das Raketenabwehrsystem
05.12.2012	Kleinere Kundgebungen zum Jahrestag der Proteste gegen die Wahlfälschungen
06.12.2012	Nach Großbritannien verabschiedet auch der US-Senat eine »Magnitski-Liste«, der entsprechend russischen Bürgern, die Menschenrechte verletzen, die Einreise verweigert werden soll; das russisches Außenministerium bezeichnet die Verabschiedung der Liste als provozierenden Schritt und kündigt eine »adäquate Antwort« an
10.12.2012	Putins trifft sich mit ca. 550 Personen, die ihn im Wahlkampf aktiv unterstützt haben: er verlängert ihr Unterstützungs-Mandat bis zum Ende seiner Amtszeit 2018 und bezieht sie aktiv in die Allrussische Volksfront ein
15.12.2012	Marsch der Freiheit mit ca. 1.500 Teilnehmern aufgelöst
20.12.2012	Erneute Anklage gegen Nawalny sowie seinen Bruder Oleg wegen »betrügerischen Diebstahls« und Geldwäsche
28.12.2012	Dima Jakowlew-Gesetz von Putin unterzeichnet, das die Adoption russischer Kinder durch US-Bürger verbietet
14.01.2013	Petition von mehr als 100.000 Bürgern gegen das Dima Jakowlew-Gesetz in der Staatsduma erörtert
15.01.2013	Putin dekretiert eine Staatskommission zur Vorbereitung und Durchführung der 22. Olympischen Winterspiele sowie der 11. Paralympischen Winterspiele 2014 in Sotschi
31.01.2013	Strategie-31-Demonstration aufgelöst
15.02.2013	Meteoriten-Einschlag im Gebiet Tscheljabinsk
20.02.2013	Putin unterzeichnet »Strategie zur Entwicklung der arktischen Gebiete Rußlands bis 2020«
23.–24.02.2013	KPRF bestätigt Gennadi Sjuganow als Parteivorsitzenden
02.03.2013	Zwei parallele Demonstrationen in Moskau: patriotischer »Marsch zum Schutz der Kinder« mit offiziell 12.000 Teilnehmern, ein »Sozialmarsch« oppositioneller Bewegungen mit offiziell 1.000 Teilnehmern; in St. Petersburg nehmen ca. 500 Personen an »Sozialmarsch« teil

23.03.2013	Boris Beresowski stirbt im Londoner Exil
25.03.2013	Wladimir Schirinowski wird als Parteivorsitzender bestätigt
26.03.2013	Russische Behörden kontrollieren deutsche Parteistiftungen
29.03.2013	Putin führt die Auszeichnung »Held der Arbeit« wieder ein
31.03.2013	Strategie-31-Demonstration in mehreren Städten aufgelöst
01.04.2013	Hausarrest für Sergei Udalzow um vier Monate verlängert
02.04.2013	Putin unterzeichnet Gesetz, wonach Direktwahlen von Gouverneuren möglich, aber nicht zwingend sind
07.–08.04.2013	Putin eröffnet die Hannover-Messe
09.04.2013	Gesetz zum Schutz der Gefühle Gläubiger verabschiedet
11.04.2013	Oberster Gerichtshof erklärt Entzug des Abgeordnetenmandats von Gennadi Gudkow durch die Staatsduma für rechtmäßig und lehnt Beschwerde Gudkows ab
13.04.2013	Russisches Außenministerium veröffentlicht Liste von 18 US-Amerikanern, gegen die (als Antwort auf die Magnitski-Liste) Einreisesperren nach Rußland verhängt werden
17.04.2013	Solidaritätsdemonstration für Nawalny in Moskau
19.04.2013	Ägyptischer Präsident Muhammed Mursi bei Putin in Sotschi
20.04.2013	Koordinationsrat der Opposition beschließt Demonstration für 6. Mai
22.04.2013	Russisches Verfassungsgericht teilt mit, daß Wahlberechtigte Wahlergebnisse vor Gericht anfechten können
23.04.2013	Putin fordert einheitliches Konzept für Lehrplan zur russischen Geschichte im Schulunterricht
24.04.2013	Generalstaatsanwaltschaft überprüft das Lewada-Zentrum als NGO
24.04.2013	Neues Gesetz untersagt Staatsbeamten Geld und Aktien im Ausland zu halten
25.04.2013	Konstantin Lebedew wegen der Organisation von Massenunruhen während des Marsches der Millionen am 6. Mai 2012 zu 2,5 Jahren Haft in allgemeiner Strafkolonie verurteilt; Lebedew hatte sich schuldig bekannt

25.04.2013	Golos wegen der Weigerung, sich als ausländischer Agent registrieren zu lassen, zu 300.000 Rubel (ca. 7.300 €) Strafe verurteilt
26.04.2013	Türkei wird Dialogpartner der Shanghaier Organisation für Zusammenarbeit (SOC)
29.04.2013	Putin empfängt den japanischen Ministerpräsidenten Shinzo Abe
30.04.2013	Memorial soll sich als ausländischer Agentur registrieren lassen
30.04.2013	Putin fordert Steuer auf Luxusgüter
01.05.2013	Traditionelle Mai-Demonstrationen in vielen Städten
01.05.2013	Putin verleiht erstmals den Ehrentitel »Held der Arbeit«
05.05.2013	Demonstrationen im Moskauer Stadtzentrum mit ca. 400 Personen
06.05.2013	30.000 Menschen demonstrieren zum Jahrestag der Demonstrationen des Protestjahres 2011: Zentrale Forderung ist die Freilassung der politischen Gefangenen
08.05.2013	Wladislaw Surkow, Putins Chefideologe, Erfinder des Begriffs der »Souveränen Demokratie«, tritt zurück

Die Daten der Chronologie entstammen aus:

1. meinem eigenen Reise- und Gesprächsregister u.a. aus Angaben aus Gesprächen, die in diesem Buch vorliegen, sowie aus dem Archiv meiner eigenen Presse- und Vortragspublikationen
2. einem Rückgriff auf eine von mir selbst zusammengestellte Chronologie in: Kai Ehlers: Herausforderung Rußland. Vom Zwangskollektiv zur selbstbestimmten Gemeinschaft. Eine Bilanz der Privatisierung, Schmetterlingverlag, Stuttgart, 1997

(vor Zeiten möglicher Internetrecherche)

Das sind im Einzelnen:

- BFAI, Bundesstelle für Außenhandelsinformationen (89–92)
- Chronologie der allgemeinen sozialökonomischen Entwicklung der UdSSR, beziehungsweise RFSSR/GUS ab 1984.

- Dtv. Geschichtsatlas.
- Chronologie der Gegenwart, lfde. Bände.
- Ehlers; Kai: Gorbatschow ist kein Programm, konkret Literatur Verlag, Hamburg, 1991.
- Ehlers, Kai: Sowjetunion – mit Gewalt zur Demokratie? Galgenberg, Hamburg, 1991.
- Engert, Steffen: Der Aufbruch: Alternative Bewegungen in der Sowjetunion, Rowohlt, Reinbek, 1989.
- Gitermann, Valentin: Geschichte Rußlands, drei Bände, Athenäum, Frankfurt am Main, 1987.
- HWWA, Hamburger Weltwirtschaftsarchiv, Pressedokumentation, Chronologie der Gegenwart.
- Knötzsch, Dieter: Fünf Jahre Perestroika, Fischer, Frankfurt am Main, 1991.
- Ost-West-Gegeninformationen, Graz, regelmäßige Chronologie ab März 1989, zusammengestellt von Johann Geisbacher.
- Ruge, Gerd: Der Putsch, Fischer, Frankfurt am Main, 1991.
- Stökl, Günter: Russische Geschichte, Alfred Kröner Verlag, Stuttgart, 1990.

3. heute im Internet zugänglichen Übersichten (ausgewählt, überarbeitet und ergänzt)

Das sind im Einzelnen:

- Die Welt; Das politische Leben des Boris Jelzin: http://www.welt.de/politik/article829513/Das-politische-Leben-des-Boris-Nikolajewitsch-Jelzin.html.
- FDJ, PDF-Datei, Chronologie der 2+4-Verhandlungen: http://www.fdj.de/CHRO-01.html.
- Forschungsstelle Osteuropa an der Universität Bremen und Deutsche Gesellschaft für Osteuropakunde: Rußland Analysen, laufende Jahrgänge.
- Frankfurter Allgemeine, Eine Chronik des Schreckens: http://www.faz.net/aktuell/politik/ausland/terror-in-Rußland-eine-chronik-des-schreckens-1956886.html#Drucken.
- Glasnost-Archiv, Beiträge zur Geschichte; Gorbatschows großer Versuch: Vom Alkoholbeschluß bis zum START-Abkommen: http://www.glasnost.de/db/Osteuropa/chronik.html.
- Kölner Stadtanzeiger: Chronik. Stationen in Jelzins Leben: http://www.ksta.

de/politik/chronik--stationen-in-jelzins-leben,15187246,13454030.html.
- Rp-Online. Der Aufstieg Putins: http://www.rp-online.de/politik/der-aufstieg-putins-1.2266164.
- Süddeutsche.de.: Die wichtigsten Stationen im Leben von Boris Jelzin http://www.sueddeutsche.de/politik/chronik-die-wichtigsten-stationen-im-leben-von-boris-jelzin-1.653747.

Personenindex

Ministerpräsidenten der russischen Föderation seit Auflösung der UdSSR:

1991, 06.11.	-	15.06.1992	Jelzin, Boris (informell)
1992, 15.06.	-	14.12.1992	Gaidar, Jegor
1992, 14.12.	-	23.03.1998	Tschernomyrdin, Viktor
1998, 23.03.	-	10.04.1998	Jelzin, Boris (kommissarisch)
1998, 10.04.	-	23.08.1998	Kirijenko, Sergei
1998, 23.08.	-	11.09.1998	Tschernomyrdin, Viktor
1998, 11.09.	-	12.05.1999	Primakow, Jewgeni
1999, 12.05.	-	09.08.1999	Stepaschin, Sergei
1999, 09.08.	-	07.05.2000	Putin, Wladimir
2000, 07.05.	-	24.02.2004	Kasjanow, Michail
2004, 24.02.	-	05.03.2004	Christenko, Viktor (kommissarisch)
2004, 05.03.	-	12.09.2007	Fradkow, Michail
2007, 14.09.	-	07.05.2008	Subkow, Viktor
2008, 08.05.	-	07.05.2012	Putin, Wladimir
2012, 07.05.	-	08.05.2012	Subkow, Viktor
2012, 08.05.	-		Medwedew, Dimitri

Übersicht der Organisationenen

Die Übersicht erhebt keinen Anspruch auf Vollständigkeit, da die Organisationen sich nach Beginn der Perestroika in ungeahnter Geschwindigkeit differenzieren. Zudem werden ihre Namen in häufig wechselnder Form angegeben; dies gilt allerdings nicht für die diejenigen, die sich in der Duma als Hauptkräfte durchsetzen. Sie sind unten gesondert angegeben. Um das Auffinden von Namen zu erleichtern, sind in Zweifelsfällen (die sich u.a. aus unterschiedlichen Übersetzungen ergeben) einige Organisationen doppelt aufgeführt. Die Jahreszahlen hinter den Namen geben an, wann die Organisationen erstmals oder auch zuletzt erwähnt werden, soweit nicht ausdrücklich Gründung oder Auflösung angegeben sind.

Allrussische Kommunistische Partei der Zukunft (VKPB), als Alternative zur KPRF gegründet; Vorsitzender Wladimir Tichonow (11.09.2004)
Allrussische Volksfront, informeller Vorsitzender Wladimir Putin (06.05.2011)
Agrarpartei (1992)
Agrarnaja partija Rossii (2007)
Arbeiterkomitee Workuta (Sommer 1994)
Arbeitervertrauen (1988)
Arbeitsfront (22.02.2010)
Selbstschutzgruppen der Bewegung gegen illegale Immigration (05.07.2007)
Bewegung für demokratische Reformen
Bewegung zum Schutz des Waldes von Chimki (Sommer 2010)
Bürgerliche Ehre (Graschdanskaja Stoinstwo) (1989)
Bürgerkraft (Graschdanskaja Sila) (2007/16.11.2008)
Bürgerliche Union, Bürgerunion (Graschdanskaja sojus) (Oktober 1992)
Demokratische Partei Rußlands (Demokratitscheskaja Partija Rossii) (2003)
Demokratische Union (1989/1990)
Einheit (Jedinstwo), (1999)
Einiges Rußland, (Jedinaja Rossija) (Dezember 2001) als Zusammenschluss der Fraktionen Einheit und Vaterland – ganz Rußland (Otetschestwo – wsja Rossija), beide ihrerseits 1999 zu großen Teilen aus der 1990 gegründeten Regierungspartei Unser Haus Rußland entstanden
Erinnerung (russisch: Pamjat) (Herbst 1989, 1990)
Eurasia, Alexander Dugin (21.04.2001)

Föderation der (gesellschaftlichen) sozialistischen Clubs (FSOK), (darin: Sozialistische Initiative, Waldleute, Óbschtschina) (1987)
Front der nationalen Rettung (Oktober 1992)
Gemeinsamer Weg/Gemeinsam gehen (Iduschtschije wmjeste) (2000)
Gemeinschaft (russisch: Óbschtschina (1988/1989)
Gerechtes Rußland (Sprawedliwaja Rossija), Vorsitzender Sergei Mironow

Gewerkschaften:

Auto-Bau-Gewerkschaft M.P.R.A, Interregionale Autofabrik Gewerkschaft
Bürgergewerkschaft (Oktober 1992)
Föderation sozialistischer Gewerkschaften (September 1989)
Neues sozialistisches Komitee, Aktivisten der Neuen Gewerkschaft (1989)
Sowjetische offizielle Gewerkschaften (1988)
Sozialistische Gewerkschaft (SOZPROF) (1989)
Verteidigung (Saschtschita), Oleg Scheinis (1995)
Unabhängige Gewerkschaft der Bergleute (NPG)
Zentralrat der sowjetischen Gewerkschaften (WZSPS), 1990 durch die Föderation unabhängiger Gewerkschaften Rußlands (FNPR) abgelöst

Parteien und Gruppierungen

Heimat (Rodina), Sergei Glasjew (Sommer 2003), Abspaltung aus der KPRF und und Volkspartei der Russischen Föderation (Narodnaja Partija); neuer Vorsitzender seit 06.07.2004: Dimitrij Rogosin
Institut für Fragen der Globalisierung (IPROG), B. Kagarlitzki (August 2008), später umbenannt in Institut für soziale Bewegungen und Globalisierung (IGSO)
Jabloko, Russische-demokratische Partei Jabloko, (Rossiskaja Demokratitscheskaja Partija Jabloko), gegründet 05.01.1995; Grigori Jawlinski bis 2008 Vorsitzender
Jedinaja Rossija (siehe: Einheitliches Rußland/Einiges Rußland) (2001)
Junge Einheit (Molodoschnoje Jedinstwo), (gegründet 09.09.2001); Jugendorganisation von
Initiative kommunistischer Arbeiter (orthodox) (Aug. 1991)
Informelle Gruppen, verschiedene, schnell wechselnde (1989)

Jelzinistische Partei (1989)
Jugendorganisation die Unseren (Naschi) (gegründet 2005)
Junge Kommunarden – Internationalisten (Pro-Jelzin-Gruppe) (1988)
Junge Sozialisten (1988)
Karabach Komitee (September 1989)
Komitee für Menschenrechte (Oktober 1993)
Club der sozialen Initiativen (1988)
Koalition der Umweltschutzgruppen für den Wald im Moskauer Gebiet (13.09.2010)
Kommerzielles Rußland, Delovaja Rossija (17.10.2001)
Kommission für Menschenrechte (02.11.1993)
Kommunistische Arbeiterpartei (orthodoxe Orientierung) (August 1991)
Kompaß (Betriebskollektiv, Moskauer Schuhfabrik) (1988)
Komsomol, Jugendorganisation der KPdSU (Oktober 1918, aufgelöst August 1991)
Konföderation der Anarchosyndikalisten (KAS) (1989), löst sich 1991 in diverse kleinere Organisationen mit sozialistischem oder anarchistischem Anspruch auf
Konföderation Freies Rußland (lokale Rechte), Alexejew (Sommer 1994)
Kongreß der Patrioten, rechte Sammlungsbewegung (20.03.2004)
Koordinationsrat der Opposition (Internetgründung 20./21.10.2012), hervorgegangen aus den Massenprotesten für gerechte Wahlen Ende 2011/Frühjahr 2012
Kommunistische Partei der Russischen Föderation (KPRF), Gennadi Sjuganow (gegründet 1990, 1991 aufgelöst, 1993 neu gegründet), versteht sich als Nachfolgeorganisation der KPdSU
Kommunistische Partei der Sowjetunion (KPdSU) (1917–06.11.1991)
Liberaldemokratische Partei (Liberalnaja demokratitschiskaja Partija Rossii) (LDPR), Wladimir Schirinowski
Linke Front, Sergei Udalzow (10.03.2012)
Kultur-ökologische Bewegung Leningrad (1988)
MMM, betrügerische Aktiengesellschaft, Chef Mawrodij (1992/1993)
Marxismus 21 (Busgalin) (1990), später übergegangen in Gruppe Alternative
Memorial (1990), Gründer Sacharow
Menschenrechtsbewegung (1989/1990), diverse Untergruppen
Moskauer Voksfront (MFP) (August 1991)

Narodniki (Volkstümler), vorrevolutionär, 18. Jahrhundert, u.a. Vera Sassulitsch
Nationalbolschewistische Partei (NBP), Eduard Limonov (gegründet 1992, verboten 2005)
Neue Sozialisten (September 1989)
Neues sozialistisches Komitee Solidarnost (1989)
Opritschniki, Rechte Jugendorganisation nach der gleichnamigen Geheimorganisation Iwans IV. (18.04.2005)
Parteiclub Moskauer Friedensgruppe (1989/1990)
Parteiclubs (1990)
Partei der Arbeit (Oktober 1992)
Partei der Ethik (Sommer 1994)
Partei der russischen Einheit und Eintracht (2003)
Partei der sozialen Gerechtigkeit (Partija sozialnoi sprawedliwosti) (2007)
Partei der Volksfreiheit – Für ein Rußland ohne Willkür und Korruption (ParNaS), Gründer Boris Nemzow (Registrierung vor der Wahl am 22.06.2011 verweigert)
Partei der Volkspädagogik (Sommer 1994)
Partei Rechte Sache (Prawoe delo), Andrè Dunajew Zusammenschluß aus: Union der Rechten Kräfte (SPS), Demokratische Partei Rußlands und Patrioten Rußlands (Patrioty Rossii) (November 2008)
Patriotische Volksunion Heimatland, Sergei Glasjew (30.01.2004)
Perestroika-Club (1988)
Radikal-demokratische Opposition (1990)
Radikale Partei (1989)
Russki (Die Russen) (05.05.2011)
Russische Föderation der Autobesitzer (17.11.2010)
Solidarnost (1989)
Selbstverwaltung (1989)
Sozialdemokratische Partei Rußlands (SDPR); Michail Gorbatschow (24.11.2001)
Sozialforum, russisches (erstes) (10.04.–17.04.2005)
Sozialistische Initiative (1988)
Sozialistische Clubs (1988)
Sozialistische Partei der Arbeit (SPT), Roy Medwedew (1991)
Sowjetische Soziologische Gesellschaft (1988)
Sowjetisches Friedenskomitee (1988)
Überregionale Abgeordnetengruppe (1989/90)

Überregionale Abgeordnetengruppe, radikaldemokratisch um Jelzin (1989)
Union der Komitees der Soldatenmütter Rußlands (1989)
Union Michael Archangelsk (wie im 19. Jahrhundert Schwarzhundertschaften) (September 1991)
Union der Internationalisten (Sommer 1994)
Union der Komitees der Soldatenmütter (04.02.2004)
Union der Rechten Kräfte (SPS) (Sojus prawych sil), Jegor Gaidar (1999, Selbstauflösung 15.11.2008)
Unser Haus Rußland (Nasch dom Rossii) (1995 durch Tschernomyrdin, 1999 übergegangen in Einiges Rußland)
Vaterland - ganz Rußland (Otetschestwo - wsja Rossija) Juri Lyschkow, Mintimer Schaimijew (1999, 2001 in Einheitliche Rußland übergegangen)
Verband russischer Industrieller und Unternehmer (Arkadi Wolkskij) (1993)
Vereinigte Arbeitsfront, Organisation stalinistischer Pensionäre (September 1989)
Vereinigte Front der Werktätigen (OFT) (1989)
Vereinigung der kommunistischen Partei (1991)
Vereinte Volkspartei der Soldatenmütter (gegründet 07.11.2004)
Vertrauen (1989)
Vertrauen Moskauer Friedensgruppe (1989/1990)
Volksfront (1988)
Volksfronten, baltische (Oktober 1988)
Volkspartei der Russischen Föderation (Narodnaja Partija)
Vorwärts Rußland, Bewegung für beschleunigte Modernisierung (05.09.2010)
Wahl Rußlands (Vybor Rossii) (2003)
Waldleute (1988)
Warschauer Pakt (14.05.1955–31.03.1991)

Wahlsieger bei Dumawahlen waren:

2013

Einiges Rußland (238); KPRF (92), Gerechtes Rußland (64), LDPR (56)

2007

Einiges Rußland (315), KPRF (57), LDPR (40), Gerechtes Rußland (38)

2003

Einiges Rußland (222), KPRF (51), LDPR (37), Rodina (37)
Die Union der rechten Kräfte und Jabloko haben die Fünf-Prozent-Hürde nicht geschafft und müssen sich mit den Wahlblöcken und Kleinparteien die restlichen 80 Sitze teilen)

1999

KPRF (113), Einheit (73), Vaterland – Ganz Rußland (68), Union der rechten Kräfte (29), LDPR (17), Jabloko (20), Andere (16), Unabhängige (114)

1995

KPRF (157), Unser Haus Rußland (55), LDPR (51), Jabloko (45), Agrarpartei (20)
(Die restlichen Sitze verteilten sich auf Unabhängige)

1993

LDPR (64), Die Wahl Rußlands (64), KPRF (42), Frauen Rußlands (23), Agrarpartei (37), Jabloko (27), Partei der russischen Einheit und Eintracht (22), Demokratische Partei Rußlands (21), Sonstige (21), Unabhängige (130)

1990

Bei dem Wahlen für den Obersten Sowjet 1989 und den Allunionswahlen 1990, in denen erstmalig freie Kandidaten zur Wahl zugelassen wurden, siegten die Unabhängigen.

Biografisches

Boris Kagarlitzki, 1958 geboren, ist marxistischer Soziologe und gilt sowohl in der UdSSR als auch im postsowjetischen Rußland als politischer Dissident. Von 1990 bis 1993 gehört er der Sozialistischen Partei Rußlands an und arbeitet als Abgeordneter im Moskauer Stadtsowjet. Später wird er zum Mitbegründer der Partei der Arbeit und Berater des Gewerkschaftsbundvorsitzenden. Aktuell ist er als Direktor des Instituts für Globalisierung und Soziale Bewegungen (IGSO) in Moskau tätig und Mitarbeiter im Transnationalen Insitut (TNI). Darüber hinaus gibt Kagarlitzki die 2007 gegründete Zeitschrift Lewaja Politika (Linke Politik) heraus, die vierteljährlich in Moskau in russischer Sprache erscheint.
Er hat eine Vielzahl von Büchern und Aufsätzen veröffentlicht, in denen er die Erfahrungen aus der sowjetischen Geschichte und der Transformation aufarbeitet und sie für die Entwicklung zukünftiger solidarischer Gesellschaftsverhältnisse nutzbar macht. Einige seiner Bücher sind inzwischen auch auf Englisch, einige auch auf Deutsch erschienen. Der LAIKA Verlag veröffentlichte 2013 seine Analyse *Die Revolte der Mittelklasse*. Kagarlitzki geht darin der Frage nach, wie das »revolutionäre Subjekt« unter den Bedingungen der Globalisierung neu bestimmt werden kann.

Publikationen

Englisch
1987: The Thinking Reed: Intellectuals and the Soviet State from 1917 to the Present, Verso, London
1989: The Dialectic of Change, Verso, London
1990: Farewell Perestroika. *A Soviet Chronicle*, Verso, London
1995: Restauration in Russia, Verso, London
1999: New Realism, New Barbarism, Pluto Press, London
2000: The Twilight of Globalisation. Property, State and Capitalism, Pluto Press, London, Sterlin/Virginia

2006: The Revolt of the Middle Class, Editor: Cultural Revolution 2006, Moscow

Deutsch
1991: Die Quadratur des Kreises. Russische Innenansichten, Verlag Volk&Welt, Berlin
1991: Der gespaltene Monolith. Die russische Gesellschaft an der Schwelle zu den neunziger Jahren, Edition Kontext, Berlin
2012: Back in the USSR, Nautilus Flugschrift, Hamburg
2013: Die Revolte der Mittelklasse, LAIKA Verlag, Hamburg

Webadressen des IPROG (Stand 2006):
www.irog.ru/en sowie www.aglob.ru/en

Kai Ehlers, geboren 1944, freie Ehe, zwei Kinder. APO-Vergangenheit, Mitglied des Kommunistischen Bundes (KB) von dessen Gründung 1971 bis 1989; Redaktionsmitglied des *Arbeiterkampf (ak)*, Zeitung des KB bis 1989. Begründer und Leiter der Antifaschistischen Kommission des KB. Seit 1983 zunehmend auch mit der Erforschung von Vorgängen in der Sowjetunion befaßt, die er nach seinem Ausscheiden aus dem KB 1989 eigenständig fortsetzte und unter dem Stichwort »Im Labyrinth der nachsowjetischen Wandlungen und in ihren Folgen« zu einer globalen Erforschung der heutigen Transformationsprozesse erweiterte. Er ist heute als Buchautor, Presse- und Internetpublizist sowie als politischer und kulturkritischer Aktivist tätig, der die Erfahrungen aus den bisherigen sozialen, sozialistischen und kommunitaristischen Utopien aktiv in die Bewältigung der globalen Krise, insbesondere in die neu entstehenden Gemeinschafts-Commons-Bewegungen einzubringen versucht.

Publikationen

2013: Die Kraft der Überflüssigen – Der Mensch in der globalen Perestroika. Pahl-Rugenstein Verlag, 1. Auflage, Bonn
2011: Attil und Krimkilte. Das tschuwaschische Epos zum Sagenkreis der Nibelungen. Übersetzt und Herausgegeben von Kai Ehlers in Zusammenarbeit mit Mario Bauch und Christoph Sträßner, Rhombos, Berlin
2010: Kartoffeln haben wir immer. (Über)leben in Rußland zwischen Supermarkt

und Datscha. Horlemann, Bad Honnef
2009: Rußland – Herzschlag einer Weltmacht. Im Gespräch mit Jefim Berschin, Grafiken von Herman Prigann, Pforte, Dornach
2006: Grundeinkommen – Sprungbrett in eine integrierte Gesellschaft. Pforte/Entwürfe, Dornach
2006: Die Zukunft der Jurte. Gespräche mit Prof. Dr. Dorjpagma und Ganbold Dagvadorj in Ulaanbaatar. Darin Zeichnungen der Jurte und Bilder, ein Anhang zur nomadischen Fünf-Tier-Kultur sowie ein Offener Brief zur ökologischen Entwicklung der Mongolei, Mankau
2006: Asiens Sprung in die Gegenwart. Rußland – China – Mongolei, Entwicklung eines Kulturraums »Inneres Asien«, Pforte, Dornach
2005: Aufbruch oder Umbruch? Zwischen alter Macht und neuer Ordnung – Gespräche und Impressionen, Pforte/Entwürfe, Dornach
2004: Erotik des Informellen – Impulse für eine andere Globalisierung aus der russischen Welt jenseits des Kapitalismus. Von der Not der Selbstversorgung zur Tugend der Selbstorganisation, Alternativen für eine andere Welt, edition 8, Zürich
1997: Herausforderung Rußland – Vom Zwangskollektiv zur selbstbestimmten Gemeinschaft? Eine Bilanz zur Privatisierung, Schmetterling-Verlag, Stuttgart
1994: Jenseits von Moskau – 186 und eine Geschichte von der inneren Entkolonisierung. Eine dokumentarische Erzählung, Gespräche und Analysen in drei Teilen, Schmetterling-Verlag, Stuttgart
1991: Mit Gewalt zur Demokratie? Im Labyrinth der nationalen Wiedergeburt zwischen Asien und Europa, Verlag am Galgenberg, Hamburg
1990: Gorbatschow ist kein Programm. Begegnungen mit Kritikern der Perestroika, Konkret Literatur Verlag, Hamburg

Sammelbände von Konferenzen, von Kai Ehlers initiiert (englisch/russisch):

2004: Brücke über den Amur, Immigration nach und Migration in Sibirien und dem fernen Osten, Materialien eines Arbeitsseminars, Irkutsk, Hrsg. Rosa Luxemburg Stiftung. engl./russ
2004: Gemeinschaft und Privatisierung, Materialien eines Arbeitsseminars, Moskau, Hrsg. Rosa Luxemburg Stiftung, engl./russ., Solidaritätspreis

Weitere Veröffentlichungen und Aktivitäten in: www.kai-ehlers.de